성숙자반

믿음이란 한 알의 밀알이 땅에 떨어져 죽음으로 많은 열매를 맺음과 같이 진리의 열매를 위하여 스스로 죽는 것을 뜻합니다. 눈으로 볼 수는 없으나 영원히 살아 있는 진리와 목숨을 맞바꾸는 자들을 우리는 믿는 이라고 부릅니다. 「믿음의 글들」은 평생, 혹은 가장 귀한 순간에 진리를 위하여 죽거나 죽기를 결단하는 참 믿는 이들의, 참 믿는 이들을 위한, 참 믿음의 글들입니다.

성숙자반

장성한 신앙에 이르기까지
이재철 지음

홍성사

책
머
리
에

　인간의 외적 발육이 성장이라면, 내적 발육은 성숙입니다. 외적 발육인 성장에는 한계가 있습니다. 인간의 성장은 20대에 정점에 달했다가, 그 후부터는 도리어 쇠퇴하기 때문입니다. 그러나 성숙에는 끝이 없습니다. 성숙을 위해 애쓰는 사람은 나이가 들어 갈수록 더욱 성숙해지고, 나아가 원숙의 경지에까지 다다르게 됩니다. 이런 의미에서 우리의 신앙은 계속 성숙해져 가야만 합니다. 우리의 신앙은 겉사람의 성장이 아니라, 속사람의 성숙을 위해 필요하기 때문입니다. 이것이 《성숙자반》을 출간하게 된 이유입니다.

　1994년에 《새신자반》이 출간된 이래, 그동안 많은 분들이 《성숙자반》을 기다려 오셨습니다. 그러나 집필에 최소한 반년이 소요될 정도로 방대한 분량이어서, 바쁜 일정 속에서 마음과는 달리 선뜻 손을 댈 수 없었습니다. 자연히 《성숙자반》은 심적으로 제게 큰 부담으로 남아 있었습니다. 그러나 당신의 강권적인 방법으로 탈고하게 하셔서 마음의 부담을 덜어 주신 하나님께 영광을 돌립니다. 그리고 이 책을 위해 두 번씩이나 수고한 홍성사 가족들, 특히 최강미 자매님에게 깊이 감사를 드립니다.

여러모로 부족한 책이지만, 이 책을 읽는 분들의 신앙이 조금이나마 성숙해질 수 있다면, 주님 안에서 그보다 더 큰 기쁨이 없겠습니다.

2007년 8월 양화진에서

차례

책머리에 4

1 믿음 9
2 복福 51
3 회개 97
4 말씀묵상 143
5 주님의 기도 189
6 십계명 233
7 사도신경 281
8 성령님의 은사 329
9 사랑 373
10 그리스도인의 사회생활 405

일러두기

- 《성숙자반》 개정2판까지는 저자가 집필한 《새신자반》《사명자반》과 달리, 저자가 100주년기념교회에서 강의한 '성숙자반 특강' 내용을 편집팀이 녹취하고 교정·교열하여 펴낸 것입니다. 《성숙자반》 개정3판은 이러한 개정2판을 저자가 다시 가다듬은 것입니다.
- 본문에 인용한 성경구절은 개역개정판 성경을, 찬송가는 새찬송가를 기본으로 하였습니다.

| 1 |
| 믿음 |

이사야 26장 3절
주께서 심지가 견고한 자를 평강하고 평강하도록 지키시리니 이는 그가 주를 신뢰함이니이다

성경이 말하는 믿음

우리는 주님을 믿는 그리스도인들이다. 그래서 나는 이 책을 썼고, 그대는 지금 읽고 있다. 그러나 성경은 믿음이라고 다 같은 믿음이 아님을 일러 주고 있다.

> 오늘 있다가 내일 아궁이에 던져지는 들풀도 하나님이 이렇게 입히시거든 하물며 너희일까보냐 **믿음이 작은 자들아**(마 6:30)
> 이에 예수께서 대답하여 이르시되 여자여 **네 믿음이 크도다** 네 소원대로 되리라 하시니 그때로부터 그의 딸이 나으니라(마 15:28)

예수님께서는, 하나님을 믿는다면서도 매일 무엇을 먹을까 무엇을 입을까 걱정하는 사람들을 가리켜 "믿음이 작은 자들"이라고 말씀하셨다. 반대로, 주님으로부터 모독당했다고 오해할 수 있는 상황 속에서도 주님을 전폭적으로 신뢰한 여자에게는 "네 믿음이 크다"고 하셨다. 믿음은 주님

보시기에 작은 믿음이 있고, 반대로 큰 믿음도 있다.

> **믿음이 연약한 자**를 너희가 받되 그의 의견을 비판하지 말라(롬 14:1)
> 이는 내가 육신으로는 떠나 있으나 심령으로는 너희와 함께 있어 너희가 질서 있게 행함과 그리스도를 믿는 너희 **믿음이 굳건한 것**을 기쁘게 봄이라(골 2:5)

주님 보시기에는 갈대처럼 연약한 믿음이 있고, 강철처럼 굳고 강한 믿음도 있다.

> 이는 네 속에 **거짓이 없는 믿음**을 생각함이라 이 믿음은 먼저 네 외조모 로이스와 네 어머니 유니게 속에 있더니 네 속에도 있는 줄을 확신하노라(딤후 1:5)
> 믿음과 착한 양심을 가지라 어떤 이들은 이 양심을 버렸고 그 **믿음에 관하여는 파선하였느니라**(딤전 1:19)

주님 보시기에 거짓 없고 진실된 믿음이 있는가 하면, 거짓되고 파선破船한 믿음도 있다.

> 영혼 없는 몸이 죽은 것같이 **행함이 없는 믿음은 죽은 것이니라** (약 2:26)
> 우리는 뒤로 물러가 멸망할 자가 아니요 오직 **영혼을 구원함에 이르는 믿음**을 가진 자니라(히 10:39)

주님 보시기에는 죽은 믿음이 있고, 영혼을 구원할 만큼 싱싱하게 살아 있는 믿음도 있다.

> 형제들아 내가 **신령한 자들**을 대함과 같이 너희에게 말할 수 없어서 육신에 속한 자 곧 그리스도 안에서 **어린아이들**을 대함과 같이 하노라
> (고전 3:1)

주님 보시기에 신령한 믿음이 있는가 하면, 어린아이처럼 유아기적 수준에 머문 미숙하고 유치한 믿음도 있다.

여기에서 중요한 사실을 깨닫게 된다. 그리스도인은 자기 믿음의 상태를 늘 점검하지 않으면 안 된다는 것이다. 만약 그대가 그대의 믿음이 어떤 상태인지 스스로 점검하지 않으면, 그래서 그릇되고 미숙한 믿음이면서도 바르고 성숙한 믿음인 것처럼 착각하며 살아간다면, 평생 믿는 이로 살아갈 그대에게 그보다 더 큰 인생 낭비는 없다.

믿음은 구체적이다

'믿음'은 하나님에 대한 그대의 앎이 그대의 삶으로 연결되는 전 과정을 포함한다. 믿음이 구체성을 결여할 수 없는 까닭이 여기에 있다. 그러므로 그대가 바르고 성숙한 믿음을 지니기 위해서는, 자칫 추상적이기 쉬운 신앙 용어를 항상 구체적인 단어로 재정립해 보아야 한다. 그렇지 않을 경우, 그대의 믿음은 현실의 삶과 동떨어진 공허한 이론이나 현실 도피책에 지나지 않게 된다. 은혜, 사랑, 자비, 긍휼 등, 그리스도인들이 사용하는 대부분의 단어들은 그 뜻이 모호하고 추상적이다. 그런 단어들이 그대의 삶과 관련하여 구체적으로 어떤 의미와 개념인지 스스로

확인하지 않으면, 그대의 믿음은 그대의 열심과는 상관없이 믿음의 추상성에서 벗어나지 못한다.

오늘날 전 세계적으로 한인 그리스도인들만큼 성경공부에 열심인 민족은 없다. 그와 동시에 한인 그리스도인들처럼 성경말씀을 자기 삶에 적용하지 않는 경우도 드물 것이다. 성경공부는 열심히 하지만 추상적인 이론으로만 알 뿐 구체적인 의미와 개념은 모르기에, 성경에 대한 앎이 삶으로 연결되거나 적용되지 못하기 때문이다. 평소 그리스도인들이 별 생각 없이 주고받는 말들 가운데 두 가지만 생각해 보자.

성경공부나 설교가 끝나면 흔히 '은혜' 받았다고 말한다. 그러나 은혜 받았다는 것이 구체적으로 무슨 말인가? 그대가 은혜를 받았다고 말할 때, 그대는 대체 무슨 의미로 그런 표현을 사용하는가? 가령 그대가 그대의 이웃이나 배우자, 부모나 동료 등 어떤 구체적인 인물을 증오하면서 살았다고 하자. 그런데 성경공부를 하거나 설교를 듣다가 그 사람을 사랑해야 할 당위성과 힘을 얻고 그를 사랑하며 살기 시작했다면, 바로 그것이 은혜다. 혹은 그대가 하나님의 말씀과는 동떨어진 삶을 살면서도 스스로 꽤 괜찮은 인간이라고 착각해 오다가, 하나님의 말씀 앞에서 그대가 형편없는 인간임을 자각하고 지금까지의 그릇된 삶을 청산하였다면, 바로 그것이 그대가 은혜 받은 것이다.

그러나 대부분의 그리스도인들은 '은혜'라는 말을 입에 달고 살면서도 그 구체적인 의미나 개념을 생각해 보지 않기에, 목사님의 설교를 듣다가 한순간 마음이 찡해지거나 눈시울이 뜨거워지면 은혜 받았다고 생각한다. 이처럼 은혜를 추상적인 감정의 변화로만 이해하기에 은혜를 아무리 받아도, 그 은혜가 자기 삶의 변화로 이어지지 못하는 것이다.

또 그리스도인들은 자신의 삶이나 일을 통해 '주님의 영광'이 드러나게 해달라고 기도하기도 한다. 하지만 주님의 영광이 드러난다는 것은 구체적으로 무슨 의미인가? 인간의 삶 속에서 주님의 영광은 언제 드러나는가? 주님의 영광은, 드러나게 해주시기를 기도한다고 드러나는 것이 아니다. 주님의 영광은, 인간이 주님의 말씀을 좇아 살 때에 인간의 삶을 통해 드러난다. 그러므로 주님의 영광이 드러나게 해달라는 기도 속에 구체적인 내용이 포함될 때, 그 사람이 정말 주님의 영광을 드러내는 그리스도인이 될 수 있다. 이를테면 그대가 '하나님, 저는 지금까지 제 주머니를 위해 신앙 양심에는 늘 귀를 막고 살았습니다. 하지만 앞으로는 신앙 양심을 좇아 정직하게 벌고, 정직하게 번 것으로 만족하며 살겠습니다'라고 구체적으로 기도하고, 그 기도가 그대의 삶으로 이어질 때 비로소 그대의 삶을 통해 주님의 영광이 드러나는 것이다.

그러나 그리스도인들이 주님의 영광이 구체적으로 무슨 의미와 개념인지 생각해 보려 하지 않기에 기도 속에서는 주님의 영광을 되뇌지만, 기도와는 달리 오히려 삶으로는 주님의 영광을 가리는 일이 비일비재하다.

오늘날 전도의 문이 막혔다고 한다. 기존 교인이 이 교회 저 교회로 옮겨 다니지, 불신자가 믿게 되는 경우는 드물다고 한다. 그 이유는 멀리 있지 않다. 그리스도인들이 걸림돌이 되고 있기 때문이다. 믿지 않는 사람들이 그리스도인들의 삶을 볼 때, 도무지 믿고 싶지 않다는 것이다. 그 이유가 무엇일까? 그리스도인들이 바르게 믿고 싶은 마음은 간절하지만 은혜가 무엇인지, 주님의 영광이 무엇인지, 더욱이 믿음이 무엇인지, 단 한 번도 진지하게 생각해 본 적이 없기 때문이다.

'믿음'의 대체어 1

지금까지 언급한 것과 같은 이유로, 나는 《회복의 신앙》에서 '믿음'을 열 개의 다른 단어로 대체하여 믿음의 구체적인 의미와 개념을 정립해 보았다.

첫째, 믿음은 '순종'이다. 순종은 두 가지 의미에서 순종이다. 먼저는 하나님 말씀에 대한 순종이다. 가령 그대가 나를 믿는다면, 그것은 그대가 구체적으로 나의 말을 믿는 것을 의미한다. 그대가 나를 믿는다면서도 나의 말을 믿지 않는다면, 그대는 결코 나를 믿는 것이 아니다. 마찬가지로 그대가 하나님을 믿는다면 하나님의 말씀을 믿는 것이고, 하나님의 말씀을 믿는 것은 단지 선언에 그치지 않고 그 말씀에 순종하며 사는 것이다.

믿음이 '순종'이라 할 때 순종의 또 다른 의미는 주어진 상황에 대한 순종이다. 하나님께서는 천지를 창조하신 전능자시다. 그분은 멀리 계시지 않다. 언제든지 그대의 삶 속에서 그대와 함께하고 계신다. 그럼에도 그대의 계획이 무산되거나 원치 않는 질병에 걸릴 때, 그대는 혹 하나님을 원망하는 것은 아닌가? 그것은 바른 믿음이 아니다. 하나님께서 그대로 하여금 그런 일을 겪게 하시는 것은 그대를 골리시려 함이 아니라, 바로 그 상황 속에서 그대를 새롭게 빚어 주시기 위함이다. 그러므로 그대에게 주어진 상황을 하나님의 섭리로 받아들이는 것이 믿음이다. 대부분의 그리스도인들은 자신이 원치 않는 상황과 맞닥뜨렸을 때, 무조건 그 상황을 피하려고만 한다. 그것은 그 상황을 주신 하나님에 대한 불신 행위다. 그대 눈앞에 닥친 어떤 상황이든, 하나님께서 단지 피하라고 주신 것이 아니다. 그대로 하여금 믿음으로 그 상황을 뚫고 나가게 하시기 위함이다. 다시 말해 그대가 믿음으로 그 상황을 받아들이고 믿음으로 그 상황을 뚫고 나가는 가운데, 그대를 향한 하나님의 뜻이 그대의 삶 속에서 이루어지게 하시기 위함이다.

둘째, 믿음은 '용기'다. 매사에 말씀에 순종하고, 주어진 상황에 순종하는 것은 용기 없이는 불가능하다. 믿음이 용기이기에 순종도 가능하다. 처녀인 마리아에게 천사가 하나님의 아들을 낳을 것이라고 예고했다. 하나님의 아들이면 뭐하는가? 당시엔 처녀가 홀로 아이를 낳으면 율법에 따라 돌에 맞아 죽어야 하니 말이다. 당황해하는 마리아에게 천사가 말했다.

> 대저 하나님의 모든 말씀은 능하지 못하심이 없느니라(눅 1:37)

마리아는 천사를 통한 하나님의 그 말씀을 믿고, 용기 있게 하나님의 명령에 순종했다. 마리아에게 하나님의 말씀에 순종하다가 돌에 맞아 죽어도 좋다는 믿음의 용기가 없었던들, 그녀가 성자 하나님을 자신의 몸으로 낳는 성모 마리아가 되지는 못했을 것이다.

그대가 거짓말 한 번 하면 만 원이 생기는 것을 뻔히 알면서도 정직하게 오천 원에 만족하면서 사는 것, 그것이 그리스도인의 용기다. 얼마든지 분노할 수 있고 상대를 제압할 수도 있지만 주님의 말씀을 생각하면서 자제하는 것, 이것이 믿음의 용기다. 상대의 잘못을 알면서도 용서하는 것, 그것도 용기 없이는 불가능하다. 그러나 그 용기의 출처가 그대 자신이라면, 그 용기는 만용에 지나지 않는다. 속이 텅 빈 허세에 불과한 그대의 만용으로는 자신과 타인을 동시에 해칠 뿐이다. 그대의 용기의 출처는 하나님이시어야 한다. 하나님께서 그대와 함께하시기에, 하나님으로 인해, 그대는 이 험난한 세상에서 용기 있는 그리스도인으로 살아갈 수 있다.

셋째, 믿음은 '시선'이다. 그대가 하나님의 말씀대로 사는 용기 있는 믿음의 소유자라면, 그대의 시선은 늘 하나님께 고정되어 있을 수밖에 없다. 그대의 용기의 원천이신 하나님과 눈이 마주쳐야 그대가 용기를 얻을 수 있기 때문이다. 하나님께서는 당신의 사람을 쓰실 때 언제나 광야로 먼저 부르셨다. 모세와 이스라엘 백성은 물론이요, 다윗 역시 근 10년 동안 사울 왕의 칼날을 피해 광야에서 피신생활을 해야만 했다. 심지어 예수님께서도 40일 동안 광야에서 금식하며 기도하셨다. 대체 그 이유가 무엇인가? 광야의 특징은 하나님 외에는 보이는 것이 아무것도 없다는 것이다. 풀 한 포기, 물 한 방울 없기에 그곳에서는 오직 하나님만 의지할 수밖에 없고, 하나님을 향한 시선으로만 살아남을 수 있다. 그래서 하나님께서는 그대의 시선을 당신께 고정시켜 주시기 위해, 때로 그대의 인생을 광야로 끌어가신다.

넷째, 믿음은 '다루어짐'이다. 그대의 시선이 하나님께 고정되어 있다면, 피조물인 그대는 절대로 하나님을 다룰 수 없다는 사실을 절로 깨닫게 된다. 그대가 하나님을 결코 조종할 수 없음을 자각하게 된다는 말이다. 하나님을 우러러뵈면 뵐수록, 하나님께 대한 시선이 깊어지면 깊어질수록, '그대'라는 존재는 하나님에 의해 다루어져야 할$_{be\ controlled}$ 존재에 지나지 않음을 절감하기 때문이다. 많은 사람들이 믿음을, 하나님 다루는 방법$_{know\ how}$을 얻는 것으로 착각한다. 만약 누군가가 하나님을 다루는 방법을 일러 주겠다고 한다면, 그의 직분이나 명성에 상관없이 그 사람은 성경과는 거리가 먼 사람이다. 재물이나 달란트로 하나님을 다루고 어르려는 것은 '미신'일 뿐이다. 믿음은 그대가 하나님을 다룰 수 없음을 깨달아, 그대 자신이 하나님에 의해 매일 다루어져 가는 것이다.

다섯째, 그래서 믿음은 '신실'이다. 그대가 신실하신 하나님에 의해 매일 다루어지다 보면, 그대는 신실한 사람이 되지 않으려야 않을 수 없다. 믿음을 가리키는 헬라어 '피스티스$_{πίστις}$'는 '신실'이란 뜻이다. 신약성경에 등장하는 '믿음'을 '신실'로 바꾸어 읽으면, '믿음'이라는 단어가 의미하는 바를 더 구체적으로 이해하게 된다. 예수님께서 "믿고 구하는 것은 다 받으리라"(마 21:22)고 말씀하셨다. 무엇이든 믿고 구하면 다 받는다니, 이 얼마나 좋은 말씀인가? 그래서 그리스도인들은 이 말씀을 붙잡고 자신이 원하는 바를 주님께 간구한다. 그러나 '믿음'을 '신실'로 바꾸면, 주님의 이 말씀은 '네가 신실해지고 구하는 것은 다 받는다'는 의미임을 알게 된다. 신실한 사람은 자기 욕망의 것, 거짓된 것, 헛된 것을 구하지 않는다. 신실한 사람은 오직 진리를 위해 참된 것을 구한다. 신실하신 하나님께서 그런 사람의 기도를 들어주시는 것은 당연한 일이다. 그러나 헛된 욕망의 것마저 '믿고 구하기만 하면' 하나님께서 다 들어주신다는 생각은 착각이다. 그런 기도는 무의미한 공기의 진동에 지나지 않는다. 그대가 그런 기도에 응답을 받았다 해도 문제다. 그 응답은 하나님께로부터 주어진 것이 아니기에 반드시 후유증이 수반될 것이기 때문이다. '믿음'은 '신실'이므로, 그대의 믿음이 좋다는 것 역시 그대가 모든 면에 걸쳐 신실하다는 의미다.

여섯째, 믿음은 '눈에 보이는 것'이다. 그대가 하나님께 다루어지면서 날마다 신실해져 가면, 그대의 신실함은 반드시 다른 사람의 눈에 보이게 되어 있다. 흔히 사람들은 믿음을 추상적인 개념으로 생각하지만 그것은 사실이 아니다. 믿음은 눈에 보이는 구체적인 현상이다. 마태복음 8장에는 예수님을 찾은 백부장의 이야기가 소개되어 있다. 백부장은 로마제국의 장교다. 그가 예수님을 찾은 까닭은 자기 자신이나, 자기 자식 혹은 아내의 문제로 인함이 아니었다. 그는 중풍병에 걸린 자기 집 하인을 위해 주님께 나아갔다. 이것은 일제강점기 때 일본군 장교가 조선인들이 보는 앞에서 무명의 조선 청년 앞에 무릎을 꿇고, "우리 집에서 일하는 조선인 하인의 병을 고쳐 주십시오" 하고 간구하는 것과 같다. 백부장은 자기 하인의 중풍병을 고칠 수만 있다면 자신의 자존심 정도는 아랑곳하지도 않는 사람이었다. 예수님께서 그 백부장에게 말씀하셨다.

내가 진실로 너희에게 이르노니 이스라엘 중 아무에게서도 이만한 믿음을 보지 못하였노라 (마 8:10)

백부장의 믿음은 예수님께서 눈으로 보실 수 있는 믿음이었다. 바울이 1차 전도여행을 하면서 루스드라를 방문했을 때였다. 바울의 설교를 듣는 사람들 가운데 선천성 하반신마비자가 있었다. '바울이 주목하여 구원받을 만한 믿음이 그에게 있는 것을 보고, 큰 소리로 이르되 네 발로 바로 일어서라'(행 14:9-10)고 선포함과 동시에 그가 일어나 걷기 시작했다. 선천성 하반신마비자의 믿음이 바울의 눈에 보였기에 가능한 일이었다. 이처럼 믿음은 눈에 보인다. 그대는 그대와 함께 신앙생활하는 교인들 가운데 누가 사람들 앞에서만 신실한 척하는지, 누가 사람들이 보지 않는 곳에서도 주님을 좇아 사는지, 다 알고 있다. 그들의 믿음이 그대의 눈에 보이기 때문이다. 중요한 것은 그대가 다른 사람들의 믿음을 그대의 눈으로 보듯이, 다른 사람들 역시 그대의 믿음을 보고 있다는 사실이다. 단지 그들이 내색만 하지 않을 뿐, 그들은 그대가 겉으로만 그리스도인인지 안팎으로 온전한 그리스도인인지 다 보고 있다. 우리의 믿음이 이렇듯 사람의 눈에도 보인다면, 하물며 하나님께야 두말할 나위가 있으랴.

일곱째, 믿음은 '자기 발견'이다. 그대의 믿음은 다른 사람에게만 보이는 것이 아니다. 그대 자신도 믿음의 측면에서 그대 자신을 재발견하게 된다. 《새신자반》에서 언급했듯이 모든 인간은 '에노스אֱנוֹשׁ', 다시 말해 '죽을 수밖에 없는 존재'다. 그러나 누구든지 주님을 영접하면, 주님 안에서 하나님의 자녀로 인침 받은 자기 자신을 발견케 된다.

안데르센의 《미운 오리 새끼》는 문자 그대로 밉게 생긴 오리 새끼였다. 얼굴 모양도, 몸도, 날개도, 갈퀴도, 걷는 모양도, 다른 오리들과는 판이하게 달랐다. 그러니 다른 오리들의 미움을 받는 그 미운 오리 새끼에게 자신의 미운 모습은 얼마나 혐오스러웠겠는가? 어느 날 하늘에서 멋진 백조가 내려왔다. 그 우아한 모습에 감탄하고 있는 미운 오리 새끼에게 백조가 다가와, 넌 오리가 아니라 백조라고 일러 주었다. 그렇다면 그

미운 오리 새끼가 자신이 백조인 줄도 모르고 오리들 사이에서 미운 오리 새끼로 살 때와, 자신이 백조임을 확인한 자기 발견 이후의 삶이 같을 수 있겠는가? 같은 이치로 주님 안에서 하나님의 자녀 된 그대의 '자기 발견'은 그대의 성숙한 믿음을 위한 첫걸음이다.

여덟째, 믿음은 '자기 가꿈, 자기 사랑'이다. 미운 오리 새끼가 자신이 백조임을 알고 난 이후에도 계속 오리를 흉내 내어 엉덩이를 뒤뚱거리며 걷거나, 감히 하늘을 날 엄두도 내지 못하고 물속에서 물장구만 치고 있겠는가? 그럴 리가 없다. 고통스러워도 백조답게 우아하게 걷는 법을 배우고, 그동안 날아 본 적이 없어 날개 죽지가 아파도 힘을 다해 비상하는 법을 익히는 등, 자신을 백조답게 가꾸기 위해 최선을 다할 것이다. 그리스도인 역시 주님 안에서 하나님의 자녀로 거듭난 자신을 발견하면, 지성을 다해 자기 자신을 하나님의 자녀답게 진리로 꾸며 가는 '자기 가꿈'이 수반되지 않을 수 없다. 욕망으로 자신의 생명을 허망하게 갉아먹던 그대가 영원한 진리로 그대 자신을 가꾸는 것보다 더 큰 '자기 사랑'은 없다. 그리고 그대가 그대 자신을 진리로 사랑할 수 있을 때에만, 그대는 비로소 이웃을 진정으로 사랑할 수 있다. 주님께서 "네 이웃을 네 자신같이 사랑하라"(마 22:39)고 명령하신 이유가 여기에 있다.

아홉째, 믿음은 '자유'다. 그대가 하나님의 자녀답게 그대 자신을 진리로 가꾸어 가기 시작하면, 그때부터 그대는 이 세상의 모든 유혹과 욕망의 덫으로부터 자유를 얻게 된다.

주는 영이시니 주의 영이 계신 곳에는 자유가 있느니라(고후 3:17)

천지를 창조하신 하나님의 영이시자 진리의 영이신 성령님께서 그대와 함께하고 계신데, 대체 이 세상 그 무엇이 그대를 속박할 수 있겠는가? 주님의 말씀처럼, 진리는 확실히 그대를 자유케 한다(요 8:32).

마지막으로 믿음은 '삶'이다. 하나님에 대한 그대의 앎이 순종, 용기, 시선, 다루어짐, 신실함, 눈에 보임, 자기 발견, 자기 가꿈, 자유를 지향하는 가운데, 그대의 삶은 점점 그리스도를 닮아 가게 된다. '얼굴'이라는 우리말의 본딧말은 '얼꼴'이다. '얼'은 우리의 영혼을 뜻한다. 영혼의 꼴, 즉 영혼의 상태가 드러나는 곳이 얼굴이다. 수녀들은 화장하지 않아도 얼굴이 곱다. 얼이 아름다운 꼴을 지니고 있으니, 그 얼굴이 곱게 보이는 것은 당연한 일이다. 어디 얼굴뿐이겠는가? 그대의 믿음이 바로 세워져 가면, 그대의 얼굴을 포함하여 그대의 삶 자체가 진리 안에서 날로 고와질 것임은 두말할 나위가 없다.

이처럼 믿음의 개념을 열 개의 다른 단어로만 대체해 보아도 그동안 우리가 믿음을 얼마나 추상적으로 이해해 왔는지, 그리고 믿음의 개념을 구체화하는 것이 신앙생활에 얼마나 중요한지 자각하게 된다.

'믿음'의 대체어 2

믿음의 개념을 재정립할수록 믿음에 대한 이해의 폭과 깊이가 더해진다. 이런 관점에서 믿음을 또 다른 용어들로 대체하여 그 의미를 《성숙자반》답게 좀더 깊이 고찰해 보자.

믿음은 '지피지기知彼知己'다.

이것은 손자병법 모공편의 '지피지기백전불태知彼知己百戰不殆'(상대를 알고 나를 알면 백 번 싸워도 위태롭지 않다)에서 나온 말이다. 성숙한 믿음을 위해서는 믿음의 대상인 하나님을 알고 또 자신을 알아야 한다. 한마디로

'지피지기'의 믿음이어야 이 세상에서 위태롭지 않은 인생을 구축할 수 있다. 하나님께서는 창조주시고 인간은 피조물임을 우리는 잘 알고 있다. 그러나 문제는 우리가, 창조주이신 하나님께서 우리의 현실 속에서 피조물인 우리를 어떻게 대해 주고 계시는지는 알려 하지 않는다는 것이다. 그래서 우리의 믿음은 현실과 무관할 때가 더 많다.

다음은 사도 바울의 증언이다.

> 우리가 이 **보배**를 **질그릇**에 가졌으니 이는 심히 큰 능력은 하나님께 있고 우리에게 있지 아니함을 알게 하려 함이라(고후 4:7)

바울이 언급한 '보배'와 '질그릇'은 각각 하나님과 우리 자신을 의미한다. 우리는 인간이 에노스임을 이미 알고 있다. 히브리어 사전에 의하면 에노스의 뜻은 '죽을 수밖에 없는 존재', '깨지기 쉬운 존재'다. 싸구려 질그릇처럼 쉽게 깨지는 그릇도 드물 것이다. 작은 유혹에도 깨지고, 시련의 비바람이 조금만 몰아쳐도 이내 산산조각 나는 우리는 영락없이 싸구려 질그릇이다. 그러나 형편없는 그 질그릇 속에, 천지를 창조하시고 영원한 보배 되시는 하나님께서 임해 계셔 주신다. 그릇의 가치는 그 속에 든 내용물에 의해 판가름 나는 법이다. 하나님께서 질그릇에 불과한 우리 속에 임해 계셔 주신다는 것은 우리를 싸구려 질그릇이라 내팽개치시지 않고, 오히려 질그릇인 우리의 가치와 의미를 당신의 수준으로 극대화시켜 주신 것을 의미한다. 이 '지피지기'의 믿음을 지니면 우리의 삶은 달라질 수밖에 없다.

우리가 사방으로 우겨쌈을 당하여도 싸이지 아니하며 답답한 일을 당하여도 낙심하지 아니하며 박해를 받아도 버린 바 되지 아니하며

거꾸러뜨림을 당하여도 망하지 아니하고(고후 4:8-9)

'지피지기'의 믿음 속에서는 어떤 상황과 마주쳐도 그대는 담대하게 나아갈 수 있다. 그대는 비록 깨지기 쉬운 질그릇일지라도, 그대 속에는 지금 천지를 창조하신 하나님께서 임해 계시기 때문이다.

무명한 자 같으나 유명한 자요 죽은 자 같으나 보라 우리가 살아 있고 징계를 받는 자 같으나 죽임을 당하지 아니하고 근심하는 자 같으나 항상 기뻐하고 가난한 자 같으나 많은 사람을 부요하게 하고 아무것도 없는 자 같으나 모든 것을 가진 자로다(고후 6:9-10)

'지피지기'의 믿음을 지닌 그대는 날마다 부요한 사람으로 살아갈 수 있다. 영원하신 하나님을 모신 그릇이 이 세상 그 어떤 그릇을 부러워할 것이며, 이 세상 어떤 그릇으로부터 상대적인 박탈감을 느끼겠는가. 그래서 그대가 '지피지기'의 믿음을 지닐 때에만 그대는 상처 받지 않는 그리스도인으로 살아갈 수 있다. 대부분의 그리스도인들은 자신이 받은 상처가 치유되기를 원한다. 자신의 상처를 치유받는 것은 참으로 중요하다. 다른 사람에게 상처 주지 않으려고 배려하는 것도 중요하다. 그러나 더 중요한 것은, 성숙한 그리스도인은 상처 받지 않는다는 사실이다. 그대가 만약 누군가로 인해 상처를 받고 있다면, 그것은 그대의 믿음이 아직 성숙해지지 못했음을 의미한다.

어떤 목사님이 미국 여행 중에 평소 잘 아는 교인 댁에 머물렀다고 한다. 어느 날 밤, 목사님은 그 교인 부부를 따라 파티에 참석하기로 했다. 멋진 드레스를 입고 안방에서 나온 부인의 목에서 아름다운 목걸이가 반짝거리는 것을 본 목사님이 농담을 던졌다. "집사님, 그 목걸이 꼭 진짜 같아 보입니다." 목사님은 자신의 말이 채 끝나기도 전에 자신이 실수하였음을 깨달았다. 아무리 가까운 사이라 해도 진짜 같다는 말은 가짜 목걸이라는 뜻이니, 목사로서 여성 교인에게 그보다 더 큰 실례가 없었다. 그 말을 듣는 당사자의 기분이 얼마나 언짢았겠는가? 그러나 그 부인은 언짢아하기는커녕 뜻밖에도 까르르 웃으며 말했다. "목사님, 이 목걸이가 가짜인지 어떻게 아셨어요? 저는 남편이 해준 진짜 보석은 집에 두고, 외출할 때는 늘 모조품을 착용한답니다." 부인의 말에 목사님은 큰 깨달음을 얻었다. 진짜를 지닌 사람은 상처 받지 않는다는 깨달음이었다.

부자에게 가난뱅이라고 해도 부자는 상처 받지 않는다. 그러나 가난한 사람을 가난뱅이라고 부르면 깊이 상처 받을 것이다. 누군가에게 무식꾼이라고 말했을 때 그 사람이 박사라면 웃어넘길 것이다. 그러나 학교 문턱도 넘어 보지 못한 무학자無學者이면 크게 상처 받을 것이다. 그러므로 어떤 이유로든 상처 받는 그리스도인은 아직 성숙한 믿음의 소유자는 아니다. 그대가 질그릇인 그대 안에 영원한 보배이신 하나님께서 임해 계심을 믿는 '지피지기'의 믿음을 지녔다면 도대체 이 세상 어떤 사람이, 그 누구의 말이, 그대에게 상처를 입힐 수 있겠는가?

그뿐 아니다. '지피지기'의 믿음을 지닐 때에만, 그대는 평생 겸손한 그리스도인으로 살아갈 수 있다.

> 나에게 이르시기를 내 은혜가 네게 족하도다 이는 내 능력이 약한 데서 온전하여짐이라 하신지라 그러므로 도리어 크게 기뻐함으로 나의 여러 약한 것들에 대하여 자랑하리니 이는 그리스도의 능력으로 내게 머물게 하려 함이라 (고후 12:9)

'지피지기'의 믿음을 지닌 사도 바울은 자신의 약한 것들을 자랑한다고 고백했다. 자신이 깨지기 쉬운 보잘것없는 질그릇임을 잊지 않을 때에만, 늘 겸손하게 삼위일체 하나님만 의지할 수 있기 때문이었다. 하나님께서는 살아 계시기에, 우리가 하나님을 위해 헌신할 때 어떤 식으로든 반드시 우리를 존귀하게 해주신다. 문제는 많은 사람들이 그 순간부터 자기 교만에 빠져 버린다는 것이다. 교만은 자신이 형편없는 질그릇임을 망각하는 것이다. 그래서 스스로 하나님의 자리에 앉아 질그릇에 지나지 않는 자기 자신을 신봉하다가, 그 인생이 질그릇처럼 산산조각으로 깨져 버리고 만다. 반대로 겸손은 자신이 질그릇임을 잊지 않는 것이다. 그 사람만 하나님과 자신의 관계를 바르게 정립할 수 있다.

바울은 "아무 일에든지 다툼이나 허영으로 하지 말고 오직 겸손한 마음으로"(빌 2:3) 하라고 권면한다. 그리스도인이 다툼이나 허영으로 무슨 일을 하려 한다면, 그것은 자신이 질그릇임을 망각한 자기 교만일 뿐이다. 바울이 권면한 '겸손한 마음'은 자신이 질그릇임을 잊지 않는 마음이다. 그러므로 흔히 오해하는 것처럼, 겸손은 "나는 할 수 없다"며 무조건 사양하는 것이 아니다. 겸손은 자신이 질그릇임을 인정하는 마음이기에, 질그릇인 자기 속에 임해 계신 하나님께서 명령하시는 것이라면 무엇이든 순종하는 것이 곧 겸손이다. 예수님께서 세례자 요한에게 세례 받으신 것을 생각해 보자. 죄인인 요한이 거룩하신 성자 하나님께 세례를 베푼다는 것은 천부당만부당한 일이었다. 그래서 자신에게 세례를 받으시려는 예수님을 가로막는 요한에게 예수님께서 말씀하셨다.

우리가 이와 같이 하여 모든 의를 이루는 것이 합당하니라(마 3:15)

당신께 세례를 베풀라는 예수님의 명령이셨다. 세례자 요한은 예수님의 그 명령에 순종하여, 더 이상 이의를 제기하지 않고 예수님께 세례를 베풀었다. 언뜻 보면, 감히 예수님께 세례를 베푼 요한이 교만해 보일 수도 있다. 그러나 세례자 요한에게는 그것이 겸손이었다. 자신은 질그릇이요, 하나님께서 질그릇인 자기 속에 임해 계신다는 '지피지기'의 믿음 속에서만 가능한 겸손이었다.

믿음은 '거룩한 부담'이다.

> 내가 말할 때마다 외치며 파멸과 멸망을 선포하므로 여호와의 말씀으로 말미암아 내가 종일토록 치욕과 모욕거리가 됨이니이다 내가 다시는 여호와를 선포하지 아니하며 그의 이름으로 말하지 아니하리라 하면 나의 마음이 불붙는 것 같아서 골수에 사무치니 **답답하여 견딜 수 없나이다**(렘 20:8-9)

예레미야가 백성들에게 전한 하나님의 말씀의 핵심은, 너희들이 그렇게 살면 반드시 망한다는 경고였다. 그러나 백성들 가운데 예레미야의 말에 귀를 기울이는 사람은 없었다. 오히려 재수 없이 멸망을 예고하는 예레미야에게 온갖 박해를 다하였다. 예레미야는 이럴 바에야, 차라리 여호와 하나님의 말씀을 전하지 않는 것이 낫겠다는 생각을 하기도 했다. 그러나 그때마다 예레미야는 "마음이 불붙는 것 같아서 골수에 사무치니 답답하여 견딜 수 없나이다"라고 토로했다. 자신의 안일을 위해 주어진 사명을 피하려 해도, 마음속에서 불타듯 일어나는 부담감으로 인해 하나님의 말씀을 전하지 않을 수 없다는 의미였다. 이처럼 성숙한 믿음은 '거룩한 부담감'으로 이어진다.

> 어찌 나와 바나바만 일하지 아니할 권리가 없겠느냐(고전 9:6)

이것은 바울의 반문反問이다. 초대교회의 복음 전도자들은 자신들의 생계를 교인들에게 의존하였다. 그러나 바울과 바나바는 대부분의 경우 자비량으로 복음을 전했다. 그들에게는 교인들의 도움을 받을 권리가 없기 때문이 아니었다. 전도지의 초신자들에게 자신들의 생계비를 떠넘김으로, 행여 자신들이 전하는 복음의 의미가 조금이라도 훼손되지 않게 하기 위함이었다. 다시 말해 주님께 사랑의 빚진 자로서, 주님의 복음을 위한 온전한 통로가 되려는 '거룩한 부담감' 때문이었다.

내가 복음을 전할지라도 자랑할 것이 없음은 내가 부득불 할 일임이라 만일 복음을 전하지 아니하면 내게 화가 있을 것이로다(고전 9:16)

바울은 육체의 안일을 위해 복음을 전하지 않으면 자신에게 화가 미칠 것이라고 고백했다. 교회를 짓밟던 폭도였던 자신을 주님께서 일방적인 은혜로 구원해 주신 것은 홀로 안일을 누리라 하심이 아니라, 당신의 백성을 구원하기 위한 당신의 통로로 사용하시기 위함임을 바울은 바르게 알고 있었던 것이다. 이처럼 주님의 사랑에 대한 '거룩한 부담감' 속에서 살았던 바울이 주님에 의해 위대한 사도로 영원히 세움 받았음은 조금도 이상한 일이 아니다.

믿음이 성숙해질수록, 예전에는 문제로 여기지 않던 것들에 대한 '거룩한 부담감'이 생기기 마련이다. 예전에는 자기 가족만 편안하면 그만이었는데, 어느 날부터 이웃에 대한 '거룩한 부담감'이 생긴다. 자기 욕망을 위해 수단과 방법을 가리지 않던 자기 삶의 태도에 대해서도 '거룩한 부담감'을 느낀다. '거룩한 부담감'이란 인간의 체면을 토대로 한 세상의 부담감과는 달리, 하나님의 말씀으로 인한 부담감이다. 예전에 없던 '거룩한 부담감'이 생겼다는 것은 그만큼 믿음이 성숙했다는 증거다. 그대가 그리스도인이면서도 아직까지 단 한 번도 '거룩한 부담감'을 느껴 본 적이 없다면, 그것은 그대가 여전히 믿음을 추상적인 개념으로만 이해하고 있음을 의미한다.

막내 아이가 초등학생일 때 혼자 지하철을 타고 꽤 먼 거리에 있는 치과에 다닌 적이 있었다. 아이는 치과 가는 날이면 즐거워했다. 학교 수업이 끝난 뒤 치과에 다녀오려면 상당한 시간이 소요되므로, 오는 길에 뭔가 요기를 할 수 있도록 아내가 지하철 삯 이외의 용돈을 주었기 때문이다. 어느 날, 그날도 막내 아이는 엄마로부터 받은 5천 원을 들고 즐겁게 치과로 향했다. 지하철역으로 내려가는 계단에 할아버지 한 분이 구걸하고 있었다. 우연히 할아버지 앞에 놓여 있는 구걸통이 아이의 시선에 들어왔는데, 그 속에는 10원짜리 동전 몇 개뿐이었다. 보지 않았으면 모르지만 일단 보고 나니 마음에 부담감을 느꼈다. 막내 아이는 엄마로부터 받은 천 원짜리 다섯 장 가운데 한 장을 할아버지의 통에 넣어 드렸다. 지하철 안에서는 찬송가가 울리는 카세트를 목에 건 맹인 할머니가 적선을 요청했는데, 그분의 구걸통에도 동전 몇 개밖에 없었다. 역시 마음에 부담감을 느낀 막내 아이는 그 할머니께도 천 원을 드렸다. 목적지의 지하철역에서도 걸인 할아버지를 만난 막내 아이는 또다시 천 원을 드렸다. 결국 그날 오뎅과 떡볶이에 라면까지 사먹겠다는 야심 찬 기대감으로 집을 나섰던 막내 아이는, 왕복 지하철 삯을 지불하고 남은 돈으로 겨우 라면만 사먹을 수 있었다. 그날 밤 아이로부터 그 이야기를 들은 나는, "너 참 잘했다"며 아이를 칭찬해 주었다. 그것은 칭찬할 일이 아니라, 그렇게 비현실적으로 살다가는 이다음에 처자식 먹여 살리기도 어려울 것이라고, 그런 경우에는 질책해야 한다고 생각하는 사람도 있을 것이다. 그러나 나에게는 믿음이 있다. 주님께서는 인간에 대해 '거룩한 부담감'을 지닌 사람을 반드시 당신의 도구로 사용하신다는 믿음이다.

그대가 주님 때문에 '거룩한 부담감'을 지니면, 그 '거룩한 부담감'은 그대 자신과 세상을 동시에 살린다.

믿음은 '약속어음'이다.

다음은 스데반 집사가 산헤드린 공회에서 행한 설교 내용 중 첫 부분이다.

부형 여러분, 내 말을 들어보십시오. 우리 조상 아브라함이 하란에 거주하기 전에, 아직 메소포타미아에 있을 때에, 영광의 하나님께서 그에게 나타나셔서 말씀하시기를 '너는 네 고향과 친척을 떠나서, 어디든지 내가 지시하는 땅으로 가거라' 하셨습니다. 그래서 그는 갈대아 사람들의 땅을 떠나 하란으로 가서, 거기서 살았습니다. 그의 아버지가 죽은 뒤에, 하나님께서 그를 하란에서 지금 여러분이 사는 이 땅으로 옮기셨습니다. **그러나 하나님께서는 여기에서 유산으로 물려줄 손바닥만한 땅도 그에게 주지 않으셨습니다.** 아브라함에게 자식이 없는데도, 하나님께서는 그와 그의 후손들에게 이 땅을 소유로 주시겠다고 약속하셨습니다. (행 7:2-5, 새번역)

아브라함은 하나님의 명령에 따라, 그동안 살던 하란을 떠나 하나님께서 지시하신 땅, 곧 가나안 땅으로 이주하였다. 그러나 막상 가나안 땅으로 이주하고 보니, 하나님께서는 '유산으로 물려줄 손바닥만한 땅도' 아브라함에게는 주시지 않았다. 그 대신 가나안 땅을 아직 태어나지도 않은 아브라함의 자식과 그 후손들에게 주시겠다고 약속하셨다. 하나님께서 아브라함에게 주신 약속은 현찰이 아니라 약속어음이었던 것이다. 아브라함 부부에게 아들을 주시겠다는 하나님의 약속은 아들 이삭을 얻기까지 25년을 기다려야 하는 약속어음이었고, 아브라함의 후손으로 하여금 큰 민족을 이루게 하시겠다는 하나님의 약속은 수백 년을 필요로 하는 약속어음이었다. 이집트의 노예살이에서 해방된 이스라엘 백성이 하나님께서 약속하신 가나안 땅에 입성한 것도, 출애굽 시점부터 따지자면 40년짜리 약속어음이었다. 하나님께서 구약의 마지막 선지자 말라기를 통해 주셨던 메시아의 약속은, 그로부터 400년이 지나 예수님께서 이 땅에 오심으로 성취되었다. 그 약속 역시 400년짜리 약속어음이었다.

우리는 언제나 하나님께 현찰을 구한다. 즉각적인 응답을 요구한다는 말이다. 하지만 하나님께서는 우리에게 한결같이 약속어음을 주신다. 대체 그 이유가 무엇일까? 현찰은 단순 거래에 지나지 않지만, 약속어음을 주고받는 것은 믿음의 행위이기 때문이다. 상인은 누구든지 현찰을 들고 오기만 하면 아무것도 따지지 않고 물건을 판다. 그것은 거래다. 현찰로 물건을 사려는 사람에게 '당신은 인격이 모라자서 팔지 않는다'든지, '당신은 믿을 수 없는 인간이어서 물건을 팔 수 없어'라고 말하는 상인은 없다. 현찰로는, 상대를 믿지 않고도 얼마든지 거래할 수 있다. 하지만 누구든 약속어음으로 물건을 구입하려 하면 그것은 전혀 다른 문제다. 약속어음은 서로 믿음의 관계에서만 주고받을 수 있다. 하나님께서 우리와 맺기 원하시는 것은 단순한 거래의 관계가 아니라 믿음의 관계다. 이것이 하나님께서 우리에게 언제나 약속어음을 주시는 까닭이다. 이 사실을 깨닫지 못하면, 우리는 우리의 조급함 때문에 늘 하나님을 오해하거나 불신하게 된다. 그러나 하나님의 모든 말씀이 약속어음임을 아는 사람에게는 성경이 송두리째 하나님의 약속어음 다발이 된다.

세상의 유가증권은 아무리 많이 가지고 있어도 무효화되는 경우가 허다하다. 또 그것 때문에 자신의 인생을 망칠 수도 있고, 자신의 사후에는 자식들의 관계를 원수지간으로 만들 수도 있다. 그러나 하나님의 약속어음에는 부도가 없고, 그 유효기간은 영원하다. 그리고 자신은 말할 것도 없고 자기 자식들의 인생을 영원한 반석 위에 세워 주는 영원한 유가증권이다. 그대가 이 사실을 믿는다면, 그대는 이 약속어음 다발을 그대의 자식들에게 유산으로 물려줄 것이다. 그 약속어음들이 그대의 자손 대대로, 기일期日이 이를 때마다 어김없이 결제될 것임은 두말할 필요도 없다.

믿음은 '기다림'이다.

약속어음을 받은 사람은 만기일이 도래할 때까지 기다려야 한다. 한 달짜리 약속어음을 받아 놓고 그다음 날부터 결제를 독촉하는 사람은 없다. 그러나 하나님의 약속어음이 결제되기를 믿고 기다린다는 것은 아무것도 하지 않는, 단순히 무위도식의 기다림을 의미하지 않는다. 하나님의 약속어음을 믿는 사람들의 기다림은, 그 결제일이 도래하기까지 하나님의 약속을 누리기에 합당한 사람으로 하나님에 의해 새롭게 빚어지는 특별 훈련 기간이다. 이것이 하나님께서 당신의 약속이 성취되기까지 그대를 '기다리게' 하시는 이유이다. 이런 관점에서 시편 66편은 참으로 귀한 깨달음을 안겨 준다.

하나님이여 주께서 우리를 시험하시되 우리를 단련하시기를 은을 단련함같이 하셨으며(시 66:10)

하나님께서는 때로 은을 단련하시듯 그대를 훈련시키신다. 은장색은 은을 단련할 때 은을 완전히 녹여 불순물을 제거한다. 하나님께서도 은장색처럼 그대의 인격과 자존심을 완전히 해체시킬 때가 있다. 그대의 심령 속에 퍼져 있는 불순물을 제거해 주시기 위함이다.

> 우리를 끌어 그물에 걸리게 하시며 어려운 짐을 우리 허리에 매어 두셨으며(시 66:11)

하나님께서 때로는 그대를 인생 그물 속에 가두기도 하신다. 어부가 바다에 던진 그물에는 그물의 구멍보다 큰 고기만 걸려드는 법이다. 작은 고기는 그물에 걸려들어도 구멍을 통해 빠져나간다. 그대가 때로 인생 그물 속에 갇혔을 때, 그 그물에서 벗어나는 길은 그대 자신을 감량하는 것밖에 없다. 그대의 허망한 욕망과 이기심, 까닭 없는 증오심, 하늘 높은 줄 모르는 교만을 버려야 한다. 그대의 영적 다이어트를 위해 인생 그물보다 더 좋은 하나님의 은혜는 없다.

하나님께서는 또 그대의 허리에 어려운 인생 짐을 지우기도 하신다. 막노동으로 가족을 부양하는 가장이 바람을 피웠다거나, 시장 바닥에서 콩나물을 파는 아주머니가 탈선했다는 이야기는 들어 보기 어렵다. 돈과 시간이 남아도는 사람들이 삶의 정상 궤도를 이탈하는 법이다. 하나님께서는 그대가 한눈팔지 않고 그대에게 주어진 소명의 삶에만 충실하게끔, 이따금씩 그대의 허리에 어려운 인생 짐을 지우신다.

> 사람들이 우리 머리를 타고 가게 하셨나이다 우리가 불과 물을 통과하였더니 주께서 우리를 끌어내사 풍부한 곳에 들이셨나이다(시 66:12)

하나님께서는 때로 사람들이 그대의 '머리를 타고 가게'도 하신다. 그대의 명예와 인격이 사람들에게 짓밟히게 하시는 것이다. 그때 그대가 할 수 있는 것이라고는 고개를 들어 하나님을 우러러뵙는 것뿐이다. 인생의 불과 물을 통과하면 그대의 인생이 때로는 뜨겁고 때로는 춥기도 하다. 그러나 그 모든 과정을 거치면서 그대는 비로소 수정처럼 정결한 영혼의 소유자가 되는 것이다. 그래서 시인은 마침내 '주께서 우리를 끌어내사 풍부한 곳에 들이셨나이다'라고 노래했다. 그 모든 과정을 거치고 나니, 하나님의 약속어음이 드디어 결제되었다는 것이다. 그 모든 과정을 거치면서 약속어음의 내용을 누릴 만한 사람이 되었기 때문이다. 그래서 하나님께서는 그대로 하여금 결제일이 이르기까지 기다리게 하시고, 그때까지 그대의 영적 체질과 삶의 패턴을 새롭게 빚어 주신다.

이 묵시는 정한 때가 있나니 그 종말이 속히 이르겠고 결코 거짓되지 아니하리라 비록 **더딜지라도 기다리라** 지체되지 않고 반드시 응하리라 (합 2:3)

하나님의 약속어음은 때가 이르면 반드시 결제된다. 그래서 믿음은 '기다림'이요, 그 '기다림'은 소망과 설렘의 '기다림'이다.

믿음은 '자기 성장'이자 '자기 확장'이다.
그대가 하나님의 약속어음을 믿고 기다리는 가운데 하나님에 의해 새롭게 빚어져 가면, 그대의 믿음은 영적인 '자기 성장'과 '자기 확장'을 수반하게 된다.

내가 어렸을 때에는 말하는 것이 어린아이와 같고 깨닫는 것이 어린아이와 같고 생각하는 것이 어린아이와 같다가 **장성한 사람이 되어서는 어린아이의 일을 버렸노라** (고전 13:11)

'성장'한다는 것, '자기 확장'을 이루어 간다는 것은 '버리는 것'이다. 어린아이의 것을 버리고, 어제의 것을 버리는 것이다. 나이가 들어서도 어린아이와 어제에 머물러 있으려 하면, '자기 성장'이나 '자기 확장'은커녕 미숙하고 유치한 인간으로 살아갈 수밖에 없다.

　기독교와 관련된 소설을 쓰기는 했지만, 정작 본인은 주님을 영접하지 않고 세상을 떠난 원로 작가가 있었다. 그분은 성경에 대해서도 해박한 지식을 지니고 있었다. 그분의 생전에 그분과 식사를 하면서, 왜 성경과 기독교에 지대한 관심을 가지고 있으면서도 주님을 믿지는 않는지, 그 이유를 여쭈어 보았다. 그분은 성경이, 처녀가 아이를 낳았다고 억지를 부리기 때문이라고 대답했다. 결혼한 여자가 낳은 아이가 구세주가 되었다 해도 될 것을, 굳이 예수가 처녀의 몸에서 태어났다고 억지를 부리니 자신의 상식으로는 도저히 받아들일 수 없다는 것이었다. 그분은 하나님에 대해 완강한 자기 틀을 지닌 분이었다. 피조물인 자신과 창조주이신 하나님의 차이를 인정하지 않는 틀이었다. 그분은 그 틀을 버리지 못해, 성경에 대한 해박한 지식을 지니고 있으면서도 끝내 믿음의 사람이 되지는 못했다. 자기 사고방식의 틀을 버려 버리면, 천지를 창조하신 하나님께서 처녀 마리아로 하여금 예수님을 낳게 하시는 것은 조금도 어렵거나 이상한 일이 아님을 알게 되고, 그때부터 영적인 '자기 성장'과 '자기 확장'이 가능해진다. 그러므로 그리스도인은 하나님을 향해 철저하게 열려 있는 동시에, 어제의 자신을 과감하게 버릴 수 있어야 한다.

　동방박사들은 별을 보고 유대인의 왕이 곧 탄생하실 것을 알았다. 그들은 별을 통한 계시를 좇아 예루살렘으로 찾아가 왕의 탄생지를 물었다. 헤롯 대왕이 그 말을 듣고 대제사장과 서기관들에게 확인케 한 결과 베들레헴일 것이라고 했다. 헤롯 대왕은 동방박사들에게, 그들이 찾아온 아기를 베들레헴에서 정말 만나게 되면 자기도 경배할 수 있도록 자기에게 알려 달라고 했다. 그러나 실은 경배하려 함이 아니라, 자기 이외의 왕이 태어났다고 하니 아예 죽여 버리기 위함이었다. 동방박사들이 아기 예수님을 만나 경배드린 날 밤, 하나님의 계시가 이번에는 그들의 꿈을 통해 임했다. 헤롯 대왕에게 돌아가지 말고 그냥 귀국하라는 계시였다. 그들은 별을 통한 계시를 좇아 동방에서부터 베들레헴의 외양간까지 찾아간 사람들이었다. 그렇지만 그들은 별을 통한 계시만 하나님의 계시라고 단정하는, 자기 틀에 갇힌 사람들이 아니었다. 그들은 하나님의 계시가 그들의 꿈을 통해서도 임할 수 있음을 믿었다. 그들은 하나님에 대해 철저하게 열려 있었고, 또 어제의 자신을 버릴 줄 아는 사람들이었기에, 계속 하나님의 뜻을 바르게 좇을 수 있었다. 이를테면 그들은 영적인 '자기 성장'과 '자기 확장'을 이루어 가는 사람들이었다. 그리스도인들 가운데 '나는 별을 통해서만 하나님과 소통한다'거나, '나는 꿈을 통해서만 하나님의 뜻을 분별한다'는 식의 자기 틀에 갇힌 사람들이 의외로 많다. 믿음이 영적인 '자기 성장'이자 '자기 확장'임을 알지 못하기 때문이다.

우리의 삶은 태어나서 죽을 때까지 사람들과의 관계 속에서 이루어진다. 중요한 사실은, 하나님께서는 우리에게 배우자든 자식이든 동료든 세팅이 끝난 완제품 보석을 주시지 않는다는 점이다. 하나님께서는 언제나 원석을 주신다. 그러므로 그 원석의 가치를 알기 위해서는 그 원석을 주신 하나님과, 하나님께서 주신 원석에 대해 철저하게 열려 있어야 한다. 하나님에 대해 자기중심적인 틀을 지니고 있으면, 하나님께서 아무리 귀한 원석을 주셔도 끝내 그 가치를 알지 못하고 내팽개치는 어리석음을 범하게 된다. 하나님에 대한 자기 틀을 버리고 '자기 성장'과 '자기 확장'을 이루어 갈 때에만, 하나님께서 자기 곁에 두신 사람이 모든 면에 걸쳐 자신과 달라도 날로 그 사람의 속사람, 즉 원석의 가치를 알아가는 가운데 서로 조화를 이루게 된다.

하나님께서는 어떤 경우에도 그대의 틀 속에 갇히시지 않는다. 그대가 자신의 틀을 버리고 하나님을 향한 '자기 성장'과 '자기 확장'을 이루어 가지 않는다면, 그대는 이웃은 고사하고, 하나님께서 특별히 그대 곁에 두신 그대의 가족마저 제대로 사랑할 수는 없을 것이다.

믿음은 '선택'이다.

날마다 영적인 '자기 성장'과 '자기 확장'을 꾀하는 사람은 자기 삶의 현장에서 매 순간 바른 '선택'을 할 수 있다. 다음은 사도 바울의 자문자답이다.

> 내가 지금 사람들의 마음을 기쁘게 하려 하고 있습니까? 아니면, 하나님의 마음을 기쁘게 해드리려 하고 있습니까? 아니면, 사람의 환심을 사려고 하고 있습니까? 내가 아직도 사람의 환심을 사려고 하고 있다면, 나는 그리스도의 종이 아닙니다. (갈 1:10, 새번역)

대중 전도자였던 바울은 가는 곳마다 많은 사람들을 만났다. 그들 가운데 바울을 따르는 이들도 많았지만, 반대로 바울을 박해하고 제거하려는 사람들도 많았다. 바울에게는 두 가지 선택의 가능성이 있었다. 복음을 전하더라도 대중의 환심을 사는 데 주안점을 두어 복음 전도로 인한 박해를 피하는 것이 첫 번째 선택의 가능성이었고, 이 세상 모든 사람들이 복음을 거부하면서 자신에게 위해를 가한다 할지라도 복음의 증인이 되어 주님으로부터 신뢰받는 주님의 종으로 살아가는 것이 두 번째 선택의 가능성이었다. 바울은 그 두 가지 선택의 가능성을 놓고, 자신이 사람들을 기쁘게 하려 하는지 아니면 하나님을 기쁘게 해드리려는지 자문하면서, 만약 자신이 사람의 환심을 사려고 한다면 자신은 그리스도의 종이 아니라고 단호하게 자답하였다. 바울은 믿음은 '선택'이고, 그 '선택'은 바른 '선택'이어야 함을 알고 있었다.

하나님께서 인간에게 주신 자유의지는 선택에 대한 자유의지였다. 하와는 선악과를 먹지 말라는 하나님의 명령을 선택할 수도 있었고, 선악과를 먹고 하나님과 같이 되라는 사탄의 유혹을 선택할 수도 있었다. 그 두 가지 선택의 가능성 가운데 하와는 후자를 선택하였다. 그것은 하나님의 명령을 범하는 그릇된 '선택'이었다. 하와는 남편 아담마저 그 그릇된 '선택'으로 끌어들였다. 인간의 원죄는 곧 그릇된 '선택'이었고, 그 결과는 실낙원이요 죽음이었다.

하나님께서는 당신의 독생자로 하여금 인간의 죗값을 대신 치르게 하심으로 우리에게 참생명을 주셨다. 그렇다면 우리가 예수 그리스도 안에서 참생명을 얻었다는 증거는 무엇으로 드러나야 하겠는가? 두말할 것도 없이 생명의 '선택'으로 드러나야 한다. 우리 앞에는 언제나 두 길이 있다. 공동묘지에서 끝나는 죽음의 길과, 영원한 하나님의 나라로 이어지는 생명의 길이다. 생명을 지닌 사람만 생명의 길을 '선택'할 수 있다. 생명과 죽음은 어떤 경우에도 함께할 수 없는 탓이다. 예수님께서 말씀하셨다.

> 내가 곧 길이요 진리요 생명이니 나로 말미암지 않고는 아버지께로 올 자가 없느니라(요14:6)

인간에게 참생명을 주시기 위해 십자가의 제물이 되신 예수님께서 생명이시요, 우리로 하여금 생명의 근원이신 하나님께 나아가게 해주시는 생명의 길이시다. 그래서 예수 그리스도 안에서 생명을 얻은 그리스도인들은 바울처럼 무엇을 하든 생명이신 주님의 말씀을, 주님의 뜻을 '선택'하지 않을 수 없다. 이런 관점에서 가룟 유다는 이 세상에서 가장 어리석은 인간이었다.

그는 주님의 부르심을 받아 3년 동안이나 주님의 직계 제자로 살았다. 인류 역사상 그와 같은 특별한 은총을 누린 인간은 단 열두 명뿐이었다. 만약 그가 다른 열한 명의 제자들처럼 예수 그리스도 안에서 생명을 '선택'했더라면, 그는 영원한 생명의 길 위에서 영원한 생명의 사도로 영원히 살아 있을 것이다. 그러나 그는 생명이신 예수 그리스도를 배신하는 대가로 은 30냥을 '선택'하였다. 그리고 그는 스스로 목매어 자살하는 것으로 자신의 생을 마감하였다. 그의 '선택'은 죽음의 '선택'이었던 것이다.

> 좁은 문으로 들어가라 멸망으로 인도하는 문은 크고 그 길이 넓어 그리로 들어가는 자가 많고 생명으로 인도하는 문은 좁고 길이 협착하여 찾는 자가 적음이라(마 7:13-14)

'멸망으로 인도하는 문'은 가룟 유다가 '선택'했던 죽음으로 치닫는 문이다. 그런데도 많은 사람들이 그 죽음의 길을 그릇 '선택'한다. 하와에게 그랬듯이, 그 길이 '먹음직도 하고 보암직도 하고 지혜롭게 할 만큼 탐스럽기도' 하기 때문이다. 몸에 좋은 약은 본래 입에 쓰지 않던가? 그대가 진정한 그리스도인이라면, 그대는 당장은 쓰게 보여도 예수 그리스도의 생명을, 그분의 말씀과 뜻을 바르게 '선택'해야 한다.

믿음은 '계산'이다.

믿음이 '선택'이라면, 바른 '선택'을 위한 '계산'은 필수적이다.

> 그러므로 누구든지 이 계명 중에 지극히 작은 것 하나라도 버리고 또 그같이 사람을 가르치는 자는 천국에서 지극히 작다 일컬음을 받을 것이요 누구든지 이를 행하며 가르치는 자는 천국에서 크다 일컬음을 받으리라(마 5:19)

하나님께서는 평등의 하나님이 아니시다. 평등은 인간의 구호다. 신구약을 통틀어 성경에는 평등이란 단어가 단 한 번도 등장하지 않는다. 하나님의 정의는 평등이 아니라 공평이요, 공평은 뿌린 대로 거두게 하시는 것이다. 그래서 하나님의 나라에는 큰 사람이 있고 작은 사람이 있다. 사도 바울처럼 참수형을 당하기까지 일평생 오직 주님만을 위해 산 사람과 우리처럼 적당히 산 사람이 천국에서 평등하다면, 하나님께서는 결코 정의의 하나님이실 수 없다.

> 사람에게 보이려고 그들 앞에서 너희 의를 행하지 않도록 주의하라 그리하지 아니하면 하늘에 계신 너희 아버지께 상을 받지 못하느니라
> (마 6:1)

하나님께서는 상 주시는 하나님이시다. 그러므로 우리는 늘 '계산'하지 않으면 안 된다. 내가 지금 '선택'하려는 이것이 세상에서 크기 때문인가, 아니면 하나님의 나라에서 크기 때문인가? 내가 하려는 이 일이 세상 사람들의 갈채를 받을 일인가, 세상 사람은 아무도 모르지만 하나님께서 기뻐하시는 일인가? 우리는 늘 바르게 '계산'할 줄 알아야 한다. 바르게 '계산'할 줄 아는 사람만 바르게 '선택'할 수 있다. 바른 '계산'이 가능하려면 주님의 '계산법'을 숙지하고 있어야 한다.

> 너희 중에는 그렇지 않아야 하나니 너희 중에 누구든지 크고자 하는 자는 너희를 섬기는 자가 되고 너희 중에 누구든지 으뜸이 되고자 하는 자는 너희의 종이 되어야 하리라 (마 20:26-27)

세상의 계산법은 수단과 방법을 가리지 않고 더 높아지고 더 많이

가져, 보다 더 많은 사람들을 수하(手下)에 거느리는 것이다. 하지만 주님의 '계산법'은 전혀 다르다. 주님의 '계산법'에 의하면, 타인을 종처럼 섬기는 사람이 으뜸이다. 타인을 섬기기 위해서는 자기를 부인하고 버리지 않으면 안 된다. 그것이 주님 앞에서 으뜸이 되는 길이다. 주님께서 더러운 죄인인 인간을 살리시기 위해 당신 자신을 십자가의 제물로 버리심으로 모든 인간 가운데 영원한 으뜸이 되셨다. 주님께서 당신의 '계산법'이 정확함을 십자가의 죽음과 부활을 통해 친히 증명해 보여 주신 것이다. 주님의 이 역설적인 '계산법'을 바르게 이해하면, 그대는 어떤 상황 속에서도 버릴 것과 취할 것을 바르게 분별할 수 있다.

몇 해 전 미국에서 지인들을 만나 환담을 나누던 중, 한 분이 나를 가리켜 이렇게 말했다. "이 목사는 어떻게 가는 곳마다 자기가 누릴 기득권을 버리고 다니지? 이 목사는 계산도 할 줄 모르나?"

그 말에 아무도 대꾸를 하지 않자, 잠시 후 그분이 다시 혼잣말처럼 말했다. "어쩌면 이 목사가 계산에 제일 밝아서 그런지도 모르지……."

그분의 말이 맞았다. 나는 바보가 아니다. 내가 바보여서 스스로 누릴 수 있는 것들을 포기하는 것이 아니다. 나는 분명하게 아는 것이 있다. 인생의 승부는 이 세상에서 나지 않는다는 것이다. 인생의 승부는 오직 하나님 앞에서 난다. 하나님의 영원 앞에서는, 이 세상에서의 인생은 물거품이 생겼다가 사라지는 찰나에 지나지 않는다. 그러나 하나님의 나라에서는 영원히 살 것이다. 나는 그때를 바라보며 오늘을 산다. 상 주시는 하나님 앞에 서는 그날을 바라보며, 후회 없이 그날을 맞이하기 위해, 나는 오늘 이 땅에서 무엇을 버리고 잡아야 할 것인지 '계산'하며 살아간다.

믿음은 '모험'이다.

하나님 앞에서 바르게 '계산'할 수 있는 사람은, 언제나 하나님의 말씀에 순종하여 '모험'에 나설 수 있다.

> 노아가 그와 같이 하여 하나님이 자기에게 명하신 대로 다 준행하였더라(창 6:22)

노아가 하나님의 명령에 따라 방주를 지었다. 방주의 크기는 길이가 300규빗, 넓이가 50규빗, 높이가 30규빗이었다. 오늘날의 단위로 계산하면 길이 137.4미터, 너비 22.9미터, 높이 13.7미터로 축구장보다 더 큰 대형 선박이다. 하나님께서는 그 큰 방주를 지으라고 노아에게 단돈 1원도 주시지 않았다. 필요한 일꾼을 붙여 주신 것도 아니다. 하나님께서는 단지 명령만 하셨을 뿐이다. 그런데도 노아는 순종했다. 노아가 하나님의 명령에 순종하기 위해 자신의 전 재산과 전 인생을 거는 믿음의 '모험'을 감행한 것이다. 노아가 바보거나 엉뚱해서가 아니었다. 노아는 바르게 '계산'할 줄 아는 사람이었다. 하나님의 명령이 무엇이든, 그 명령에 순종하는 것이 영원을 얻는 가장 확실한 투자임을 노아는 알고 있었던 것이다. 그 '모험'의 결과로 노아는 인간의 중시조重始祖, 두 번째 시조가 되었다.

세상의 모험은 도박 혹은 투기와 구별되지 않는다. 결과가 보장되지 않는 까닭이다. 일확천금을 노리며 세상의 모험에 뛰어드는 사람들은 대개 패가망신하기 마련이다. 그러나 믿음의 '모험'은 가장 확실한 신앙 행위다. 하나님의 명령에 순종하기 위한 믿음의 '모험'은, 하나님께서 그 결과를 책임져 주시기 때문이다. 인생을 살다 보면 때로 끝이 보이지 않는 캄캄한 터널을 지나기도 하고, 혈혈단신으로 망망대해를 건너야 할 때도 있다. 그럴지라도 두려워하지 말라. 그 상황 속에서도 하나님의 뜻에 순종하기 위해 믿음의 '모험'을 감행하라. 하나님께서 반드시 그 결과를 책임져 주시며 당신의 뜻을 이루실 것이다. 중요한 사실은 하나님께서 자신에게 얼마나 큰 잠재력과 은사를 주셨는지는, 하나님의 뜻을 위해 자신을 던지는 믿음의 '모험'을 통해서만 스스로 확인할 수 있다는 것이다. 하나님 뜻을 위해 자신을 던지는 믿음의 '모험'이 없이는, 하나님께서 자기에게 주신 무궁무진한 잠재력과 은사를 알 도리가 없다는 말이다.

사회생활을 하던 나는 우리 나이로 서른일곱 살에 신대원에 입학하였다. 그렇지만 그때는 목사가 되기 위해서가 아니었다. 그동안 너무나도 허랑방탕하게 살았었기에, 신대원으로 나의 인생길을 확실하게 바꾸지 않으면 옛 삶으로 회귀해 버릴 것 같아서였다. 서른일곱 살의 나이로 하루아침에 인생길을 바꾼다는 것은 크나큰 '모험'이었다. 그러나 그 '모험'을 감행하고서야, 나는 하나님께서 내게 하나님의 말씀을 깨닫고 가르치는 은사를 주셨음을 알았다. 신대원으로 나의 인생길을 바꾸는 '모험'을 감행하지 않았던들 확인할 수 없었을 은총이었다.

나는 서른여섯 살까지 허랑방탕하게 살았기에 남자의 세계를 잘 알고 있다. 방탕에 빠져 살던 시절, 나는 나 자신의 그릇된 삶에 대한 양심의 가책 때문에 주일이면 면죄부를 얻는 심정으로 누구보다 교회에서 열심히 봉사했다. 이를테면 교회 안과 밖의 삶이 완전 분리된 철저한 '선데이 크리스천'이었다. 목회자가 된 이후, 예전의 나와 같은 남성 교인들을 볼 때마다 가슴이 아팠다. 그래서 그런 분들을 위해 1992년에 내가 얼마나 형편없는 인간이었는지, 주님께서 나 같은 인간을 어떻게 구원해 주셨는지, 그 이후 내가 어떤 가치관으로 살고 있는지를 밝히는 《믿음의 글들, 나의 고백》이란 제목의 책을 썼다.

그때 이미 마흔 살이 넘은 나이에 사랑하는 처자식을 지닌 내가, 나 자신의 수치스러운 과거를 공개적으로 고백하는 글을 쓴다는 것은 '모험'이었다. 그러나 나는 그 한 권의 고백록을 쓰면서 하나님께서 내게 글 쓰는 은사를 주셨다는 사실을 알았다. 만약 내가 나의 치부를 고백하는 그

'모험'에 나서지 않았더라면 그대가 지금 읽고 있는 《성숙자반》을 포함하여, 그 이후 지금까지 출간된 나의 책들은 이 세상에 존재하지 않을 것이다.

신대원에 다닐 때 하나님의 뜻이 있으시다면 40대에는 국내에 있는 분들을 위해 헌신하고, 50대에는 나라밖에 있는 분들을 위해 헌신하게 해달라는 기도를 드렸었다. 그때는 깊은 생각 없이 드린 기도였다. 그러나 내가 40대에 주님의교회에서 10년간의 임기를 마친 뒤, 50대에 접어들면서 스위스의 제네바한인교회를 3년 동안 섬긴 이유 중의 하나가, 바로 그때 그 기도 때문이었다. 당시 미자립 교회였던 제네바한인교회는 목회자의 사례비를 제대로 줄 형편이 아니어서, 나는 서울에 가족을 남겨두고 3년 동안 홀로 제네바에서 지내야만 했다. 그것은 우리 부부에게 엄청난 '모험'이었다. 그때 내 나이 50세였고, 내가 제네바에서 사역하는 3년 동안 서울에 있는 처자식을 위해 단돈 1원도 보내 줄 수 없는 상황이었다. 아내 홀로 사내아이 네 명을 무려 3년 동안 전적으로 책임져야만 했다.

그러나 아내는 내가 그 믿음의 '모험'에 과감하게 나설 수 있도록 내 등을 밀어주었다. 그 '모험' 덕분에 나는 제네바한인교회를 섬기는 3년 동안 하나님께서 내 마음속에 해외 동포에 대한 사랑의 은사를 심어 주셨음을 깨달았다. 그래서 제네바한인교회 사역을 끝내고 귀국한 뒤에도 2005년 7월에 100주년기념교회가 창립되기까지, 나는 해외 동포들과 말씀의 은혜를 나누기 위해 매달마다 적으면 한 달에 두 번, 많을 때는 한 달에 네 번까지도 출국했다. 50대 중반의 나이에 매달마다 최소한 두 번 이상 좁은 비행기 좌석에 앉아 미주 대륙과 유럽 대륙을 오가는 것은 체력적으로 무척 어려운 일이었다. 그러나 하나님께서 내 마음속에 심어 주신, 해외 동포에 대한 사랑의 힘이 그 어려움을 극복하게 해주었다. 그리고 그 믿음의 '모험'을 통해 하나님께서는 내 영성의 깊이를 심화시켜 주시는 보너스를 주셨다.

하나님의 뜻에 순종하기 위해 자신을 던지는 믿음의 '모험'에 나서지 않는 사람은, 하나님께서 자신에게 이미 주신 잠재력과 은사를 제대로 확인할 수 없다. 노아처럼 믿음의 '모험'을 감행하기를 두려워하지 말라. 믿음의 '모험'을 통해서만 그대는 하나님께서 얼마나 위대한 분이신지, 하나님께서 그대에게 얼마나 귀한 잠재력과 은사를 주셨는지 확인하게 될 것이요, 결과적으로 그대 삶의 의미와 가치가 달라질 것이다.

믿음은 '초지일관'이다.

> 주께서 심지가 견고한 자를 평강하고 평강하도록 지키시리니 이는 그가 주를 신뢰함이니이다(사 26:3)

'심지가 견고한 자'는 어떤 상황 속에서든 하나님을 신뢰하는 사람이다. 하나님을 신뢰한다는 것은 하나님께 기대는 것이다. 그대가 이따금 벽에 기대는 것은, 그 벽이 그대를 받쳐 주리라는 신뢰가 있기 때문이다. 흔들거리는 널빤지라면 그대는 절대로 기대지 않을 것이다. 인간이 하나님께 기대는 것 역시 하나님께서 받쳐 주실 것이라는 신뢰, 즉 믿음으로 인함이다. 하나님께 기댔는데도 하나님께서 받쳐 주시기는커녕 오히려 자신의 인생이 땅바닥에 곤두박질칠 경우에는 어떻게 해야 하는가? 그래도 기대야 한다. 욥처럼 하나님께 기댔다가 세상에서 잃을 수 있는 모든 것을 다 잃어도, 그래도 견고한 심지로 하나님께 기대야 한다. 믿음은 '초지일관'이기 때문이다.

하나님께서 그와 같은 사람을 '평강하고 평강하도록' 지켜 주신다. 어떤 경우에도 하나님께만 기대는 그의 견고한 심지가 하나님께서 온전히 거하시는 하나님의 성전이 되는 까닭이다. 왜 하나님을 믿는 그리스도인들의 삶이 혼돈과 불안 속에 빠져 있는가? 하나님께 기대되 자신이 정한 수준까지만 기대고, 그 이상은 기대려 하지 않기 때문이다. 나는 그동안 내게 개업 감사 예배를 부탁한 교인들 중에 어쩔 수 없이 사업을 접게 되었을 경우, 폐업 감사 예배를 요청하는 교인을 본 적이 없다. 대학입시를 앞둔 자식을 위해 기도를 부탁한 부모 가운데, 자식이 낙방했을 때 감사 기도를 부탁하는 부모도 만나 본 적이 없다. 개업이나 자식의 대학입시를 앞두고는 하나님께 기대지만, 사업에 실패하거나 자식이 낙방하면 하나님께 기댈 필요성을 느끼지 못하는 것이다. 상황에 따라 절연되는 믿음은 바른 믿음이 아니요, 그런 믿음으로는 하나님의 평강을 누릴 수 없다. 살얼음처럼 쉽게 깨지는 연약한 심지는 하나님께서 거하시는 하나님의 성전이 될 수 없기 때문이다.

성경에 등장하는 신앙 위인들 가운데 세상에서 실패를 겪지 않은 사람이 있었던가? 세상의 실패는 그 실패를 하나님의 섭리로 받아들이는 사람에게는, 하나님에 의해 새롭게 세움 받기 시작하는 하나님의 은혜의 손길이다. 성경 인물들은 세상의 실패를 도리어 감사하면서 '초지일관' 하나님께만 기댐으로, 결과적으로 하나님의 평강 속에서 하나님에 의해 신앙 위인으로 세움 받은 사람들이었다. 그대의 계획이 무산되고 그대의 자식이 그대의 기대에서 어긋나더라도, 오히려 감사함으로 '초지일관' 하나님께 기대라. 그대가 하나님께 기대다가 그대의 인생이 땅바닥에 곤두박질쳐도, 그래도 '초지일관' 하나님께 기대라. '심지가 견고한' 그대를 하나님께서 당신의 평강 속에서 반드시 책임져 주실 것이다. 믿음은 '초지일관'이기 때문이다.

믿음은 결과적으로 '본本'이다.

모든 인간은 자신이 원튼 원치 않든 다른 사람에게 교사가 된다. 차이가 있다면 모든 사람이 '본'받고 싶어 하는 진면교사냐, 그 누구도 '본'받으려 하지 않는 반면교사냐의 차이뿐이다. 이 세상에는 죽어도 자기 부모만은 '본'받지 않겠다는 사람들이 의외로 많다. 일평생을 살고서도 자기 자식에게마저도 반면교사로 삶을 마감한다면, 그보다 더 서글픈 인생이 있을 수 있겠는가? 오직 주님을 '본'받아 사는 사람만 모든 사람이 닮기 원하는 진면교사, 믿음의 '본'이 될 수 있다.

> 내가 그리스도를 본받는 자가 된 것같이 너희는 나를 본받는 자가 되라(고전 11:1)

이것은 바울의 증언이다. 이 증언의 진의를 파악하지 못하면, 바울을 대단히 교만한 사람으로 오해할 수 있다. 이 증언은 바울 스스로 이 세상 모든 사람의 '본'을 자처한 선포가 아니다. 바울의 증언에 주석을 가하자면 이런 말이다.—"내가 예수 그리스도를 내 삶의 '본'으로 삼아 살았더니, 나도 모르게 사람들이 나를 '본'받으려 하더라. 그러므로 여러분들도 나처럼 예수 그리스도를 '본'으로 삼는 삶을 살라." 그래서 바울의 설교를 들은 베스도 총독이 '바울아 네가 미쳤도다. 네 많은 학문이 너를 미치게 한다'(행 26:24)고 판정을 내렸을 때에도, 바울은 베스도 총독에게 이렇게 대답했다.

> 바울이 이르되 베스도 각하여 내가 미친 것이 아니요 참되고 온전한 말을 하나이다(행 26:25)
> 바울이 이르되 말이 적으나 많으나 당신뿐만 아니라 오늘 내 말을 듣

는 모든 사람도 다 이렇게 결박된 것 외에는 나와 같이 되기를 하나님
께 원하나이다 하니라 (행 26:29)

바울은 자신을 미쳤다고 판정한 베스도 총독에게, 오히려 당신이 "나
와 같이 되기를 원"한다고 밝혔다. 주님을 '본'으로 삼는 바울 자신처럼
살지 않으면, 천하의 베스도 총독이라 해도 욕망의 포로에 불과한 그의
인생은 결국엔 반면교사로 끝날 것임이 불을 보듯 뻔했기 때문이다.

나와 같이 모든 일에 모든 사람을 기쁘게 하여 자신의 유익을 구하지
아니하고 많은 사람의 유익을 구하여 그들로 구원을 받게 하라
(고전 10:33)

자기의 유익을 구하지 않고, 많은 사람들이 구원을 얻을 수 있게끔
그들의 유익을 위해 살았던 바울은 결과적으로 주님 안에서 주님에 의
해 진면교사, 참된 믿음의 '본'이 되었다. 오늘날에도 그리스도인들은 세
상을 향해 복음을 외치지만, 왜 세상 사람들은 귀를 닫고 그리스도인들
을 '본'받으려 하지는 않는가? 그리스도인들이 자신의 유익만 구하는 탓
이다. 자신의 유익만 구하는 사람은 아무리 크게 성공해도 반면교사로
생을 마감할 수밖에 없다. 자신의 유익만 구하느라 수많은 사람들의 유
익을 짓밟을 테니 말이다. 그대를 살리시기 위해 당신 자신을 십자가의
제물로 던지셨던 예수 그리스도를 그대 삶의 '본'으로 삼으라. 많은 사람
들이 그대를 통해 주님의 구원을 입을 수 있도록, 그대의 삶으로 그들의
유익을 구하라. 주님께서 그대를 모든 사람들이 '본'받기 원하는 진면교
사, 참된 믿음의 '본'으로 세워 주실 것이다.

결론

지금까지 우리는 믿음을 열 개의 다른 용어로 대체하여 믿음의 개념을 재정립해 보았다. 그리고 그 과정을 통해 우리는 중요한 결론을 얻게 된다.

첫째, 믿음의 개념을 새롭게 정립하면 할수록 그대의 믿음은 날로 새로워진다. 시편 96편 1절은 "새 노래로 여호와께 노래하라"고 명령한다. 시편에는 동일한 내용의 명령이 여러 차례 반복되고 있다. '새 노래로 여호와께 노래하라'는 것은, 매번 새 노래를 만들어 부르라는 말이 아니다. 요즈음 어버이날로 불리는 5월 8일이 예전에는 어머니날이었다. 해마다 어머니날이 되면 학생들은 학교에서 〈어머니의 마음〉을 불렀다.

> 나실 제 괴로움 다 잊으시고 기르실 제 밤낮으로 애쓰는 마음
> 진 자리 마른 자리 갈아 뉘시며 손발이 다 닳도록 고생하시네
> 하늘 아래 그 무엇이 넓다 하리오 어머님의 희생은 가이없어라

어린 학생들은 매년 별 감흥 없이 이 노래를 불렀다. 그러나 그들이 장성하여 결혼하고 아이를 낳아 진 자리 마른 자리 갈아 누이느라 밤잠 설치면, 이 노래의 가사만 떠올라도 어머니 생각에 눈물이 핑 돌게 된다. 별 감흥 없던 노래가 새 노래가 되었기 때문이다. 아무리 오래된 노래라도 새로운 마음으로 부르면 새 노래가 되고, 방금 작곡된 노래라도 묵은 마음으로 부르면 묵은 노래에 불과할 뿐이다. 그대가 믿음의 개념을 새롭게 정립해 갈수록 그대의 마음은 하나님 앞에서 새로워지고, 새로운 마음으로 살아가는 그대의 삶은 하나님을 향한 새 노래가 된다.

둘째, 날로 새로워지는 믿음은 그대의 미래뿐 아니라 과거까지 새롭

게 한다. 그대의 믿음이 날로 새로워져 간다면, 그대의 믿음이 새로워지는 만큼 그대의 현재와 미래가 새로워질 것은 두말할 나위도 없다. 그와 동시에 새로워진 그대의 현재 속에서 그대의 지난 과거까지 새로운 의미로 승화하게 된다. 야구는 9회 말에 끝이 난다. 9회 초까지 8대 0으로 지고 있던 팀이 9회 말에도 득점에 실패했다면, 그 경기는 그것으로 끝이다. 그러나 그 팀이 9회 말에 9점을 얻어 9대 8로 역전했다면, 9회 초까지 8대 0으로 지고 있던 그 팀의 지난 시간이, 9회 말에 거둔 역전승 속에서 새로운 의미로 되살아나게 된다. 이처럼 그대의 날로 새로워지는 믿음은, 그동안 그대를 스쳐 지나간 모든 시간들의 의미마저 주님 안에서 새롭게 한다.

셋째, 날로 새로워지는 믿음은 사라지지 않는다. 성경에 등장하는 신앙 위인들은 모두 참된 믿음의 삶을 살았던 사람들이다. 그들은 최소한 2천 년 전에 모두 이 세상을 떠났지만, 그와 동시에 그들은 모두 영원한 믿음의 이정표로 살아 있다. 세월은 한순간도 쉬지 않고 계속 흘러간다. 언젠가는 그대와 나도 이 세상을 떠날 것이다. 그러나 그대의 믿음이 날로 새로워져 가는 한, 그대가 이 세상을 떠난 뒤에도 그대의 삶의 족적은 영원한 하나님의 나라를 향한 이정표로 남을 것이다. 그대의 믿음의 대상이신 하나님께서 영원하시기에, 영원하신 하나님을 믿는 그대의 믿음이 영원히 사라지지 않을 것이기 때문이다.

믿음의 개념을 늘 새롭게 정립하는 것은 참으로 중요하다. 날로 새로워지는 믿음 속에서만, 지금까지 그대와 내가 함께 묵상한 모든 것이 삶으로 이어질 수 있기 때문이다.

2 복
福

잠언 30장 8-9절
곧 헛된 것과 거짓말을 내게서 멀리하옵시며 나를 가난하게도 마옵시고 부하게도 마옵시고 오직 필요한 양식으로 나를 먹이시옵소서 혹 내가 배불러서 하나님을 모른다 여호와가 누구냐 할까 하오며 혹 내가 가난하여 도둑질하고 내 하나님의 이름을 욕되게 할까 두려워함이니이다

복과 축복

　대부분의 사람들은 복과 축복을 혼동하지만, 성경은 이 두 단어를 명확하게 구별하고 있다. 창세기 1장 27-28절에 의하면, 하나님께서 사람을 창조하시고 가장 먼저 '복'을 주셨다. 《새신자반》에서 복을 하나님의 애프터서비스after service라고 정의했다. 아무리 좋은 자동차라도 메이커의 애프터서비스가 없으면 자동차를 자동차답게 사용할 수 없다. 자동차 구입자가 메이커의 애프터서비스를 부정한다면, 그것은 자동차의 메이커를 부정함과 동시에 결과적으로 자기 자동차를 부정하는 행위다. 동일한 이치로 누구든지 하나님의 복을 부정한다면 그것은 자신을 창조하신 하나님을 부정하는 것인 동시에, 결과적으로 하나님에 의해 창조된 자기 자신에 대한 부정이다. 하나님에 의해 창조된 인간은 하나님의 애프터서비스인 하나님의 복 안에서만 인간답게 살아갈 수 있다. 그러므로 무릇 그리스도인이라면 하나님의 복을 사모해야 한다.

　문제는 하나님의 복을 사모하는 것이 아니라, 복 자체를 목적으로 삼는 것이다. 그것은 기복주의다. 사람들이 하나님이 아니라 하나님께서 주시는 복 자체를 목적으로 삼는 것은, 매일 정비소에서 애프터서비스 받기를 목적 삼아 자동차를 구입하는 것과 같다. 자동차 소유자가 정비소에서 애프터서비스를 받는 것은 그것이 목적이어서가 아니라, 언제든 원하는 목적지로 달려갈 수 있게끔 자동차를 최적의 상태로 유지하기 위함이다. 그리스도인의 목적은 하나님께서 주시는 복이 아니라, 복을 주시는 하나님이시다. 그러므로 그리스도인이 복을 사모하는 이유는, 하나님의 복 안에서만 하나님을 목적으로 삼는 사람다운 사람으로 살아갈 수 있기 때문이다.

반면에 '축복'의 '축'은 한자로 '祝'(빌 축)이므로, 축복은 '복을 구하다', 혹은 '복을 빌다'는 의미다. 따라서 축복은 사람과 사람 사이에서만 사용 가능한 말이다. 가령 교인들끼리 성경공부를 끝내고 "이제 서로 축복기도하자"고 한다면, 서로 하나님께 복을 빌어 주자는 말이다. 군 입대를 앞둔 청년이 목사님께 축복기도를 부탁하는 것 역시, 군 복무를 잘할 수 있도록 하나님의 복을 빌어 달라는 뜻이다. 그러므로 축복은 사람들끼리는 가능하지만, 하나님께는 사용할 수 없는 단어다. 하나님께 축복해 달라고 기도하는 것은 하나님의 복을 구하는 것이 아니라, 하나님 당신이 당신보다 더 높은 존재에게 나를 위해 복을 빌어 달라는 의미가 되니, 그것은 올바른 표현이 아니다.

창세기 12장 1-3절은 하나님께서 아브람(아브라함의 옛 이름)을 부르시는 내용이다.

여호와께서 아브람에게 이르시되 너는 너의 고향과 친척과 아버지의 집을 떠나 내가 네게 보여 줄 땅으로 가라 내가 너로 큰 민족을 이루고 네게 복을 주어 네 이름을 창대하게 하리니 너는 복이 될지라 **너를 축**

복하는 자에게는 내가 **복을 내리고** 너를 저주하는 자에게는 내가 저주하리니 땅의 모든 족속이 너로 말미암아 복을 얻을 것이라 하신지라

본문은 '복'과 '축복'을 정확하게 구별하여 사용하고 있다. '너를 축복하는 자에게는 내가 복을 내리고'라고 번역함으로써 하나님께서 복을 내려 주는 주체이실 때는 '복', 인간이 하나님께 복을 구하는 주체일 때는 '축복'으로 명확하게 구별한 것이다. 오늘날에는 대부분의 그리스도인들이 복과 축복을 구별하지 않고 사용하지만, 그 두 용어의 차이와 성경적 의미만은 바르게 인식하고 있어야 한다. 성숙한 그리스도인이라면 앞으로 하나님께 복을 구하는 기도를 드릴 때 '축복해 주십시오'가 아니라, '복을 내려 주십시오'라고 기도해야 한다. 물론 '강복降福해 주십시오'라고 기도할 수도 있다. '강복'은 문자 그대로 '복을 내려 주시는 것'이다.

복의 문자적 의미

이제 성경을 통해 복의 문자적인 의미를 알아보기로 하자.

복의 첫 번째 문자적 의미는 '창대함', '번영'이다. 하나님께서 아브라함에게 "내가 너로 큰 민족을 이루고 네게 복을 주어 네 이름을 창대하게 하리니 너는 복이 될지라"(창 12:2)라고 약속하셨다. 우리말 '복 주다'라는 의미의 히브리어는 '바라크בָּרַךְ'다. 아브라함이 큰 민족을 이루고 그의 이름이 창대하게 되는 것이 '바라크', 즉 하나님께서 약속하신 '복'의 내용이었다.

역사를 살펴보건대 하나님을 믿는 민족은 경제적으로든 문화적으로든 사상적으로든, 어떤 의미로든 창대한 적이 있었다. 로마제국이 그랬고,

마르틴 루터에 의해 종교개혁이 일어난 뒤엔 독일이 창대했었다. 영국이 하나님의 말씀을 앞세우자, 해 뜨는 데서부터 해 지는 데까지 유니언 잭기가 휘날릴 정도로 번영을 구가했다. 청교도들이 신앙의 자유를 위해 아메리카 대륙으로 이주한 뒤에는 미국이 창대하게 되었다. 그러나 중요한 것은 그와 같은 창대함은 결과였을 뿐, 창대함 그 자체가 복의 본질이나 목적이 아니라는 점이다. 세상의 창대함 자체를 목적으로 삼으면, 설령 창대함을 얻더라도 그 창대함으로 인하여 하나님의 복이 아니라 도리어 화를 입게 된다.

그리스도인이 복을 창대함이나 번영으로만 간주하는 그릇된 인식은 시급히 교정되어야 한다. 그리스도인이 복을 창대함이나 번영으로만 인식한다면 그리스도인으로서 바른 가치관을 지닐 수 없다. 만약 그것만이 복이라면, 이 세상에서 가장 복 받은 사람은 재벌 총수일 것이다. 과연 재벌 총수가 성경이 말하는 '복 있는 사람'이며, 창대하다는 이유만으로 그리스도인들의 귀감이 될 수 있는가? 결코 아니다. 그런데도 그리스도인이 복을 창대함과 번영으로만 인식한다면, 하나님의 말씀을 좇아야 할 그리스도인조차도 세상의 창대함을 얻기 위해 수단과 방법을 가리지 않는, 하나님과는 전혀 무관한 삶을 살 수밖에 없다.

다윗 왕의 아들 압살롬이 스스로 왕이 되기 위해 아버지를 상대로 쿠데타를 일으켰다. 미처 대비하지 못한 아버지 다윗은 황급히 왕궁을 빠져나가 피신하였다. 간단하게 아버지의 왕궁을 접수한 아들 압살롬에게 모사 아히도벨은, 왕궁 위에 천막을 치고 백성이 보는 앞에서 아버지의 후궁을 범하라고 조언했다. 당시 다른 나라를 정복한 왕은 정복당한 왕의 아내를 자신의 아내로 삼았다. 그렇게 함으로써 자신이 정복한 나라의 백성에게, 이제부터 이 나라는 내 것이고 내가 이 나라의 왕임을 선포하였다. 다윗과 압살롬은 부자지간이었다. 압살롬의 입장에서 보자면,

아버지가 두고 간 후궁은 자기에게 어머니뻘이었다. 그러나 왕으로 상징되는 창대함 자체를 목적으로 삼은 압살롬은 아히도벨의 조언을 받아들여 자기 어머니뻘인 아버지의 후궁들을 범하고 말았다. 누가 보아도 세상은 압살롬의 천하가 된 것 같았다. 하지만 압살롬의 쿠데타는 전열을 정비한 아버지 다윗 왕의 군대에 의해 실패로 끝나 버렸고, 압살롬은 처참하게 생을 마감하였다.

오래전, 탤런트였던 임동진 목사님이 경영하는 극단 '예맥'이 다윗 왕의 일생을 다룬 뮤지컬 〈더 킹The King〉을 공연했다. 꽤 긴 뮤지컬이었는데도 내 머릿속에 생생하게 남아 있는 다윗 왕의 대사가 있다. 쿠데타 실패로 처참하게 죽은 아들 압살롬의 시체를 품에 안은 다윗 왕이, 사랑하는 아들 압살롬의 이름을 연거푸 부르면서 오열하다가 이런 대사를 읊조렸다.

　　이럴 줄 알았으면, 차라리 내가 왕이 되지 말 것을…….

얼마나 기막힌 말인가? 다윗이 차라리 왕이 되지 않았더라면, 사랑하는 아들 압살롬은 건졌을 것이다. 하나님께서 베들레헴의 이름 없는 양치기에 불과했던 다윗을 이스라엘 왕으로 창대하게 해주셨다. 그러나 다윗은 하나님께서 주신 창대함 속에서, 그 창대함을 목적으로 삼는 어리석음을 범하고 말았다. 하나님께서 위임하신 권력의 청지기가 아니라 스스로 주인이 되어, 자신의 권력으로 신하의 아내를 범하고 끝내 그 신하마저 죽여 버리고 말았다. 아들 압살롬은 아버지 다윗이 한 대로, 아버지 다윗에게서 본 대로, 창대함을 목적 삼아 아버지의 목에 칼을 겨누고 아버지의 후궁들을 범했다. 결코 인생의 목적일 수 없는 창대함을 한순간 인생의 목적으로 삼았다가, 다윗은 아들도 잃고 후궁도 잃고 수많은 백성의 생명마저 잃었다.

그대가 창대함과 번영을 삶의 목적으로 삼는다면, 창대함과 번영은 그대에게 복이 아니라 자기 파멸의 지름길이 되고 말 것이다. 창대함과 번영을 목적 삼은 그대의 신앙은 무속신앙이나 기복신앙에 지나지 않기 때문이다. 무속신앙이나 기복신앙은 하나님을 이용하여 자기 목적을 성취하려는 것이다. 그래서 그대가 창대함과 번영을 얻으면 얻을수록 그대는 하나님과 더욱 멀어질 뿐이다. 하나님께서 로마제국, 독일, 영국, 미국을 창대케 해주셨지만, 그들은 창대함 자체를 목적으로 삼다가 하나님과 신앙을 이미 잃었거나 잃어 가고 있는 중이다.

복의 두 번째 문자적 의미는 '행복'이다.

> 내가 오늘날 네 **행복**을 위하여 네게 명하는 여호와의 명령과 규례를 지킬 것이 아니냐(신 10:13)

우리말 '행복'으로 번역된 히브리어 '토브ᴀᵒᵇ'는 '복'이란 의미다. 하나님께서 주시는 복은 행복이다. 세상에서 창대함과 번영은 얻었는데 그대가로 행복했던 가족 관계가 깨지고 자식들이 부모의 유산을 놓고 원수처럼 싸운다면, 그것은 하나님께서 주신 복이 아니다. 우리가 이 세상에서 경험할 수 있는 천국과 지옥은 사람과의 관계 속에 있다. 심하게 다툰 부부가 서로 등을 돌리고 누우면, 함께 누워 있는 침대가 바로 지옥이다. 하나님께서 주시는 복은 자신의 상황이 어떠하든, 더불어 사는 사람들과 행복을 누리는 것이다.

> 마른 떡 한 조각만 있고도 화목하는 것이, 제육이 집에 가득하고도 다투는 것보다 나으니라(잠 17:1)

'제육'에 해당하는 히브리어 '제바흐ח ַ ֶ ז ב'는 제사의 제물을 뜻한다. 유대인은 가장 좋은 것을 하나님께 제물로 바쳤다. 이를테면 '제바흐'는 가장 좋은 것의 상징이다. 금은보화가 태산처럼 쌓여 있는데도 가족이 서로 다투는 것보다 마른 빵 한 조각을 놓고서도 온 가족이 행복한 것이 더 나음은, 그것이 바로 하나님께서 주신 복이기 때문이다.

양화진에는 가톨릭 성지인 절두산이 있다. 절두산 성당 아래쪽에는 성모 마리아상이 있고, 그 앞에 촛불을 바치는 단이 있다. 가톨릭 신자들은 촛불이 든 유리병에 자기 이름과 기도 제목을 적어 그 단에 바친다. 촛불이 위로 향하듯, 자신의 기도가 하나님께 상달되기를 바라는 마음의 발로일 것이다. 나는 절두산을 산책할 때면, 그 단에 바쳐진 촛불병의 기도 제목들을 살펴본다. 그 기도 제목들이 세태를 반영해 주기 때문이다. 대학입시 때는 합격을 기원하는 기도 제목이 태반이고, 경제가 어려울 때는 경제와 관련된 기도 제목이 주를 이룬다. 그리고 근래 형제간의 화목을 위한 기도 제목이 부쩍 늘었다. 서로 다투는 형제가 그만큼 많아졌다는 반증이다. 요즈음 화목하던 형제가 갑자기 다투는 이유는 거의 부모의 유산 때문이다. 그대의 부모가 억만금의 유산을 남겼어도 그로 인해 형제간의 행복이 깨져 버린다면, 그것은 절대로 복이 아니다.

복의 세 번째 문자적 의미는 '선함'과 '아름다움'이다.

> 여호와께서 이르시되 내가 내 모든 **선한** 것을 네 앞으로 지나가게 하고 여호와의 이름을 네 앞에 선포하리라 나는 은혜 베풀 자에게 은혜를 베풀고 긍휼히 여길 자에게 긍휼을 베푸느니라(출 33:19)

우리말 '선한'으로 번역된 히브리어 '투브ב ֹט' 역시 '복'을 뜻한다.

> 에브라임은 마치 길들인 암소 같아서 곡식 밟기를 좋아하나 내가 그의 **아름다운** 목에 멍에를 메우고 에브라임 위에 사람을 태우리니 유다가 밭을 갈고 야곱이 흙덩이를 깨뜨리리라(호 10:11)

똑같은 히브리어 '투브'가 여기서는 '아름다운'으로 번역되었다. 즉 복은 선하고 아름다운 것이다. 하나님의 복을 받은 사람은 그 삶이 점점 선하고 아름답게 변한다. 얼굴도 예쁘고 옷도 잘 입은 여자가 마구 신경질을 부리는 모습은 보기에 민망하다. 그 여자가 아무리 멋지게 치장했어도 선하고 아름다운 여자일 수는 없다. 또 신사 차림의 남자가 뻔히 속이 들여다보이는 거짓말을 천연덕스럽게 한다면, 그는 외모와 상관없이 추한 사람일뿐이다. 1장에서 믿음은 자기 발견이자 자기 가꿈이라고 했다. 하나님의 자녀 된 자신을 발견한 사람은, 하나님의 자녀답게 하나님의 말씀으로 자신을 가꾸지 않을 수 없다. 그때부터 그의 마음과 생각이 선하고 아름답게 바뀌고, 선하고 아름다운 마음과 생각은 선하고 아름다운 삶으로 드러나게 된다. 그것이 하나님께서 주시는 복이다.

그대가 하나님께서 주시는 복으로 선하고 아름답게 변화되어 가고 있는지 스스로 확인해 볼 수 있는 간단한 방법이 있다. 먼저 그대 주위에 선하고 아름다운 생각과 마음을 지닌 사람들이 모여 있는지 살펴보는 것이다. 유유상종類類相從—사람은 끼리끼리 어울리는 법이다. 만약 그대 주위에 추한 생각과 마음을 지닌 사람들이 더 많다면 깊이 생각해 볼 일이다. 다음으로 지금 그대에게 주어진 시간들을 그대가 선하고 아름답게 쓰고 있는지 점검하는 것이다. 1초1초 흘러가는 시간이 쌓여 그대의 일생이 되기에, 지금 그대에게 주어진 시간을 진리 안에서 선하고 아름답게 쓰는 것은 결국 그대의 일생을 선하고 아름답게 가꾸는 것이다. 마지막으로 그대의 주위 사람들 가운데 그대로 인해 인생이 새로워지는 사람이 있는지 살펴보는 것이다. 그대가 선하고 아름다운 삶을 살면, 그대가 아무 말 하지 않아도 누군가의 인생이 변하기 마련이다. 성령님께서 그대를 통해 친히 역사하시기 때문이다.

복의 네 번째 문자적 의미는 '바른 길, 정도正道'다.

> 내 아들아 너는 듣고 지혜를 얻어 네 마음을 **바른 길**로 인도할지니라
>
> (잠 23:19)

'바른 길'을 가리키는 히브리어 '데레크דרך' 역시 복과 관련된 단어다. 복은 매사에 정도를 걷는 것이다.

그대가 얻은 창대함과 번영이 정도를 걷지 않았음에도 주어진 것이라면, 그것은 하나님께서 주신 복이 아니다. 그대가 불의하게 창대함과 번영을 얻었다면, 그대는 하나님 앞에서 반드시 심판의 대상이 될 것이기 때문이다. 진정으로 복된 사람은, 정도에서 벗어난 일을 추진하려 할 때 그의 계획이 무참하게 무산되는 사람이다. 그대가 정도를 벗어났는데도 하는 일마다 창대한 결과가 주어진다면, 그것은 하나님께서 그대와 함께 하시지 않는다는 뜻이다. 하나님께서는 당신의 사랑하는 자녀를 불의 속에 내버려 두시지 않기 때문이다.

하나님으로부터 복을 받은 사람은 정도를 걷고도 열매를 맺는다. 오늘날 그리스도인들조차도 장사나 사업을 위해서는 탈세해야 하고, 또 거짓과도 타협하지 않을 수 없다고들 말한다. 그러나 그것은 결코 사실이 아니다. 거짓과 타협하지 않고도 얼마든지 돈을 벌 수 있다. 단, 적게 벌 뿐이다. 그리스도인이 정도에서 벗어나는 것은 어쩔 수 없어서가 아니라, 하나님보다 자기 욕망을 위해 창대함 자체를 목적으로 삼는 탓이다.

그리고 하나님으로부터 복을 받은 사람은 자신이 정도를 걷고 얻은

결과에 만족한다. 거짓과 타협하면 천 원을 벌 수 있고 더 잘살 수 있지만, 정도를 걷고 얻은 백 원에 자족하면서 사는 사람이 복된 사람이다. 정도를 걷고도 얻은 열매, 그것만 진정한 그대의 것이다. 정치인이든 공직자든 경제인이든, 자기 것이 아닌 것을 자기 것으로 여기다가 패가망신하는 사람들이 얼마나 많은가? 후유증 없이 그대의 것이 될 수 있는 것은, 그대가 정도를 걷고 얻은 것뿐이다. 이 세상에서 자기의 것을 다 쓰고 죽은 사람은 아무도 없다. 거지도 죽을 때에는 넝마와 깡통을 남긴다. 그대가 단지 쌓아 두는 것만을 목적으로 삼으면 세상을 떠난 뒤, 그대기 남긴 것들은 산 사람들 사이에서 화근만 불러들일 것이다. 이 사실을 깨달으면, 그대는 정도를 걷고 얻은 것에 자족하는 법을 몸에 익힐 수 있다. 그리고 그대가 지닌 것들은 그대가 죽은 뒤에도 후유증을 남기지 않는다. 그대가 정도를 걷고 얻은 것들은, 살아 있는 사람들에게도 우상이 되지 않기 때문이다.

아이들이 초등학교 다닐 때 가훈을 학교에 써 보내는 숙제가 있었다. 아이들이 네 명이다 보니 네 번이나 가훈을 써 보내야 했다. 우리 집 가훈은 '정심正心, 정사正思, 정도正道, 정행正行'이다. '바른 마음으로, 바르게 생각하고, 바른 길을, 바르게 걷자'는 뜻이다. 그것이 후유증 없는 복된 삶임을 믿는 믿음에서 나온 가훈이다.

마지막으로 복에는 '하나님 앞에 무릎 꿇다' 또는 '하나님께 가까이 나아가다'라는 문자적 의미가 있다.

> 솔로몬이 일찍이 놋으로 대를 만들었으니 길이가 다섯 규빗이요 너비가 다섯 규빗이요 높이가 세 규빗이라 뜰 가운데에 두었더니 그가 그 위에 서서 이스라엘의 모든 회중 앞에서 **무릎을 꿇고** 하늘을 향하여 손을 펴고(대하 6:13)

우리말 '무릎을 꿇고'로 번역된 히브리어 동사가 앞에서 살펴본 '복 주다'라는 의미의 '바라크'다. 복은 매 순간 하나님 앞에 무릎을 꿇고, 하나님께 더 가까이 나아가는 것이다.

그대의 일이 너무나도 창대해져 그대가 하나님께 가까이 나아갈 여유도, 하나님 앞에 무릎 꿇을 시간도 없다면 그것은 하나님의 복이 아니다. 하나님의 복을 받은 사람은 시간이 갈수록 하나님과 더 가까워지고, 나이가 들수록 하나님께 더욱 무릎 꿇는다. "눈에서 멀어지면 마음도 멀어진다"는 말이 있다. 세상 일이 너무 바빠 그대의 눈에서 하나님이 멀어지면, 그대의 마음도 하나님으로부터 멀어질 수밖에 없다. 잠언에 소개되어 있는 '아굴의 기도'는, 물질이 우상이 된 오늘날 우리가 어떤 기도를 드려야 할지를 일깨워 준다.

> 내가 두 가지 일을 주께 구하였사오니 내가 죽기 전에 거절하지 마시옵소서 곧 헛된 것과 거짓말을 내게서 멀리하옵시며 나를 가난하게도 마옵시고 부하게도 마옵시고 오직 필요한 양식으로 나를 먹이시옵소서 혹 내가 배불러서 하나님을 모른다 여호와가 누구냐 할까 하오며 혹 내가 가난하여 도둑질하고 내 하나님의 이름을 욕되게 할까 두려워함이니이다(잠 30:7-9)

아굴의 기도 제목은 두 가지다. 진실하게 살게 해달라는 것이 첫 번째이고, 필요한 것만으로 자족하게 해달라는 것이 두 번째다. 얼마나 아름다운 기도인가? "나의 계획대로 다 이루어질 줄 믿습니다", "삼십 배, 육십 배, 백 배를 거두게 해주십시오"라는 식의 기도와는 차원이 다르다. 아굴은, 물질로 인해 하나님을 모른다 할까 두려우므로 '필요한 양식'만 달라고 기도한다. 오직 '필요한 것'만으로 자족하는 것이다. 사람들은 하는 일마다 다 형통하고, 더 많은 것을 얻고 누리는 것을 복이라 생각한다. 그러나 왜 하나님의 복은 물질과는 무관한 '행복', '선함'과 '아름다움', '정도', '하나님 앞에 무릎 꿇음'인가? 왜 아굴의 기도는 '필요한 것'만 구하라는 것인가?

에베소서 5장 16절은 "세월을 아끼라"고 명한다. 세월을 아끼라는 것은 흔히 오해하듯이 시간을 절약하라는 말이 아니다. 우리말 '아끼다'로 번역된 헬라어 동사 '엑사고라조 ἐξαγοράζω'는 '건져 올리다'라는 뜻이다. 바다에 물고기가 아무리 많아도 건져 올리지 않으면 나와 아무 상관이 없다. 팔구십 년이 아니라 백 년을 넘게 살아도 자신을 스쳐 지나가는 시간을 진리로 건져 올리지 않으면, 인생은 물거품처럼 허망하게 사라질 뿐이다. 그러므로 하나님의 복을 '세월을 아끼라'는 하나님의 말씀과 결부시켜 보면, 왜 하나님의 복이 물질과는 무관한지 그 이유를 깨닫게 된다.

세상에서 크게 성공하고 대단한 업적을 이룬 것 같아 보이는 사람도 죽을 때는 인생 허무를 되씹으며 자신의 삶을 후회한다. 평생 욕망을 좇느라 진리로 건져 올린 시간이 없는 탓이다. 아무리 오랜 세월을 살았어도 진리로 건져 올린 시간이 없다면, 그 사람은 헛인생을 산 것이다. 그러나 젊은 나이에 요절했을지라도 자신의 시간을 진리로 건져 올린 사람이라면, 그는 이미 영원과 접속한 사람이다. 그대가 이 세상을 떠날 때, 대체 무엇을 들고 하나님 앞에 설 수 있겠는가? 금은보화, 통장, 유가증권, 부동산등기부등본 등과 같은 물질적인 것은 모두 두고 가야 한다. 그때 그대가 하나님 앞에 보여 드릴 수 있는 것은 진리로 건져 올린 시간, 다시 말해 하나님의 자녀답게 산 그대의 삶뿐이다. 그리고 하나님께서는 그대의 삶으로 그대의 인생을 평가하실 것이다. 그래서 정도를 걷는 사람이 복되고, 날마다 하나님 앞에 무릎 꿇는 사람이 복되며, 진리를 좇아 선하고 아름답게 살면서 행복을 추구하는 사람이 복되다.

아브라함에게 임한 복

앞에서 살펴본 것처럼 하나님께서 아브라함에게 복을 주시겠다고 약속하셨다. 이제 믿음의 조상이요 복의 근원으로 불리는 아브라함에게 하나님께서 주신 복의 구체적인 내용을 살펴보기로 하자.

> 여호와께서 아브람에게 이르시되 너는 너의 고향과 친척과 아버지의 집을 떠나 내가 네게 보여 줄 땅으로 가라 내가 너로 큰 민족을 이루고 네게 복을 주어 네 이름을 창대하게 하리니 너는 복이 될지라 너를 축복하는 자에게는 내가 복을 내리고 너를 저주하는 자에게는 내가 저주하리니 땅의 모든 족속이 너로 말미암아 복을 얻을 것이라 하신지라 이에 **아브람이 여호와의 말씀을 따라갔고 롯도 그와 함께 갔으며** 아브람이 하란을 떠날 때에 칠십오 세였더라(창 12:1-4)

아브람은 아브라함의 옛 이름이라고 했다. 하나님으로부터 약속의 말씀을 들은 아브라함은 "여호와의 말씀을 따라갔"다. 아브라함이 받은 첫 번째 복은 하나님의 말씀을 듣는 복이었다. 그에게 하나님의 말씀이 들린 것이다.

16세기와 17세기의 전환기에 바로크 회화의 개척자로 불렸던 이탈리아의 화가 카라바지오Caravaggio의 작품 중에 〈성 마태를 부르심〉이란 제목의 성화聖畫가 있다. 그 성화는 이런 내용이다. 세리였던 마태가 네 명의 동료들과 큰 테이블에 앉아 있는 세관에 예수님께서 나타나셨다. 예수님께서는 세리들을 향해 오른손을 앞으로 내미시며, 당신을 따르라는 몸짓을 하신다. 예수님 곁에는 베드로가 서 있다. 그 흔한 샌들도 신지 못해 맨발인 베드로의 몰골은 예수님을 따르는 삶이 부귀영화와는 무관함을 보여 준다. 그래서 그런지 예수님 바로 앞에 앉아 있는 두 명의 세리는 예수님 뒤로 세관 밖을 내다보고, 안쪽에 앉은 두 명의 세리는 고개를 숙이고 뭔가 자기 일에 열중하고 있다. 그러나 마태만은 자기 손가락으로 자신을 가리키며 예수님을 향해 "저요?" 하고 반문하고 있다. 그 그림은 예수님께서 마태 한 사람에게만 다가가셔서 당신을 따르라고 귓속말로 속삭이신 것이 아님을 보여 주고 있다. 그 그림에 의하면, 예수님께서는 세관에 앉아 있는 세리들에게 당신을 따르라고 공개적으로 말씀하셨다. 그러나 예수님의 말씀을 듣고 예수님을 따른 사람은 마태 한 사람뿐이었다. 듣는다고 다 듣는 것이 결코 아니다. 듣는 복이 있는 사람에게만 말씀이 들린다.

아브라함이 "여호와의 말씀을 따라"갈 때 그의 조카인 "롯도 그와 함께 갔"다. 롯은 하나님의 말씀을 좇아간 것이 아니라 그의 삼촌을, 다시 말해 사람을 좇아갔다. 그리고 결국엔 소돔과 고모라에서 패가망신하고 말았다. 복 중에 첫 번째 복이 하나님의 말씀을 듣는 복이다. 모든 것이 하나님의 말씀을 듣는 것으로부터 시작한다. 예수님께서 수차례에 걸쳐 '귀 있는 사람은 들으라'고 말씀하셨다. 세상에 귀 없는 사람이 어디에 있겠는가? 예수님의 말씀은, 하나님의 말씀을 알아들을 수 있는 은혜를 입으라는 뜻이었다. 카라바지오의 작품 〈성 마태를 부르심〉의 관점으로 보자면, 하나님께서는 아브라함 당시에도 공개적으로 말씀하셨을 것이다. 그러나 아브라함만 하나님의 말씀을 듣는 복된 귀를 지니고 있었기에 복의 근원과 믿음의 조상이 될 수 있었다. 복된 귀를 지녔다는 것은 하나님의 말씀을 귀로만 듣는 것이 아니라, 아브라함처럼 하나님의 말씀을 자신의 삶으로 듣는 것이다. 그 사람이 날로 새로워지는 복된 사람이요, 그런 사람에 의해 이 세상도 새로워진다.

> 여호와께서 아브람에게 나타나 이르시되 내가 이 땅을 네 자손에게 주리라 하신지라 자기에게 나타나신 여호와께 그가 그곳에서 **제단을 쌓고** 거기서 벧엘 동쪽 산으로 옮겨 장막을 치니 서쪽은 벧엘이요 동쪽은 아이라 그가 그곳에서 여호와께 **제단을 쌓고** 여호와의 이름을 부르더니(창 12:7-8)

아브라함은 가는 곳마다 여호와 하나님께 제단을 쌓았다. 요즈음 말로 하나님께 예배드렸다. 하나님 앞에 무릎 꿇고 하나님을 경배한 것이다. 아브라함은 가는 곳마다 하나님 앞에 무릎 꿇되 자기 자신을 위하여 무릎 꿇지 않았다. 그는 언제나 여호와의 이름을 위해 무릎을 꿇었다. 복의 문자적 의미 중에 '하나님 앞에 무릎 꿇다'가 있다고 했다. 아브라함은 그 복을 입은 사람이었다. 그래서 그는 가는 곳마다 하나님 앞에 무릎부터 꿇었다.

잘 알려진 목사님의 이야기다. 그분이 비행기를 타고 남미로 가던 중에 갑자기 비행기가 난기류에 휩싸였다. 마침 식사 시간이었는지라 순식간에 비행기가 요동치기 시작함과 동시에, 물잔이 엎어지고 트레이가 떨어지는 등 비행기 안은 삽시간에 아수라장으로 변했다. 공포에 질린 승객들은 비행기가 요동칠 때마다 비명을 질렀다. 그때 스피커에서 기장의 다급한 목소리가 울렸다. "승객 여러분, 이 비행기는 지금 제 통제력 밖에 있습니다. 각자 여러분이 믿는 신에게 기도해 주십시오. 특히 성직자가 계시면 간절히 기도해 주십시오." 그 방송을 듣고서야 그분은 비로소 자신이 목사라는 사실을 떠올렸다. 그때까지 그분 역시 다른 승객들처럼 앞좌석을 붙잡고 비명만 지르고 있었던 것이다. 그 위급한 상황 속에서 마음속으로라도 하나님께 무릎 꿇을 생각조차 하지 못한 것이다.

우리가 매 순간 하나님께 무릎 꿇는다는 것은 생각만큼 쉽지 않다.

축구선수들 가운데 그리스도인이 적지 않지만, 골을 넣고 나서 기도하는 선수는 늘 정해져 있다. 평소에는 골을 넣으면 기도하리라 생각하지만, 막상 경기 중에 골을 넣은 뒤에는 동료들과 기뻐하느라 기도할 타이밍을 놓쳐 버리는 선수가 더 많은 것이다. 아브라함이 할 일 다한 뒤에 겨우 하나님을 생각하고 하나님께 무릎 꿇었던 것이 아니다. 그는 가는 곳마다 무엇보다도 먼저, 자신을 위해서가 아니라 하나님의 이름을 위해 하나님 앞에 무릎부터 꿇었다. 그는 진정 복된 사람이었다.

> 롯이 아브람을 떠난 후에 여호와께서 아브람에게 이르시되 너는 눈을 들어 너 있는 곳에서 북쪽과 남쪽 그리고 동쪽과 서쪽을 바라보라 보이는 땅을 내가 너와 네 자손에게 주리니 영원히 이르리라 내가 네 자손이 땅의 티끌 같게 하리니 사람이 땅의 티끌을 능히 셀 수 있을진대 네 자손도 세리라 너는 일어나 그 땅을 종과 횡으로 두루 다녀 보라 내가 그것을 네게 주리라 이에 아브람이 장막을 옮겨 **헤브론에 있는 마므레 상수리 수풀에 이르러 거주하며 거기서 여호와를 위하여 제단을 쌓았더라** (창 13:14-18)

아브라함과 롯의 가축이 다 같이 많아져, 그 두 가정이 더 이상 한 곳에 함께 살 수 없게 되었다. 아브라함은 가나안이 하나님께서 자신과 자기 후손에게 약속해 주신 땅임에도 롯에게 선택권을 양보했다. 조카 롯이 먼저 원하는 땅을 선택하면 자신은 남은 땅에서 살겠다는 것이었다. 롯은 삼촌의 제의를 사양하기는커녕 마치 자신의 권리인 양 먼저 선택권을 행사하였다. 그리고 그는 어리석게도 겉보기에 좋아 보이는 소돔과 고모라를 선택하였다. 조카 롯을 위해 자신의 기득권을 미련 없이 포기했던 아브라함에게, 하나님께서는 그의 눈길과 발길이 닿는 땅을 모두 주시겠다고 약속하셨다. 그렇다면 조금이라도 더 멀리 보기 위해 망원경을 동원하거나, 한 평이라도 더 밟기 위해 정신없이 뛰어다녀야 하지 않겠는가? 그러나 아브라함은 그렇게 하지 않았다.

아브라함은 헤브론의 마므레에서 하나님을 위해 제단을 쌓았다. '헤브론(חֶבְרוֹן)'은 지명이기도 하지만 '교제의 자리'라는 의미의 보통명사이기도 하다. '마므레(מַמְרֵא)'는 '뜨거운', '열렬한', '활발한'이란 뜻이다. 아브라함은 세상의 땅이 아니라 하나님과 깊이 교제하는 '바른 길', 즉 '정도'를 택한 것이었다. 아브라함은 알고 있었다. 세상의 땅을 목적으로 삼으면 잠시 화려하게 살 수는 있지만 그 결과는 허망하게 끝나 버린다는 것, 거기에는 건져 올릴 생生이 없다는 사실을 아브라함은 알고 있었다. 그래서 아브라함은 헤브론 마므레에서 하나님과 깊이 교제하는 믿음의 '정도', 복된 길을 택했다. 그리고 바로 그 헤브론에서 그의 후손 다윗이 왕이 되었다.

> 여호와께서 말씀하신 대로 사라를 돌보셨고 여호와께서 말씀하신 대로 사라에게 행하셨으므로 사라가 임신하고 하나님이 말씀하신 시기가 되어 노년의 아브라함에게 아들을 낳으니 아브라함이 그에게 태어난 아들 곧 사라가 자기에게 낳은 아들을 이름하여 이삭이라 하였고 그 아들 이삭이 난 지 팔 일 만에 그가 하나님이 명령하신 대로 할례를 행하였더라 아브라함이 그의 아들 이삭이 그에게 태어날 때에 백세라 사라가 이르되 **하나님이 나를 웃게 하시니** 듣는 자가 다 나와 함께 웃으리로다 또 이르되 사라가 자식들을 젖 먹이겠다고 누가 아브라함에게 말하였으리요마는 아브라함의 노경에 내가 아들을 낳았도다 하니라(창 21:1-7)

아브라함의 아내 사라가 "하나님이 나를 웃게 하"셨다는 것은, 하나님께서 개그맨처럼 웃기셨다는 말이 아니다. 하나님께서 생리가 끊어져 자식을 낳을 수 없는 90세의 사라로 하여금 자기 태로 낳은 아들에게 젖을 빨게 하심으로, 사라에게 '행복'의 웃음을 주셨다는 의미다. 자식이 재산이던 시대에 자식을 낳지 못해 한이 맺힌 사라에게 하나님께서 아들을 주심으로, 사라는 비로소 여인으로서의 '행복'을 누릴 수 있었다. 사라의 '행복'은 그녀의 '행복'으로만 끝나지 않았다. 남편 아브라함은 100세에 얻은 아들의 이름을 이삭이라 지었는데, 그 의미는 '웃음'이었다. 아브라함 역시 아들 이삭으로 인해 '행복'의 웃음을 웃을 수 있었던 것이다. 세상의 땅을 목적 삼지 않고 하나님과 깊이 교제하는 믿음의 '정도'를 택한 아브라함 가정은 '행복'의 요람이었다.

그 일 후에 하나님이 아브라함을 시험하시려고 그를 부르시되 아브라함아 하시니 그가 이르되 내가 여기 있나이다 여호와께서 이르시되 네 아들 네 사랑하는 독자 이삭을 데리고 모리아 땅으로 가서 내가 네게 일러 준 한 산 거기서 **그를 번제로 드리라** 아브라함이 아침에 일찍이 일어나 나귀에 안장을 지우고 두 종과 그의 아들 이삭을 데리고 번제에 쓸 나무를 쪼개어 가지고 떠나 하나님이 자기에게 일러 주신 곳으로 가더니 제삼 일에 아브라함이 눈을 들어 그곳을 멀리 바라본지라 이에 아브라함이 종들에게 이르되 너희는 나귀와 함께 여기서 기다리라 내가 아이와 함께 저기 가서 예배하고 **우리가 너희에게로 돌아오리라** 하고 (창 22:1-5)

번제는 제물을 각을 뜨고, 속 내장까지 어느 한 부분도 남김없이 완전히 불에 태우는 제사다. 하나님께서 아브라함에게 100세에 얻은 독자 이삭을 그렇게 번제로 바치라고 명령하셨다. 아브라함은 그 어떤 이의도 제기하지 않고 하나님의 명령에 절대 순종하였다. 그는 하나님께서 지시하신 모리아 산으로 아들 이삭을 데리고 갔다. 언뜻 생각하면, 아브라함은 자신을 위해 자식마저 서슴없이 제물로 바치는 비정한 인간처럼 보인다. 그러나 아브라함은 그렇듯 이기적인 마음으로 하나님께 순종한 것이 아니었다.

  아브라함은 이삭이 죽지 않을 것을 알고 있었다. 아브라함이 하나님을 불신해서 그렇게 생각한 것이 아니었다. 히브리서 11장 17-19절에 의하면 하나님께서 아브라함에게 가나안을 그의 자식에게 주신다고 약속하셨으므로, 아브라함은 하나님께서 당신의 약속을 위해 자신의 아들을 죽게 하시지 않을 것을 굳게 믿었다. 자신이 아들을 하나님께 번제로 바치기 위해 칼로 아들의 심장을 찔러 설령 아들이 죽는다 해도, 하나님께서 그 아들을 반드시 살려 주실 것을 믿은 것이다. 그래서 모리아 산에 도착한 아브라함은 아들 이삭을 데리고 산으로 올라가면서 자신을 수행한 종들에게, "너희는 나귀와 함께 여기서 기다리라. 내가 아이와 함께 저기 가서 예배하고 우리가 너희에게로 돌아오리라"고 말할 수 있었다. 아브라함이 말한 '우리'는 자신과 아들 이삭이었다. 아들 이삭도 자신과 함께 반드시 되돌아올 것이란 믿음의 선포였다. 하나님의 선하고 아름다우신 뜻을 의심치 않은 아브라함의 믿음은 얼마나 '선하고 아름다운' 믿음인가? 그 '선하고 아름다운' 믿음으로 아브라함은 믿음의 조상이 되었다. 하나님께서는 언제나 그대의 믿음의 중심을 보신다. 그대가 어떤 상황 속에서든 그대를 향한 하나님의 선하고 아름다우신 뜻을 의심치 않는 '선하고 아름다운' 믿음을 하나님께 보여 드릴 수 있다면, 그대는 정말 복된 사람이다. '선하고 아름다운' 믿음을 지녔다는 것은 그대가, 그대를 위해 선하고 아름다운 뜻을 갖고 계신 하나님과 바른 관계 속에 있음을 의미하기 때문이다.

하나님께서 아브라함에게 큰 민족을 이루고 이름을 창대하게 해주리라 약속하셨지만, 아브라함은 그의 당대에 큰 민족을 이루지도 못했고 그의 이름이 창대해지지도 않았다. 그가 살아생전에 누린 복은 하나님의 말씀을 듣는 복, 가는 곳마다 하나님 앞에 무릎 꿇는 복, 하나님과 깊이 교제하며 정도를 걷는 복, 행복을 누리는 복, 선하고 아름다운 믿음의 복이었다. 한마디로 말해 그가 누린 복은 모두 영적인 복이었다. 그리고 그 결과로 그는 창대한 믿음의 조상이 되었다. 그와 피 한 방울 섞이지 않은 전 세계의 그리스도인들이 그를 믿음의 조상으로 떠받드는 것이 그 증거다. 아브라함은 명실공히 복의 근원이었다.

예수님께서 말씀하신 '복 있는 사람'

이제 복에 대한 예수님의 가르치심을 살펴보기로 하자.

예수께서 무리를 보시고 산에 올라가 앉으시니 제자들이 나아온지라 입을 열어 가르쳐 이르시되 **심령이 가난한 자**는 복이 있나니 천국이 그들의 것임이요 **애통하는 자**는 복이 있나니 그들이 위로를 받을 것임이요 **온유한 자**는 복이 있나니 그들이 땅을 기업으로 받을 것임이요 **의에 주리고 목마른 자**는 복이 있나니 그들이 배부를 것임이요 **긍휼히 여기는 자**는 복이 있나니 그들이 긍휼히 여김을 받을 것임이요 **마음이 청결한 자**는 복이 있나니 그들이 하나님을 볼 것임이요 **화평하게 하는 자**는 복이 있나니 그들이 하나님의 아들이라 일컬음을 받을 것임이요 **의를 위하여 박해를 받은 자**는 복이 있나니 천국이 그들의 것임이라 (마 5:1-10)

예수님의 이 가르침은 '산상수훈'이라 불린다. 산 위에서 가르치신 내용이란 의미다. 그 가르치심의 첫 부분은 여덟 가지 복에 대한 내용이라 해서 '팔복'으로 불린다. 중요한 사실은 이 가르치심이 성경에 기록된 예수님의 최초의 체계적인 설교라는 점이다. 마태복음에 등장하는 예수님의 첫 번째 선포 내용은 "회개하라. 천국이 가까이 왔느니라"(마 4:17)였지만, 그 내용은 단 한 줄에 불과하다. 성경에 예수님의 설교 전문全文이 기록된 최초의 체계적인 설교는 '산상수훈'이고, 그 설교의 첫 부분은 '팔복'에 관한 설교다. 예수님께서 이 땅에서 행하신 체계적인 첫 설교의 첫 주제가 복이었던 것이다. 그 이유가 무엇이었을까? 복이 그만큼 중요하기도 하지만, 당시 사람들 역시 오늘날의 그리스도인들처럼 복을 그릇 이해하고 있었기 때문이다. 예수님께서는 복에 관한 인간의 그 그릇된 생각을 바로잡아 주시기 위해 복을, 당신이 행하신 첫 번째 설교의 첫 번째 주제로 삼으셨다. 이제부터 복에 대한 예수님의 가르치심을 구체적으로 살펴보자.

예수님께서는 먼저 '심령이 가난한 자'가 복 있는 사람이라고 말씀하셨다. 한글 성경에는 "심령이 가난한 자는 복이 있나니 천국이 그들의 것임이요"라고 번역되어 있다. 하지만 헬라어 원문에는 '복되다'라는 형용사가 문장의 맨 첫머리에 기록되어 있다. 누가 복된 사람인가? '심령이 가난한' 사람이다. 그 이유는? '천국이 그들의 것'이기 때문이다. 가난한 심령은 자기 자신, 다시 말해 자신의 능력이나 소유를 의지하지 않는 마음이다. 누가복음 6장 20절에도 같은 내용이 기록되어 있지만 약간의 차이가 있다.

예수께서 눈을 들어 제자들을 보시고 이르시되 너희 **가난한 자**는 복이 있나니 하나님의 나라가 너희 것임이요.

누가복음에는 마태복음이 언급한 '심령'이 빠져 있다. 그냥 '가난한 자'가 복이 있다고만 기록되어 있다. 왜 이런 차이가 있을까? 누가복음 1장 1-4절에 의하면 누가복음의 수신자는 데오빌로 각하다. 그는 '각하'로 불릴 정도로 지닌 것이 많은 상류층 사람이었다. 지닌 것이 많은 사람에게는 '가난한 자'라고만 이야기해도 본래의 메시지가 전달 될 수 있었다. 즉 누가가 자신이 기록한 복음서의 수신사인 네오빌로에게 전한 메시지는 다음과 같았다.

데오빌로 각하여, 당신은 지적 수준도 높고 직책도 높으며 소유도 많지요? 이를테면 당신은 믿는 구석이 많습니다. 믿는 구석이 많은 만큼 당신에게는 하나님을 의지하려는 마음이 없습니다. 하지만 가난한 사람은 가진 것이 없기에 하나님만 의지합니다. 그런 사람이 복됩니다.

지하방에 세 들어 사는 분들의 기도 제목은 햇빛이 들어오는 반지하로 이사 가는 것이다. 그리고 지하방에서 반지하나 1층으로 전세를 옮기고는, 하나님께서 그 집을 주셨다며 감사의 눈물을 흘리는 분들을 나는 많이 보았다. 서울 근교 농촌 마을의 창문 없는 토방에서 세 식구가 함께 살던 교우님의 기도 제목 역시 창문 달린 단칸방으로 이사 가는 것이었다. 그리고 마침내 창문 달린 단칸방으로 이사했을 때, 그 세 식구 역시 내가 보는 앞에서 하나님께 감사하며 울었다. 그대는 그대 방에 달린 창문이 하나님의 선물임을 감사드리면서 감사의 눈물을 흘려 본 적이 있는가? 그대 방 안으로 들어오는 햇빛을 보고 하나님의 은혜에 감사하여 울어 본 적이 있는가? 단 한 번도 그런 적이 없다면, 그것은 그대가 지닌 것이 많기 때문이다. 지닌 것이 많은 만큼 그대는 하나님을 덜 의지할 것이다.

누가복음과는 달리 마태복음은 '심령이 가난한 자'가 복이 있다고 증언한다. 마태는 가난한 유대인들을 위해 마태복음을 기록하였다. 가난하다고 해서 물질을 초월하는 것은 결코 아니다. 가난하기에 오히려 더 물질에 집착하기 쉬울 수 있다. 가난으로 인해 마음이 더 완악해질 수도 있다. 그러므로 누가는 부유한 데오빌로 각하에게 "당신은 창문 같은 것에 감사해 본 적이 없지요? 그러나 창문이 감사해서 눈물 흘리는 가난한 사람은 복이 있습니다"라는 식으로 설명할 수 있었지만, 가난한 사람을 상대한 마태의 경우는 달랐다. 마태가 가난한 사람들에게 '심령이 가난한 자'가 복이 있다고 한 것은 이런 의미였다.

> 여러분이 단지 가난하다고 해서 복된 것은 아닙니다. 여러분의 마음이 가난해야 합니다. 여러분의 마음이 가난해지지 않으면, 여러분의 경제적인 빈곤과 궁핍이 여러분을 얼마든지 완악하게 만들 수 있습니다.

'심령이 가난한 자'는 자기에게 절망한 사람이다. 다시 말해 빈부귀천과 상관없이 더 이상 자신을 신봉하지 않는 사람이다. 그 사람만 하나님을 온전히 신뢰할 수 있는, 복된 사람이다. 그러므로 이 세상을 살아가면서 때로 그대의 계획이 무산되는 것은 하나님의 복이다. 그때야말로 그대가 그대 자신에 대해 절망하면서, 지극히 가난한 심령으로 하나님만 의지할 것이기 때문이다. 그대가 경제적으로 부유하여 무엇이든 돈으로 해결할 수 있다면, 그것은 복이 아니다. 그대의 돈으로도 할 수 없는 것이 있어야 한다. 그대의 돈으로도 그대의 자식만은 바르게 세울 수 없었는데, 그 자식으로 인해 그대가 하나님과 바른 관계를 맺게 되었다면 그것이 복이다. 교육자 자녀들 가운데 의외로 공부와 거리가 먼 자녀가 적지 않다. 그것은 크리스천 교육자에게 베풀어 주시는 하나님의 복이다. 공부 잘하는 자식이라면 교육자인 자신을 닮은 것이니 하나님을 의지할 일이 없다. 그러나 자신과 전혀 다른 자식 때문에 하나님 앞에서 심령이 가난한 사람이 되었다면, 그는 진정 복된 교육자다.

그러므로 그대에게 있는 것을 하나님께 감사하는 것도 아름다운 믿음이지만, 그대에게 없는 것을 감사하는 것은 더욱 성숙한 믿음이다. 그대에게 없는 바로 그것이, 그대의 심령을 가난하게 해주는 하나님의 복이다. 그러니 천국이, 어찌 심령이 가난한 그대의 것이 아닐 수 있겠는가? 심령이 가난한 그대의 소망이 하나님의 나라에 있을 테니 말이다.

예수님께서는 두 번째로 '애통하는 자'가 복이 있다고 말씀하셨다. 그 이유는, 애통하는 사람이 '위로를 받을 것'이기 때문이라고 밝히셨다. '애통하다'는 것은 가슴이 찢어지도록 비통하게 우는 것을 의미한다.

예수님께서도 그렇게 우신 적이 세 번 있었다. 먼저는 나사로가 죽었을 때였다. 흔히 예수님께서 나사로와의 개인적인 친분 때문에 그의 죽음을 슬퍼하여 우신 것으로 생각한다. 그러나 그것은 사실이 아니다. 예수님께서 나사로를 다시 살려 주시지 않았는가? 당신이 곧 살려 주실 나사로의 죽음이 슬퍼서 예수님께서 우셨다는 것은 사리에 맞지 않는다. 예수님께서는 처음부터 나사로가 죽은 것이 아니라 잔다고 말씀하셨다. 다시 말해 처음부터 나사로를 다시 살리실 계획이었던 것이다. 그러나 그 누구도 예수님의 말씀을 믿지 않았다. 예수님께서는 당신의 수많은 표적을 보고서도 여전히 당신을 믿지 못하는 인간의 믿음 없음을 비통해하시며 눈물을 흘리셨다. 또 한 번은 예루살렘 성을 바라보시면서였다. 멸망이 코앞에 다가왔건만 예루살렘 성민들은 전혀 아랑곳하지 않고, 단지 자기 욕망을 위해 자기 생명을 허망하게 갉아먹고 있었다. 그때에도 예수님께서는 비통한 심정으로 우셨다. 마지막으로는 겟세마네 동산에서였다. 당신의 십자가 죽음을 앞두고 땀방울에 피가 맺히기까지 처절하게 기도하실 때, 예수님께서는 심히 슬퍼하고 고민하며 우셨다. 예수님께서 그렇듯 처절하게 애통의 기도를 드린 것은 그분이 박복하셨기 때문이 아니었다. 그것은 하나님의 복이었다. 예수님께서 하나님만 신뢰하시기에 하나님만 바라보며 하나님 앞에서 애통하실 때, 하나님께서는 예수님의 심령을 당신의 위로로 채워 주셨다. 하나님의 위로는 인간의 위로처럼 빈 말이 아니라, 구체적인 소망이요 능력이다. 그래서 기도하던 자리에서 일어나신 예수님께서는 사지가 못박혀야 하는 십자가의 죽음을 향해 의연하게 나아가실 수 있었다. 애통은 확실히 하나님의 위로를 담는 은총의 그릇이다.

심리학에서도 울면 정서적으로 치유된다고 한다. 카타르시스다. 여자들이 괴로울 때 슬픈 영화나 드라마를 보고 울고 나면 마음이 안정되는 것이 그 좋은 예다. 그렇지만 하나님 앞에서의 애통과 자기 홀로 애통하는 것은 전혀 차원이 다른 이야기다. 하나님 없이 자기 홀로 애통하는 것은 주님께서 말씀하신 하나님의 복과 무관하다. 하나님 없이 자기 자신 앞에서 자기 홀로 애통하는 것은 일시적인 마음의 안정은 가져다주지만, 그 안정의 출처가 자기 자신이기에 얼마 지나지 않아 그 안정은 깨어져 버리고 만다. 그래서 자기 애통이 아무리 거듭되어도 자기 애통을 통해 상황을 극복할 수 있는 힘을 얻지는 못한다. 반면에 하나님 앞에서 애통하는 사람은 하나님의 위로로 채움 받기에, 애통하는 만큼 그 결과는 자신을 애통하게 만든 상황의 극복으로 나타난다. 십자가의 죽음을 앞두고 심히 고민하고 슬퍼하시며 겟세마네 동산을 찾으셨던 예수님께서 의연히 십자가의 죽음을 향해 나아가실 수 있었던 것은, 앞에서 언급한 것처럼 애통의 기도를 통해 하나님의 위로로 채움 받으셨기 때문이다.

나는 상담 중인 교인이 울 경우에 말리지 않는다. 그분이 그칠 때까지 계속 울도록 티슈만 드린다. 그분이 하나님을 믿어 하나님 앞에서 우는 한 하나님의 위로가 반드시 임할 것을 믿는 까닭이다. 나는 상담 중에 남자 교인이 우는 경우를 수도 없이 경험했다. 하나님을 믿기에 하나님 앞에서 우는 것이 아니라면, 이 세상 어느 남자가 같은 남자 앞에서 쉽게 흐느낄 수 있겠는가? 나는 제네바에서 함께 신앙생활하던 한 남자 교인의 모습을 지금도 잊지 못한다. 그분은 체격이 아주 큰 분이었다. 장시간에 걸친 상담이 끝난 뒤, 내가 자리에서 일어서는 그분을 꼭 안아 드렸다. 그와 동시에 그분이 나를 끌어안은 채 울음을 터뜨렸다. 그분의 울음이 얼마나 격했던지 그분의 거친 호흡에 맞춰 나의 몸이 흔들렸다. 그분은 그렇게 한동안 애통했다. 그리고 그 이후부터 그분의 삶이 새로워졌다. 하나님의 위로가 그분에게 임한 것이었다.

그대는 하나님 앞에서 애통할 수 있어야 한다. 하나님을 믿는 사람만 하나님으로 인해 하나님 앞에서 애통할 수 있다. 그대 자신뿐만 아니라 타인을 위해서도 하나님 앞에서 애통할 수 있어야 한다. 그대가 누군가를 위해 하나님 앞에서 애통함으로써 그대는 하나님과 더욱 가까워지게 된다. 누군가를 위한 그대의 애통을 통해서도 그에게 하나님의 위로가 하나님의 때에 임한다는 사실을, 그대가 어떤 형태로든 확인하게 될 것이기 때문이다.

세 번째로 예수님께서는 '온유한 자'가 복이 있다고 하셨다. 대부분의 사람들은 '온유'라는 말을 오해하고 있다. 이를테면 결단력도 없고, 일을 맺고 끊을 줄도 모르는 우유부단한 사람을 좋게 표현해서 "저분은 참 온유하다"고 말하는 식이다. 하지만 예수님께서 말씀하신 온유는 그런 뜻이 아니다. '온유'에 해당하는 헬라어 명사 '프라우테스$_{πραΰτης}$'는 야생동물의 품성을 일컫는 단어다. 야생동물의 품성은 거칠다. 그러나 조련사에 의해 훈련받은 야생동물은 거친 품성은 그대로지만, 그 품성을 더 이상 자신이 아니라 주인을 위해 사용한다. 같은 말이라도 마구간에서 태어난 말보다 훈련받은 야생마가 월등 비싸다. 야생의 품성을 지니고 있어 마구간 태생의 말보다 훨씬 강한 탓이다. 그리고 그 강한 야생의 품성을 주인만을 위해 사용하기에 주인이 명하면 화살이 비 오듯 쏟아지는 적진으로도 뛰어들고, 주인이 멈추라면 아무리 달리고 싶어도 그 자리에서 즉각 멈춘다. 그 품성이 바로 '프라우테스'다.

이처럼 온유는 철저하게 주인을 위한 성품이기에, 온유한 사람은 때론 산들바람처럼 부드럽지만 때론 폭풍처럼 거세기도 하다. 다음은 프랑스의 가톨릭 종교철학자인 루이 라벨$_{\text{Louis Lavelle}}$의 말이다.

> 흔히 사람들은, 성자는 화도 내지 않고 매사에 좋은 말만 할 것이라고 그릇 생각한다. 그러나 성자가 한번 화를 내면 천하가 뒤집어진다. 성자가 되기 위해서는 반드시 성덕을 지녀야 하는데, 성덕은 인간이 지닐 수 있는 감정 중에 가장 격한 감정이기 때문이다.

아무나 성자가 되는 것은 아니다. 성자가 되기 위해서는 '성덕$_{聖德}$', 즉 '거룩한 성품'을 지녀야 한다. 그러나 성덕의 텃밭은 격정이다. 사도 바울은 교회를 짓밟던, 마치 야생마 같은 격정의 인간이었다. 그러나 격정의 바울이 주님께 사로잡혀 주님에 의해 조련되고 나니, 바울은 주님을 위해 참수형도 마다하지 않는 성덕의 사도가 되었다. 바울이 주님 안에서 온유한 사람이 된 것이었다. 바울이 무슨 일이든 맺지도 끊지도 못하는 우유부단한 사람이었다면, 주님을 위해 자신의 목숨을 내어놓은 온유한 사도가 되지는 못했을 것이다.

"심령이 가난한 자는 복이 있나니 천국이 그들의 것임이요"라고 말씀하실 때 예수님께서는 부드러운 산들바람이셨다. 그러나 성전에서 장사꾼들을 몰아내시고 그들의 상과 의자를 뒤집어엎으실 때는 질풍노도셨다. 예수님께서도 그렇듯 온유하셨다. 그래서 온유한 사람이 있는 곳에는 불의가 없어지고, 온유한 사람으로 인해 세상이 정화된다. 온유한 사람만 진리를 위해 자신을 던질 수 있다.

'온유한 자'가 복이 있는 것은, 그 사람이 '땅을 기업으로 받을 것'이기 때문이라고 예수님께서 말씀하셨다. 우리나라처럼 부동산 투기가 성행하는 곳에서 간단하게 땅을 갖는 방법이 있다. 온유해지면 된다. 얼마나 간단한가? 또 얼마나 수지맞는 장사인가? 그러나 그것이 과연 사실인가? 성경에서 특정인을 가리켜 온유하다고 표현한 곳은 단 두 곳뿐이다.

> 수고하고 무거운 짐 진 자들아 다 내게로 오라 내가 너희를 쉬게 하리라 나는 마음이 **온유하고** 겸손하니 나의 멍에를 메고 내게 배우라 그리하면 너희 마음이 쉼을 얻으리니(마 11:28-29)

예수님께서는 온유하셨다.

> 이 사람 모세는 **온유함이** 지면의 모든 사람보다 더하더라(민 12:3)

모세 역시 온유했다. 하지만 예수님이나 모세나, 이 세상에서 단 한 평의 땅도 갖지 못했다. 부활하신 예수님께는 무덤마저 없다. 그런데도 예수님께서는 분명히 "온유한 자는 복이 있나니 그들이 땅을 기업으로 받을 것임이요"라고 말씀하셨다. 대체 무슨 의미인가?

우리말 '땅'으로 번역된 헬라어 '게γῆ'는 '땅'을 의미하기도 하지만, '나라' 혹은 '세상'을 뜻하기도 한다. 주님께서 온유한 사람이 세상을 얻는다고 말씀하신 것이다. 모세는 하나님의 부르심을 받은 이후 하나님의 명령에 순종하여 철저하게 온유한 삶을 살았다. 그 결과 그는 위대한 출애굽의 지도자로 세상을 얻었다. 예수님께서는 하나님과 본체가 같으심에도 이 땅에 인간의 모습으로 오셔서, 십자가에서 돌아가시기까지 하나님 아버지의 뜻을 위해 온유한 삶으로 일관하셨다. 그리고 그분은 온 세상의 구세주가 되셨다. 온유함으로 시간과 공간을 초월하여 온 세상을 얻으신 것이다.

"온유한 자는 복이 있나니 그들이 땅을 기업으로 받을 것임이요"라는 주님의 말씀에서, '받을 것임이요'에 해당하는 헬라어 동사 '클레로노메오 κληρονομέω'는 '상속받다'라는 의미다. 하나님께서 온유한 사람에게 이 세상을 얻을 권리를 상속해 주신다는 말이다. 한마디로 반드시 세상을 얻게 해주신다는 뜻이다. 그대가 지상의 땅을 목표로 살면, 그대가 죽은 뒤에 문제와 후유증만 남을 것이다. 그러나 그대가 주님 안에서 온유한 사람으로 살면, 그대가 세상을 떠난 뒤에 그대는 오히려 세상을 얻을 것이다. 죽음이라고 다 같은 죽음인 것은 결코 아니다. 생전에는 화려해 보였어도 죽은 뒤에 조롱거리로 전락하는 비참한 죽음이 있는가 하면, 살아 있을 때는 볼품없어 보였지만 죽은 뒤에 뭇사람에게 존경받고 온 세상을 얻는 존귀한 죽음도 있다.

네 번째로 예수님께서는 '의에 주리고 목마른 자'가 복이 있다고 말씀하셨다. 그대가 지금 살아 있다는 진정한 증거는 무엇인가? 예전에는 사지를 움직이지 못해도 심장만 뛰면 살아 있는 것으로 판단했다. 하지만 지금은 기준점이 심장에서 뇌로 바뀌었다. 아무리 심장이 뛰어도 뇌가 죽었으면 죽은 것으로 판정하는 것이다. 그러나 그대가 살아 있다는 진정한 증거는 배고픔과 갈증을 느끼는 데 있다. 중환자실에 무의식 상태로 누워 있는 중환자의 뇌 작동이 멈추지 않았다 해도, 진정한 의미에서 그 사람은 살아 있는 것이 아니다. 배고픔과 갈증을 전혀 느끼지 못하는 까닭이다. 살아 있는 사람은 때가 되면 반드시 배고픔과 갈증을 느낀다. 그것이야말로 그 사람이 정상적으로 살아 있다는 분명한 증거다.

무엇에 굶주리고 무엇에 목말라 하느냐에 따라 한 개인과 국가의 역사가 달라진다. 히틀러가 맹목적인 권력에 굶주리지, 그 한 개인으로 인해 무려 5천만 명이 희생당해야만 했다. 자유에 목마른 사람들에 의해 4.19혁명이 가능할 수 있었다. 프랑스의 소설가 프루스트Marcel Proust는 사촌누이 마들렌느에 대한 사랑의 굶주림으로 그 유명한 작품《잃어버린 시간을 찾아서》를 썼다. 운동선수가 '헝그리 정신'을 상실하지 않으면 금메달리스트가 될 수 있다. '의에 주리고 목마른' 사람이 복된 이유가 여기에 있다. 의에 주리고 목마르다는 것은 영적으로 싱싱하게 살아 있다는 증거이기 때문이다. 영적으로 싱싱하게 살아 있는 사람은 의에 주리고 목마를 수밖에 없고, 의에 주리고 목말라 하는 사람에 의해 이 땅에 하나님의 나라는 일구어진다. 그래서 그 사람은 복된 사람이다.

'의'는 하나님과 바른 관계를 맺는 것이다. 부부가 서로 사랑하는 것은 부부간에 바른 관계를 맺는 것이다. 남편은 남편의 도리를, 아내는 아내의 도리를 다하는 것이 서로 사랑하는 것이다. 하나님을 사랑하는 것, 하나님의 의를 사랑하는 것도 하나님과의 바른 관계를 추구하는 것이다. 바꾸어 말하면 하나님의 말씀을 사랑하는 것이다. 하나님의 말씀을 떠나서는 하나님을 사랑할 수도, 하나님과 바른 관계를 맺을 수도 없기 때문이다. 그것은 또한 하나님의 사랑과 정의를 좇는 것이다. 하나님의 말씀이 사랑과 정의의 말씀인 까닭이다. 하나님의 사랑과 정의를 좇는 사람은 자신이 의에 주리고 목말라 함을 스스로 입증하는 사람이기에, 그 사람은 복된 사람이다.

예수님께서 그 사람이 복된 것은, 그가 '배부를 것'이기 때문이라고 말씀하셨다. 이것은 육체의 배부름이 아니라, 영혼의 흡족함을 의미한다. 영혼이 흡족하면 삶의 정황은 조금도 문제가 되지 않는다. 어떤 상황 속에서도 윤택한 마음으로 살아갈 수 있다. 그러나 아방궁에서 살지라도 영혼이 흡족하지 못한 사람의 마음은 황무지처럼 황폐해질 뿐이다. 영혼이 흡족하다는 것은 흡족한 행복을 뜻한다. 바울은 의에 주리고 목말라 하다가 로마 감옥에 갇혔다. 그러나 그는 원망하거나 불평하지 않았다. 오히려 그 감옥에서 빌립보 교인들에게 편지를 쓰면서 "주 안에서 항상 기뻐하라. 내가 다시 말하노니 기뻐하라"(빌 4:4)고 권면했다. 감옥에 갇힌 바울의 마음속에 기쁨이 차고 넘쳤기에 그런 내용의 권면이 가능할 수 있었다. 주님 안에서 그의 영혼이 흡족했기에 감옥 속에서도 지고至高의 행복을 누린 것이다.

흡족한 영혼으로 흡족한 행복을 누린다는 것은, 바꾸어 말하면 흡족한 삶의 의미를 누리는 것이다. 그러므로 하나님과 바른 관계를 맺는 것도 자기 삶에 대한 흡족한 의미를 누리는 것이다. 하나님과의 관계에서 자기 삶에 대한 흡족한 의미를 찾지 못하는 사람은 이 세상 무엇으로도 흡족할 수 없다. 나는 삶의 의미를 찾지 못해 무력증에 빠져 있는 교우들에게 자서전을 써보라고 권한다. 반드시 책으로 출판하라는 말이 아니라, 태어나서부터 오늘이 있기까지 자신의 삶을 하나님 앞에서 정리해 보라는 의미다. 누구든지 하나님 앞에서 자신의 자서전을 써내려가다 보면, 그 사람은 무의미하게 생각했던 자기 인생 여정 가운데 의미 없는 과정이 하나도 없었음을 발견하게 된다. 자신의 지난 삶에 대한 흡족한 의미를 누리게 된다는 말이다. 그때부터 그의 삶을 통해 하나님의 의가 드러나고, 그는 하나님과 더 깊은 관계를 맺게 된다.

다섯 번째로 예수님께서는 '긍휼히 여기는 자'가 복이 있다고 하셨다. 까닭인즉 '그들이 긍휼히 여김을 받을 것'이기 때문이다. '긍휼히 여기다'는 것은 어떤 감정이나 느낌을 품는 것을 뜻하지 않는다. '긍휼'에 해당하는 헬라어 동사 '엘레에오$_{ἐλεέω}$'는 구체적인 행동을 의미한다. 이를테면 누군가가 침울해 보일 때 말을 걸어 준다든지, 슬픔에 빠져 있는 사람의 손을 꼭 잡아 준다든지, 궁핍한 사람에게 자신이 지닌 것 가운데 무언가를 나누어 주는 것과 같은 구체적인 행동이다. 그러므로 긍휼은 하나님 안에서 절대적인 부요함을 누리는 사람만 베풀 수 있다. 지닌 것이 많아도 상대적인 빈곤감 속에서 사는 사람이라면 긍휼은 불가능하다. 가령 한 달 수입이 100만 원인 사람의 눈에 2~300만 원 받는 사람만 보인다면, 상대적인 빈곤감에 빠져 있을 그 사람은 긍휼을 베풀 수 없다. 그러나 한 달에 50만 원밖에 못 벌어도 하나님 안에서 자기 삶에 대한 절대적인 의미와 부요함을 누리는 사람이라면, 그는 50만 원 가운데 비록 적은 금액이라도 자기보다 형편이 어려운 사람에게 얼마든지 긍휼을 베풀 수 있다.

미국에서 살고 있는 한인 2세 여대생의 경험담이다. 그 여학생은 여름방학 중에 환경보호를 위한 기금 모금 아르바이트를 하였다. 집집마다 방문하여 환경보호의 취지를 설명하고, 액수에 상관없이 정기적인 후원금을 약정받는 아르바이트였다. 어느 날 그 여학생은 한인들이 모여 사는 고급 주택단지를 방문하여 한 집의 벨을 눌렀다. 한인 여주인이 문을 열었고, 여학생은 여주인에게 안내 자료를 펼쳐 보이며 열심히 방문 이유를 설명하였다. 여학생의 설명이 다 끝나자, 여주인이 자신은 영어를 하지 못해 이해할 수 없다고 했다. 여학생이 죄송하다며 한국어로 다시 설명해 드리겠다고 하자, 여주인은 지금은 바쁘니 오후 5시에 다시 오라고 했다.

오후 5시 그 집을 재방문한 여학생은 여주인에게 이번에는 한국말로 방문 이유를 설명하였다.

설명을 다 들은 여주인은 걸인에게 적선하듯이 1달러짜리 지폐 한 장을 여학생에게 건네주었다. 무더운 날씨에 두 번씩이나 찾아가 열심을 다해 설명하고도 마치 걸인마냥 겨우 1달러를 받았으니, 돌아서는 여학생의 온몸에서 힘이 빠져나갔다. 축 처진 몸으로 터벅터벅 걸어서 집으로 돌아가는데 누군가가 "이봐요" 하고 불렀다. 돌아보니 편의점을 경영하는, 처음 보는 흑인 할머니였다. 왜 그러시느냐는 여학생의 물음에 할머니는, "이유는 모르지만 너무 지쳐 보이네. 이리 들어와요. 내가 찬물 한잔 줄게" 하며 여학생을 편의점 안으로 데리고 들어가 물을 따라 주었다. 할머니가 여학생에게 무얼 하는지 물었고, 여학생은 환경보호를 위한 기금 모금에 대해 설명해 드렸다. 그러자 할머니는 "내가 돈은 없지만 예수님의 이름으로 조금이라도 참여할게" 하며 서랍에서 25센트짜리 동전 한 닢을 꺼내 주었다. 그 동전 한 닢에 여학생이 얼마나 감격했을는지는 그대도 충분히 짐작할 수 있을 것이다. 이것이 긍휼이다. 그 흑인 할머니는 비록 가난하지만 하나님 안에서 절대적인 부요함을 누리고 있었기에 기꺼이 긍휼을 베풀 수 있었다.

누군가를 위한 그대의 행동이 긍휼인지 아니면 순간적인 값싼 동정심에 불과한지는, 그 지속성의 여부로 구별할 수 있다. 가령 집을 나서는 그대에게 남루한 옷차림의 할머니가 적선을 요청하여 그대가 즐거운 마음으로 천 원을 드렸다고 하자. 다음날 집을 나서니, 그 할머니가 마치 기다리고 있었다는 듯 그대에게 또다시 적선을 청한다. 그때 그대에게 '아니, 또?'라는 마음이 든다면, 그 전날 행한 것은 값싼 동정심이다. 그러나 '오죽 갈 데가 없으면 또 찾아왔겠는가?'라고 생각하며 다시 천 원을 드린다면, 그것은 긍휼이다. 긍휼의 텃밭은 절대적인 부요함이기 때문이다.

그대가 누군가에게 긍휼을 베푼다면, 그 동기가 그대에게 베풀어 주신 하나님의 긍휼임을 잊어서는 안 된다. 하나님께서 그대에게 먼저 긍휼을 베풀어 주셨다. 하나님께서 그대의 과거를 묻지 않으셨다. 오히려 당신의 독생자를 제물 삼아 그대의 모든 죄와 허물을 사해 주셨다. 그대의 과거에 대한 편견으로 현재의 그대를 판단치 않으신다. 날마다 그대에게 져 주시고, 그대의 신음에도 귀 기울이며 응답해 주신다. 그대의 부족함에도 불구하고 그대에 대한 소망을 버리지 않고 그대를 믿어 주신다.

인간은 언제나 하나님에 대한 자신의 믿음을 앞세운다. 그러나 인간에 대한 하나님의 믿음에 비하면 인간의 믿음은 아무것도 아니다. 하나님께서 인간을 믿지 않으셨다면 어찌 죽어 마땅한 죄인인 인간을 위해 성자 하나님께서 십자가의 제물이 되실 수 있었겠는가? 하나님께서 인간을 믿으시고 먼저 긍휼을 베풀어 주셨기에, 그대도 그 긍휼을 힘입어 누군가에게 긍휼을 베풀 수 있다. 그리고 그대가 누군가를 위해 긍휼을 베풀수록, 그대는 그대를 위한 하나님의 긍휼을 더 깊이 체험하게 될 것이다. 예수님의 말씀처럼, 긍휼을 베푸는 사람이 '긍휼히 여김을 받을 것'이기 때문이다. 그래서 긍휼을 베푸는 사람이 복이 있다.

예수님께서 여섯 번째로 '마음이 청결한 자'가 복이 있다고 하셨다. 그 까닭은 '그들이 하나님을 볼 것'이기 때문이다. 마음의 청결은 결벽증을 의미하지 않는다. 결벽증은 정신질환의 일종으로, 왜 깨끗해야 하는지 이유를 생각하지 않고 깨끗함에 대한 강박에 시달리는 증상이다. 이를테면 결벽증의 주체와 대상이 모두 자기 자신으로서, 자신을 위해 자신이 맹목적으로 깨끗하지 않고는 견디지 못하는 질환이다. 그러나 예수님께서 말씀하신 '마음이 청결한 자'는, 자기 영혼의 카메라를 하나님께 맞추어 하나님의 청결하심이 자신의 마음을 통해 드러나게 하는 사람이다.

《새신자반》 8장 '예배'에서 언급한 것처럼, 우리의 영혼과 삶의 관계는 텔레비전 카메라와 수상기의 관계와 같다. 텔레비전 카메라로 남산을 비추면 수상기에 남산이 나오고, 사람을 비추면 사람이 나온다. 이처럼 그대가 그대 영혼의 초점을 하나님께 맞추면, 하나님의 거룩하심과 순결하심이 그대의 마음과 삶을 통해 드러나게 된다. 그래서 그대는 마음이 청결한 사람이 되는 것이다.

아프리카의 흑인 선교사 스티븐 룽구가 쓴 《예수를 업고 가는 아프리카 당나귀》에는 그의 재미있는 경험담이 소개되어 있다. 흑인 빈민촌에서 태어난 그는 어린 시절, 백인들 집 앞에 놓여 있는 쓰레기통을 뒤져 그곳에 버려진 음식을 먹고 살았다. 어느 날 백인 선교사 부인의 눈에 띄어 그 집의 청소부로 발탁되었다. 흑인 빈민촌 소년에게는 최고의 출세였다. 그러나 첫 출근을 하고 보니, 백인 선교사 집에는 청소할 것이 전혀 없었다. 자신이 살고 있는 흑인 빈민촌 움막에 비하면 모든 것이 완벽하게 깨끗하기만 했다. 그는 백인 선교사 부인이 그 깨끗한 집을, 왜 자기에게 청소하게 했는지 도무지 이해할 수 없었다. 그는 하루 종일 놀다가 그냥 집으로 돌아갔다. 그리고 그는 그날부로 해고당하고 말았다. 백인 선교사 부인이 외출에서 돌아와 보니 청소는 고사하고, 더러운 발로 오히려 온 집을 더럽혀 놓았던 것이다. 기준의 차이는 이렇듯 엄청나다. 흑인 빈민의 기준으로 볼 때에 백인 선교사의 집은 전혀 청소할 필요가 없었다. 그러나 백인 선교사 부인의 기준으로는 온 집이 더럽혀져 있었다. 마음이 청결한 사람의 기준은 인간이 아니라 하나님께 있다.

마음의 청결은 인간의 노력만으로는 이루어지지 않는다. 이미 언급했듯이 자기 영혼의 초점을 하나님께 맞출 때, 하나님의 청결함이 드러나면서 하나님에 의해 청결해진다. 하나님께 영혼의 초점을 맞추는 것은 매 순간 하나님을 의식하면서 사는 것을 뜻하기에, 그 사람은 복되지 않을 수 없다. 다윗은 시편 16편 7절을 통해 "나를 훈계하신 여호와를 송축할지라. 밤마다 내 양심이 나를 교훈하도다"라고 고백했다. 그러나 이 구절의 '양심'을 개역한글판 성경은 '심장'이라고 번역했다. 이에 해당하는 히브리어 '킬야כליה'는 본래 몸속의 신장과 같은 장기를 의미한다. 그러므로 '양심'과 '심장' 두 단어 가운데 고른다면 '킬야'는 오히려 '심장'에 해당한다. 죽음은 심장이 멎는 것이다. 그렇지만 인간은 잠자는 동안, 자신의 심장을 계속 뛰게 하기 위해 어떤 노력도 기울이지 않는다. 자신이 잠자는 동안에도 심장이 뛰는 것을 당연하게 여기며 그냥 잠자리에 들 뿐이다. 하지만 다윗은 달랐다. 하나님께 영혼의 초점을 맞추고 살았던 다윗은 밤에도 쉬지 않는 심장의 고동 소리를 통해 하나님의 가르치심을 들었다. 하나님께서 자신의 심장을 뛰게 해주시지 않는다면 내일 아침을 절대로 맞이할 수 없다는 가르치심이었다. 그것은 하나님께서 자신의 심장을 뛰게 해주시는 동안 하나님 앞에서 청결한 마음으로 바르게 살아야 한다는 교훈이었다. 그래서 다윗은 복된 사람이었다. 그대 역시 그대 영혼의 초점을 하나님께 맞추면, 밤중에 잠자리에서도 심장의 고동 소리를 통해 하나님의 가르치심을 들으며, 그대는 청결한 마음으로 살아가는 복된 사람이 될 것이다.

예수님께서는 일곱 번째로 '화평하게 하는 자'가 복이 있다고 말씀하셨다. '화평'을 뜻하는 헬라어 '에이레네εἰρήνη'는 '평화', '평안'을 의미하기도 한다. 예수님께서 평화를 사랑하는 사람이 복이 있다고 말씀하시지 않았다. 평화를 사랑한다는 사람은 수도 없이 많다. 평화를 외치는 사람도 많다. 그러나 예수님께서는 화평하게 하는 사람, 다시 말해 평화를 실행하는 사람이 복이 있다고 말씀하셨다. 누군가와 더불어 화평하게 살기 위해서는, 자신의 것 가운데 무엇을 양보하거나 포기하지 않으면 안 된다. 많은 사람들이 평화를 외치면서도 이루지는 못하는 것은, 정작 평화를 위해 자기 것을 손해 보려 하지는 않기 때문이다. 하나님께서는 인간의 죄로 말미암아 단절되었던 인간과 화평의 관계를 회복하시기 위해 당신의 독생자를 십자가의 제물로 내어놓으셨다. 이처럼 자신을 비우고 버리지 않고서는 누구와도 화평할 수 없다. 그러므로 누군가와 화평을 이루기 위해 자기를 비우고 버리는 사람은 복된 사람이다. 바로 그런 사람이 '하나님의 아들(딸)이라 일컬음을 받을 것'이기 때문이다.

그대가 하나님의 자녀임을 입증하는 증거는 교회에서 열심히 봉사하는 것만으로는 충분하지 않다. 그 증거는 그대가 얼마나 많은 사람과 화평한 삶을 사느냐, 화평을 위해 그대의 것을 얼마나 포기하느냐로 드러난다. 앞에서 살펴본 것처럼 사도 바울은 "자신의 유익을 구하지 아니하고 많은 사람의 유익을 구하여 그들로 구원을 받게 하라"(고전 10:33)고 권면한다. 한마디로 화평케 하는 사람이 되라는 말이다. 그대가 누군가와 화평하기 위해 그대의 유익을 구하지 않고 그의 유익을 구할 때, 그대로 인해 그 사람이 구원을 받을 것이다. 그래서 그대는 복된 사람이다. 그로 하여금 구원을 받게 한 그대는 하나님의 진정한 자녀이기 때문이다.

마지막으로 예수님께서는 '의를 위하여 박해를 받은 자'가 복이 있다고 하셨다. 헬라어 원문에 '받은'이란 동사가 현재완료형으로 기록되어 있다. 헬라어에서 동사의 현재완료형은 과거에서부터 현재까지 이어져 온 동작을 뜻한다. 그러므로 과거나 현재 어느 한 시점에서 박해받은 사람이 아니라, 과거부터 지금까지 의를 위해 계속 박해받고 있는 사람이 복되다고 예수님께서 말씀하신 것이다. 요즈음 그리스도인들은 "예수 믿는다고 박해와 수난이 따르던 시대는 지났다"고 말한다. 그러나 그것은 결코 사실이 아니다. 그렇게 말하는 사람들은 하나님의 의를 실천해 본

적이 없는 사람들이다. 지금도 하나님의 의를 실천하려 하면 어떤 형태로든 박해와 불이익이 뒤따른다.

그대가 가게를 경영하면서 그대의 신앙 양심에 따라 정직하게 세금을 납부했다고 하자. 그러나 세무공무원은 그대의 정직을 당장은 믿어 주지 않을 것이다. 그대가 정말 탈세하지 않는다는 것을 세무공무원이 확인할 때까지 그대는 계속 불이익을 당할 것이다. 거꾸로 그대가 크리스천 세무공무원이어서 모든 업무를 철저하게 세법에 의거하여 처리한다고 하자. 그대의 관할 구역 내에 있는 기입인이나 자영업자들이 그대에게 박수갈채를 보내겠는가? 오히려 그 반대다. 그대는 그대를 자기 구역에서 몰아내려는 그들에 의해 온갖 모함을 받게 될 것이다. 그대가 신실한 크리스천이기 때문에 승진에서 탈락할 수도 있다. 소설가 김성일 장로님은 모 재벌 그룹에서 총수의 총애를 받던 엘리트였다. 그러나 예수님을 영접한 이후 모든 업무를 신앙 양심에 따라 처리하려 애썼다. 술도 끊고 거짓과 타협하지도 않았다. 그로 인해 그분은 이사직을 끝으로 회사를 떠나야만 했다. 그가 속해 있는 재벌의 총수가 보기에는, 크리스천으로 살려는 그는 더 이상 유능한 직원이 아니었기 때문이다. 그대가 새벽에 자동차를 운전하다가 붉은 신호등을 보고 아무도 없는 교차로에서 자동차를 멈추었다고 하자. 그때 뒤에서 달려오던 자동차의 운전자가 경적을 울리며 그대더러 그냥 출발하라고 재촉할 수 있다. 그래도 그대가 움직이지 않으면, 뒷 차 운전자가 그대를 앞질러 나가며 그대에게 손가락질을 할 수도 있다.

포도주가 보편화되어 있는 유럽에서는 성직자들도 포도주를 즐겨 마신다. 나는 스위스에서 사역하던 3년 동안 스위스 목사님들과 자주 회동하였다. 그분들과 식사할 때면, 그분들은 포도주를 입에 대지도 않고 맹물만 마시는 나를 유별난 사람으로 여겼다. 이를테면 고지식한 금욕주의

자나 맹목적인 율법주의자로 간주했다. 내가 포도주를 입에 대지도 않은 이유는 간단했다. 사도 바울의 고백처럼 나에게는 모든 것이 가하지만, 내가 포도주를 마심으로 혹 누군가 실족할 수 있기 때문이었다. 내가 선데이 크리스천이었던 시절, 나는 주중에는 매일 술독에 빠져 살았다. 모태신앙인이었던 나의 마음속에 나 자신의 그릇된 삶에 대한 갈등이 왜 없었겠는가? 그러던 어느 날 나는 나의 그릇된 삶에 대한 좋은 명분을 얻게 되었다. 친구를 따라 어느 술자리에 합석하였는데, 그 자리에 모 교단의 목사님과 장로님이 있었다. 그날 두주불사斗酒不辭의 실력을 유감없이 발휘하는 그 목사님과 장로님을 보면서 나는 그동안 나를 짓누르던 갈등에서 벗어날 수 있었다. 천주교의 신부님은 말할 것도 없고, 목사님과 장로님도 저렇게 거리낌 없이 술을 마시는데 나 같은 교인이야 문제될 게 뭐냐는 식이었다. 우리나라 남성들처럼 과음이 일상화된 민족은 흔치 않다. 마침 크리스천답게 거룩한 삶을 살기 위해 매일 과음하던 술을 끊으려 고심하던 교인이 있다고 치자. 그 교인이 만약 내가 포도주라도 마시는 광경을 본다면 예전의 나처럼, '이 목사도 마시는데 뭘' 하면서 상당 기간 동안 자신의 과음을 정당화하지 않겠는가? 그래서 나는 스위스에서 사는 3년 동안 수많은 분들이 내게 포도주를 권했지만 입에도 대지 않았다. 그것은 목사로서 교인들의 유익을 위함이었지만, 결과적으로 맹물만 마시는 나는 스위스 목사님들에게 고지식한 금욕주의자나 맹목적인 율법주의자로 취급당해야 했다.

박해의 시대는 결코 끝나지 않았다. 하나님의 의를 좇아 바른 신앙 양심으로 살려 하면, 주님 오시는 날까지 여러 형태의 불이익을 당하게 될 것이다. 그러나 그것을 감내하는 사람은 복이 있다. '천국이 그들의 것'이기 때문이다. 바꾸어 말하면, 그들은 예수 그리스도 안에서 이미 천국을 얻었기에 세상의 불이익을 기꺼이 감당할 수 있다. 천국을 얻은 사람은 무엇이 크고 무엇이 작은지 구별할 줄 알기 때문이다. 천국을 얻은 사람은 어떻게 사는 것이 인생을 건져 올리는 삶이고, 어떻게 사는 것이 인생을 물거품처럼 날려 버리는 짓인지, 이미 명확하게 알고 있다.

결론

첫째, 예수님께서 설교하신 여덟 가지 **복**은 모두 하나님과의 관계에 대한 복이다.

예수님께서는 단 한 번도, 물질적으로 창대해지거나 세상에서 출세한 사람이 복되다고 말씀하신 적이 없다. 복에 대한 예수님의 설교는 '심령이 가난한 자는 복이 있나니 천국이 그들의 것임이요'라고 천국으로 시작되었다가, '의를 위하여 박해를 받은 자는 복이 있나니 천국이 그들의 것임이라'고 천국으로 끝났다. 영원한 천국을 목적으로 삼는 믿음으로만 인생을 영원히 건져 올릴 수 있기 때문이다. 앞에서 언급했듯이 하나님을 믿는 것은 영원한 삶을 목적으로 삼는 것이다. 그리스도인들에게 생의 목적은 결코 이 세상에 국한되지 않는다. 이 세상에서부터 영원을 얻고 영원을 누리기 위해 오늘을 사는 사람들이 그리스도인들이다. 이 사실을 깨닫지 못하면 복의 진정한 의미를 놓칠 뿐 아니라, 결과적으로 삶의 참된 의미마저 상실하고 만다.

둘째, 그러므로 하나님의 말씀을 좇고 하나님께 가까이 나아가는 사람이 복된 사람이다.

예수께서 이르시되 오히려 **하나님의 말씀을 듣고 지키는 자가 복이 있느니라** 하시니라 (눅 11:28)

하나님께 가까이 함이 내게 복이라 내가 주 여호와를 나의 피난처로 삼아 주의 모든 행적을 전파하리이다(시 73:28)

세상에서 억만금을 지니는 것보다 하나님의 말씀을 좇으며 하나님께 가까이 나아가는 사람이 더 복되다. 세상의 억만금의 종착역은 고작 공동묘지일 뿐이지만, 하나님의 말씀을 좇아 하나님께 가까이 나아가는 사람은 영원한 천국을 목적 삼아 이 세상에서부터 영원을 얻고 영원을 누릴 수 있기 때문이다.

마지막으로, 하나님께 가까이 나아가지 않을 수 없도록 하나님께서 내게 주신 가시가 복이다.

'가시'는 바울이 사용한 단어다. 사도 바울은 육체의 가시를 지니고 살았다. 지병이 있었다는 말이다. 그 가시를 제거해 주시기를 세 번이나 주님께 간절히 기도드렸지만 끝내 응답받지 못한 바울은, 평생 자신의 육체에 그 가시를 지니고 살아야만 했다. 그러나 그 가시 덕분에 바울은 일평생 육체의 연약함 속에서 자기 교만에 빠지지 않고, 언제나 하나님만 의지하면서 하나님께 더욱 가까이 나아갈 수 있었다. 그 가시야말로 바울을 영원한 사도로 세워 준 하나님의 복이었다.

1998년 9월 21일 스위스에 도착한 나는 만 3년째 되는 날인 2001년 9월 21일에 귀국하였다. 제네바한인교회와 약속한 3년을 나는 그렇게, 하루를 덜하거나 더함이 없이, 정확하게 채우고 돌아왔다. 귀국하기 한 달 보름 전인 2001년 8월 5일이었다. 점심 식사를 마치고 식탁에서 일어서다가 그만 왼쪽 무릎의 연골이 찢어져 버렸다. 과격하게 움직였던 것이 아니었다. 평소처럼 그냥 식탁에서 일어서다가 변을 당한 것이었다. 그 일이 있기 1년 반 전부터 제네바한인교회 교우들과 매주 한 번씩 알프스를 등산하였다. 그 경험이 얼마나 좋았던지, 귀국하면 우리나라 명산을 모조리 순례하리라 마음먹고 필요한 등산 장비를 모두 구입하였다. 그리고 꿈에 부풀어 있다가 귀국을 한 달 보름 앞두고 그만 왼쪽 무릎의 연골이 찢어지는 변을 당한 것이었다. 제네바 종합병원으로 갔더니 예약이 밀렸다며 두 달 후에나 오라고 해서, 어쩔 수 없이 한 달 보름 동안 통증을 참고 지내다가 귀국한 뒤에 한국에서 연골 제거 수술을 받았다. 그리고 그 이후부터 내게 등산은 더 이상 불가능하게 되었다. 돌이켜 볼수록 하나님께 감사드리지 않을 수 없다. 만약 그때 무릎 연골이 찢어지지 않았다면, 스위스에서 귀국한 나는 산악인으로 여생을 마쳤을 것이다. 그러나 연골 없는 왼쪽 무릎―그 육체의 가시로 인해 나는 하나님의 말씀 속에서 하나님께 더 가까이 나아가는 여생을 살게 되었다. 인생 종반부를 맞은 내게 그보다 더 큰 복은 없다.

누구에게나 인생의 가시는 있기 마련이다. 그대에게도 어떤 형태이든 분명 가시가 있을 것이다. 그러나 그 가시가 그대를 위한 하나님의 복임을 잊어서는 안 된다. 그 가시 때문에 더욱 하나님의 말씀을 좇으며, 그 가시로 인해 하나님께 더욱 가까이 나아가라. 그 가시 덕분에 그대는 그대를 스쳐 지나가는 모든 시간을 영원으로 건져 올리며, 이 땅에서부터 천국을 누리게 될 것이다.

한자 '福'(복)을 풀어 보면 '示'(보일 시), '一'(한 일), '口'(입 구), '田'(밭 전)이 된다. 한자의 '口'(입 구)는 언제나 '人'(사람 인)과 동일시된다. 따라서 한자 복福의 문자적인 의미는, 한 사람이 자신의 밭을 다른 사람에게 보여 주는 것이다. 세상 사람들은 자신이 복 받은 사람임을 드러내고자 할 때, 자신이 얼마나 큰 재물이나 출세의 밭을 일구었는지를 과시한다. 그러나 예수님께서 가르쳐 주신 복의 의미를 바르게 깨달았다면, 그대는 세상 사람들에게 보여 줄 수 있는 어떤 밭을 지금까지 일구어 왔는지 생각해 보아야 한다.

그대의 밭이 지금 세상의 것들로만 가득 차 있다면, 그것은 하나님께서 주신 복이 아니다. 그 밭은 머지않아 큰 화근이 될 것이기 때문이다. 그대가 세상을 향해 보여 줄 수 있는 밭은 심령이 가난한 삶, 애통하는 삶, 온유한 삶, 의에 주리고 목말라하는 삶, 긍휼히 여기는 삶, 마음이 청결한 삶, 화평케 하는 삶, 의를 위하여 박해를 받는 삶의 밭이다. 그와 같은 삶이 이 세상의 그 어떤 보석보다 더 아름다운 것은, 하나님 안에서 이미 영원으로 건져 올려진 삶이기 때문이다.

사도 바울이 이 땅에 남긴 마지막 말 가운데 다음 구절이 있다.

> 전제와 같이 내가 벌써 부어지고 떠날 시각이 가까웠도다 나는 선한 싸움을 싸우고 나의 달려갈 길을 마치고 믿음을 지켰으니 이제 후로는 나를 위하여 의의 면류관이 예비되었으므로 주 곧 의로우신 재판장이 그날에 내게 주실 것이며 내게만 아니라 주의 나타나심을 사모하는 모든 자에게도니라(딤후 4:6-8)

로마 감옥에 갇힌 바울은 자신의 죽음이 임박하였음을 알았다. 이제 곧 인생이 끝난다면 인생 허무를 되씹어야 할 것 같은데, 오히려 바울은 살아 있는 사람들에게 자신의 인생 밭을 보여 주고 있다. "나는 선한 싸움을 다 싸웠다. 달려갈 길을 다 마쳤다. 그리고 믿음을 지켰다. 그래서 하나님께서 나를 위하여 의의 면류관을 예비해 주셨다. 이것이 내가 일평생 일구어 온 내 인생의 밭이다"라고 말이다. 바울이 우리에게 보여 주고자 한 것은, 하나님에 의해 영원히 건져 올려진 복된 삶이었다. 그래서 그는 2천 년이 지난 오늘도 천국에서뿐 아니라, 우리 가운데에도 영원히 살아 있다.

이제 복에 대한 예수님의 설교 말씀에 그대의 이름을 넣어 읽으면서 이 장을 끝내기로 하자.

> 복되도다 심령이 가난한 ○○아(야), 왜냐하면 천국이 너의 것이기 때문이다.
> 복되도다 애통하는 ○○아(야), 왜냐하면 네가 위로를 받을 것이기 때문이다.
> 복되도다 온유한 ○○아(야), 왜냐하면 네가 세상을 기업으로 받을 것이기 때문이다.
> 복되도다 의에 주리고 목마른 ○○아(야), 왜냐하면 네가 배부를 것이기 때문이다.
> 복되도다 긍휼히 여길 줄 아는 ○○아(야), 왜냐하면 네가 긍휼히 여김을 받을 것이기 때문이다.
> 복되도다 마음이 청결한 ○○아(야), 왜냐하면 네가 하나님을 볼 것이기 때문이다.
> 복되도다 화평하게 하는 ○○아(야), 왜냐하면 네가 하나님의 아들이라 일컬음을 받을 것이기 때문이다.
> 복되도다 의를 위하여 박해를 받는 ○○아(야), 왜냐하면 천국이 네 것이기 때문이다.
> 아멘.

3 회개

마태복음 4장 17절
이때부터 예수께서 비로소 전파하여 이르시되 회개하라 천국이 가까이 왔느니라 하시더라

회개와 자복

회개는 그리스도인과 불가분의 관계에 있는 단어다. 그리스도인치고 회개를 언급하지 않는 사람은 없다. 그러나 그리스도인이 회개를 언급하는 만큼, 회개가 삶으로 이어지지는 못하는 것이 현실이다. 대부분의 그리스도인이 회개를 그릇 이해하고 있기 때문이다. 회개를 바르게 이해하기 위해서는 먼저 회개와 자복의 차이를 알아야만 한다. 회개와 자복은 그리스도인이 가장 크게 혼동하는 용어다.

우리말 '자복自服하다'로 번역된 헬라어 동사 '엑소몰로게오 ἐξομολογέω'는 세 가지 의미를 지니고 있다. 첫 번째 의미는 '고백하다'이다. "제가 이러이러한 잘못을 범했습니다"라고 자신의 잘못을 고백하는 것이다. 두 번째 의미는 '동의하다'이다. "당신이 지적하신 제 잘못을 인정합니다" 하고 동의하는 것이다. 세 번째 의미는 '약속하다'이다. "앞으로는 바르게 살겠습니다"라고 약속하는 것이다. 이 세 가지의 공통점은 고백이든 동의든 약속이든 모두 입으로, 말로 이루어진다는 것이다.

이에 반해 '회개悔改하다'는 헬라어로 '메타노에오$_{μετανοέω}$'인데, 180도 돌아서거나 길을 바꾸는 것을 의미한다. 이를테면 동쪽으로 가던 사람이, 자신이 정반대 방향으로 가고 있음을 깨닫는 즉시 서쪽으로 돌아서는 것이다. 혹은 A라는 길로 가다가 그 길이 틀린 길임을 깨닫고 B라는 길로, 길을 바꾸는 것이다. 회개는 움켜쥐고 있던 것을 놓아 버리는 것을 의미하기도 한다. 이처럼 회개는 자복과는 달리 말이 아니라, 철저하게 행동으로 이루어진다. 그러므로 자복이 회개의 시작일 수는 있지만, 그 자체가 회개일 수는 없다. 하나님께 "제가 이런 잘못을 범했습니다. 앞으로는 이런 어리석음을 다시는 범치 않겠습니다" 하고 아뢰는 것은 자복이다. 그리고 그 자복이 행동으로 드러나는 것이 회개다.

교회에 다니고 싶긴 하지만 죄가 많아 가지 못한다는 사람들이 있다. 이것은 목욕탕에 가고 싶긴 하지만 때가 많아 가지 못한다는 것과 같다. 그런 사람은 자신이 죄인이라는 사실에 동의는 하지만, 죄에서 벗어나고 싶은 생각은 없는 사람이다. 다시 말해 자신이 죄인임을 자복은 하면서도 회개할 마음은 없는 것이다. 좀도둑이 가게에서 물건을 훔치다가 주인에게 들켰다. 그는 주인에게 자신의 잘못을 고백하고, 다시는 그런 짓을 하지 않겠다며 용서를 구했다. 주인은 그의 말을 믿고 용서해 주었다. 그러나 그 좀도둑이 이튿날 그 가게에서 또 도둑질을 했다면, 그는 가게 주인 앞에서 자복만 했을 뿐 회개한 것은 아니다.

우리의 회개가 이와 같다. 대부분의 경우 자복으로만 끝나 버린다. 자신의 잘못을 일깨워 주시는 하나님의 말씀에 동의하고, 하나님 앞에서 자신의 잘못을 고백하며, 하나님께 바른 삶을 약속하는 자복에는 대단히 익숙하지만, 자복을 회개와 동일시함으로 인해 자복이 삶으로 드러나는 회개로 이어지지는 못하는 것이다. 자복은 점點이다. 자신의 잘못을 깨닫는 즉시 하나님께 자복하는 것은 하나의 점이다. 반면에 회개는 선線이다. 회개는 지속적인 삶으로 드러나기 때문이다. 그러므로 점이 선의 시작일 수는 있지만 점 자체가 선일 수는 없는 것처럼, 자복이 회개의 출발점일 수는 있지만 자복 그 자체가 회개일 수는 없다.

회개의 중요성

지금까지 회개와 자복의 차이를 알아보았다. 이번에는 회개가 왜 중요한지, 그 이유를 성경말씀을 통해 살펴보기로 하자.

> 그때에 세례 요한이 이르러 유대 광야에서 전파하여 말하되 **회개하라 천국이 가까이 왔느니라** 하였으니(마 3:1-2)

예수님의 길을 예비하던 세례자 요한이 광야에서 외치던 메시지의 핵심은 "회개하라. 천국이 가까이 왔느니라"였다. 아무리 천국이 임해도, 죄와 사망의 길로 치닫던 인간이 천국을 향해 돌아서는 '회개' 없이는 천국을 얻을 수 없다.

> 이때부터 예수께서 비로소 전파하여 이르시되 **회개하라 천국이 가까이 왔느니라** 하시더라(마 4:17)

이 땅에 오신 예수님께서도 "회개하라. 천국이 가까이 왔느니라"는 선포로 공생애를 시작하셨다. 회개는 하나님 나라의 전제 조건이다. 죽음의 길에서 돌아서는 사람이 영원한 하나님 나라를 얻을 수 있다. 주님을 믿는다면서도 돌아서지 않는 사람은 결코 믿는 사람이 아니다. 믿음은 주님을 향해, 하나님의 나라를 향해 돌아서는 것으로부터 시작한다. 그래서 예수님께서도 회개부터 제일 먼저 선포하셨고, 예수님의 길을 예비한 세례자 요한도 회개를 외쳤다. 회개가 이렇듯 중요하다면, 회개하지 않을 경우에는 어떻게 되는 것인가?

> 예수께서 권능을 가장 많이 행하신 고을들이 회개하지 아니하므로 그때에 책망하시되 화 있을진저 고라신아 화 있을진저 벳새다야 너희에게 행한 모든 권능을 두로와 시돈에서 행하였더라면 그들이 벌써 베옷을 입고 재에 앉아 회개하였으리라 내가 너희에게 이르노니 **심판 날에 두로와 시돈이 너희보다 견디기 쉬우리라** 가버나움아 네가 하늘에까지 높아지겠느냐 음부에까지 낮아지리라 네게 행한 모든 권능을 소돔에서 행하였더라면 그 성이 오늘까지 있었으리라 내가 너희에게 이르노니 **심판 날에 소돔 땅이 너보다 견디기 쉬우리라** 하시니라
> (마 11:20-24)

예수님께서는, 회개하지 않는 사람은 하나님의 심판을 면치 못할 것이라고 말씀하셨다. 그뿐 아니다.

> 그때 마침 두어 사람이 와서 빌라도가 어떤 갈릴리 사람들의 피를 그들의 제물에 섞은 일로 예수께 아뢰니 대답하여 이르시되 너희는 이 갈릴리 사람들이 이같이 해 받으므로 다른 모든 갈릴리 사람보다 죄가 더 있는 줄 아느냐 너희에게 이르노니 아니라 너희도 만일 회개하지 아니하면 **다 이와 같이 망하리라** 또 실로암에서 망대가 무너져 치어 죽은 열여덟 사람이 예루살렘에 거한 다른 모든 사람보다 죄가 더 있는 줄 아느냐 너희에게 이르노니 아니라 너희도 만일 회개하지 아니

하면 **다 이와 같이 망하리라**(눅 13:1-5)

예수님께서는, 회개하지 않는 사람은 모두 망한다고 말씀하셨다. 일시적인 몰락이 아니라 완전한 멸망이다. 그렇지 않겠는가? 죄와 사망의 길을 내닫던 인간이 주님을 향해 돌아섬이 없이 그대로 내닫는다면, 그 결국은 하나님의 심판에 의한 완전한 멸망일 수밖에 없지 않겠는가?

그러나 너를 책망할 것이 있나니 너의 처음 사랑을 버렸느니라 그러므로 어디서 떨어졌는지를 생각하고 회개하여 처음 행위를 가지라 만일 그리하지 아니하고 회개하지 아니하면 내가 네게 가서 **네 촛대를 그 자리에서 옮기리라**(계 2:4-5)

이 말씀은 에베소 교회에 대한 주님의 책망이다. 주님의 신뢰 받는 도구로 계속 쓰임 받기 위해서도 회개가 중요하다. 주님을 좇다가 어떤 이유로든 주님을 저버린 사람이 주님께로 다시 돌아서는 회개가 없으면, 주님께서는 그 사람으로부터 당신의 촛대를 옮기실 수밖에 없다. 주님으로부터 사랑받는다는 것과 신뢰받는다는 것은 같은 말이 아니다. 부모가 자기 자식을 모두 사랑하기 마련이지만, 자식 가운데 신뢰하는 자식은 따로 있다. 기업가가 자기 기업을 반드시 장남에게만 물려주는 것은 아니다. 장남이 아니더라도 자신이 더 신뢰하는 자식에게 기업을 맡기는 것은 흔한 일이다. 그리스도인들은 모두 하나님의 사랑을 입은 하나님의 자녀들이다. 그러나 그리스도인들 가운데 하나님께서 신뢰하시는 사람들은 따로 있다. 하나님을 향해 확실하게 돌아서서, 더 이상 예전의 삶으로 되돌아가지 않는 회개의 사람들이다.

그들이 이 말을 듣고 마음에 찔려 베드로와 다른 사도들에게 물어 이르되 형제들아 우리가 어찌할꼬 하거늘 베드로가 이르되 너희가 회개하여 각각 예수 그리스도의 이름으로 세례를 받고 죄사함을 받으라 그리하면 **성령의 선물을 받으리니**(행 2:37-38)

회개가 중요한 또 하나의 이유는 성령님과 동행하는 삶을 살기 위해서다. 이른바 성령충만한 삶을 위해 회개가 필요하다.

그러므로 너희가 회개하고 돌이켜 너희 죄 없이함을 받으라 이같이 하면 **새롭게 되는 날이 주 앞으로부터 이를 것이요**(행 3:19)

회개를 통한 성령충만한 삶은 영육 간에 새로워진 삶이다. 여기에서 '새로워짐'의 의미로 번역된 헬라어 '아나프쉬크시스ἀνάψυξις'는 본래 '시원함'을 뜻한다. 죄는 우리의 몸과 마음과 영혼을 무겁게 짓누른다. 경찰의 추격을 피해 도피생활하던 범죄자가 경찰에 붙잡히면 이구동성으로, 차라리 속이 시원하다고 말한다. 자기 죄의 무게에 스스로 짓눌려 있었던 까닭이다. 그러나 누구든지 회개하고 성령님과 동행하면 몸도 마음도 영혼도 시원해진다. 자신을 억누르던 죄의 중압감에서 해방되었기 때문이다.

결국 회개하지 않으면 주님의 신뢰받는 종으로 쓰임 받을 수 없고, 죄의 중압감에서 벗어나 영육 간에 시원한 삶을 살 수도 없고, 하나님의 나라를 얻거나 누릴 수도 없고, 마침내는 하나님의 심판에 의해 영원히 멸망할 따름이다. 한마디로 회개 없이는 하나님과 단절된, 공동묘지를 향해 질주하는 죽음의 삶을 살 수밖에 없다. 그래서 예수님께서는 공생애를 시작하시면서 가장 먼저 인간에게 회개—돌아설 것을 명령하셨다. 믿음은 돌아서는 것이요, 돌아서는 것으로부터 믿음이 시작되기 때문이다.

세례 요한의 회개 촉구

요한이 세례 받으러 나아오는 무리에게 이르되 독사의 자식들아 누가 너희에게 일러 장차 올 진노를 피하라 하더냐 그러므로 **회개에 합당한 열매를 맺고** 속으로 아브라함이 우리 조상이라 말하지 말라 내가 너희에게 이르노니 하나님이 능히 이 돌들로도 아브라함의 자손이 되게 하시리라 이미 도끼가 나무 뿌리에 놓였으니 좋은 열매 맺지 아니하는 나무마다 찍혀 불에 던져지리라(눅 3:7-9)

세례자 요한은 예수님의 길을 예비하면서 당시 사람들에게 자복을 요구하지 않았다. 그는 사람들에게 회개에 합당한 열매를 맺을 것을 촉구했다. 회개는 반드시 행동으로, 삶으로 드러나야 함을 강조한 것이었다. 이에 회개에 합당한 열매를 맺기 위해 구체적으로 무엇을 어떻게 해야 하는지 사람들이 세례자 요한에게 물었다.

무리가 물어 이르되 그러면 우리가 무엇을 하리이까 대답하여 이르되 옷 두 벌 있는 자는 옷 없는 자에게 나눠 줄 것이요 먹을 것이 있는 자도 그렇게 할 것이니라 하고(눅 3:10-11)

세례자 요한이 언급한 '옷 두 벌 있는 자'와 '먹을 것이 있는 자'는 경제적으로 여력이 있는 사람을 뜻한다. 세례자 요한은 경제적 여력이 있는 사람의 회개는, 자신의 여유분을 가난한 사람과 나누는 것이라고 대답한 것이다.

당시 세리들은 로마제국으로부터 도급都給 맡은 사람들로 백성의 재산을 자기 마음대로 좌지우지하였다. 이를테면 로마제국이 할당한 세액을 초과하는 금액은 세리들의 몫이었으므로, 세리들은 자신들의 배를 불리기 위해 수단과 방법을 가리지 않고 백성의 고혈을 짜냈다. 그 세리들도 어떻게 회개에 합당한 열매를 맺을 것인지 세례자 요한에게 물었다.

> 세리들도 세례를 받고자 하여 와서 이르되 선생이여 우리는 무엇을 하리이까 하매 이르되 부과된 것 외에는 거두지 말라 하고(눅 3:12-13)

세례자 요한은 세리들에게 법으로 정한 세금 외에는 거두지 말라고 촉구했다. 자신의 자리를 이용하여 치부致富하던 공직자의 회개는 공평무사公平無私하게 법을 집행하는 것이었다.

군인들 역시 회개에 합당한 열매를 맺기 위해 무엇을 해야 하는지 세례자 요한에게 물었다. 당시 식민지에 주둔하던 로마제국의 군인들은 거대한 권력 집단이었다.

> 군인들도 물어 이르되 우리는 무엇을 하리이까 하매 이르되 사람에게서 강탈하지 말며 거짓으로 고발하지 말고 받는 급료를 족한 줄로 알라 하니라(눅 3:14)

세례자 요한은 군인들에게는 '강탈하지 말며 거짓으로 고발하지 말고 받는 급료를 족한 줄로 알라'고 촉구했다. 당시 권력 집단이던 군인들은 봉급 이외의 치부를 위해 권력을 동원하여 부당하게 남의 재산을 탈취하거나, 여의치 않으면 눈 밖에 난 사람에게 거짓모함으로 족쇄를 채우는 일이 비일비재하였다. 그러므로 세례자 요한은 권력자의 회개는, 더 이상 권력을 치부의 수단으로 삼지 않고 하나님으로부터 위임받은 권력의 선한 청지기로 살아야 함을 일깨워 준 것이었다. 그러나 세례자 요한이 군인들을 만만하게 여겨 군인들에게만 그렇게 촉구한 것은 아니었다.

> 분봉왕 헤롯은 그의 동생의 아내 헤로디아의 일과 또 자기가 행한 모든 악한 일로 말미암아 요한에게 책망을 받고(눅 3:19)

분봉왕 헤롯은 헤롯 대왕의 아들 헤롯 안티파스다. 그는 동생의 아내 헤로디아를 빼앗아 자기 아내로 삼은 불의한 인간이었지만, 권력의 최정점에 앉아 있는 그를 그 누구도 감히 공개적으로 비판하거나 비난하지 못했다. 그러나 세례자 요한만은 달랐다. 그는 헤롯 안티파스의 악행을 드러내 놓고 책망하였다. 우리말 '책망하다'로 번역된 헬라어 동사 '엘렝코ἐλέγχω'는 '유죄를 선고하다'라는 의미다. 그러므로 세례자 요한은 헤롯 안티파스에게 '왕이여, 당신은 하나님 앞에서 유죄입니다. 이제부터 회개에 합당한 열매를 맺으십시오. 더 이상 권력을 남용하여 악행을 저지르지 마십시오. 권력의 선한 청지기가 되십시오. 하나님께서 위임하신 권력으로 백성의 생명과 재산을 보호해 주십시오'라고 촉구한 셈이었다. 세례자 요한 앞에서는 왕이라도 회개를 피해 갈 수는 없었다. 이처럼 세례자 요한은 사람들에게 입과 말의 자복이 아니라, 삶과 행동을 통한 회개의 열매를 촉구하였다.

그러나 여기에서 중요한 질문이 제기된다. 회개를 촉구한 세례자 요한의 설교 내용은 구구절절 옳은 말이지만, 과연 사람들이 요한의 그 옳은 말만 듣고 주님을 향해 확실하게 돌아서는 회개를 행하였겠느냐는 질문이다. 너의 여유분을 가난한 사람과 나누라는 세례자 요한의 촉구에 과연 부자들이 삶으로 응답하였겠는가? 돈을 많이 가진 사람일수록 돈의 효용성을 더 잘 알기 마련이다. 한 달에 100만 원 버는 사람이 10만 원의 십일조를 하나님께 드리는 것은 의외로 쉬울 수 있다. 하지만 월수입 1억 원인 사람이 1,000만 원의 십일조를 바치는 것은 쉽지 않다. 월수입 1억 원인 사람이 월수입 100만 원인 사람에 비해 1,000만 원의 가치와 효용성을 훨씬 더 잘 알기 때문이다. 이처럼 자기 돈의 효용성을 누구보다 잘 알고 있는 부자들에게 여유분을 가난한 사람과 나누라고 한들, 대체 누가 선뜻 응하고 나서겠는가? 세리가 자신이 마음먹기에 따라 자기 주머니에 거금이 들어오는 판에, 정해진 세금 외에는 거두지 말라는 말이 귀에 들어오겠는가? 도성을 덮친 정복자의 군대 앞에서 강탈하지 말라고 소리쳐 외친다고, 군인들이 약탈을 멈추고 얌전하게 돌아가겠는가? 자기 마음 내키는 대로 절대 권력을 마구 휘두르는 독재자에게 당신은 유죄라고 공개적으로 선포한들, 그가 권력의 선한 청지기로 돌아서는 회개를 행하겠는가? 그것은 불가능한 일이다. 그렇다면 세례자 요한이 그렇듯 강렬하게 회개를 촉구한 결과는 어떠하였는가?

> 세례 요한이 광야에 이르러 죄사함을 받게 하는 회개의 세례를 전파하니 온 유대 지방과 예루살렘 사람이 다 나아가 자기 죄를 **자복하고** 요단 강에서 그에게 세례를 받더라 (막 1:4-5)

세례자 요한은 사람들에게 분명히 회개를 촉구하였다. 그러나 세례자 요한의 설교를 들은 사람들은 단지 자복하였을 뿐, 그들의 자복이 회개로 이어지지는 않았다. 세례자 요한의 질책과 회개의 명령은 사람들의 입과 말을 통한 동의와 고백 그리고 약속을 받아 낼 수는 있었지만, 삶과 행동을 통한 회개를 끌어내기에는 역부족이었다. 세례자 요한으로부터 공개적인 책망을 받았던 분봉왕 헤롯 안티파스는 회개하기는커녕, 도리어 동생에게서 빼앗은 아내 헤로디아의 농간에 빠져 세례자 요한을 참수형에 처해 버리고 말았다.

세례자 요한의 삶은 질책과 명령만으로는 인간의 회개는 불가능함을 일깨워 준다. 사람들은 옳은 말을 듣는다고 해서 회개하는 것은 결코 아니다. 예배 시간에 아무리 좋고 옳은 설교를 들어도, 그 설교로 양심의 찔림을 받고 입으로 죄를 자복해도, 그 자복이 모두 예배당 밖에서 회개의 삶으로 이어지지는 않음을 그대와 나는 우리의 경험을 통해 이미 잘 알고 있다.

예수님이 이끄신 회개

그렇다면 사람들이 예수님 앞에서는 어떻게 하였을까? 먼저 부자의 경우부터 살펴보자.

> 아리마대 사람 요셉은 예수의 제자이나 유대인이 두려워 그것을 숨기더니 이 일 후에 빌라도에게 예수의 시체를 가져가기를 구하매 빌라도가 허락하는지라 이에 가서 예수의 시체를 가져가니라 일찍이 예수께 밤에 찾아왔던 니고데모도 **몰약과 침향 섞은 것을 백 리트라쯤** 가지고 온지라 이에 예수의 시체를 가져다가 유대인의 장례법대로 그 향품과 함께 세마포로 쌌더라 예수께서 십자가에 못박히신 곳에 동산이 있고 동산 안에 **아직 사람을 장사한 일이 없는 새 무덤이** 있는지라 이날은 유대인의 준비일이요 또 무덤이 가까운 고로 예수를 거기 두니라 (요 19:38-42)

예수님께서 십자가에 못박혀 돌아가신 직후였다. 운명하신 예수님의 시신을 총독 빌라도로부터 인계받은 사람은 예수님의 어머니 마리아거나 형제들, 혹은 제자들이 아니었다. 뜻밖에도 아리마대 출신의 거부巨富 요셉이었다. 그는 예수님의 시신을 '아직 사람을 장사한 일이 없는 새 무덤'으로 모셨다. 마태복음 27장 60절에 의하면, 그 '새 무덤'은 아리마대 요셉이 자신을 위해 장만해 둔 새 무덤이었다.

우리나라의 장례법은 매장 아니면 화장이다. 그러나 유대인들은 자연 동굴이나 인공동굴을 무덤으로 사용하였다. 동굴무덤 안에는 벽 쪽으로 긴 의자가 만들어져 있는데, 죽은 사람의 시체를 그 위에 누인다. 시간이 지나 시체가 썩고 나면 유골을 수습하여 상자나 항아리에 넣어, 무덤 벽에 설치되어 있는 선반에 안치한다. 따라서 동굴무덤은 대개 여러 세대에 걸쳐 혈족의 유골이 안치된 가족무덤이었다. 그러나 부자들 가운데 조상 대대로 내려오는 가족무덤에 장사되기 싫은 사람들은, 생전에 자신을 위하여 새 동굴무덤을 장만해 두었다. 아리마대 요셉이 바로 그런 사람이었다. 하지만 그는 자신을 위해 마련해 두었던 새 무덤을 돌아가신 예수님을 위하여 내어놓았다. 산헤드린 의원이었던 니고데모 역시 고가품인 몰약과 침향을 섞은 향품을 100리트라—요즈음 단위로 환산하면 약 33킬로그램이나 가져와, 유대인의 장례법에 따라 예수님의 시신에 발라 드렸다. 이것은 결코 쉬운 일이 아니었다. 아니, 대단히 어려운 일이었다. 이유는 세 가지였다.

첫째, 예수님께서 살아 계신다면 모르지만 이미 돌아가셨기 때문이다. 아리마대 요셉과 니고데모는 예수님의 부활을 상상치도 못한 사람들이었다. 예수님을 3년 동안 모셨던 직계 제자들마저 예수님께서 부활하신 뒤에도 예수님의 부활을 믿지 못했으니, 아리마대 요셉과 니고데모가 예수님의 부활을 예측하거나 믿었을 리가 없었다. 그럼에도 예수님의 직계 제자도 아닌 그들이, 이미 돌아가신 예수님을 위해 자신의 새 무덤과 값비싼 향품을 주저하지 않고 내어놓는다는 것은 결코 쉬운 일이 아니었다.

둘째, 생전에 자신의 무덤을 장만해 두는 사람은 자기 무덤에 대한 남다른 집착을 지니고 있기 때문이다. 장례는 죽은 사람의 몫이 아니라 살아 있는 사람의 몫이다. 그럼에도 생전에 자기 무덤을 스스로 준비해 두는 사람은 그만큼 자기 무덤에 대한 집착이 큰 사람이다. 그런 사람이, 자신이 마련한 자기 무덤을 스스로 포기한다는 것은 사실상 불가능한 일이다. 1979년 10.26사태로 권력을 장악한 신군부에 의해 비운의 몰락을 당한 재벌이 있었다. 그 재벌 총수는 독실한 불교 신자로, 경관이 빼어난 곳에 건축한 개인 사찰을 소유하고 있었다. 그는 신군부의 강압에 모든 것을 포기하면서도 그 사찰만은 끝까지 지켰다. 그 사찰 지하에 자신을 위한 무덤이 마련되어 있었기 때문이다. 자기 무덤을 미리 마련해 둔 사람의 자기 무덤에 대한 집착은 이렇게 강하다. 자기 무덤에 대한 집착이 없는 사람은 생전에 자기 무덤을 준비하려 하지도 않을 것이다. 아리마대 요셉도 생전에 자신을 위하여 바위동굴에 새 무덤을 만들어 둘 정도로 자기 무덤에 대한 집착이 강한 사람이었다. 그가 거부였음을 감안하면 얼마나 잘 만들어진 새 무덤이었겠는가? 그렇지만 그는 그 새 무덤을 이미 돌아가신 예수님을 위하여 망설이지 않고 내어놓았다. 현실적으로나 상식적으로는 거의 불가능한 일이었다.

마지막으로, 예수님께서 병이나 사고로 돌아가시지 않고 국사범國事犯으로 사형당하셨기 때문이다. 앞에서 언급한 10.26사태는, 당시 김재규 중앙정보부장이 박정희 대통령을 저격하여 시해한 사건이다. 당시의 중앙정보부장은 날아가는 새도 떨어뜨릴 정도로 막강한 권력을 지니고 있었으니, 평소에 김재규 정보부장과 가깝게 지내려는 사람들이 얼마나 많았겠는가? 그러나 그가 대통령 시해범으로 밝혀진 순간부터, 그와 가깝던 사람들마저 그와 무관한 사이였던 것처럼 처신했다. 행여 대통령 시해라는 엄청난 국사범의 불똥이 자신들에게 튈까 두려워한 까닭이었다. 그러므로 아리마대 요셉과 니고데모 역시 평소에는 예수님을 흠모했을지라도, 예수님께서 국사범으로 사형당하신 이후에는 예수님을 외면함이 마땅했다. 그렇지만 그들은 오히려 빌라도 총독으로부터 예수님의 시신을 인계받아 값비싼 향품을 발라 드리고, 자신을 위해 마련해 두었던 새 무덤에 장사 지내 드렸다. 그것 역시 현실적으로는 생각하기도 어려운 일이었다.

예수님께서 아리마대의 거부 요셉에게 '세상에 굶어 죽어 가는 사람들이 얼마나 많은데, 멀쩡하게 살아서 자기 무덤이나 만들다니 무슨 정신 나간 짓이냐'며 질책하시지 않았다. 니고데모에게 '네 여분의 재물을 이웃에 나누어 주라'고 명령하신 적도 없었다. 그런데도 요셉과 니고데모는 자신의 새 무덤과 값비싼 향품을, 부활하시리라고는 상상치도 못한 예수님을 위해 자발적으로 내어놓았다. 그것은 자기중심적인 삶에서 확실하게 돌아서는 회개였다.

이번에는 세리의 경우를 살펴보자.

> 예수께서 여리고로 들어가 지나가시더라 삭개오라 이름하는 자가 있으니 세리장이요 또한 부자라(눅 19:1-2)

여리고의 세리장이었던 삭개오는 부자였다. 성경이 그가 부자였음을 특별히 언급한 것은, 세리장이었던 그가 부정한 방법으로 축재하였음을 강조하기 위함이다.

그가 예수께서 어떠한 사람인가 하여 보고자 하되 키가 작고 사람이 많아 할 수 없어 앞으로 달려가서 보기 위하여 돌무화과나무에 올라

가니 이는 예수께서 그리로 지나가시게 됨이러라(눅 19:3-4)

삭개오는 키가 작아 난쟁이로 불리기도 한다. 당시 유대인들은 로마 제국의 하수인인 세리들을 경멸하였다. 삭개오는 사람들에게 경멸당하는 만큼 돈에 더 집착했을 것이다. 더욱이 유별나게 키가 작은 열등한 외모로 인해 다른 세리보다 돈에 대한 집착은 더 강했을 것이다. 삭개오는 그 정도로 불의한 축재자였다. 어느 날 예수님께서 삭개오가 살고 있는 여리고를 방문하셨다. 예수님의 소문을 들은 수많은 사람들이 예수님을 보기 위해 모여들었다. 불의한 삭개오 역시 예수님을 만나 뵙고 싶었다. 그러나 작은 키 탓에 사람들에게 시야를 빼앗긴 삭개오는 예수님을 만나 볼 도리가 없었다. 하지만 삭개오는 포기하지 않았다. 예수님께서 걸어가시는 방향 앞쪽으로 달려가 돌무화과나무에 올라갔다. 그리고 자기 쪽으로 걸어오시는 예수님을 응시하였다.

> 예수께서 그곳에 이르사 우러러 쳐다보시고 이르시되 삭개오야 속히 내려오라 내가 오늘 네 집에 유하여야 하겠다 하시니 급히 내려와 즐거워하며 영접하거늘 뭇사람이 보고 수군거려 이르되 저가 죄인의 집에 유하러 들어갔도다 하더라 삭개오가 서서 주께 여짜오되 주여 보시옵소서 **내 소유의 절반을 가난한 자들에게 주겠사오며 만일 누구의 것을 속여 빼앗은 일이 있으면 네 갑절이나 갚겠나이다** 예수께서 이르시되 오늘 구원이 이 집에 이르렀으니 이 사람도 아브라함의 자손임이로다(눅 19:5-9)

드디어 예수님의 시선과 삭개오의 시선이 마주쳤다. 예수님께서는 삭개오를 지명하여, 그날 그의 집에서 묵으시겠다고 말씀하셨다. 예수님의 뜻밖의 제의에 삭개오는 감격에 겨워하며 예수님을 자기 집으로 영접하였다. 부정 축재자인 삭개오의 집이며 세간이 얼마나 좋았겠는가? 그러나 예수님께서는 삭개오의 집을 보시고서도 "아니, 세리가 왜 이렇게 잘 사는 거야? 지금 보니 너 부정 축재자구나" 하고 삭개오를 질책하시지 않았다. 그런데도 삭개오는 예수님께 자기 재산의 절반을 가난한 이들에게 나누어 주고, 사람들에게 부당하게 탈취한 재산은 네 배로 갚겠다고 자발적으로 약속하였다. 이것은 불의하게 축재한 삭개오가 자신의 재산을 모두 내어놓겠다는 회개의 선언이었다. 이 이야기가 성경에 기록되었다는 것은, 삭개오의 선언이 자복으로 그치지 않고 회개의 삶으로 이어졌음을 의미한다. 이렇듯 세리 역시 예수님 앞에서 자발적으로 회개의 삶을 실천하였다.

예수님 앞에서 군인은 또 어떻게 하였는가?

> 예수께서 큰 소리를 지르시고 숨지시니라 이에 성소 휘장이 위로부터 아래까지 찢어져 둘이 되니라 예수를 향하여 섰던 백부장이 그렇게 숨지심을 보고 이르되 **이 사람은 진실로 하나님의 아들이었도다** 하더라 (막 15:37-39)

십자가에 못박히신 예수님께서 마침내 운명하셨다. 그 순간 예수님께 사형을 집행한 현장 책임자 백부장이 "이 사람은 진실로 하나님의 아들이었도다"라고 공개적으로 선포했다. 이것 또한 현실적으로는 불가능한 일이었다.

예를 들어 생각해 보자. 1979년 박정희 대통령을 시해한 김재규 정보부장은 이듬해 형장의 이슬로 사라졌다. 그때 그의 사형을 집행한 책임자가 형장에서, "김재규 씨는 진실로 민주 열사였다"라고 선포했다면 어떻게 되었을까? 그는 신군부에 의해 크게 곤욕을 치러야만 했을 것이다. 예수님의 사형 집행을 책임졌던 백부장이 "이 사람은 진실로 하나님의 아들이었도다"라고 공개적으로 선포한 것은, 예수님께 사형을 선고한 빌라도 총독의 판결이 의롭지 못했다는 공개적인 비판이었다. 그것은, 자신의 공개적인 비판으로 인해 어떤 곤욕을 치른다 해도 기꺼이 감수하겠다는 결단 없이는 불가능한 일이었다. 예수님께 사형을 집행했던 백부장에게 그보다 더 구체적인 회개는 없었다.

예수님께서는 자신을 못박는 군인들에게 강탈하지 말며 거짓으로 고발하지 말라고 꾸짖으신 적이 없었다. 그러나 백부장은 "이분은 진정 하나님의 아들이었도다"라며 회개를 선언했다.

마지막으로 강도의 경우를 살펴보자. 강도는 자신이 원하는 것을 위해 수단과 방법을 가리지 않는 인간이다. 그런 의미에서 강도와 불의한 헤롯은 동일하다. 단지 차이가 있다면 헤롯은 허가받은 강도였다.

> 이때에 예수와 함께 강도 둘이 십자가에 못박히니 하나는 우편에, 하나는 좌편에 있더라 지나가는 자들은 자기 머리를 흔들며 예수를 모욕하여 이르되 성전을 헐고 사흘에 짓는 자여 네가 만일 하나님의 아들이어든 자기를 구원하고 십자가에서 내려오라 하며 그와 같이 대제사장들도 서기관들과 장로들과 함께 희롱하여 이르되 그가 남은 구원하였으되 자기는 구원할 수 없도다 그가 이스라엘의 왕이로다 지금 십자가에서 내려올지어다 그리하면 우리가 믿겠노라 그가 하나님을 신뢰하니 하나님이 원하시면 이제 그를 구원하실지라 그의 말이 나는 하나님의 아들이라 하였도다 하며 **함께 십자가에 못박힌 강도들도**

이와 같이 욕하더라 (마 27:38-44)

예수님께서 두 강도와 함께 못박히셨다. 외관상으로만 본다면 십자가의 예수님과 두 강도 사이에는 차이가 없어 보였다. 대제사장들과 서기관들과 장로들, 그리고 지나가던 행인들까지 십자가에 못박히신 예수님을 조롱하고 비난했다. 심지어는 예수님과 함께 못박힌 두 강도 역시 예수님을 욕했다. 그러나 두 강도에 대한 누가복음의 증언은 다르다.

달린 행악자 중 하나는 비방하여 이르되 네가 그리스도가 아니냐 너와 우리를 구원하라 하되 하나는 그 사람을 꾸짖어 이르되 네가 동일한 정죄를 받고서도 하나님을 두려워하지 아니하느냐 우리는 우리가 행한 일에 상당한 보응을 받는 것이니 이에 당연하거니와 이 사람이 행한 것은 옳지 않은 것이 없느니라 하고 이르되 **예수여 당신의 나라에 임하실 때에 나를 생각하소서** 하니 예수께서 이르시되 내가 진실로 네게 이르노니 오늘 네가 나와 함께 낙원에 있으리라 하시니라

(눅 23:39-43)

마태복음은 두 강도가 모두 예수님을 욕한 것으로 증언했다. 그러나 누가복음은 한 강도는 예수님을 비방한 반면, 다른 강도는 오히려 그 강도를 꾸짖으며 예수님께 자신의 영혼을 의탁한 것으로 증언하였다. 상반된 두 증언 가운데 어느 증언이 맞는가? 물론 두 증언 모두 맞다. 금요일 아침 9시에 십자가에 못박히신 예수님께서는 그날 오후 3시에 운명하셨다. 십자가에 못박히신 지 여섯 시간 만에 운명하신 것이다. 두 강도는 십자가에 못박힌 직후에는 악에 받쳐, 사람들이 욕하는 예수님을 자신들도 덩달아 욕했다. 그러나 십자가에 못박힌 채 여섯 시간이 경과하는 동안

한 강도의 마음이 돌아섰다. 비록 자신들과 함께 못박히셨을망정 예수님께서는 구세주이심이 분명했다. 그래서 그는 그때까지 계속하여 예수님을 비방하던 강도를 꾸짖으며 예수님께 자신의 영혼을 의탁하였다. 예수님을 욕하던 강도가 뭇사람들이 조롱하고 욕하는 예수님께 자신의 영혼을 공개적으로 의탁한 것은 또 얼마나 구체적인 회개인가? 예수님께서 그 강도에게 회개를 촉구하신 적이 없었지만, 그 역시 자진하여 회개하였다.

지금까지 살펴보았듯이, 예수님께서는 세례 요한처럼 회개하라면서 사람들을 책망하거나 질책하신 적이 한 번도 없었다. 하지만 부자도, 세리도, 군인도, 강도도, 예수님 앞에서는 모두 자발적으로 회개하였다. 어떻게 이런 일이 가능할 수 있었을까?

> 아리마대 사람 요셉이 예수의 제자이나 **유대인이 두려워 그것을 숨기더니**(요 19:38상)

아리마대 출신의 거부 요셉은 스스로 예수님의 제자라는 정체성을 지니고 있었다. 하지만 상류층에 속한 자신이 빈민 출신의 예수를 공개적으로 추종하다가, 자칫 예수님을 경멸하는 유대인들로부터 받을 비난과 반발을 두려워하였다. 그래서 그는 겉으로는 예수님과 무관한 것처럼 위장하고 살았다.

> 일찍이 예수께 **밤에** 찾아왔던 니고데모도(요 19:39상)

니고데모는 산헤드린의회 의원이었다. 유대인 최고 의결기관인 산헤드린의회 의원은, 이를테면 오늘날의 국회의원에 해당한다고 말할 수 있다. 니고데모 역시 자신의 신분상 예수님을 대낮에 찾아가기에는 사람들의 눈초리가 두려웠다. 그는 아무도 보지 않는 한밤중에 예수님을 찾아 뵈었다.

예수님의 제자를 자처하면서도 사람들이 두려워 공개적으로는 아닌 것처럼 위장했던 아리마대 출신의 거부 요셉, 사람들의 눈이 무서워 아무도 몰래 한밤중에 예수님을 찾아왔던 산헤드린의원 니고데모. 그러나 예수님께서는 그 두 사람을 비겁하다거나 이중인격자라는 식으로 비난하시지 않았다. 예수님께서는 오히려 그들의 중심을 받아 주시고 그들을 당신의 사랑으로 품어 주셨다. 요셉과 니고데모로서는 그때까지 경험해 본 적이 없는 깊은 사랑이었다. 그렇듯 남모르는 사랑을 베풀어 주셨던 예수님께서 돌아가셨다. 요셉과 니고데모는 예수님으로부터 받았던 남다른 사랑을 생각할 때 그 누구의 요청도 없었지만, 돌아가신 예수님을 위해 새 무덤과 고가의 향품을 내어놓는 것은 조금도 주저할 일이 아니었다. 그것은 공개적으로 떳떳하게 예수님을 따르지 못했던 과오에 대한 회개의 실천이었다.

여리고의 키 작은 세리장 삭개오는 예수님을 직접 뵙기 위해 돌무화과나무 위로 올라갔다. 삭개오의 중심을 보신 예수님께서는 그의 집을 그날 숙소로 삼으셨다. 모든 사람이 모시고 싶어 하는 예수님을 뜻밖에도 자신이 개인적으로 모시게 된 삭개오의 마음은 기쁨으로, 마치 새처럼 날아올랐을 것이다.

예수께서 그곳에 이르사 쳐다보시고 이르시되 삭개오야 속히 내려오라 내가 오늘 네 집에 유하여야 하겠다 하시니 급히 내려와 즐거워하며 영접하거늘 **뭇사람이 보고 수군거려 이르되 저가 죄인의 집에 유하러 들어갔도다** 하더라 (눅 19:5-7)

예수님을 자기 집으로 모신 삭개오가 기뻐한 것과는 반대로, 예수님
께서는 그로 인해 뭇사람의 비방을 받으셨다. 예수님께서 더러운 죄인의
집을 숙소로 삼으셨다고 사람들이 비방한 것이다. 예수님께서는 그 사
실을 아시면서도 삭개오를 위해 전혀 개의치 않으셨다. 예수님께서는 아
무 일도 없으시다는 듯, 삭개오가 내온 음식을 그와 함께 잡수셨다. 그것
은 불의한 세리장 삭개오로서는 난생 처음 경험하는 사랑이었다. 로마제
국의 하수인인 세리장인 데다 신체적인 결함까지 지니고 있는 자신과 함
께하려는 사람은 아무도 없었다. 그렇지만 메시아시라는 예수님께서 사
람들의 비방을 감수하시면서까지 자기를 품어 주시지 않는가? 예수님의
그 사랑 앞에서 삭개오는 그동안 섬겨 온, 재물이라는 우상을 스스로 깨
뜨리지 않을 수 없었다.

예수님께 십자가 사형을 집행했던 백부장의 회개는 또 어떻게 가능했
을까?

> 해골이라 하는 곳에 이르러 거기서 예수를 십자가에 못박고 두 행악
> 자도 그렇게 하니 하나는 우편에, 하나는 좌편에 있더라 이에 예수께
> 서 이르시되 **아버지 저들을 사하여 주옵소서 자기들이 하는 것을 알
> 지 못함이니이다** 하시더라 그들이 그의 옷을 나눠 제비 뽑을새
>
> (눅 23:33-34)

예수님에 대한 빌라도 총독의 사형 언도에 따라, 백부장은 휘하의 군
인들로 하여금 골고다에서 예수님을 십자가에 못박게 하였다. 그러나 예
수님께서는 당신을 무고하게 못박는 백부장과 군인들을 책망하거나 저
주하시지 않았다. 오히려 "아버지, 저들을 사하여 주옵소서. 자기들이 하
는 것을 알지 못함이니이다" 하시며, 하나님께서 그들의 허물과 무지를 용

서해 주시기를 기도하셨다. 로마제국의 백부장이라면 전쟁터에서 산전수전 다 겪은 군인이었다. 그는 그동안 수많은 사람의 죽음을 목격했을 것이다. 그러나 자기에게 죽임을 당하는 사람이 도리어 자신을 위해 기도해 준 분은 예수님께서 유일하셨다. 그것은 그동안 단 한 번도 경험해 본 적이 없는 신비로운 사랑의 체험이었다. 그 사랑의 힘 앞에서 백부장은, '이 사람은 진실로 하나님의 아들이었도다'라는 회개의 선언을 터뜨릴 수밖에 없었다.

마지막으로 강도의 회개를 생각해 보자. 십자가형에 처해진 사형수가 십자가에 못박히는 즉시 사망하는 것은 아니었다. 앞에서 언급한 것처럼 예수님께서는 십자가에 못박히신지 여섯 시간 만에 운명하셨다. 마가복음 15장 44절에 의하면, 예수님의 사망 소식을 접한 빌라도 총독은 "예수께서 벌써 죽었을까?"하고 의아해했다. 예수님께서 예상 밖으로 빨리 돌아가셨기 때문이었다. 예수님께서 불과 여섯 시간 만에 돌아가신 것은, 당시 예수님의 체력이 그 정도로 허약하셨음을 일러 준다. 십자가형에 처해진 사형수 가운데 체력이 강한 사람은 사흘이 지나서야 죽기도 했다. 사지를 못박아 죽이는 십자가형은 가장 극악한 처형 방법이었기에, 십자가에 못박힌 사형수는 자기 악에 받쳐 숨이 끊어지기 전까지 온갖 욕설을 퍼부었다. 그렇기에 십자가형이 집행되는 날은 축제일과도 같았다. 사형수가 십자가에 못박히는 것도 사람들에게 큰 구경거리였지만, 그들의 입에서 나오는 욕설은 더 재미있었기 때문이다. 로마 황제를 욕하지 않는 한 십자가에 못박힌 사형수가 무슨 욕을 하든 묵인되었으므로, 사형수는 자기 동네 사람들 욕부터 시작해서 주위 사람들에게 온갖 욕설을 퍼부으며 죽어 갔다. 두 강도 역시 십자가에 못박힌 직후 예수님께 욕한 이유가 여기에 있었다.

그러나 예수님만은 그 처참한 십자가의 고난 속에서도 누구를 원망하거나, 욕하거나, 질책하시지 않았다. 오히려 당신을 못박는 백부장과 군인들의 죄가 사함 받을 수 있기를 기도하셨다. 한 강도가 예수님의 그 기도를 들었다. 자기로서는 상상도 할 수 없는 사랑의 기도였다. 예수님의 그 사랑이 강도의 마음을 움직였다. 그리고 그 강도는 그 사랑을 힘입어 예수님께 자신의 영혼을 맡기는 회개를 실행하였다.

지금까지 살펴본 것처럼, 예수님을 만난 사람들의 경우는 두 가지 공통점을 보여 주고 있다. 첫째는 예수님께서 그들에게 회개하라고 명령하신 적이 없다는 것이고, 둘째는 그들이 예수님의 사랑을 인격적으로 깨달았을 때 자발적으로 회개의 삶을 시작했다는 것이다. 이것이 중요하다. 이제 우리는, 우리가 자복은 잘하면서도 우리의 자복이 회개의 삶으로 이어지지는 않는 이유를 깨닫게 된다. 자복과 회개 사이에 무엇인가 결여되어 있기 때문이다. 그대와 나를 위한 주님의 사랑에 대한 분명한 자각의 결여다. 우리를 위한 주님의 사랑에 대한 분명한 자각이 그대와 나를 회개로 이끌어 준다.

말씀 속에서 살펴본 회개

이제 성경말씀을 통해 회개에 대하여 좀더 깊이 생각해 보기로 하자. 누가복음 15장은 우리에게 잘 알려진 탕자의 이야기를 전해 주고 있다.

또 이르시되 어떤 사람에게 두 아들이 있는데 그 둘째가 아버지에게 말하되 아버지여 재산 중에서 내게 돌아올 분깃을 내게 주소서 하는지라 아버지가 그 살림을 각각 나눠 주었더니 그 후 며칠이 안 되어 둘째 아들이 재산을 다 모아 가지고 먼 나라에 가 거기서 허랑방탕하여 그 재산을 낭비하더니 다 없앤 후 그 나라에 크게 흉년이 들어 그가 비로소 궁핍한지라 가서 그 나라 백성 중 한 사람에게 붙여 사니 그가 그를 들로 보내어 돼지를 치게 하였는데 그가 돼지 먹는 쥐엄 열매로 배를 채우고자 하되 주는 자가 없는지라 (눅 15:11-16)

마치 자신의 권리인 것처럼 아버지의 재산을 요구하여 가출한 탕자는 자신의 능력으로 무엇이든 할 수 있으리라 믿었다. 하지만 동서고금을 막론하고 젊은이에게 도를 넘는 불로소득은 독이다. 그는 들고 나간 아버지의 재산으로 허랑방탕하게 살다가 빈털터리가 되고 말았다. 설상가상으로 흉년이 들었지만 변변한 일자리를 얻을 수도 없었다. 어쩔 수 없이 돼지치기가 되어 돼지 먹이로 연명하려 했지만 그나마 불가능하였다. 영락없이 굶어죽을 판이었다.

이에 스스로 돌이켜 이르되 내 아버지에게는 양식이 풍족한 품꾼이 얼마나 많은가 나는 여기서 주려 죽는구나 내가 일어나 아버지께 가서 이르기를 아버지여 내가 하늘과 아버지께 죄를 지었사오니 지금부터는 아버지의 아들이라 일컬음을 감당하지 못하겠나이다 나를 품꾼의 하나로 보소서 하리라 하고 이에 일어나서 아버지께로 돌아가니라 (눅 15:17-20상)

탕자는 굶어죽게 되어서야 '스스로 돌이켜' 아버지를 생각하였다. 탕자에게 비로소 제정신이 든 것이다. 그는 종들까지도 풍족하게 먹이시는 부유한 자신의 아버지를 생각하며 '일어나서 아버지께로 돌아가'기 시작했다. 아버지를 향해 돌아서는 탕자의 구체적인 행동이 시작된 것이다. 대부분의 사람들은 이것을 탕자의 회개로 간주한다. 만약 그렇다면, 탕자가 그 후에 일평생 바른 아들로 살았을지는 의문이다. 탕자가 아버지에게 돌아가는 것은 바른 삶을 위해서가 아니라, 아버지 집에서 종살이를 하더라도 죽음의 흉년 속에서 굶주린 배를 채우기 위함이었다. 집으로 되돌아온 탕자를 본 아버지가 탕자의 예상대로 "내 집의 종이 되겠다고? 너를 다시는 보지 않으려 했지만, 네가 원하니 이제부터 종처럼 일해라. 그러면 밥은 먹여 주마"라고 했다면 어떻게 되었을까? 탕자는 당장의 배고픔이 해결됨과 동시에 다시금 가출할 기회만 엿보았을 것이다. 그러므로 탕자가 아버지께로 돌아갔다는 것 자체가 본질적 의미의 회개일 수는 없었다.

> 아직도 거리가 먼데 아버지가 그를 보고 측은히 여겨 달려가 목을 안고 입을 맞추니(눅 15:20하)

드디어 탕자는 고향 마을에 당도하였다. 그리고 아버지의 시야에 아직도 먼 거리에 있는 탕자가 들어왔다. 먼 거리에서 걸어오고 있는 아들을 아버지가 먼저 알아본 것이다. 부잣집 주인인 아버지의 외모는 예전 그대로인 반면에, 부잣집 아들이었던 탕자는 거지의 몰골로 되돌아오고 있다. 상식적으로 생각하면 아버지가 거지 몰골인 아들을 알아보지 못하고, 아들이 변함없는 외모의 아버지를 먼저 알아보아야 한다. 그러나 실제로는 그 반대였다. 아들은 아직 거리가 멀어 아버지를 알아보지 못했지만, 아버지는 먼 거리에서 예전과는 전혀 딴판인 거지 몰골로 되돌아오는 아들을 금방 알아보았다. 아버지는 날마다 마을 어귀에서 탕자가 돌아오기를 기다리고 있었기 때문이었다. 아버지는 먼 거리의 아들을 확인하자마자 단숨에 달려가 아들을 끌어안고 입을 맞추었다.

아들이 이르되 아버지 내가 하늘과 아버지께 죄를 지었사오니 지금부터는 아버지의 아들이라 일컬음을 감당하지 못하겠나이다 하나 아버지는 종들에게 이르되 제일 좋은 옷을 내어다가 입히고 손에 가락지를 끼우고 발에 신을 신기라 그리고 살진 송아지를 끌어다가 잡으라 우리가 먹고 즐기자 이 내 아들은 죽었다가 다시 살아났으며 내가 잃었다가 다시 얻었노라 하니 그들이 즐거워하더라 (눅 15:21-24)

    아들은, 아버지가 자신을 종으로 삼아 굶주린 배만 채워 주면 족하다는 생각으로 아버지에게 되돌아갔다. 아버지의 재산을 탕진한 전과가 있었고, 또 그만큼 자신의 처지가 절박했기 때문이다. 그러나 아버지는 거지 몰골로 되돌아온 탕자를 아들로 영접하였고, 아들의 지위를 회복시켜 주었다. 탕자의 모든 허물을 덮어 주고 용서해 준 것이다. 그것은 탕자가 전혀 예상치 못했던 아버지의 사랑이었다. 아버지의 그 깊은 사랑으로 인해, 탕자의 몸과 마음이 동시에 아버지에게로 온전히 되돌아서는 회개가 이루어지지 않았겠는가? 그는 아버지의 사랑을 힘입어 더 이상 탕자가 아니라, 아버지의 바른 아들로 살았을 것이다.
    사람마다 교회를 찾는 동기는 다 다르다. 어떤 사람은 건강을 얻기 위해, 어떤 사람은 경제적인 문제를 해결하기 위해 교회의 문턱을 넘을 수 있다. 그러나 그대가 어떤 동기로 교회의 문턱을 넘었든지 간에 탕자의 이야기에서 확인한 것처럼, 그대를 죄와 죽음에서 살려 내시고 당신의 자녀 삼아 주신 하나님의 사랑을 개인적으로 깨닫기 전까지는, 그대에게 회개의 삶은 불가능하다. 그 사랑을 깨닫기 전까지 그대의 회개는 지속적인 선이 아니라, 하나의 점인 자복으로 끝날 뿐이다.
    다음은 사도 바울의 고백이다.

> 누가 우리를 그리스도의 사랑에서 끊으리요 환난이나 곤고나 박해나 기근이나 적신赤身이나 위험이나 칼이랴 기록된바 우리가 종일 주를 위하여 죽임을 당하게 되며 도살당할 양같이 여김을 받았나이다 함과 같으니라 그러나 이 모든 일에 우리를 사랑하시는 이로 말미암아 우리가 넉넉히 이기느니라 내가 확신하노니 사망이나 생명이나 천사들이나 권세자들이나 현재 일이나 장래 일이나 능력이나 높음이나 깊음이나 다른 어떤 피조물이라도 우리를 우리 주 그리스도 예수 안에 있는 하나님의 사랑에서 끊을 수 없으리라 (롬 8:35-39)

사도 바울은 그 어떤 박해나 기근도, 그 무엇이나 그 누구도, 심지어는 죽음마저도 하나님의 사랑에서 자신을 끊어 낼 수 없다고 증언하였다. 자신의 전 일생이 하나님의 사랑 속에 잦아들어 있음을 고백한 것이다. 이처럼 바울은 하나님의 사랑에 날마다 깨어 있었기에, 하나님의 사랑으로 인해 그에게는 회개의 삶이 수반되지 않을 수 없었다. 그러므로 사도 바울이 어떻게 하나님의 사랑을 인격적으로 체험하고, 그 사랑 안에서 일평생 살게 되었는지를 아는 것이 중요하다.

> 사울이 주의 제자들에 대하여 여전히 위협과 살기가 등등하여 대제사장에게 가서 다메섹 여러 회당에 가져갈 공문을 청하니 이는 만일 그 도를 따르는 사람을 만나면 남녀를 막론하고 결박하여 예루살렘으로 잡아 오려 함이라 (행 9:1-2)

사울은 바울의 옛 이름이다. 그는 본래 교회를 짓밟던 사람이었다. 그 정도가 얼마나 심했던지, 그리스도인들을 예루살렘으로 잡아오기 위하여 예루살렘에서 230여 킬로미터나 떨어진 다메섹 원정에까지 나설 정도였다. 한마디로 말해 그리스도의 대적이요 폭도였다.

> 사울이 길을 가다가 다메섹에 가까이 이르더니 홀연히 하늘로부터 빛이 그를 둘러 비추는지라 땅에 엎드러져 들으매 소리가 있어 이르시되 사울아 사울아 네가 어찌하여 나를 박해하느냐 하시거늘 대답하되 주여 누구시니이까 이르시되 나는 네가 박해하는 예수라 너는 일어나 시내로 들어가라 네가 행할 것을 네게 이를 자가 있느니라 하시니 같이 가던 사람들은 소리만 듣고 아무도 보지 못하여 말을 못하고 서 있더라 (행 9:3-7)

그러나 주님께서는 그 폭도 바울을 다메섹 도상道上에서 구원해 주셨다. 그 현장에 바울 혼자 있었던 것은 아니었다. 바울에게는 일행이 있었다. 다메섹의 그리스도인들을 잡으러 가는 체포조였고, 바울은 그 우두머리였다. 그러나 주님께서는 그 일행 가운데 바울 단 한 사람만 구원해 내셨다.

우리의 생을 되돌아보자. 초등학교 친구들, 중·고등학교 동창들, 직장 동료들, 그들이 지금 모두 구원받은 그리스도인으로 살고 있는가? 결코 아니지 않는가? 그 많은 친구들과 동료들 가운데 주님께서는 그대와 나를 먼저 구원해 주셨다. 우리가 다른 친구들이나 동료들에 비해 더 도덕적이고 윤리적이었기 때문인가? 그것도 아니지 않는가? 그런데도 주님께서는 마치 핀셋으로 집어내시듯 그대와 나를 먼저 선택해 주셨다. 바울 역시 마찬가지였다. 바울이 체포조의 우두머리였기에 일행 중 그가 가장 악랄했지만, 주님께서 그 한 사람만 구원해 주신 것이었다. 그 이후 바울은 아무리 생각해도, 그날 다메섹 도상에서 일행 가운데 어떻게 자기 한 사람만 구원받을 수 있었는지 논리적으로 설명할 도리가 없었다. 그래서 그는 다음과 같이 고백하였다.

> 찬송하리로다 하나님 곧 우리 주 예수 그리스도의 아버지께서 그리스도 안에서 하늘에 속한 모든 신령한 복을 우리에게 주시되 곧 창세전에 그리스도 안에서 우리를 택하사 우리로 사랑 안에서 그 앞에 거룩하고 흠이 없게 하시려고 그 기쁘신 뜻대로 우리를 예정하사 예수 그리스도로 말미암아 자기의 아들들이 되게 하셨으니(엡 1:3-5)

하나님께서 자신에게 '모든 신령한 복'을 주셔서, '창세전에' 자신을 '택'하여 주시고, 하나님의 아들이 되게끔 미리 '예정'해 주셨다는 고백이었다. 이것이 바울이 주님 안에서, 자신의 이성과 논리를 초월하여 얻은 해답이었다. 하나님께서 당신의 절대적인 주권으로 창세전부터 자신을 하나님의 자녀로 택정해 주셨다는 것 외에는 바울에게, 그날 일행 가운데 자기 홀로 구원받은 이유를 달리 설명할 길이 없었다. 그러나 그보다 더 정확한 해답도 없다. 그것은 바울이 자신의 능력이나 의지나 행위로 구원 얻은 것이 아니라, 오직 하나님의 일방적인 사랑으로 구원받았음을 바르게 이해하였음을 의미하기 때문이다.

> 너희가 그 은혜에 의하여 믿음으로 말미암아 구원을 받았으니 이것은 너희에게서 난 것이 아니요 **하나님의 선물**이라 행위에서 난 것이 아니니 이는 누구든지 자랑하지 못하게 함이라(엡 2:8-9)

바울에게 믿음은, 하나님께서 당신의 사랑으로 그저 주신 선물이었다. 그래서 믿음에 관한 한, 바울에게는 아무것도 자랑할 것이 없었다. 하나님의 일방적인 사랑의 결과였기 때문이다. 하나님의 그 사랑을 깨달은 바울이 이 세상의 그 무엇도, 그 누구도, 심지어는 죽음마저도 그리스도 안에 있는 하나님의 사랑에서 자신을 끊어 낼 수 없다고 고백한 것은 너무나도 당연한 일이었다. 그리고 하나님의 그 사랑을 힘입어, 교회를 짓밟던 바울이 일평생 주님의 사도로 회개에 합당한 열매를 맺으며 살게 된 것은 두말할 나위도 없었다.

고린도전서 2장 1-2절도 바울의 고백이다.

> 형제들아 내가 너희에게 나아가 하나님의 증거를 전할 때에 말과 지혜의 아름다운 것으로 아니하였나니 내가 너희 중에서 예수 그리스도와 그가 십자가에 못박히신 것 외에는 아무것도 알지 아니하기로 작정하였음이라

바울이 지중해 세계를 누비며 일평생 전하고 다닌 것은 예수 그리스도와 십자가였다. 예수님께서 자신의 죗값을 대신 치르기 위한 십자가의 제물이 되어 주셨기에 자신이 영원한 구원, 영원한 생명을 얻고 누릴 수 있었기 때문이다. 그러므로 바울에게 하나님을 사랑한다는 것은 곧 예수 그리스도와 그의 십자가를 사랑하는 것이었다. 그래서 바울의 고백은 다음과 같은 명령으로 이어졌다.

> 너희는 누룩 없는 자인데 새 덩어리가 되기 위하여 묵은 누룩을 내버리라 우리의 유월절 양 곧 그리스도께서 희생되셨느니라 (고전 5:7)

"누룩 없는 자"는 '죄에서 해방된 사람'을, 그리고 "묵은 누룩을 내버리라"는 '옛 삶을 내버리라'는 뜻이다. 한마디로 회개의 삶을 살라는 명령

이다. 한글 성경에는 '내버리라'는 명령형 동사가 소유격 대명사 '우리의'와 붙어 있지만, 헬라어 원문에는 '우리의' 앞에 접속부사 '왜냐하면'이 기록되어 있다. 죄에서 해방된 사람은 옛 삶을 버리는 회개의 삶을 살아야 하는데, 왜냐하면 예수님께서 우리를 위한 '유월절 양'으로 희생되셨기 때문이라는 것이다.

이스라엘 백성이 이집트의 노예살이에서 해방되기 전날 밤이었다. 하나님께서는 당신의 백성을 놓아주지 않으려는 이집트 파라오를 징벌하시기 위해, 이집트 전역에서 사람의 장자와 짐승의 첫 새끼를 진멸하는 마지막 재앙을 내리셨다. 하나님께서는 그 재앙 속에서도 이스라엘 백성은 보호해 주시기 위해 그들로 하여금 양을 잡아 그 피를 문설주와 인방引枋에 발라 두게 하셨다.

> 내가 애굽 땅을 칠 때에 그 피가 너희가 사는 집에 있어서 너희를 위하여 표적이 될지라 내가 피를 볼 때에 너희를 **넘어가리니** 재앙이 너희에게 내려 멸하지 아니하리라(출 12:13)

이스라엘 백성으로 하여금 양의 피를 문설주와 인방에 발라 두게 하신 하나님께서는 양의 피가 보이는 집을 '넘어'가심으로, 그 속에 있는 모든 사람과 가축의 생명이 보존되게 하셨다. 《새신자반》에서 배운 것처럼 이스라엘 백성은 그날을 유월절逾越節이라 불렀다. 문자 그대로 하나님의 진노, 하나님의 심판이 양의 피를 보시고 '넘어갔다'는 뜻이다. 그래서 유월절을 영어로 '패스오버passover'라고 한다. 사도 바울은 십자가에서 돌아가신 예수님을 가리켜 유월절 양이라고 불렀다. 예수님께서 죄로 죽어 마땅한 우리를 대신하여 십자가의 제물이 되어 피 흘리심으로, 그 속죄의 피를 보신 하나님께서 당신의 심판이 우리를 '넘어가게passover' 해주셨기 때문이다. 그러므로 자신을 '누룩 없는 자'가 되게 해주신 주님의 십자가 사랑을 인격적으로 대면한 사람은, 그 사랑으로 인해 '묵은 누룩을 내버리는' 회개의 삶을 살지 않을 수 없는 것이다.

다음은 갈라디아서 2장 20절이다.

> 내가 그리스도와 함께 십자가에 못박혔나니 그런즉 이제는 내가 사는 것이 아니요 오직 내 안에 그리스도께서 사시는 것이라 이제 내가 육체 가운데 사는 것은 나를 사랑하사 나를 위하여 자기 자신을 버리신 하나님의 아들을 믿는 믿음 안에서 사는 것이라

예수님께서 우리를 위해 십자가에 못박히셨다. 우리를 위해 돌아가신 분은 예수님이시다. 그러나 우리가 우리를 위해 십자가의 제물로 피 흘려 돌아가신 주님의 사랑 속에 거하면, 예수님의 죽음은 곧 그대와 나 자신의 죽음이 된다.

영어 '어톤먼트atonement'는 우리말로 '구속救贖', '대속代贖', '속죄贖罪'를 의미한다. 예수님께서 우리의 죗값을 치르시고 우리에게 자유를 주셨다는 말이다. 옛날에 누군가가 노예에게 자유를 주려면 노예의 주인에게 값을 대신 치러야만 했다. 예수님께서도 그렇듯 십자가에서 우리의 죗값을 대신 쳐 주심으로 죄의 올무에 빠져 있던 우리에게 자유를 주셨다. 그것이 'atonement'이다. 이 단어는 세 단어로 이루어진 합성어다. 'at'와 'one' 그리고 'ment'다. 'at'은 '…에'를 뜻하는 전치사이고, 'one'은 '하나', 'ment'는 '상태'를 의미하는 접미사다. 이것은 주님으로부터 구속받은 사람은 주님과 '한 상태', 다시 말해 '같은 상태'에 있음을 일깨워 준다.

그대의 자식이 넘어져 무릎이 찢어지고 피가 흐르면, 부모인 그대의

무릎도 똑같이 아플 것이다. 왜 그럴까? 그대와 그대의 자식 사이에 어톤먼트가 이루어졌기 때문이다. 바울이 주님의 십자가 사랑을 알고 나니, 예수님의 십자가 죽음과 바울 사이에 어톤먼트가 이루어졌다. 그래서 그는 "내가 그리스도와 함께 십자가에 못박혔나니"라고 고백하였다. 그리고 그 고백은, "그런즉 이제는 내가 사는 것이 아니요 오직 내 안에 그리스도께서 사시는 것이라"는 고백으로 이어졌다. 주님의 죽음과 어톤먼트가 이루어지니, 결과적으로 주님의 부활과도 어톤먼트가 이루어진 것이었다. 그래서 바울은 더 이상 자신을 위해 살지 않았다. 자기 속에 살아계신 주님을 위해 살았다. 바울의 전 생애가 회개의 삶으로 일관한 것은 조금도 이상한 일이 아니었다.

> 그리스도 예수의 사람들은 육체와 함께 그 정욕과 탐심을 십자가에 못박았느니라 (갈 5:24)

그대에게 그대를 위해 주님께서 당하신 십자가의 죽음 그리고 부활과 어톤먼트가 일어나면, 그대는 십자가를 볼 때마다 그대의 정욕과 탐심이 못박혀 죽은 것을 확인하게 된다. 그대의 삶이 새로워지지 않을 수 없는 것이다.

빌립보서 3장 13-14절을 보자.

> 형제들아 나는 아직 내가 잡은 줄로 여기지 아니하고 오직 한 일 즉 뒤에 있는 것은 잊어버리고 앞에 있는 것을 잡으려고 푯대를 향하여 그리스도 예수 안에서 하나님이 위에서 부르신 부름의 상을 위하여 달려가노라

바울은 주님의 사랑을 힘입어 일평생 회개의 삶으로 일관하였지만, 그가 자신의 삶이 완성되었다고 생각한 적은 단 한 번도 없었다. 바울은 주님의 부르심을 받은 이후에 자신이 한 일은 아예 되돌아보지도 않았다. 그리스도인이 자신이 한 일을 되돌아보면, 마치 자신이 주님을 위해 뭔가 대단한 업적을 이룬 것처럼 착각하기 쉽다. 그래서 바울은 뒤를 돌아보지 않고 오직 "앞에 있는 것을 잡으려고 푯대를 향하여" 달려가기에 진력하였다. '푯대'는 두말할 것도 없이 예수 그리스도의 십자가, 십자가의 예수 그리스도셨다. 자신의 업적을 되돌아보면 스스로 대단한 인간인 것처럼 착각하기 마련이지만, 자신을 살려 주신 예수 그리스도의 십자가를 바라보면 그 십자가의 사랑 앞에서 자신은 늘 부족한 존재에 지나지 않았다. 그래서 바울은 날마다 자신을 쳐서 복종시키는 회개의 삶을 살 수 있었다.

다음은 조셉 스웨인 Jeseph Swain이 작사한 찬송가 95장 1절 가사다.

나의 기쁨 나의 소망 되시며 나의 생명이 되신 주
밤낮 불러서 찬송을 드려도 늘 아쉬운 마음뿐일세

주님의 십자가 사랑을 생각하면, 우리는 나름대로 주님을 위해 충성을 다하고서도 늘 아쉬운 마음일 수밖에 없다. 바로 그 사랑 때문에 우리는 주님께로 확실하게 돌아선 회개의 삶을 살면서도 교만이나 자만에 빠지지 않고, 오히려 더더욱 겸손하게 주님을 좇을 수 있다.

이제 디모데후서 4장을 보자.
디모데후서는 로마의 감옥에 갇힌 바울이 이 땅에 마지막으로 남긴 편지다. 이를테면 디모데후서는 바울이 자신의 죽음을 바라보며 남긴 유언장과도 같다. 디모데후서 4장은 그 유언장의 마지막 장이다.

> 전제와 같이 내가 벌써 부어지고 나의 떠날 시각이 가까웠도다
> (딤후 4:6)

구약시대의 제사는 목적에 따라 번제, 소제, 속죄제, 속건제로 구별되었다. 하나님께 자신을 의탁할 때는 '번제燔祭'를, 봉사의 제사로는 '소제素祭'를 드리는 식이었다. 또 제사는 제사를 드리는 방법에 의해서도 구별되었다. 이를테면 제물을 불태우는 제사는 '화제火祭', 제물을 높이 들어 바치는 제사는 '거제擧(들어올릴 거)祭', 제물을 흔들어 바치는 제사는 '요제搖(흔들 요)祭'라고 했다. 제물의 피나 포도주와 같은 액체를 하나님께 부어 드리는 제사는 '전제奠(부을 전)祭' 혹은 '관제灌(따를 관)祭'라고 하였다. 바울이 "전제와 같이 내가 벌써 부어"졌다고 말한 것은, 컵을 기울이면 그 속의 액체가 다 쏟아지는 것처럼 이제 자신의 생이 끝났다는 의미다. 바울은 이렇듯 임박한 자신의 죽음을 바라보면서, 2장에서 살펴본 것처럼 자신의 심정을 이렇게 피력하였다.

> 나는 선한 싸움을 싸우고 나의 달려갈 길을 마치고 믿음을 지켰으니 이제 후로는 나를 위하여 의의 면류관이 예비되었으므로 주 곧 의로우신 재판장이 그날에 내게 주실 것이며 내게만 아니라 주의 나타나심을 사모하는 모든 자에게도니라 (딤후 4:7-8)

죽음을 앞둔 바울이 이처럼 개선장군과 같은 심정을 피력하였다면, 이런 고백이 가능할 정도로 당시 그의 여건이 좋았을 것이라고 생각하기 쉽다. 그러나 계속된 바울의 고백은 그것이 사실이 아님을 밝혀 주고

있다.

> 너는 어서 속히 내게로 오라 데마는 이 세상을 사랑하여 나를 버리고 데살로니가로 갔고 그레스게는 갈라디아로, 디도는 달마디아로 갔고 누가만 나와 함께 있느니라 네가 올 때에 마가를 데리고 오라 그가 나의 일에 유익하니라 두기고는 에베소로 보내었노라(딤후 4:9-12)

바울은 자기가 쓰고 있는 편지의 수신자인 디모데에게 속히 자기 곁에 와줄 것을 촉구하였다. 데마는 감옥에 갇힌 바울을 내버려 두고 세상을 좇아가 버렸다. 그레스게와 디도와 두기고는 복음 사역을 위해 바울을 떠났다. 의사인 누가만 옥중의 바울을 돌보고 있다. 인생 말년의 바울이 감옥에서 얼마나 외로웠을지 짐작할 수 있다.

> 네가 올 때에 내가 드로아 가보의 집에 둔 겉옷을 가지고 오고 또 책은 특별히 가죽 종이에 쓴 것을 가져오라(딤후 4:13)

이 편지의 발신자 바울은 로마의 감옥에 갇혀 있고, 수신자 디모데는 오늘날의 터키인 소아시아 반도 에베소에 있다. 에베소에서 드로아는 약 200킬로미터의 거리다. 바울은 에베소에 있는 디모데에게 편지를 쓰면서, 드로아로 가서 가보의 집에 자신이 맡겨 둔 외투를 가져와 달라고 부탁했다. 겨울이 성큼 다가왔지만, 죽음을 앞두고 로마의 감옥에 갇혀 있는 바울에게는 겨울옷이 준비되어 있지 않았다. 바울은 예전에 소아시아 반도를 전도 여행하던 중에, 날씨가 따뜻해져 드로아의 가보 집에 맡겨 둔 외투가 생각났다. 그래서 디모데에게 그 외투를 가져다주기를 부탁한 것이다.

로마의 감옥에서 바울이 쓴 편지가 선박으로 에베소에 있는 디모데에게 전달되고, 그 편지를 받은 디모데가 드로아로 걸어가서 외투를 찾은 다음, 다시 배를 타고 로마에 도착할 때까지 얼마나 많은 날이 걸릴지는 아무도 모른다. 그러나 죽음이 임박한 바울은 디모데를 기다리며, 차디찬 감옥에서 속수무책으로 떨고 있어야만 했다. 그 극한 상황 속에서 죽음이 임박한 바울의 고백이 '선한 싸움을 싸웠다', '달려갈 길을 마쳤다', '믿음을 지켰다'였다. 어떻게 그런 삶이 가능할 수 있었을까? 하나님의 사랑 때문이었다. 그 사랑 때문에, 그 사랑을 힘입어, 바울은 어떤 극한 상황 속에서도 회개에 합당한 열매를 맺을 수 있었다.

이번에는 로마서 8장 29-30절을 보자.

신약성경의 로마서는 대단히 중요한 책이다. 성경에 등장하는 빌립보, 데살로니가, 고린도 등과 같은 도시는 바울이 직접 찾아가서 복음을 전하고 교회를 세운 곳이다. 따라서 그곳에 있는 교회에 바울이 편지를 쓴 것은, 주로 해당 교회가 당면한 문제에 대한 해답을 제시해 주기 위함이었다. 그러나 로마서는 다르다. 로마에는 바울이 그곳을 방문하기 이전에 이미 자생적인 그리스도인들이 있었다. 바울이 그들을 직접 만나기 전에, 그들에게 복음이 무엇인지 체계적으로 알려 주기 위해 써 보낸 편지가 로마서이다. 로마서를 가리켜 '복음의 진수'라고 부르는 이유가 여기에 있다. 로마서는 처음부터 복음을 설명하기 위해 쓰여졌기 때문이다. 그중에서도 8장 29-30절은 특히 중요하다. 로마서가 복음의 반지라면, 로마서 8장 29-30절은 그 반지의 보석에 해당한다. 이처럼 로마서 8장 29-30절은 로마서의 핵심으로 '복음의 황금 사슬'이라고도 불린다.

하나님이 미리 아신 자들을 또한 그 아들의 형상을 본받게 하기 위하

여 **미리 정하셨으니** 이는 그로 많은 형제 중에서 맏아들이 되게 하려 하심이니라 (롬 8:29)

하나님께서 창세전에 사도 바울만 미리 택정하신 것이 아니었다. 하나님께서는 그대와 나 역시 '그 아들의 형상을 본받게 하기 위하여', 다시 말해 그리스도를 본받아 살게 해주시려 미리 택정해 주셨다. 칼뱅은 이것을 하나님의 '선행적先行的 은혜'라고 불렀다. 우리가 하나님을 알기도 전에, 우리가 하나님의 택하심을 받기 위해 그 어떤 시도도 하기 전에, 하나님께서 먼저 우리를 택정해 주신 것이다. 본문은 하나님의 택하심을 입은 사람들을 '많은 형제', 그리고 예수님을 '맏아들'이라 부르고 있다. 이것은 하나님께서 당신의 택하심을 입은 사람들을 당신의 '맏아들'과 같은 반열인 당신의 자녀로 삼기 위해 그들을 미리 택정하셨다는 말이다. 하나님께서 그대와 나를 당신의 자녀로 미리 택정해 주시지 않았다면, 그대와 내가 지금 이 자리에 있을 까닭이 없다.

또 미리 정하신 그들을 또한 **부르시고** 부르신 그들을 또한 **의롭다 하시고** 의롭다 하신 그들을 또한 **영화롭게 하셨느니라** (롬 8:30)

100퍼센트 자신의 경비로 멋진 파티를 준비하면서 누구를 초대할 것인지 미리 정해야 할 때가 있다. 먼저 백 명의 명단을 확정했다 치자. 그러나 막상 연락하는 과정에서 제외하는 사람이 있기 마련이다. 마음속으로 정했다고 다 부르는 것은 아니다. 하나님께서 우리를 택정해 주셨더라도 불러 주시지 않으면 그만이다. 그러나 하나님께서는 감사하게도 우리를 택정하기만 하신 것이 아니라, 우리를 제외하지 않고 불러 주시기까지 하셨다. 칼뱅은 이것을 '불가항력적 은혜'라고 했다. 하나님께서 부르시면 이 세상 누구도 막을 수 없다. 하나님께서 부르시는 방법은 사람마다 다 다르다. 돈에 집착하는 사람은 오히려 돈을 잃게 하심으로, 어떤 사람은 건강을 상하게 하심으로, 어떤 사람은 사람 문제로 인해, 당신의 부르심을 불가항력적으로 받아들이게 하신다. 그 불가항력적인 은혜가 아니었던들, 나처럼 완악한 인간은 하나님의 부르심을 외면하고 말았을 것이다.

하나님께서 우리를 택정하고 불러 주기는 하셨는데, 그 목적이 우리의 죄를 심판하시기 위함이라면 차라리 부르심을 받지 않는 것이 나을 것이다. 대체 이 세상 어느 인간이 하나님의 심판 앞에서 온전할 수 있겠는가? 그러나 하나님께서 우리를 택정하고 불러 주신 까닭은, 죽을 수밖에 없는 죄인인 우리를 의롭다고 인정해 주시기 위함이었다. 바로 거기에 예수님의 십자가 고난이 있었다. 하나님께서 당신의 독생자를 십자가 제물로 삼아 우리의 죗값을 대신 치르게 하심으로, 더러운 죄인인 우리를 예수 그리스도 안에서 의롭다고 인정해 주셨기 때문이다. 칼뱅은 이것을 하나님의 '필승불패의 은혜'라고 했다. 하나님께서 우리를 의롭다고 인정해 주시면, 이 세상 누구나 그 무엇도 우리를 무너뜨릴 수 없는 까닭이다. 그뿐 아니라 하나님께서는 우리를 예수 그리스도 안에서 영원히 영화롭게 해주셨다.

하나님의 이 깊고도 넓은 사랑을 안다면 그 사랑 안에서, 그 사랑을 힘입어, 회개의 삶으로 응답하지 않을 수 없다. 교회를 다니면서 때로는 양심의 찔림도 받고, 결단의 기도도 하고, 입으로 자복은 하면서도 회개의 삶이 수반되지는 않는 것은, 아직도 하나님의 사랑을 제대로 깨닫지 못했기 때문이다. 그 사랑의 진수를 맛보기만 하면, 그 사랑으로 인해 삶이 바뀌지 않을 수 없다. 남자와 여자가 사랑해도 서로 삶이 새로워지는데, 그대가 영원하신 하나님의 사랑을 알고 그 사랑에 그대의 사랑으로 응답할 때, 어찌 그대의 삶이 새로워지지 않겠는가?

마지막으로 찬송가 310장 가사를 보자.

이 찬송가를 작사한 미국인 다니엘 웹스트 휘틀D. W. Whittle은 남북전쟁에 참전했다가 부상당했다. 전쟁이 끝나고 시계 회사에서 근무했지만, 젊은 나이에 몸이 성치 못한 그는 실의에 빠진 삶을 살았다. 그러던 어느 날 하나님께서 그를 찾아오셨다. 그리고 하나님의 사랑으로 새로운 삶을 시작할 수 있었던 그는 하나님의 사랑을 다음과 같이 노래했다.

> 아 하나님의 은혜로 이 쓸데없는 자
> 왜 구속하여 주는지 난 알 수 없도다

이 세상에 잘난 사람이 얼마나 많은가? 사지가 멀쩡하게 건강한 사람은 또 얼마나 많은가? 그런데도 하나님께서 왜 자기처럼 성치도 않은 사람을 구속해 주셨는지, 휘틀은 아무리 생각해도 하나님의 그 신비로운 사랑을 설명할 길이 없었다.

> 왜 내게 굳센 믿음과 또 복음 주셔서
> 내 맘이 항상 편한지 난 알 수 없도다

세상에 재산을 태산처럼 쌓아 놓고도 불안과 근심으로 밤을 지새우는 사람은 부지기수다. 그럼에도 왜 하나님께서 자기에게 믿음을 주셔서 하나님의 평강 속에 살게 하시는지, 하나님의 깊고도 깊은 사랑은 도무지 헤아릴 길이 없었다.

왜 내게 성령 주셔서 내 마음 감동해

주 예수 믿게 하는지 난 알 수 없도다

세상에는 하나님으로부터 구원의 은총을 입지 못한 사람이 훨씬 더 많다. 그런데도 왜 성령 하나님께서 자기처럼 보잘것없는 사람의 마음을 계속 감동시키셔서, 날이 갈수록 하나님에 대한 믿음이 더더욱 깊어지게 해주시는지, 한량없는 하나님의 사랑은 불가사의하기만 했다.

주 언제 강림하실지 혹 밤에 혹 낮에

또 주님 만날 그곳도 난 알 수 없도다

주님께서 언제 재림하실지, 혹은 자신이 언제 주님의 부르심을 받아 이 세상을 떠나게 될지, 그 시간과 장소 또한 자기로서는 알 수 없는 일이었다.

내가 믿고 또 의지함은 내 모든 형편 아시는 주님

늘 보호해 주실 것을 나는 확실히 아네

하나님의 깊고도 넓은 사랑에 관한 한, 휘틀이 딱 부러지게 알고 설명할 수 있는 것은 아무것도 없었다. 하나님의 사랑이 그만큼 신비롭고 불가사의했기 때문이다. 그러나 그가 확실히 아는 것이 하나 있었다. 자신이 이 땅에서 인생 여정을 걸어가는 동안, 자신의 모든 형편을 아시는 하나님께서 당신의 사랑으로 자신을 반드시 책임져 주실 것이라는 사실이었다. 휘틀이 하나님의 그 사랑을 잊지 않는 한, 그의 삶은 자복의 점이 아니라 아름다운 회개의 선으로 계속 이어졌을 것임이 분명하지 않은가?

결론

첫째, 회개는 인간의 행위 이전에 인간의 중심과 관련된 본질적인 문제다. 우리는 어떤 잘못을 범했을 때 그 잘못된 행위에 집착한다. 그래서 '다음에는 이런 잘못을 범치 않을 거야' 하고 결심하지만, 막상 결심대로 되지는 않는다. 회개는 잘못한 행위 이전의 본질적인 문제이기 때문이다. 피부가 상한 사람이 약을 먹고 바르면 상태가 호전된다. 그러나 시간이 지나면 다시 예전 상태로 되돌아가는 경우가 허다하다. 이런 경우에 어떻게 해야 할까? 속을 다스려야 한다. 피부를 상하게 만드는 몸속의 본질을 다스리면 피부가 회복된다. 그러지 않고 겉으로 드러난 현상을 약으로만 다스리려 하면 언제나 미봉책으로 그칠 뿐이다. 이와 마찬가지로 회개 역시 어떤 잘못한 행위―물론 그 자체도 중요하지만―보다 훨씬 본질적인 문제다.

둘째, 회개의 본질은 하나님의 사랑에 대한 깨어 있음이다. 다시 말해 자신을 구원해 주신 하나님의 사랑에 대한 응답이 회개의 삶이다. 지금까지 숙고해 온 것처럼 하나님의 사랑에 깨어 있는 한, 그 사랑을 힘입어 회개의 삶이 수반되지 않을 수 없다. 그 상태에서는 자복이 곧 회개가 된다. 이런저런 잘못을 범했다고 하나님 앞에서 자복하는 동인動因이 하나님의 사랑이므로, 하나님의 사랑으로 인해 그 자복이 회개로 이어지지 않을 수 없기 때문이다. 그러므로 하나님과 바른 사랑의 관계 속에서 살아가는 사람에게는 자복과 회개가 구별되지 않는다. 그에게 자복은 단순한 점이 아니라 선의 시작인 까닭이다. 이것이 요한 사도가 다음과 같이 증언한 이유이다.

만일 우리가 우리 죄를 자백하면 그는 미쁘시고 의로우사 우리 죄를

사하시며 모든 불의에서 깨끗하게 하실 것이요(요일 1:9)

셋째, 다른 사람을 회개로 이끄는 것은 오직 하나님의 사랑을 보여 주는 자신의 삶이다. 그대의 가족과 이웃을 어떻게 하나님께로 돌아서게 할 수 있겠는가? 회개에 대해 생각하는 것은 철학이다. 회개를 명령하는 것은 율법이다. 복음은 그대의 가족과 이웃에게, 회개의 동인인 하나님의 사랑을 그대의 삶으로 보여 주는 것이다.

부모가 아무리 야단쳐도 자식은 바뀌지 않는다. 부모의 야단으로 자식이 바르게 될 것 같으면, 도대체 이 세상에 어긋날 자식이 어디 있겠는가? 부모가 하나님의 사랑을 비춰 주는 거울이 되어야 하나님의 사랑 속에서, 하나님의 사랑의 힘으로 자식의 삶이 새로워진다. 주위 사람 역시 마찬가지다. 나는 모태신자였지만 하나님의 사랑을 제대로 알지 못했던 까닭에, 오랜 세월 인생을 낭비해야만 했다. 그러나 1984년 8월 2일 새벽 2시를 기점으로 내 삶의 방향이 180도 돌아설 수 있었던 것은, 《믿음의 글들, 나의 고백》에서 밝힌 것처럼, 내 아내가 하나님의 사랑을 자신의 삶으로 내게 보여 준 덕분이었다. 만약 아내를 통해 하나님의 사랑을 인격적으로 만나지 못했더라면, 단언컨대 지금도 나는 누가복음 15장의 탕자처럼 살고 있을 것이다. 만약 내가 지금 하나님의 통로로 쓰임 받고 있다면 그것은 내가 잘나서가 아니라, 하나님의 사랑이 위대하시기 때문이다. 하나님의 그 위대하신 사랑으로 인해, 지금 이 순간에도 세계 도처에서 회개의 역사가 일어나고 있다.

4 말씀묵상

시편 119편 105절
주의 말씀은 내 발에 등이요 내 길에 빛이니이다

말씀을 묵상하는 이유

먼저 그리스도인에게 말씀묵상이 필요한 까닭을 분명하게 아는 것이 중요하다. 첫 번째 이유는, 믿음의 대상이신 하나님을 바르게 알기 위함이다.

믿음의 대상을 바르게 알지 못하면 바른 믿음은 불가능하다. 세상에는 많은 종교가 있다. 종교는 관점에 따라 여러 형태로 분류할 수 있다. 이를테면 그 종교가 지향하는 바가 무엇인가, 그 종교가 내세우는 내용이 어떤 차원인가에 따라 고등종교와 하등종교로 나뉜다. 또 스스로 자신을 구원하는 종교인지 아니면 외부의 누군가가 구원해 주는 종교인지에 따라, 즉 구원의 주체가 누구냐에 따라 자력종교와 타력종교로 구분된다.

계시의 관점에서는 자연종교와 계시종교로 구별된다. 자연종교는, 인간이 지니는 자연적인 본성 혹은 자연적인 능력으로 신을 온전히 이해하고 파악할 수 있다는 입장이다. 일명 이성종교라고도 한다. 신을 알아 가는 데 신의 도움이 필요 없으며, 인간 스스로 신을 온전히 알 수 있다는 것이다. 이에 반해 계시종교는, 인간의 힘으로 도저히 알 수 없는 진리 혹은 신비를 하나님께서 스스로 밝혀 주신다는 입장이다. 이런 의미에서 기독교는 계시종교다. 인간이 상상할 수도 없는 하나님께서 당신을 친히 밝혀 주시고 가르쳐 주시기에 인간이 하나님을 알 수 있는 것이다.

계시는 일반계시와 특별계시로 나뉜다. 자연현상을 통해 인간이 하나님을 인식하게 되는 것을 일반계시라고 한다. 우주가 얼마나 광활한지, 천둥과 번개가 얼마나 무서운지, 파도가 한번 일면 그 위력이 얼마나 대단한지를 통해 하나님의 위대한 능력을 알 수 있다. 그러나 일반계시를 통해서는 하나님의 외적 능력만을 알 수 있을 뿐이다.

반면에 특별계시는 성경말씀이다. 성경말씀을 통해 인간은 하나님의 내적 계시를 받게 된다. 하나님의 속성이나 의도, 섭리 등을 알게 되는 것이다. 예컨대 야구팬이 자신이 좋아하는 선수의 활약에 아무리 열광한다 해도, 경기를 통해서는 그 선수의 외적 능력만을 알 수 있을 뿐이다. 타율이나 방어율을 떠나 그 선수의 인생관이나 가치관을 알 수는 없는 것이다. 그런 것을 알 원하는 사람은 그 선수를 직접 만나 이야기를 나누거나, 그 선수가 인터뷰한 글들을 가능한 한 모두 접해야 한다. 이처럼 외적으로 드러나지 않는 하나님의 내적 계시를, 인간이 알 수 있게끔 하나님께서 특별히 인간에게 주신 성경말씀이 특별계시다. 그래서 말씀묵상이 필요하다. 우리 믿음의 대상인 하나님은 하나님의 특별계시인 성경말씀을 통해서만 바르게 알 수 있다.

말씀묵상이 필요한 두 번째 이유는, 이단과 사이비로부터 자신을 보호하기 위함이다.

이단은 한자로 '異'(다를 이)와 '端'(끝 단)으로 표기한다. 즉 이단은 이쪽과는 다른 끝에 있는 것이다. 방금 우리 믿음의 대상인 하나님은 하나님의 특별계시인 성경말씀을 통해서만 바르게 알 수 있다고 했다. 그러므로 성경에 없는 내용을 추가하거나, 반대로 성경말씀 가운데 일부 내용을 삭제해 버리는 것이 이단이다.

기독교 역사 초기에 대표적인 두 이단이 있었다. 하나는 2세기 초 마르키온Marcion에 의해 태동된 마르키온파Marcionists였다. 마르키온은 구약의 하나님과 신약의 하나님은 동일한 하나님이 아니라고 주장하였다. 마르키온이 본 구약의 여호와는 폭력, 보복, 질투를 일삼고 유대 민족만 편애하는 실패한 하나님이었다. 그 반면 신약의 예수 그리스도는 온 인류에게 사랑과 자비 그리고 구원을 베푸는 하나님이었다. 구약의 여호와와 신약의 예수 그리스도 사이에는 아무 연관도 없었다. 그래서 그는 여호와 하나님을 증언하는 구약을 철저하게 부정하였을 뿐 아니라, 신약 가운데서도 구약과 관련되거나 유대적 요소가 개재된 내용은 모두 배제해 버렸다. 마르키온은 하나님의 말씀을 자기 주관에 따라 삭제해 버린 최초의 이단이었다.

또 하나의 이단은 몬타누스파Montanists였다. 2세기 후반 몬타누스Montanus가 시작한 몬타니즘Montanism은 그릇된 성령운동, 궤도를 이탈한 신비운동이었다. 몬타누스는 임박한 종말을 강조하면서, 예수님께서 약속하신 보혜사 성령님께서 자신을 통해 말씀하신다고 주장했다. 그 결과 그가 하는 말마다 하나님의 말씀이 되었다. 이를테면, 몬타누스는 하나님의 말씀을 삭제한 마르키온과는 정반대로 하나님의 말씀을 계속 추가한 이단이었다. 역설적이게도 마르키온과 몬타누스의 출현은 결과적으로 교회가 신약 정경正經을 확정하는 데 기여한 셈이 되었다.

이단은 마르키온과 몬타누스처럼 언제나 성경말씀을 임의로 잘라 내거나 덧붙인다. 그러므로 이단을 분별할 수 있으려면, 먼저 우리 자신이 하나님의 말씀을 바르게 알아야 한다.

사이비는 이단과 달리 성경말씀을 잘라 내거나 덧붙이지는 않는다. 그 대신 성경의 특정 구절을 성경의 전체인 양 오도한다. 다음은 사도 요한이 가이오라는 사람에게 쓴 편지 내용이다.

사랑하는 자여 네 영혼이 잘됨같이 네가 범사에 잘되고 강건하기를 내가 간구하노라 (요삼 1:2)

사도 요한은 가이오에게 '네 영혼이 잘됨같이 네가 범사에 잘되고 강건하게 될 것이다'라고 단정하여 말하지 않았다. 요한은 가이오에게 '네가 그렇게 되기를 간구한다'고 말했다. 가이오가 반드시 그렇게 된다는 말이 아니라, 그렇게 되었으면 좋겠다는 바람의 말이다. 그런데도 바로 이 한 절의 기도문을 토대로 소위 '삼박자 구원'이 나왔다. 영혼이 잘되면 반드시 하는 일도 잘되고, 또 육체적으로도 건강해진다는 것이다. 과연 그런가? 사도 바울이 영혼이 잘되었기에 그의 범사도 잘되고 육체도 강건했던가? 결코 아니다. 평생 지병을 안고 가난과 박해 속에서 살던 바울은 끝내 비참하게 참수형을 당해 죽었다. '삼박자 구원'으로 따진다면 바울은 저주받은 사람이라 함이 마땅할 것이다. 십자가에 못박혀 돌아가신 예수님께서도 '삼박자 구원'과는 거리가 멀다. 그래서 '삼박자 구원'을 주장한 목사님은 초기에 사이비라는 비판을 받아야만 했다.

이처럼 성경 한 절이 마치 하나님의 말씀 전체를 대변하는 양 속단할 때 많은 문제와 오류가 수반된다. 사이비를 경계해야 할 이유가 여기에 있다. 따라서 자신이 속해 있거나 관련하고 있는 단체가 건전하고 건강한지, 혹시 사이비는 아닌지, 스스로 분별할 수 있기 위해서도 우리 자신이 말씀의 사람이 되어야 한다.

말씀묵상은 마지막으로, 주님을 믿는 그리스도인으로서 바른 삶을 살기 위해서도 필수적이다.

> 주의 말씀은 내 발에 등이요 내 길에 빛이니이다(시 119:105)

하나님의 말씀은 인생길을 밝혀 주는 등이요, 빛이다. 하나님의 말씀을 좇지 않는 인생은 칠흑 같은 어둠 속을 헤맬 수밖에 없다는 뜻이다. 그렇게 살아서야 한 번밖에 없는 인생을 허망하게 날려 버리지 않겠는가? 오직 인생길을 밝혀 주는 말씀을 통해서만 자신의 인생을 영원으로 건져 올릴 수 있다.

> 그러므로 누구든지 나의 이 말을 듣고 행하는 자는 그 집을 반석 위에 지은 지혜로운 사람 같으리니 비가 내리고 창수가 나고 바람이 불어 그 집에 부딪치되 무너지지 아니하나니 이는 주추를 반석 위에 놓은 까닭이요 나의 이 말을 듣고 행하지 아니하는 자는 그 집을 모래 위에 지은 어리석은 사람 같으리니 비가 내리고 창수가 나고 바람이 불어 그 집에 부딪치매 무너져 그 무너짐이 심하니라(마 7:24-27)

인생이라는 집을 바르게 세우기 원한다면, 그 어떤 상황 속에서도 흔들리거나 변하지 않는 하나님의 말씀을 토대로 삼아야 한다. 일평생 지은 인생의 집이 어느 날 한순간에 허물어져 내린다면, 그보다 더 허무한 일이 어디에 있겠는가? 하나님의 말씀은 인간을 창조하신 하나님께서 인간에게 주신 인생 사용설명서라고 했다. 그 설명서를 좇아야 인생의 집이 견고하게 세워질 것임은 두말할 나위가 없지 않은가? 그래서 말씀묵상은 절대적으로 필요하다.

말씀묵상을 위한 사전 이해

바른 말씀묵상을 위해 미리 알아야 할 사항이 있다.

1) 성경관에 대한 이해

성경은 하나님의 말씀이다. 그러나 같은 성경이라도 어떤 관점으로 보느냐에 따라 해석이 달라진다. 하나의 역사적 사건을 놓고도 사관史觀에 따라 해석이 달라지는 것과 같다. 참여정부 시절에 '과거사 진상 규명'과 '역사 바로 세우기'가 활발했다. 집권 세력이 달라지면서 과거사에 대한 해석도 달라진 것이다. 사관의 차이에서 비롯되었음은 물론이다. 이처럼 성경 역시 성경을 대하는 성경관聖經觀이 중요하다. 성경관은 크게 네 가지로 분류할 수 있다.

첫 번째는 '근본주의적 성경관'이다.

근본주의는 하나님께서 성경을 기록하는 사람에게 토씨 하나까지 일일이 불러 주셔서 기록하게 하셨다는 입장이다. 전문용어로 축자영감설逐字靈感說 혹은 기계적 영감설이라고도 한다. 이 경우 성경을 기록한 인간은 단순한 기계에 지나지 않는다. 그리고 성경에 기록된 문자는 단 하나의 오류도 있을 수 없다는 의미로 문자무오설文字無誤說, 혹은 문자절대주의라고도 한다. 문자 자체가 곧 하나님으로 간주되는 것이다.

성경에는 원본이 없다. 만약 원본이 남아 있다면, 사람들은 그 원본을 하나님으로 섬기느라 정작 영이신 하나님을 놓쳐 버릴 것이다. 이슬람교의 성지인 메카에는 카바Kaaba신전이 있고, 그 안에는 이슬람교도들이 가장 신성시하는 검은 돌이 있다. 전 세계에서 모여든 수백만 명의 이슬람 하지hajj 순례객들은 성지순례 첫째 날에 카바신전을 시계 반대 방향으로 일곱 번을 돌아야 하는데, 그때 이슬람교도들은 카바신전에 조금이라도 더 가까이 다가가려 한다. 카바신전에 가까이 다가갈수록 신과 더 가까워진다는 믿음으로 인함이다. 그래서 카바신전 주위에서는 끔찍한 압사 사고가 자주 일어난다. 만약 성경 원본이 어딘가에 남아 있다면, 전 세계의 기독교인들 역시 그 앞에 몰려들어 원본을 영험靈驗하려 하느라 난리가 날 것이다. 영이신 하나님께서는 파피루스나 양피지로 만들어진 성경 원본이 그처럼 우상이 되지 않게끔 모든 원본을 남겨 두지 않으셨다.

성경의 사본은 모두 사람이 손으로 쓴 필사본이다. 따라서 사람이 필사하는 중에 실수가 있을 수 있었다. 현재 우리가 가지고 있는 성경은, 성경학자들이 많은 사본들 가운데 원본에 가장 근접하다고 판정한 내용을 모은 것이다. 게다가 구약성경은 히브리어와 아람어로, 신약성경은 헬라어로 기록된 반면에 우리는 한글로 번역된 성경을 본다. 명백한 오역은 아니더라도, 어떤 문장이든 말한 이의 의도를 다른 언어로 완벽하게 번역하는 것은 사실상 불가능하다. 오죽하면 '번역은 반역'이라는 말이 있을까? 그러므로 한글 번역 성경도 완전할 수는 없다.

또 성경에는 역사적인 사건에 대한 내용과 연대기가 일치하지 않는 곳도 있다. 예를 들면 출애굽의 지도자인 모세가 가나안 땅에 입성하지 못한 이유를 설명하는 민수기 20장 12절과 신명기 1장 37절의 내용이 서로 다르다. 마태복음 1장 1-17절은 '아브라함과 다윗의 자손 예수 그리스도의 계보'인데, 그중 17절에는 "다윗부터 바벨론으로 사로잡혀 갈 때까지 열네 대"라고 기록되어 있다. 그러나 열왕기의 연대기를 확인하면 다윗부터 바벨론 포로기까지의 대수는 열네 대보다 더 많다. 이와 같은 예들은 원본을 기록한 기자記者가 잘못 기록했거나 서기관이 잘못 필사했음을 의미한다.

이처럼 성경에는 인간에 의한 실수가 있고, 또 번역 성경의 번역도 완전할 수 없다. 그런데도 성경의 문자 한 자 한 자를 하나님께서 불러 주셨다며 문자 자체를 하나님으로 간주할 때, 정작 그 문자를 통해 하나님께서 주시려는 뜻과 정신을 놓치게 된다. 그러므로 근본주의적 성경관의 장점도 있겠지만, 그 성경관만 옳다는 것은 옳지 않다.

두 번째 성경관은 '보수적 성경관'이다.

보수적 성경관의 입장은 성경영감설이다. 성경영감설은 성경이 하나님의 영감에 의해 기록되긴 했지만, 표현 방식과 표현에 동원된 소재는 말씀을 기록한 사람과 그 시대의 범주를 벗어나지 못한다는 것이다. 하나님께서 성경 기자들로 하여금 당신의 말씀을 당신의 영감으로 기록하게 하시되 그들을 비인격적인 기계나 로봇으로 사용하신 것이 아니라, 그들의 인격과 지성 그리고 삶의 경륜을 도구로 쓰셨다는 것이다. 마태·마가·누가복음은 동일한 관점에서 기록되었다는 의미로 공관共觀복음서라 불린다. 하지만 내용마저 판에 박은 듯이 동일한 것은 아니다. 마태, 마가, 누가의 인격, 삶의 경륜, 사물을 판단하는 안목이 다르기 때문이다.

그렇다고 성경영감설이 성경의 정확 무오함을 부정하는 것은 아니다. 성경은 정확 무오하다. 축자영감설이 성경의 문자 한 자 한 자가 정확 무오하다고 주장하는 데 반해, 성경영감설은 성경 내용이 정확 무오하다는 것이다. 하나님의 구원을 얻고, 그리스도인으로서 바른 신앙과 바른 삶을 영위하는 데 정확 무오한 내용인 것이다. 요컨대 축자영감설과 성경영감설의 근본적인 차이는, 전자가 문자 자체를 하나님과 동등시하는 반면 후자는 문자를 하나님을 알기 위한 도구로 사용한다는 것이다. 따라서 보수적 성경관은 문자에 얽매이지 않고 문자에 담긴 하나님의 뜻과 정신을 헤아려 구현하고자 한다.

바리새인들은 누구보다도 율법을 준수하는 사람들이었지만 예수님께서는 그들을 '외식하는 자들'이라고 책망하셨다. 그들이 율법의 정신은 아랑곳하지 않고, 단지 율법의 문자를 절대시하는 것만으로 스스로 의인이라 착각했기 때문이다. 십계명 제8계명은 '살인하지 말라'이다. 바리새인들은 자기 손으로 사람을 죽인 적이 없었기에 그 계명 앞에서 언제나 당당하였다. 그러나 예수님께서는 형제를 욕하는 것도 살인이라고 말씀하셨다. 누군가를 부정하는 욕설을 내뱉는다는 것은 이미 마음속으로 그를 죽였음을 의미한다. 그러므로 '살인하지 말라'는 계명이 담고 있는 뜻과 정신을 헤아리면 그 계명 앞에서 살인자 아닌 사람이 없고, 그 사실을 깨달은 사람은 그 계명 앞에서 숙연해지지 않을 수 없다. 하지만 그 계명을 문자적으로만 받아들인 사람은 마음속으로 수많은 살인을 저지르고서도, 단지 물리적인 살인을 행하지 않았다는 이유만으로 마치 바리새인들처럼 하나님 앞에서 의인인 양 착각하며 살아갈 수밖에 없다.

세 번째 성경관은 '진보적 성경관'이다.

진보적 성경관은 성경이 하나님의 영감에 의해 기록되었고, 그 내용이 구원과 신앙과 행위에 대해 정확 무오하다는 입장에서는 보수적 성경관인 성경영감설과 동일하다. 그러나 차이점은, 보수적 성경관이 앞에서 설명한 것처럼 하나님께서 당신의 영감으로 성경을 기록하게 하시되 인간의 인격과 경륜을 도구로 사용하셨다는 입장인 반면, 진보적 성경관은 성경을 기록하고 편집하는 데 인간의 의도가 개입되었다는 입장이다. 성경을 기록하는 인간이 자신의 의도를 개입시켰다는 것은 보수적 성경관과는 전혀 다른 입장이다. 만약 어떤 성경 기자가 성경에 자신의 의도를 의식적으로 개입시켰다면, 그 성경은 하나님의 말씀으로서의 절대성을 지닐 수 없다. 인간의 의도가 단 1퍼센트만 개입되어도 이미 100퍼센트 하나님의 말씀일 수는 없기 때문이다. 성경 기자가 원본을 기록하거나 서기관이 필사본을 만들다가 자기도 모르게 실수한 것과, 의식적으로 자신의 의도를 개입시키는 것은 분명 다른 일이다. 후자의 경우라면 하나님의 말씀은 상대화되어 구원과 신앙과 행위의 절대 기준이 될 수 없을 것이다.

마지막으로 '자유주의적 성경관'이 있다.

이것은 성경이 기록되고 편집되는 데 인간의 의도가 개입되었다는 정도가 아니라, 성경을 아예 인간이 만든 픽션으로 보는 입장이다. 이 경우 성경은 그저 좋은 이야기책이거나 도덕책에 불과할 뿐이고, 예수 그리스도는 한 명의 위인 이상일 수는 없다.

지금까지 살펴본 네 가지 성경관 가운데 나는 보수적 성경관을 갖고 있다. 요즈음은 보수라면 시대에 뒤떨어진 사람으로 치부되고, 진보라고 해야 진취적인 사람인 것처럼 여겨지는 시대다. 물론 거기에도 일리는 있다. 하나님의 말씀에 관한 한 보수주의자들이 욕을 듣는 이유는, 그들이 보수保守하려는 것이 하나님의 말씀이 아니라 자신들의 전통과 관습 그리고 기득권이기 때문이다. 하지만 내가 말하는 보수는 어떤 경우에도 하나님의 말씀을 보수하자는 것이다. 하나님의 말씀을 보수하는 사람이 가장 진보적이고 개혁적인 사람이 될 수 있다. 성전에 들어가신 예수님께서는 그곳을 장악한 장사꾼들의 좌판坐板을 엎으시고 그들을 쫓아내셨다. 그 순간 예수님은 혁명가셨다. 그분의 사상이 진보적이어서가 아니라, 하나님의 성전은 만민이 기도하는 집이라는 하나님의 말씀을 보수하려 하셨기 때문이다. 당시 유대교 지도자들은 모두 보수주의자들이었지만, 정작 그들이 보수하려 했던 것은 그들의 전통과 관습과 기득권에 지나지 않았다. 그러므로 예수님께서는 하나님의 말씀을 보수하시기 위해 그들이 하나님의 이름을 내세워 보수하고 있는 그들의 것들을 타파하시지 않을 수 없었다.

한때 사람들이 '교회 개혁'과 관련하여 나를 언급하곤 했다. 그러나 나는 한 번도 교회 개혁을 목적으로 삼은 적이 없었다. 그동안 내가 하고 자 한 것은 하나님의 말씀을 보수하는 것이었다. 하나님의 말씀을 보수하다 보니 '교회는 건물이 아니라 사람'이라는 하나님의 말씀을 구현하기 위해 건물보다 사람에 더 치중했고, 하나님의 말씀을 보수하다 보니 '오른손이 하는 것을 왼손이 모르게끔' 헌금 시간을 없애고 헌금 봉투에서 인간의 이름을 지웠다. 하나님의 말씀을 보수하다 보니 '모든 사람이 그리스도 안에서 거룩한 제사장'이라는 말씀을 좇아, 온 교인들이 가나다순으로 돌아가며 주일 예배 시간에 차별 없이 대표 기도를 드리게 했다. 나는 한 번도 개혁을 목표로 한 적이 없었지만, 말씀을 보수한 결말이 결과적으로 개혁으로 드러나게 되었다. 말씀을 보수하는 사람이 실은 가장 진취적인 그리스도인으로 살 수 있다.

2) 성경의 확정에 대한 이해

현재 우리가 지닌 성경이 언제 어떻게 정경으로 확정되었는지에 대해 생각해 보기로 하자.

구약성경은 주후 90년 얌니아에서 유대교의 랍비들과 학자들에 의해 현재의 구약 39권이 정경으로 확정되었다. 예수님께서 부활 승천하신 뒤 60년이 지나서야 유대교 지도자들이 구약성경을 확정했다는 것은 얼마나 흥미로운 일인가? 이는 기독교로부터 유대교를 지키기 위함이었다. 주후 90년이면 마태, 마가, 누가복음서와 바울서신은 이미 기록되었고, 요한 사도가 요한복음을 마지막으로 기록했을 즈음이다. 따라서 유대교 지도자들은 큰 위협을 느끼게 되었다. 자신들이 이단으로 규정한 기독교인들이 글을 쓰고 그것을 모두 성경이라고 하니, 저것은 정경이 아니고 이것만 정경이라고 공식적으로 확정한 것이 구약 39권이었다.

기독교는 유대교가 정경으로 확정한 39권을 그대로 구약으로 받아들였다. 신약성경은 397년 카르타고에서 지금의 신약 27권이 정경으로 확정되었다. 결과적으로 기독교인에게는 신구약 합쳐 총 66권이 '캐논$_{canon}$' 즉 정경이 되었다. 예수님께서 부활 승천하신 뒤 약 360년이 지나서야 정경이 확정된 것이다. 그 이전까지는 예수 그리스도에 관하여 오늘날의 신약에 수록된 것보다 훨씬 많은 문서들이 돌아다녔고, 그 가운데에는 거짓 문서들도 있었다. 그래서 교회는 현재 우리가 지닌 신약 27권을 신약으로 확정하였다.

그렇다면 성경에 대한 신교와 구교의 입장은 어떻게 다를까? 로마가톨릭교회 역시 정경으로 확정된 성경의 절대성을 의심하지 않는다. 성경을 하나님의 말씀으로 받아들인다는 면에서는 개신교와 차이가 없다. 그러나 지금의 성경을 하나님의 말씀으로 확정한 사람들은 로마가톨릭교회 지도자들이었다. 로마가톨릭교회에서 동방교회가 분리된 것은 1054년이었고, 개신교는 1517년에 태동되었다. 그러므로 주후 90년 얌니아에서 유대교가 확정한 정경 39권을 구약 정경으로 받아들이고, 397년 카르타고에서 신약 27권을 신약 정경으로 확정한 사람들은 모두 로마가톨릭교회 지도자들이었다. 그 결과 로마가톨릭교회 역시 성경의 절대성을 믿지만, 지금의 성경을 정경으로 확정한 교회 지도자들의 결정을 보다 중요시한다. 교회 지도자들이 '이것도 정경이다'라고 결정하면 그 순간부터 정경이 될 수 있기 때문이다.

로마가톨릭교회가 여러 문서들 가운데, 정경까지는 아니더라도 정경의 보조적인 역할을 할 수는 있다는 의미로 '외경$_{外經}$'이라 규정한 문서들이 있었다. 이를테면 정경은 아니지만 정경에 버금가는 '정경 밖의 정경'이었다. 그 이후 로마가톨릭교회 지도자들이 "외경도 정경이다"라고 결정함으로써, 구교에서는 외경이 정경과 동일한 권위를 지니게 되었다. 그 결과 로마가톨릭교회 교인들이 사용하는 성경에는 우리가 외경이라 부르는 문서들도 포함되어 있다. 이처럼 로마가톨릭교회에서는 교회 지도자들의 결정이 중요하기에, 그 결정의 정점에 있는 교황의 결정과 명령은 더욱 중요하다. 그래서 로마가톨릭교회는 결과적으로 성경말씀보다 교회의 결정과 명령을 더 따른다. 성경말씀이 절대적이지 않다고 여겨서 교회의 명령을 더 중요시하는 것이 아니다. 성경말씀도 절대적이지만, 교회 지도자들과 교황의 결정이 그 위에 있다고 간주하기 때문이다.

개신교는 로마가톨릭교회 지도자들에 의해 정경이 확정되긴 했지만, 성령 하나님께서 그들을 당신의 도구로 사용하셨을 뿐이라는 입장이다. 정경 확정의 주체가 로마가톨릭교회 지도자가 아니라 성령 하나님이시라는 것이다. 그러므로 성령 하나님께서 정경으로 확정하신 것을, 교회 지도자들이라고 해서 임의로 가감할 수 없다는 것이다. 이에 대한 구교의 입장은, 397년 정경을 확정할 때 성령 하나님께서 로마가톨릭교회 지도자들을 도구로 쓰셨다면, 교회 지도자들이 외경도 정경이라고 결정할 때에도 성령 하나님께서 역사하셨다는 것이다. 개신교의 입장에서는 성경말씀보다 교회 지도자들의 결정을 우위에 두는 구교의 사고방식을 받아들이기 힘들지만, 구교의 입장에서는 조금도 이상한 일이 아니다. 그러므로 개신교인인 우리는 개신교의 입장을 견지하되, 로마가톨릭교회의 입장을 무조건 부정하려 해서는 안 된다. 그것은 성숙한 신앙인의 자세가 아니다.

1517년에 막이 오른 종교개혁은, 사실상 개혁reformation이 아니라 혁명revolution을 추구하였다. 혁명은 구체제를 쓸어 없애 버리는 것으로, 종교개혁가들은 로마가톨릭교회를 완전히 부정하는 혁명을 시도했다. 로마가톨릭교회가 가만히 있을 리가 없었다. 신·구교는 군대를 동원하여 전쟁을 치르면서까지 서로 맞섰다. 하지만 하나님께서는 그 어느 쪽의 손도 들어주시지 않았다. 어느 쪽도 완승을 거둘 수 없게끔 로마가톨릭교회와 개신교를 모두 남겨 놓으신 것이다. 하나님 보시기에는 인간의 조직인 로마가톨릭교회나 개신교나 모두 불완전하기 때문이다. 바꾸어 말해 두 진영이 지닌 장점이 한데 어우러져야 비로소 완전할 수 있기에, 하나님께서는 오늘날까지도 신·구교 두 개의 기둥을 동시에 사용하고 계신다.

그러므로 끊임없이 분열하는 개신교는, 하나의 지붕 아래에서 진보와 보수와 중도가 모두 예수 그리스도의 이름으로 더불어 살아가는 로마가톨릭교회의 '공동체 정신'을 배워야 한다. 그리고 로마가톨릭교회는 하나님의 말씀만을 절대적으로 받아들이는 개신교의 '성경에 대한 절대적인 신앙'을 본받아야 한다. 이렇게 상호 보완해 가는 가운데 로마가톨릭교회와 개신교는 더욱더 건강해질 것이다.

성경의 장과 절이 언제 구분되었는지에 대한 사전 이해도 필요하다. 본래 구약은 양피지에, 신약은 파피루스에 기록되었다. 거기에는 장과 절이 없었다. 예컨대 이사야서는 한 묶음의 양피지 두루마리였다. 오늘날 성경은 장과 절이 구분되어 있어 필요한 구절을 찾기 쉽지만, 옛날 율법사나 서기관이 이사야 두루마리에서 오늘날의 43장 1절에 해당하는 내용을 찾기란 여간 어려운 일이 아니었을 것이다. 그래서 성경 내용을 장과 절로 구분할 필요성이 자연스럽게 대두되었다. 1228년 영국 성공회의 대주교였던 스테판 랑톤Stephan Langton은 신·구약성경 전체의 장을 구분하였다. 그리고 1448년 유대인 나탄R. Nathan은 구약성경의 절을, 1551년 프랑스인 로버트 스테파누스(Robert Stephanus, 프랑스어 이름으로는 로베르 에티엔Robert Etienne)는 신약성경의 절을 구분하였다. 그 후 1560년 제네바에서 장과 절로 구분된 세계 최초의 성경인 제네바성경이 출간되었다. 오늘날처럼 장과 절이 명확하게 구분된 성경의 역사는 불과 450여 년밖에 되지 않는다.

성경의 장과 절을 구분한 사람들은 비판을 받기도 했다. 장과 절이 적절하게 구분되지 않은 곳이 많기 때문이었다. 예를 들면 요한복음 8장 1절은 뜬금없이 "예수는 감람산으로 가시니라"로 시작하고, 요한복음 7장의 마지막 절인 53절은 "다 각각 집으로 돌아가고"로 끝난다. 이 두 구절은 내용상 한 구절로 연결되어야 한다. 이는 헬라어 원문을 보면 더욱 명백하다. 한글 번역에는 빠져 있지만 헬라어 원문의 문장에는 '그러나'를 의미하는 접속사 '데&'가 기록되어 있다. 다른 사람들은 모두 집으로 돌아갔지만 예수님께서는 귀가하시지 않고 기도하기 위해 감람산으로 가셨다는 말이다. 그런데도 그 문장의 중간을 딱 잘라서 반은 7장에, 나머지 반은 8장에 넣어 버렸다.

이런 예는 사도행전 9장에도 나온다.

> 즉시 사울의 눈에서 비늘 같은 것이 벗어져 다시 보게 된지라 일어나 세례를 받고(18절)
> 음식을 먹으매 강건하여지니라(19절 상)
> 사울이 다메섹에 있는 제자들과 함께 며칠 있을새(19절 하)
> 즉시로 각 회당에서 예수가 하나님의 아들이심을 전파하니(20절)

다메섹 도상에서 주님의 빛에 사로잡혀 눈이 멀고 식음을 전폐했던 사울(바울)이 아나니아의 안수로 시력과 건강을 회복한 다음, 다메섹의 그리스도인들과 함께 지내며 각 회당에서 복음을 증언했다는 내용이다. 누가 보아도 그 내용상 19절 상반절은 18절에 이어지고, 19절 하반절은 20절에 연결됨이 마땅하지만 실제로는 그렇지 않다.

성경에는 이렇게 부자연스럽게 끊어진 장과 절이 많다. 그래서 비판자들은 이렇게 혹평한다. 옛날 성경의 장과 절을 구분한 사람들이 마차를 타고 가면서 마차가 흔들릴 때마다 장과 절로 잘랐다는 것이다. 유럽의 길은 작은 돌로 포장되어 있어 마차가 계속 흔들리는 것에 빗댄 혹평이다.

애당초 성경에 장과 절이 없었다는 것은, 성경을 읽을 때 장절에 얽매일 필요가 없다는 사실을 일깨워 준다. 가령 오늘은 창세기 1장을 읽고 내일은 창세기 2장을 읽는다고 하자. 그것은 일반적인 방법이다. 그러나 오늘은 창세기 2장 7절에서 멈추고, 내일 창세기 2장 8절부터 읽어도 상관없다. 성경의 장절이 본래부터 있었던 것이 아니라 사람들이 편의를 위해 구분한 것이기 때문이다.

3) 한글 성경의 역사에 대한 이해

현재 우리가 사용하는 '개역개정판성경'의 역사는 1938년부터 시작된다. 1900년에 신약성경 공인역본이 출간되었고, 1911년에는 구약성경이 완간되었다. 그 후 1938년에 신약과 구약을 합본하고 내용을 개정하여 출간한 것이 개정번역성경이다. 이것을 한글 맞춤법 통일안에 따라 내용과 맞춤법을 고쳐 1952년에 개역한글판이 출간되었고, 1961년에 개역한글 결정판이 나왔다.

'공동번역성경'이 출간된 것은 1977년이었다. 한국 개신교와 구교가 공동으로 번역한 성경으로, 한국 기독교 역사상 금자탑 같은 업적이었다. 공동번역성경에는 개역성경에 '여호와'라고 번역된 하나님의 이름이 '야훼'라고 명기되어 있다. 유대인들은 감히 하나님의 이름을 부르지 않았다. 율법사들은 성경을 읽다가 하나님의 이름이 나오면 하늘을 쳐다보거나 '아도나이'―'우리 주님'이라고 바꾸어 읽었다. 게다가 히브리어에는 본래 자음만 있고 모음이 없었다. 유대인들이 오랫동안 하나님의 이름을 입에 올리지 않다 보니, 자음으로만 구성된 하나님의 이름을 어떻게 발음해야 되는지 모르게 되었다. 그래서 오랜 기간 동안 하나님의 이름을 '여호와'로 발음해 왔지만, '야훼'가 정확하다는 것이 밝혀졌다. 그래서 공동번역성경도 '여호와'를 '야훼'라고 번역지만, '여호와'에 익숙해 있던 개신교는 '야훼'에 대해 거부감을 표하였다. 게다가 공동번역성경은 모든 지명과 인명도 원음대로 표기하였다. 예컨대 누가를 루카스로, 마가를 마카오로, 마태를 마태오로 번역한 것이다. 이로 인해 개역성경식 이름에 익숙해 있던 개신교 신자들에게 공동번역성경은 딴 나라 성경인 것처럼 간주되었다. 그래서 신·구교가 공동번역성경을 함께 사용하기로 하고 공동으로 번역하였음에도 불구하고, 구교와는 달리 개신교는 처음부터 공동번역성경을 배척해 버리고 말았다. 참으로 안타까운 일이 아닐 수 없다.

'표준새번역성경'이 출간된 것은 1993년이었다. 개신교가 공동번역성경을 사용하지 않으므로, 공동번역성경처럼 쉬운 말로 번역된 성경을 배포하기 위함이었다. 그러나 표준새번역성경 역시 교리적 혹은 신학적 이의가 제기됨에 따라 공식 예배에서는 거의 사용되지 않지만, 새번역성경이라는 이름으로 계속 출간되고 있다. 나 개인적으로는, 새번역성경은 한글 세대를 위한 훌륭한 성경이라고 판단하고 있다. 그 후 대한성서공회는 1998년 개역개정판성경을 출간하였다. 개역개정판성경은 1961년에 출간된, 한국 개신교인에게 가장 익숙한 개역한글판의 일부 문맥과 단어를 가다듬은 것이다.

이제 한국 교회가 새로운 번역 성경을 과감하게 받아들여야 할 때가 되었다. 성경의 완전한 번역본은 지상에 존재할 수 없다. '번역은 반역'이라는 말이 있음을 앞에서도 언급했지만, 성경처럼 방대한 분량의 내용을 다른 언어로 완벽하게 옮긴다는 것은 사실상 불가능하기 때문이다. 그렇다면 그리스도인들은 여러 번역본을 비교하여 볼 필요가 있다. 공동번역성경도 보고, 새번역성경도 보아야 한다. 그래서 마태복음 6장 34절에 대한 개역한글성경과 개역개정판성경 그리고 공동번역성경와 새번역성경의 차이점을 비교해 볼 수 있어야 한다. 외국어 성경을 읽는다면, 한글 성경을 읽을 때는 맛볼 수 없었던 또 다른 은혜를 누리게 될 것이다.

4) 모세오경에 대한 이해

성경이 우리에게 주고자 하는 전체적인 메시지를 바르게 이해하기 위해서는, 성경의 첫 부분인 모세오경의 핵심을 아는 것이 중요하다. 무엇이든 처음 것이 중요하다. 일반적으로 그리스도인들은 성경의 첫 부분인 모세오경 즉 창세기, 출애굽기, 레위기, 민수기, 신명기를 지루해한다. 그러나 모세오경의 핵심을 알고 나면 성경 전체를 보는 관점이 달라진다.

먼저 모세오경의 첫 번째 책인 창세기의 핵심을 살펴보자.

첫 번째 핵심은 '하나님'께서 '말씀'이시라는 것이다. 창세기 1장 1절은 "태초에 하나님이 천지를 창조하시니라"로 시작된다. 그리고 요한복음 1장 1절은 "태초에 말씀이 계시니라. 이 말씀이 하나님과 함께 계셨으니 이 말씀은 곧 하나님이시라"고 증언한다. 하나님께서는 말씀이시다. 하나님께서 말씀이시므로, 하나님을 믿는 것은 하나님의 말씀을 믿는 것이다. 그리고 '죄'는 그 말씀을 등지는 것이다. 《새신자반》에서 죄를 가리키는 헬라어 '하마르티아 άμαρτία'는 '과녁을 벗어나는 것'을 의미한다고 했다. 하나님께서 말씀이시기에, 그리스도인이 정조준해야 할 과녁은 바로 하나님의 말씀인 것을 알 수 있다.

두 번째 핵심은 하나님께서 태초에 말씀으로 가정을 세우셨다는 것이다. 창세기의 히브리어 명칭은 '뻬레쉬트 בְּרֵאשִׁית'로 '태초에', '처음에'를 의미한다. 그러나 우리말 성경은 한자 '創'(창조할 창)과 '世'(세상 세)를 사용하여 '창세기創世記'라 번역하였다. '하나님께서 세상을 창조하신 기록'이란 뜻이다. 하지만 하나님의 천지창조는 창세기 1장에서 끝나 버린다. 그 이후는 말씀이신 하나님께서 가정을 세우신 내용이다. 하나님께서는 처음에 아담과 하와의 가정을 세우셨다. 그러나 그들은 범죄했고 그들의 후손들 역시 타락하고 말았다. 하나님께서는 노아의 가정을 다시 택하시고 노아를 인류의 두 번째 시조始祖가 되게 하셨다. 하지만 노아의 후손 역시 타락했다. 하나님께서는 새롭게 아브라함의 가정을 택하시고, 그의 가정을 통해 당신의 구원의 역사를 이루셨다.

이처럼 말씀이신 하나님께서는 가정을 먼저 세우셨다. 국가도 사회도 그 출발점은 가정이기 때문이다. 건강한 사회는 건강한 가정들이 모인 사회다. 엄청난 번영을 구가하는 사회라도 그 사회를 구성하고 있는 가정들이 병들었다면, 그 사회는 조만간 허물어지고 말 것이다. 그대가 말씀의 사람인지 스스로 점검할 수 있는 방법 중 하나는, 그대의 가정이 말씀의 토대 위에 세워져 있는지 확인하는 것이다. 예배당 안에서는 모든 사람이 말씀의 사람처럼 보일 수 있다. 그러나 진정한 말씀의 사람은 무엇보다도 먼저 자신의 가정을 말씀 위에 세우는 사람이다. 모든 그리스도인에게 일차적인 소명지와 사역지가 곧 자신의 가정이기 때문이다.

흔히 교회가 목회자를 청빙할 때 여러 가지 조건을 따진다. 그러나 내 경우에는 바람직한 목회자에 대한 개인적인 기준이 있다. 먼저, 해당 목회자가 어린 시절에 부모로부터 사랑받고 자랐는지 확인한다. 편모나 편부라도 상관없다. 고아원에서 보모의 보살핌으로 자랐어도 괜찮다. 어릴 때 어른으로부터 사랑받지 못하고 자라면 마음속에 응어리진 상처가 남게 된다. 목회는 단순히 설교하고 성경공부 인도하는 것이 전부가 아니다. 그것은 한 부분일 뿐이요, 목회의 대부분은 교인들과 더불어 사는 것이다. 그러므로 어린 시절에 어른으로부터 사랑받지 못한 상처가 주님 안에서 치유되지 못한 목회자는, 자기도 모르게 교인을 해치거나 상처를 주게 된다. 그다음으로는, 해당 목회자가 현재 좋은 남편(아내)인지 확인한다. 그리고 마지막으로, 해당 목회자가 현재 좋은 아버지(어머니)와 자식인지 확인한다. 가족들이 목회자인 남편(아내)과 아버지(어머니)를 진심으로 존경하는지, 당사자가 자신의 부모에게 좋은 자식으로 살고 있는지 확인하는 것이다.

실은 목회자에게 이 세 가지 조건보다 더 중요한 조건은 없다. 이 세 가지 조건만 충족되었다면, 당장은 뭔가 부족해 보이더라도 연륜이 거듭될수록 교인들로부터 존경받는 목회자로 살아갈 것이다. 그러나 이 세 가지 조건 가운데 어느 한 부분이라도 결여되었다면, 당장은 아무리 설교를 잘해 보여도 어느 순간엔가 자기도 모르게 교인을 찌르는 흉기가 될 수 있다. 지금까지 언급한 바람직한 목회자의 조건을 한마디로 표현하면 '얼마나 바른 가정의 사람이냐'는 것이다. 자기 가정을 바르게 세울 수 있는 사람이 교회도, 사회도, 바로 세울 수 있음은 두말할 나위가 없다. 말씀이신 하나님께서는 천지를 창조하신 후에 가장 먼저 가정을 세우셨다.

모세오경의 두 번째 책은 출애굽기다.

출애굽기의 첫 번째 핵심은, 출애굽이 유월절에 이루어졌다는 점이다. 옛날에 노예는 국부의 토대로, 노예가 생산 기계이자 공장이었다. 출애굽 당시 이집트의 국부를 지탱하던 노예가 남자 가장만 60여 만 명이었으니, 한 가정당 다섯 식구로 본다면 총 300만 명에 달했을 노예를 조건 없이 해방시킨다는 것은 상상조차 불가능한 일이었다. 하지만 하나님께서는 그것이 가능할 수밖에 없도록 이집트에 재앙을 내리셨는데, 마지막 재앙이 이집트의 모든 장자와 짐승의 첫 새끼를 치시는 것이었다. 그러나 이스라엘 백성에게는 어떤 해도 없었다.

> 내가 애굽 땅을 칠 때에 그 피가 너희가 사는 집에 있어서 너희를 위하여 표적이 될지라 내가 피를 볼 때에 너희를 넘어가리니 재앙이 너희에게 내려 멸하지 아니하리라(출 12:13)

3장에서 살펴본 것처럼, 하나님께서 이스라엘 백성에게 어린 양의 피를 집 문설주와 인방에 바르라고 명령하셨다. 하나님께서 양의 피를 보시고 그 집을 넘어가심으로, 그 속에 있는 당신의 백성을 재앙으로부터 지켜 주시기 위함이었다. 하나님의 명령을 준행한 이스라엘 백성은 무사했고, 이집트의 모든 장자와 짐승의 첫 새끼를 잃은 파라오는 어쩔 수 없이 이스라엘 백성을 해방시켜 주어야만 했다. 고린도전서 5장 7절이 예수님을 가리켜 '유월절 양'이라고 부르는 것은, 예수님께서 우리의 죗값을 대신 치르시기 위해 십자가에서 피 흘려 돌아가심으로 하나님의 심판이 우리를 넘어가셨기 때문이라고 했다. 이렇듯 하나님께서 이스라엘 백성에게 베풀어 주신 유월절의 사랑에 의해, 이스라엘 백성의 불가능한 출애굽은 가능할 수 있었다.

출애굽기의 두 번째 핵심은, 출애굽의 목적이 말씀을 주시기 위함이었다는 것이다. 앞에서 언급한 것처럼, 성경은 하나님의 영감으로 성경 기자들이 기록하였다. 성경이 하나님의 말씀이긴 하지만 모두 사람에 의해 기록된 것이다. 그러나 성경 중에 사람이 쓰지 않은 곳이 딱 한 군데 있다.

> 모세가 여호와와 함께 사십 일 사십 야를 거기 있으면서 떡도 먹지 아니하였고 물도 마시지 아니하였으며 **여호와께서는 언약의 말씀 곧 십계명을 그 판들에 기록하셨더라**(출 34:28)

하나님께서 십계명만은 사람의 손을 동원하시지 않고 당신이 직접 기록하셨다. 신명기 9장 10절은 "하나님이 손으로" 십계명을 기록하셨다고 보다 구체적으로 밝히고 있다. 십계명의 말씀이 얼마나 중요하던지 하나님께서 그 말씀만은 두 돌판에 손수 써주셨다. 십계명은 하나님께서 모세를 통해 이스라엘 백성에게 주신 하나님의 말씀이 축약된, 하나님의 백성이 반드시 지켜야 할 윤리장전이다. 하나님께서 이스라엘 백성을 출애굽시키신 것은 그들에게 그렇듯 중요한 당신의 말씀을 주시기 위함이었다. 인간은 하나님의 말씀 안에서만 인생을 건져 올릴 수 있기 때문이다. 예수 그리스도께서 유월절의 어린 양이 되시어 우리를 살려 주신 것 또한, 우리로 하여금 당신의 말씀 안에서 우리의 인생을 건져 올릴 수 있게 해주시기 위함이었다.

출애굽기를 영어로 'Exodus'라고 표기하는데, 이것은 헬라어 '엑스-헤-호도스$_{ἐξ-ἡ-ὁδός}$'에서 나온 말이다. '엑스$_{ἐξ}$'는 '…밖으로'를 뜻하는 전치사이고, '헤$_{ἡ}$'는 정관사이며, '호도스$_{ὁδός}$'는 '길'을 의미하기에, '엑스-헤-호도스'는 '그 길 밖으로'라는 뜻이다. 그러므로 출애굽의 진정한 의미는 공동묘지에서 끝날 수밖에 없는 자기중심의 길에서 벗어나 가나안, 즉 영원하신 하나님의 약속의 말씀을 향해 나아가는 데 있다. 이집트는 죄와 사망의 상징이다. 하나님께서 죄와 사망의 길에 빠진 이스라엘 백성을, 당신의 영원한 언약을 향한 생명의 길로 끌어내신 구원의 역사가 출애굽기였다. 이것이 하나님의 사랑이다. 하나님의 사랑은 그대와 내가 헛되이 요구하는 것들은 거부하시는 대신, 당신의 영원한 말씀 안에서 우리의 인생이 영원히 건져 올려지게 해주신다. 그래서 하나님께서는 참사랑이시고, 출애굽기는 그 사랑을 비춰 주는 거울이다.

모세오경의 세 번째 책은 레위기다.

레위기의 첫 번째 핵심은, 거룩하신 하나님의 백성은 자기 자신을 거룩하게 구별해야 한다는 것이다. 정치인은 자신이 속한 당의 가치관에 맞추어 자신을 구별해야 한다. 야당에 속한 정치인들의 언행이 여당 인사들과 구별되지 않는다면 당도 실패하고, 당사자들도 정치인으로서 실패하기 마련이다. 거룩하신 하나님께서 우리를 당신의 자녀로 구별해 주셨음을 믿는다면, 우리 스스로 거룩하신 하나님의 자녀답게 우리 자신을 거룩하게 구별하지 않을 수 없다.

> 너희는 나에게 **거룩할지어다** 이는 나 여호와가 거룩하고 내가 또 너희를 나의 소유로 삼으려고 너희를 만민 중에서 **구별하였음이니라**
> (레 20:26)

'거룩'하다는 것은 '구별'하는 것이다. 자기 스스로 하나님의 자녀답게 자신을 구별하는 것이 거룩이다. 그대가 거룩한 그리스도인으로 살아간다는 것은 세상 풍조를 따르지 않고, 오히려 하나님의 말씀을 좇아 세상 풍조로부터 그대 자신을 스스로 구별하는 것이다. 하나님께서 그대를 당신의 거룩한 자녀로 먼저 불러 주셨기 때문이다.

레위기의 두 번째 핵심은, 거룩한 구별은 하나님의 말씀에 의한 제사에서 시작된다는 것이다. 레위기는 제사, 곧 예배의 책이다.

> 여호와께서 회막에서 모세를 부르시고 그에게 말씀하여 이르시되 이스라엘 자손에게 말하여 이르라 너희 중에 누구든지 여호와께 예물을 드리려거든 가축 중에서 소나 양으로 예물을 드릴지니라(레 1:1-2)

하나님께서는 이렇게 시작되는 레위기를 통해 제사의 종류와 방법에 대하여 이스라엘 백성에게 명령하셨다. 번제는 제물을 완전히 태우라고 명령하셨다. 소제는 고운 가루를 바치고, 화목제는 제사장의 몫 외에는 제사를 드리는 사람이 먹으라고 명령하셨다. 그 명령에 인간의 이의를 제기할 수 없었다. "왜 번제를 드릴 때는 아까운 소 한 마리를 완전히 태워야 합니까?"라든지, "소제를 굵은 가루로 드리면 안 됩니까?"라는 식의 이의를 달 수 없었다. 하나님의 명령에 철저하게 순종하면서, 이의를 제기하고 싶은 자기 자신이 하나님 앞에서 온전히 죽는 것이 제사고 예배다.

우리가 주일마다 하나님께 드리는 예배의 의의는, 그 예배를 통해 선포되는 하나님의 말씀 앞에서 우리 자신이 죽는 것이다. 그 말씀이 나를 온전히 지배하게끔, 한 주 동안 그 말씀에 맞추어 우리 자신을 구별하며 사는 것이다. 그래서 우리 자신을 구별하는 거룩은, 우리 자신이 죽는 예배로부터 시작된다. 사도 바울은 "너희 몸을 하나님이 기뻐하시는 거룩한 산 제물로 드리라. 이는 너희의 드릴 영적 예배니라"(롬 12:1)고 권면한다. 진정한 예배는 우리의 삶 자체를 하나님께서 기뻐하시는 산 제물로 구별하여 드리는 것이다. 다시 말해 예배와 거룩한 삶의 구별은 결코 분리되지 않는다. 바로 이것이 레위기의 핵심이다.

모세오경의 네 번째 책은 민수기다.

민수기의 첫 번째 핵심은, 출애굽한 이스라엘 백성을 하나님께서 계수計數하게 하셨다는 것이다. 400년에 걸친 이집트의 노예살이에서 해방된 이스라엘 백성에게 하나님께서 명령하셨다.

> 이스라엘 자손이 애굽 땅에서 나온 후 둘째 해 둘째 달 둘째 날에 여호와께서 시내 광야 회막에서 모세에게 말씀하여 이르시되 너희는 이스라엘 자손의 모든 회중 각 남자의 수를 그들의 종족과 조상의 가문에 따라 그 명수대로 계수할지니 이스라엘 중 이십 세 이상으로 싸움에 나갈 만한 모든 자를 너와 아론은 그 진영별로 계수하되(민 1:1-3)

이십 세 이상인 남자 성인은 가장을 의미한다. 하나님께서 그 가장의 수를 세라고 명령하신 것이다.

> 이같이 이스라엘 자손이 그 조상의 가문을 따라 이십 세 이상으로 싸움에 나갈 만한 이스라엘 자손이 다 계수되었으니 계수된 자의 총계는 **육십만 삼천오백오십 명**이었더라 (민 1:45-46)

계수 결과 가장의 수는 '육십만 삼천오백오십 명'이었다.
민수기의 두 번째 핵심은, 40년에 걸친 광야생활이 끝났을 때 하나님께서 또다시 이스라엘 백성을 계수하게 하셨다는 것이다.

> 염병 후에 여호와께서 모세와 제사장 아론의 아들 엘르아살에게 말씀하여 이르시되 이스라엘 자손의 온 회중의 총수를 그들의 조상의 가문을 따라 조사하되 이스라엘 중에 이십 세 이상으로 능히 전쟁에 나갈 만한 모든 자를 계수하라 하시니 (민 26:1-2)

이스라엘 백성이 광야를 헤매던 40년 동안 출애굽 1세대는 모세와 갈렙 그리고 여호수아를 제외하고는 모두 죽었다. 그러니 광야생활 40년 후에 남은 사람이라고는 거의 없었다고 해야 타당할 것 같다. 그러나 계수 결과는 그게 아니었다.

> 이스라엘 자손의 계수된 자가 **육십만 천칠백삼십 명**이었더라
> (민 26:51)

하나님의 명령에 따라 가장의 수를 계수한 결과는 '육십만 천칠백삼

십 명'이었다. 40년 동안 1세대는 다 죽었고, 광야에 식품점이나 의류점이 있는 것도 아니었다. 그런데도 광야생활 40년 동안에 출애굽 당시의 아이들이 성인이 되고 그들 사이에 또 새 생명들이 태어나, 전체 가장의 수는 40년 전과 거의 동일하였다. 이것은 하나님의 말씀을 좇아 언약의 땅을 지향하는 한, 아무리 죽음의 광야라 할지라도 하나님께서 반드시 책임져 주신다는 증거였다. 그 사실이 얼마나 큰 은혜이자 감동이었던지 책 제목이 한자로 '民'(백성 민) 자와 '數'(숫자 수) 자가 합쳐진 '민수기民數記'이고, 영어로는 'Numbers'이다. 두말할 것도 없이 죽음의 광야에서 무려 40년의 시차가 있었음에도 변함이 없었던 백성의 수를 강조하기 위한 제목이다. 하나님께서는 민수기를 통해, "너희는 내 명령대로 나아가라. 책임은 내가 진다"는 당신의 메시지를 그대와 나의 심령에 각인시켜 주고 계신다.

모세오경의 마지막 책은 신명기이다.

신명기의 첫 번째 핵심은, 이스라엘 백성이 약속의 땅에 입성하기 전에 하나님께서 그들에게 또다시 십계명을 주셨다는 것이다. 40년 전에도 하나님께서는 시내산에서 이스라엘 백성에게 십계명을 주셨다. 그런데 40년에 걸친 광야생활을 끝낸 이스라엘 백성이 가나안 땅에 입성하기 직전에, 하나님께서는 모압 광야에서 그들에게 또다시 십계명을 주셨다. 신명기의 십계명 장章인 5장은 다음과 같이 시작된다.

> 모세가 온 이스라엘을 불러 그들에게 이르되 이스라엘아 오늘 내가 너희의 귀에 말하는 규례와 법도를 듣고 그것을 배우며 지켜 행하라 우리 하나님 여호와께서 호렙산에서 우리와 언약을 세우셨나니 이 언약은 여호와께서 우리 조상들과 세우신 것이 아니요 **오늘 여기 살아 있는 우리** 곧 우리와 세우신 것이라(신 5:1-3)

호렙산은 시내산의 또 다른 이름이다. 40년 전 시내산에서 모세를 통해 하나님으로부터 십계명을 받은 이스라엘 백성은 출애굽 1세대였다. 그러나 그들은 광야에서 모두 죽고 말았다. 그로부터 40년이 지나, 지금 모압 평지에서 모세 앞에 있는 사람들은 40년 전에는 어린아이였거나 태어나지도 않은 출애굽 1.5세대와 2세대였다. 그렇지만 모세는 그들에게 "우리 하나님 여호와께서 호렙산에서 우리와 언약을 세우셨나니 이 언약은 여호와께서 우리 조상들과 세우신 것이 아니요, 오늘 여기 살아 있는 우리 곧 우리와 세우신 것이라"고 선포하였다. 십계명은 시간과 공간을 초월하여 하나님을 믿는 모든 사람을 위한 언약의 말씀이란 의미였다. 그러므로 십계명은 '오늘 여기 살아 있는 우리', 즉 그대와 나를 위한 하나님의 말씀이시다.

하나님의 말씀에는 시효가 없다. 그래서 책 제목이 '신명기'이다. 한자로 '申'(되풀이할 신) 자와 '命'(명령 명) 자를 사용하는데, 하나님께서 당신의 '명령을 되풀이하여 주셨다'는 의미다. 영어로는 'Deuteronomy'인데 'Deutero'는 '두 번째'를 의미하고, 'nomy'는 '법'을 뜻한다. 즉 하나님께서 '두 번째로 주신 법'이란 말로, 한자 '신명기'의 의미와 동일하다. 하나님께서 인간을 얼마나 사랑하시면, 인생을 바르게 건져 올릴 수 있는 유일한 도구인 당신의 언약의 말씀을 이처럼 되풀이하여 주시겠는가?

신명기의 두 번째 핵심은, 말씀을 좇는 삶의 중요성을 되풀이하여 강조하셨다는 것이다. 창세기·출애굽기·레위기·민수기·신명기로 이루어진 모세오경 전체가 하나님의 말씀 안에서만 인생을 바르게 건져 올릴 수 있음을 강조하고 있는데, 그 정점이 신명기 28장이다. 신명기 28장은 '복과 저주의 장'이라고도 불린다.

네가 네 하나님 여호와의 말씀을 삼가 듣고 내가 오늘 네게 명령하는

> 그의 모든 명령을 지켜 행하면 네 하나님 여호와께서 너를 세계 모든 민족 위에 뛰어나게 하실 것이라 네가 네 하나님 여호와의 말씀을 청종하면 이 모든 복이 네게 임하며 네게 이르리니 성읍에서도 복을 받고 들에서도 복을 받을 것이며 네 몸의 자녀와 네 토지의 소산과 네 짐승의 새끼와 소와 양의 새끼가 복을 받을 것이며 네 광주리와 떡 반죽 그릇이 복을 받을 것이며 네가 들어와도 복을 받고 나가도 복을 받을 것이니라(신 28:1-6)

이처럼 신명기 28장은 하나님의 말씀을 좇는 삶이 얼마나 복된 삶인지 14절까지 설명한 뒤, 곧 이어 다음과 같이 계속된다.

> 네가 만일 네 하나님 여호와의 말씀을 순종하지 아니하여 내가 오늘 네게 명하는 그의 모든 명령과 규례를 지켜 행하지 아니하면 이 모든 저주가 네게 임하며 네게 이를 것이니 네가 성읍에서도 저주를 받으며 들에서도 저주를 받을 것이요 또 네 광주리와 떡 반죽 그릇이 저주를 받을 것이요 네 몸의 소생과 네 토지의 소산과 네 소와 양의 새끼가 저주를 받을 것이며 네가 들어와도 저주를 받고 나가도 저주를 받으리라(신 28:15-19)

이것은 하나님께서 미물에 지나지 않는 당신의 피조물들에게, "너희들이 내 말을 지키면 복을 받겠지만 그러지 않으면 저주할 것이다"라고 협박하신 것이 결코 아니다. 모든 인간이 뿌린 대로 거두게 되는 것이 하나님의 법칙이라는 의미다. 누구든 '인생 사용 설명서'인 하나님의 말씀을 좇아 살면 자신의 인생을 건져 올릴 것이요, 그러지 않는 사람의 인생은 물거품처럼 허망하게 사라져 버리고 말 것이다. 이 중요한 사실을 신명기는 3400년 전부터 되풀이하여 강조하고 있다.

　이상 살펴본 것처럼 모세오경은 단순히 이스라엘의 역사적 기술이거나, 우리와 무관한 구시대의 율법 내용이 아니다. 거듭거듭 말씀의 절대성을 일깨워 주는 하나님의 말씀이다. 한마디로 모세오경의 핵심은 '하나님의 말씀대로 살라'는 것이다. 하나님의 말씀대로 사는 사람이 자기 인생을 바르게 건져 올릴 수 있다는 말이다. 다시 말하거니와, 하나님께서 하나님 당신을 위해 그대에게 당신의 말씀대로 살라고 명하시는 것이 절대로 아니다. 그대를 사랑하시기에, 그대 자신을 위해 말씀대로 살라고 하신다. 그대의 인생을 당신의 말씀 속에서 영원히 건져 올려 주시기 위함이다. 구약성경의 첫 부분인 모세오경의 이와 같은 핵심만 바르게 이해해도, 성경을 대하는 그대의 마음가짐이 달라질 것이다.

말씀묵상의 방법

　이제 말씀묵상의 방법을 구체적인 예를 통하여 생각해 보기로 하자. 사물이나 사건을 인식하는 데는 세 단계가 있다.

　첫째는, 눈에 보이는 것을 보는 대로 혹은 보이는 대로 인식하는 단계다. 빨간 것이 보이면 빨갛구나, 아름답게 보이면 아름답구나, 나쁘게 보이면 저건 나쁘구나 하고 그냥 받아들이는 것이다. 어린아이가 이 단계에 있으면 지극히 자연스럽다. 그러나 성인이 되어서도 이 단계에 머물러 있다면 미숙한 인간이다. 보이는 것에 따라 일희일비하느라 사려 깊은 삶을 살 수 없기 때문이다.

　둘째는, 보이는 것을 통해 보이는 것 너머의 보이지 않는 것을 인식하는 단계다. 첫 번째 단계보다 진일보한 단계이다. 이 단계의 사람은 첫 번째 단계의 사람보다 사려 깊은 삶을 살 수 있다. 눈에 보이는 것만으로 판단하지 않고, 그 이면의 본질을 보려 하기 때문이다. 아무리 좋아 보여도 그 본질이 악하다면 거절할 수 있고, 괴로워 보여도 본질의 기쁨을 알면 울면서도 씨를 뿌릴 수 있다.

마지막 단계는, 보이는 것 속에서 보이지 않는 이면까지 인식하되, 단지 인식으로 그치지 않고 인식한 것을 자신의 삶에 적용하는 단계이다. 이 단계의 삶이 가장 바람직하다. 이 단계의 삶이 날로 긍정적인 방향으로 성숙해지기 때문임은 두말할 나위도 없다.

언론에 매일 보도되는 각종 비리 사건을 접하면서, 세상에 이렇게 나쁜 사람이 있냐며 욕하는 것으로 그친다면 그 사람은 첫 번째 단계의 사람이다. 두 번째 단계의 사람이라면, '이 사람에게 이렇게 할 수밖에 없는 무슨 사정이 있었던 것은 아닐까?' '혹 주위 사람들에게 오해를 받거나 모함을 받고 있는 것은 아닐까?' '이 사건 내용이 모두 사실이라면 이것은 결국 죄성을 지닌 모든 인간의 문제가 아닐까?' 하는 식의 생각을 하게 될 것이다. 즉 보이는 사건에서 보이지 않는 본질적인 것들을 생각하는 것이다. 세 번째 단계의 사람은, 그 기사를 통해 깨닫고 느낀 것들을 자신의 삶에 적용할 것이다. 자기 자신은 비리를 저지른 사람과 확연하게 구별된 삶을 살고 있는지, 그리스도인으로서 타인에게 오해받을 짓을 하고 있는 것은 아닌지, 자신을 되돌아보며 자신을 바르게 추스르게 될 것이다. 그래서 이 단계의 사람에게는 모든 언론 기사가 자신을 위한 교훈이 된다.

하나님의 말씀을 묵상하는 것도 마찬가지다. 성경을 읽으면서 눈에 보이는 구절만 보고 이해하는 것은 첫 번째 단계다. 눈에 보이는 구절을 통해 그 구절 이면의 보이지 않는, 창세기부터 요한계시록까지 거미줄처럼 얽혀 있는 말씀의 광맥을 캐낼 수 있다면 두 번째 단계다. 그리고 그 말씀을 통한 깨달음을 자신의 삶에 적용하여 실천한다면, 가장 바람직한 마지막 단계다.

이제 마태복음 16장 13-18절의 말씀을 읽고 위에서 언급한 세 단계의 순서로 묵상해 보기로 하자.

> 예수께서 빌립보 가이사랴 지방에 이르러 제자들에게 물어 이르시되 사람들이 인자를 누구라 하느냐 이르되 더러는 세례 요한, 더러는 엘리야, 어떤 이는 예레미야나 선지자 중의 하나라 하나이다 이르시되 너희는 나를 누구라 하느냐 시몬 베드로가 대답하여 이르되 주는 그리스도시요 살아 계신 하나님의 아들이시니이다 예수께서 대답하여 이르시되 바요나 시몬아 네가 복이 있도다 이를 네게 알게 한 이는 혈육이 아니요 하늘에 계신 내 아버지시니라 또 내가 네게 이르노니 너는 베드로라 내가 이 반석 위에 내 교회를 세우리니 음부의 권세가 이기지 못하리라

예수님께서 빌립보 가이사랴에서 제자들에게, 세상 사람들이 당신을 누구로 알고 있는지를 물으셨다. 세상 사람들은 예수님을 가리켜 각각 세례자 요한, 엘리야, 예레미야, 선지자 중의 한 명이라고 주장하며 갑론을박을 벌이고 있었다. 제자들은 그대로 예수님께 말씀드렸다. 그러자 예수님께서 제자들에게, 너희들에게는 내가 누구냐고 다시 물으셨다. 다른 제자들이 멈칫거리는 사이에 베드로가 거침없이 대답하였다. "주는 그리스도시요 살아 계신 하나님의 아들이시니이다." 너무나도 잘 알려진 베드로의 위대한 신앙고백이었다. 예수님께서는 베드로를 극찬하시며, 반석과도 같은 베드로의 그 신앙고백 위에 당신의 교회를 세우리라 천명하셨다. 그 이후 지난 2천 년 동안 지상의 모든 교회는 그 신앙고백 위에 세워

졌다. 지상의 모든 교회는 건물이나 제도가 아니라, 2천 년 전 이 땅에 오셨던 나사렛 예수님께서 구원자시요 성자 하나님이심을 믿는 사람들의 모임인 것이다.

이상이 마태복음 16장 13-18절 말씀을 있는 그대로 본 첫 번째 단계다. 이제 보이는 것을 통해 보이지 않는 것을 인식하는 두 번째 단계로 넘어가 보자.

청년 서신인 《내게 있는 것》에서 상세하게 설명했듯이, 본문은 시기적으로 3년에 걸친 예수님의 공생애 마지막 시점의 이야기이다. 그 마지막 시점에 예수님께 남은 최후의 과업이 있다면, 십자가를 지기 위해 예루살렘으로 올라가시는 것이었다. 그러나 그때 예수님께서는 예루살렘과는 정반대 방향인 북쪽을 향하셨다. 예루살렘으로 올라가시기 전에 먼저 변화산에 이르시기 위함이었다. 그곳에서 무슨 일이 있었는지 우리는 잘 알고 있다. 예수님의 모습이 해같이 눈부시게 변형됨과 동시에, 하늘에서 내려온 두 사람과 더불어 말씀을 나누셨다. 그 두 사람이 누구인지, 그리고 예수님께서 그들과 나누신 대화의 내용이 무엇인지 누가복음 9장 30-31절이 밝혀 주고 있다.

> 문득 두 사람이 예수와 함께 말하니 이는 모세와 엘리야라 영광중에 나타나서 장차 예수께서 예루살렘에서 별세하실 것을 말할새

하늘에서 내려온 두 사람은 모세와 엘리야였다. 그리고 예수님께서 그들과 나누신 대화의 내용은, 죄와 죽음에 빠진 인간을 구원하기 위해서는 예수님께서 친히 십자가의 제물이 되시는 것 이외의 방법은 없음을 재확인하시는 것이었다. 그리고 그 직후 예수님께서는 갈릴리를 거쳐 예루살렘으로 향하는 십자가의 대장정에 나서셨다. 본문의 시점은 예수님

의 생애에서 그만큼 중요한 시기였다.

그 중요한 마지막 시점에, 북쪽 변화산으로 향하시던 예수님께서 빌립보 가이사랴를 통과하시게 되었다. 빌립보 가이사랴는 본래 이스라엘 최북방 헬몬산 기슭 해발 345미터 지점에 위치한, 머리 위로 헬몬산 정상의 만년설이 올려다 보이는 작고 아름다운 시골 마을이었다. 그러나 헤롯 대왕의 아들 헤롯 빌립이 그곳에 도시를 건설하고, 로마 황제의 칭호인 '카이사르'에 자신의 이름 '빌립'을 덧붙여 '빌립보 가이사랴Caesarea Philippi'라 명명하였다.

당시 로마제국에 속한 영토 내에는 로마 황제의 이름이나 칭호를 붙인 도시가 여럿 있었다. 하지만 아무나, 아무 도시에나 로마 황제의 이름을 붙일 수는 없었다. 그것이 가능하기 위해서는 반드시 두 가지의 조건이 충족되어야만 했다. 첫째는 로마 황제의 위용에 걸맞은 규모를 갖추어야만 했다. 지중해 세계의 제1인자인 황제의 이름을 아무 곳에나 붙인다면 그것은 황제에 대한 모독일 것이기 때문이다. 두 번째 조건은, 그 도시의 중심이나 혹은 도시의 가장 높은 곳에 반드시 황제를 위한 신전이 자리 잡고 있어야만 했다. 당시 로마 황제는 지상의 신이었다. 명목상의 신이 아니라, 신전에서 인간의 경배를 받는 실질적인 신으로 군림하고 있었다. 그러므로 분봉왕 헤롯 빌립이 건설한 도시에 황제의 칭호가 붙었다는 것은, 이 두 조건이 충족되었음을 의미한다. 빌립보 가이사랴는 한마디로, 황제의 신전이 인간을 압도하는 황제의 도시였다.

그 황제의 도시에 예수님 일행이 나타났다. 황제의 도시 사람들에 비한다면 갈릴리 빈민 출신인 예수님 일행의 행색은 유행이나 세련과는 전혀 동떨어진, 마치 거지처럼 옹색했을 것이다. 쉽게 짐작할 수 있는 것은 예수님보다도, 로마 황제 신전의 문지기가 훨씬 더 값진 옷을 입고 있었음이 분명했을 것이라는 점이다. 그처럼 초라한 모습의 예수님께서 바로 그곳에서 제자들에게, 세상 사람들이 당신을 누구라 여기고 있는지를 물으셨다. 이 질문은 황량한 벌판에서 던져진 질문이 아니었다. 황제의 신전이 인간을 압도하는 황제의 도시에서 던져진 질문이었다.

당시 로마제국이 추구하고 또 자랑하던 것은 세 가지였다. 첫째, 그들의 힘이었다. 권력, 군사력, 경제력—이 절대적인 힘을 과시하기 위해 그들은 도시나 건물을 세울 때면 으레 웅장한 석재와 화려한 대리석을 동원하였다. 둘째, 그들의 지식이었다. 그들은 자신들의 높은 학문을 자랑하기 위하여 도시마다 대형 도서관을 건립하였고, 가정마다 서재의 크기를 경쟁하였다. 셋째는 인간 육체의 아름다움이었다. 그래서 그들은 시가지는 물론이요 집안 곳곳에, 아름다운 몸매를 지닌 여인의 나신상과 우람한 근육의 남자 조각상을 즐비하게 세웠다. 그렇다면 우리는 그와 같은 로마 도시의 장관을 충분히 상상할 수 있다.

그처럼 웅장한 황제의 도시를 배경으로 예수님께서, 세상 사람들이 당신을 누구로 여기고 있는지를 물으셨다. 제자들은 그들이 알고 있던 세론世論—즉 사람들이 예수님을 세례자 요한이나 엘리야 혹은 예레미야나 선지자 중의 한 명으로 간주하고 있음을 말씀드렸다. 이것은 언뜻 주님에 대한 칭송의 여론처럼 보인다. 그러나 본문의 배경이 황제의 도시임을 감안하면 전혀 그렇지 않다는 사실을 알게 된다. 세상 사람들 보기에 그처럼 초라한 행색의 예수님이라면, 로마 황제처럼 신전에서 인간의 경배를 받는 신일 수는 없다는 말이었다. 그런 몰골이라면, 그처럼 초라한 모습으로 이미 이 땅을 거쳐 간 유대 선지자 이상일 수는 없다는 의미였다.

예수님께서 제자들에게 "너희는 나를 누구라 하느냐?"고 다시 물으셨고, 베드로가 주저 없이 대답하였다.

주는 그리스도시요 살아 계신 하나님의 아들이시니이다(마 16:16)

헬라어 원문에는 '주'란 말이 없다. 베드로는 예수님께 '당신은 그리스도'시라고 고백하였다. 그러나 우리말로는 어른에게 '당신'이라는 2인칭을 사용할 수 없기에, '당신'을 '주'라고 번역한 것이다. 베드로의 이 고백은 심산계곡이나 황량한 벌판에서 드려진 것이 아니다. 황제의 신전이 인간을 압도하는 황제의 도시를 배경으로 주님께 드려진 고백임이 전제될 때에만, 이 고백의 깊고도 참된 의미를 이해하게 된다.

베드로는 예수님을 향해 먼저, '당신은 그리스도' 즉 구원자시라고 고백하였다. 무슨 말인가? 지중해 세계를 제패한 로마 황제가 구원자가 아니라는 말이다. 권력의 힘, 경제력의 힘으로 인간에게 풍요로움을 안겨다 주고, 학문적 지식을 고양시켜 주며, 육체의 아름다움을 누리게 해주는 로마 황제가 구원자가 아니라는 것이다. 로마 황궁의 황금 보좌에 앉아 있는 로마 황제가 아닌, 비록 걸인 같은 몰골일망정 나사렛 예수―바로 당신만이 인간을 구원하실 그리스도시라는 뜻이었다.

이어서 베드로는 예수님을 향해, "당신은 살아 계신 하나님의 아들"이시라고 고백했다. 하나님의 아들이란 또 무슨 말인가? 개의 새끼는 언제나 개다. 부자의 대저택에서 사람보다 더 비싼 음식을 먹으며 호강한다고 해서 그 개가 사람이 되는 것은 아니다. 같은 논리로 사람의 자식은 어떤 상황에서도 사람이다. 아프리카 빈민촌에서 영양실조로 죽어 간다 해도 사람이 아닌 것은 아니다. 개의 새끼는 항상 개요 사람의 자식은 언제나 사람임이 당연하다면, 하나님의 아들 역시 응당 하나님일 수밖에 없다. 이것이 예수님을 향한 베드로의 고백이었고, 이 고백의 배경은 황제의 도시였다. 그렇다면 우리는 이 고백의 참의미를 깨달을 수 있다. 저 웅장한 신전에서 인간의 경배를 받는 로마의 황제가 신이 아니라는 것이다. 삼권을 장악하고 절대권력을 휘두르는 로마 황제가 아니라, 은과 금은 없지만 나사렛 예수—바로 당신이 이 땅에 오신 임마누엘 하나님이시라는 의미였다.

베드로로부터 이 고백을 받으시는 예수님께서 지금 어디에, 어떤 모습으로 계시는가? 황제의 신전이 인간을 압도하는, 웅장하고 장엄한 황제의 도시에 갈릴리 빈민의 모습으로 서 계신다. 그 황제의 도시와 예수님의 행색을 비교해 그려 볼수록, 베드로의 이 고백이 얼마나 심오한 고백인지 알게 된다.

베드로의 고백은 한마디로, 이 세상을 압도하고 있는 황제의 논리를 따르지 않고 주님의 논리를 따르겠다는 고백이다. 경쟁자를 가차 없이 짓밟고 최고 최대가 되어야 한다는 거대주의, 수단과 방법을 가리지 않고 무조건 목표를 달성해야 한다는 성공제일주의, 인간의 인격마저 물질로 가늠하는 황금만능주의로 대변되는 황제의 논리—즉 맘모니즘mammonism의 경제 논리를 배격하고, 오직 길이요 진리요 생명이신 예수님의 논리—그 영원한 생명의 논리를 따르겠다는 결단이었다. 다시 말해, 로마제국이 추구하고 자랑하는 세상의 힘, 인간의 지식, 육체의 아름다움을 삶의 목적으로 삼는 것이 아니라, 예수님께서 이 땅에서 친히 보여 주신 진리의 말씀을 좇아 살겠다는 다짐이었다. 이것이 황제의 도시에서 있었던 일임을 상기한다면, 베드로의 고백이야말로 인간이 예수님께 드릴 수 있는 고백 중에 가장 위대한 고백임이 분명하다. 베드로의 고백을 받으신 예수님께서는 베드로를 극찬하셨다.

바요나 시몬아 네가 복이 있도다 이를 네게 알게 한 이는 혈육이 아니요 하늘에 계신 내 아버지시니라(마 16:17)

그렇지 않은가? 위로부터 하나님의 은총을 입는 복을 받지 않고서야 어찌 확실하게 눈에 보이는 황제의 논리보다 눈에 보이지 않는, 아니 오히려 초라하기 짝이 없어 보이는 예수님의 논리를 더 귀히 여길 수 있겠는가? 그래서 예수님께서는 베드로를 '바요나 시몬'이라고 부르셨다. '바'는 아람어로서 '아들'을, '요나'는 베드로의 아버지인 '요하나'를, 그리고 '시몬'은 베드로의 옛(히브리식) 이름을 가리킨다. 하나님의 은총이 아니고서는, 부모를 포함하여 그 어떤 인간을 통해서도 깨달을 수 없는 은혜임을 강조하시기 위함이었다. 그리고 예수님께서 선포하셨다.

> 또 내가 네게 이르노니 너는 베드로라 내가 이 반석 위에 내 교회를 세우리니 음부의 권세가 이기지 못하리라 (마 16:18)

반석(베드로란 이름의 뜻이 '반석'이다)과도 같은 베드로의 신앙고백 위에 주님의 교회를 친히 세우시겠다는 선포였다. 예수님의 이 선포는 우리로 하여금 교회의 본질을 일깨워 준다. 이 세상의 모든 교회는 주님의 교회요, 주님 외에 인간은 그 누구도 교회의 주인이 될 수는 없다. 그러므로 교회는 제도나 건물이 아니라, 예수님을 주인으로 모신 사람들의 모임이다. 이 세상을 압도하고 있는 황제의 논리에서 벗어나, 오직 주님의 영원한 생명의 논리를 좇아 살아가는 사람들의 모임이 교회인 것이다.

여기에서 우리는, 예수님께서 많고 많은 도시와 마을 중에서 왜 하필이면 황제의 도시인 빌립보 가이사랴를 택하시어 제자들에게, '너희는 나를 누구라 하느냐?'는 존재론적 질문을 던지셨는지 그 연유를 알게 된다. 이 세상을 압도하는 황제의 논리를 뛰어넘어 보이지 않는 영원한 논리를 추구하지 않고서는, 예수님을 향한 참된 믿음이 시작될 수도 없음을 일깨워 주시기 위함이었다. 그대가 영원한 논리를 좇지 않는다면, 영원한 생명을 누리는 참된 그리스도인이 되는 방도가 달리 있을 수는 없다. 그대가 영원한 논리에서 벗어나 있다는 것은, 반드시 황량한 폐허로 끝나버릴 허망한 황제의 논리에 빠져 있음을 뜻하기 때문이다.

이제 마지막 세 번째 단계인 적용의 단계다.

> 이때로부터 예수 그리스도께서 자기가 예루살렘에 올라가 장로들과 대제사장들과 서기관들에게 많은 고난을 받고 죽임을 당하고 제삼 일에 살아나야 할 것을 제자들에게 비로소 나타내시니(마 16:21)

베드로가 황제의 도시에서 황제의 논리에 전혀 압도당하지 않고 예수님께 바른 고백을 드렸기에, 예수님께서는 제자들에게 비로소 당신이 당하실 고난—인간의 죄를 대속기 위해 당신께서 친히 십자가의 제물이 되어 돌아가실 것을 밝히셨다. 예수님께서 그리스도이심을 제자들이 알게 된 이상, 그들에게 당신이 이루실 구원의 내용을 밝혀 주시는 것은 지극히 자연스런 수순이었다. 그리고 제자들은 예수님의 계획을 순종함으로 받아들여야만 했다. 베드로의 고백처럼 예수님께서 하나님이셨기에, 예수님의 말씀은 곧 하나님의 말씀이요 뜻이었기 때문이다. 그러나 베드로의 반응은 전혀 뜻밖이었다.

> 베드로가 예수를 붙들고 항변하여 이르되 주여 그리 마옵소서 이 일이 결코 주께 미치지 아니하리이다(마 16:22)

우리말 '항변하여'로 번역된 헬라어 '에피티마오 ἐπιτιμάω'는 '꾸짖다', '비난하다', '훈계하다'는 뜻이다. 베드로는 예수님께 '당신은 하나님'이시라고 고백했던 장본인이다. 다른 제자면 모르되 그런 고백을 드린 베드로라면, 예수님께서 무슨 말씀을 하시든 전적으로 수용해야만 했다. 하지만 그는, 대체 그게 무슨 말이냐는 식으로 예수님을 꾸짖었다. 본문이 우리말로는 경어로 번역되어 있어 꾸중 혹은 비난과는 거리가 멀어 보인다. 그러나 헬라어에 경어가 없음을 감안하면, 본문의 내용 자체가 이미 예수님에 대한 불경스런 도발이요 비난임을 알게 된다. 더욱이 베드로는 예수님의 옷자락까지 움켜쥐고 예수님을 꾸짖었다. 그 순간 그는 더 이상 예수님의 제자가 아니었다. 예수님을 하나님으로 믿는 그리스도인도 아니었다. 그 순간엔 베드로 자신이 스승이요, 하나님이었다. 조금 전 예수님께 드렸던 고백과는 전혀 상반된 행동이었다. 도대체 베드로가 그렇듯 어처구니없는 짓을 행한 까닭은 무엇인가?

그는 황제의 논리를 뛰어넘어 영원의 논리의 절대성을 깨닫는 은총은 위로부터 입었지만, 그 깨달음의 은총을 삶 속에 실천할 의지와는 아직 거리가 먼 상태에 있었다. 예수님을 하나님이라 입으로 고백은 하면서도 그의 사고는 여전히 황제의 논리에 젖어 있었던 것이다. 황제의 논리로 볼 때, 이 땅에 임하신 성자 하나님께서 인간에게 고난을 당하시고 죽는다는 것은 적어도 베드로에겐 상상조차 불가능한 일이었다. 정말 하나님이시라면, 로마 황제보다 세속적으로 훨씬 더 큰 성공과 업적과 힘을 보여 주어야만 했다. 모든 유대인의 염원에 부응하여 압제자 로마 황제를 몰아내고 정치적 자유와 경제적 풍요로움을 안겨 줌이 마땅하다고 그는 믿어 의심치 않았다. 그래서 그는 일말의 주저함도 없이 예수님의 옷자락을 움켜쥐고 예수님을 꾸짖었다. 그것이 마치 참된 믿음의 발로인 것처럼 말이다.

예수님께서 그와 같은 베드로에게 말씀하셨다.

사탄아 내 뒤로 물러가라 너는 나를 넘어지게 하는 자로다 네가 하나님

의 일을 생각하지 아니하고 도리어 사람의 일을 생각하는도다

(마 16:23)

우리말 '일'이라 번역된 헬라어 원형 '호὎'는 '것'이란 말이다. 따라서 '네가 하나님의 일을 생각하지 아니하고 도리어 사람의 일을 생각하는도다'라고 번역된 본문을 보다 원문에 가깝게 번역하면, '너의 생각은 하나님께 속한 것이 아니라 사람에게 속한 것이다'라는 말이 된다. 대체 하나님께 속한 생각은 무엇이며, 또 사람에게 속한 생각은 무엇을 뜻하는가? 두말할 것도 없이 하나님께 속한 생각은 영원의 논리요, 사람에게 속한 생각은 황제의 논리다. 사탄은 결코 이마에 뿔이 솟은 도깨비의 모습으로 인간을 공략하지 않는다. 누구든 영원한 논리보다도 황제의 논리를 더욱 신봉하는 사람이 있다면, 바로 그 사람이 사탄이다. 황제의 논리에 빠져 있는 그가 곧 영원한 논리를 가로막는 걸림돌일 것이기 때문이다. 황제의 논리와 영원의 논리는 어떤 경우에도 자리를 함께하지 않는다. 황제의 논리가 창궐하는 곳엔 영원의 논리가 꽃필 수 없고, 영원한 논리가 뿌리내린 곳에 황제의 논리가 설 자리는 없다.

절대로 간과치 말아야 할 것은, 베드로의 어처구니없는 이 모습이 바로 우리 자신의 자화상이라는 사실이다. 영원하신 하나님을 믿는다면서도 실은 황제의 논리에 빠져 있는 우리 자신, 영원하신 하나님의 나라를 목표로 삼는다면서도 황제의 논리에 젖어 하나님 나라의 걸림돌이 되어 있는 우리 자신 말이다. 오늘날 교회는 교회 밖의 지탄을 넘어 교회 내부로부터의 들끓는 비판에 직면해 있다. 뜻있는 그리스도인이라면 교회가 이래서는 안 된다는 자성의 소리에 입을 모은다. 교회가 세속주의에 빠져 교회다움을 이미 오래전에 상실해 버렸기 때문이다. 그 이유는 과연 무엇인가? 왜 오늘날의 교회는 사도행전에 등장하는 초대교회처럼 교회

다운 교회와는 거리가 먼 상태에 있는가?

그 이유는 난해한 것도, 복잡한 것도 아니다. 초대교회가 진정한 교회일 수 있었던 것은 단지 그것이 처음 생긴 교회였기 때문이 아니다. 그 속에 있는 사람들이 황제의 논리를 배격하고, 오직 영원한 논리를 좇아 사는 사람들이었던 까닭이다. 그러므로 오늘날의 교회가 교회다움을 상실한 것은 그 속의 사람들, 바로 그대와 내가 영원의 논리를 뒤로한 채 눈에 보이는 황제의 논리에 빠져 있음을 스스로 증명하는 것이다. 영원의 논리를 상실하는 순간부터 교회는 주님을 주인으로 모신 주님의 교회일 수가 없다. 그것은 황제의 논리에 사로잡힌 인간들의 추악한 이기집단에 지나지 않는다. 그런 이기집단이 아무리 수를 더한다 한들 혼란과 분열만 가중될 뿐, 그 사회가 새로워질 수 없음은 두말할 필요도 없다.

예수님께서는 황제의 논리에 빠져 예수님을 부정하는 베드로를 사탄이라 부르셨다. 그렇다면 예수님께서 그대와 나를 가리켜는 무엇이라 말씀하시겠는가? 황제의 논리를 좇느라 영원의 논리를 스스로 부인하며 살아가고 있는 우리 자신 말이다. 그대와 나는 이미 그 해답을 알고 있다. 그러나 그대와 내가 황제의 논리에서 벗어나 영원의 논리를 좇기 시작한다면, 이 땅의 교회는 머지않아 교회다움을 회복하게 될 것이다. 교회는 건물이나 제도가 아니라, 주님을 주인으로 모신 그대와 내가 곧 교회이기 때문이다.

결론

첫째, 말씀묵상은 말씀의 절대성을 받아들이는 것으로부터 시작된다. 하나님의 말씀을 얼마나 절대적으로 받아들이느냐에 따라 그대가 하나님과 맺는 관계의 깊이가 결정된다. 아무리 말씀을 묵상하고 연구해도 말씀대로 살려 하지는 않는다면, 그대가 말씀의 절대성을 받아들인 것은 아니다. 예컨대 앞서 말한 자유주의 신학자들도 얼마나 열심히 성경을 파고드는지 모른다. 그러나 말씀의 절대성을 믿지는 않으니, 밤낮으로 말씀을 파고든다 한들 그 말씀이 당사자를 변화시킬 수 있겠는가? 말씀묵상이 말씀의 절대성을 받아들이는 것으로부터 시작되는 이유는, 그것이 절대자이신 하나님의 말씀이기 때문이다.

둘째, 말씀묵상은 현재 주어진 자기 삶의 자리를 통해 충만해진다. 성경에 등장하는 말씀의 사람들은 모두 자기 삶의 자리에서 하나님의 말씀을 받았다. 자기 삶의 자리를 내팽개치고 뜬구름 좇던 사람이 성경 속에서 말씀의 사람이 된 경우는 없다. 현재 우리 각자에게 주어진 삶의 자리가 어떤 자리든, 그 자리는 반드시 우리에게 필요하기에 하나님께서 주신 자리다. 그러므로 그 자리를 하나님의 말씀으로 지키며 말씀의 절대성을 그 자리에서 구현하고자 할 때, 하나님께서는 바로 그 자리에서 다른 사람이 들을 수 없는 당신의 음성을 듣게 하신다. 예술가는 예술의 현장에서, 기업가는 기업 현장에서, 교육자는 교육 현장에서, 가게를 경영하는 사람은 자기 가게에서 다른 사람이 깨달을 수 없는 하나님의 말씀을 듣고 깨닫게 되는 것이다. 그래서 자기 삶의 자리가 사역지요, 전도의 현장이 된다. 그대 삶의 자리에서, 그 자리를 다른 사람의 자리와 비교함이 없이, 하나님께서 그대에게 주신 그 자리의 절대성을 받아들이는 마음으로, 그 자리를 하나님의 말씀으로 지키기 위해 하나님의 절대적인 말씀을 묵상해 보라. 그대는 바로 그 삶의 자리에서 어떤 신학자도, 어떤 목회자도 깨달을 수 없는 말씀의 깊은 의미와 은혜를 건져 올리게 될 것이다. 그 순간부터 그대의 삶은 날로 영적으로 충만해질 것이다.

셋째, 말씀묵상에서 성경 필사는 매우 중요하다. 하나님께서는 우리에게 당신의 말씀을 카세트테이프에 녹음해 주시지 않았다. 하나님께서는 당신의 말씀을 문자 속에 담아 주셨다. 그래서 누구든 성경을 손으로 필사해 보면 눈으로 읽을 때와는 달리, 성경의 문자가 담고 있는 하나님 말씀의 깊은 의미가 자기 심령 속에 각인됨을 느낄 수 있다. 교인들 중에는 자식의 대학 입시를 앞두고 부적처럼 성경을 필사하는 분들도 있다. 동기야 어떻든 그 자체로는 좋은 경험이다. 그러나 자신이 성경을 필사했다고 자식이 반드시 대학에 합격하리라고 생각한다면, 그것은 믿음이 아니라 미신일 뿐이다. 좀더 깊은 말씀묵상을 위해 하루에 몇 절씩이라도 성경을 써보면, 눈으로 읽을 때에는 상상치도 못한 말씀의 깊은 의미를 건져 올리게 된다. 한글이나 영어는 소리를 기호로 표시한 표음문자表音文字이지만, 한자는 의미를 담은 표의문자表意文字다. 따라서 한자가 병기된 성경을 필사하면 더 큰 은혜를 경험할 수 있다.

성경을 필사할 때 노트 한쪽 면에만 성경을 필사하고, 다른 면에는 성경을 필사하는 중에 얻은 깨달음과 자기 삶에 적용하여 실천할 내용을 기록하는 것이 좋다. 물론 제기되는 질문들도 기록해 두어야 한다. 그 질문들에 대한 해답은 성경을 필사해 가는 중에 말씀을 통해 절로 얻게 될 것이다. 또 필사한 본문과 관련하여 자녀에게 남기고 싶은 말도 기록하고, 몇 년 몇 월 며칠이라고 날짜도 써넣어 두라. 세월이 지나면 그 자체가 훌륭한 묵상집이 된다. 그 묵상집에 기록되어 있는 내용은 그대 자신을 위해서도 귀한 영적 자양분으로 남을 뿐 아니라, 그대가 세상을 떠난 뒤에는 그대 자녀들을 위한 소중한 믿음의 이정표가 될 것이다. 어느 날 그대의 자녀가 그 묵상집을 뒤적이다가, "얘야! 아빠(엄마)가 하나님의 말씀을 묵상하다가 이런 것을 깨달았단다. 너도 언젠가 아빠(엄마) 나이가 되었을 때 주님 앞에서 이런 생각을 한번쯤 해봤으면 좋겠구나"라는 그대의 글을 읽는다면, 그대의 자녀에게 그보다 더 귀한 신앙 유산이 어디에 있겠는가? 그대의 말씀묵상집을 통해 그대 자녀의 삶 속에 어찌 성령님의 역사가 일어나지 않겠는가?

5 주님의 기도

마태복음 6장 9-13절

하늘에 계신 우리 아버지여
이름이 거룩히 여김을 받으시오며
나라가 임하시오며
뜻이 하늘에서 이루어진 것같이 땅에서도 이루어지이다
오늘 우리에게 일용할 양식을 주시옵고
우리가 우리에게 죄지은 자를 사하여 준 것같이
우리 죄를 사하여 주시옵고
우리를 시험에 들게 하지 마시옵고 다만 악에서 구하시옵소서
나라와 권세와 영광이 아버지께 영원히 있사옵나이다 아멘

동기와 목적

대부분의 그리스도인들이 '주기도문'이라 부르는 기도의 정확한 명칭은 '주님의기도'다. 주님께서 가르쳐 주신 기도라는 의미다. 이 장의 제목인 '주님의기도'를 보면서 그대가, 왜 띄어 쓰기를 하지 않았느냐고 의아해할 수도 있겠지만 '주님의기도'는 반드시 붙여 써야 한다. '주님의기도'는 주님께서 가르쳐 주신 여러 기도들 가운데 하나가 아니라, 주님께서 우리에게 가르쳐 주신 단 하나의 기도로 고유명사인 까닭이다. 고유명사는 관형격조사 '의'가 있어도 그다음 단어를 붙여서 쓴다.

주님의기도와 관련하여 제일 먼저 생각해야 할 것은, 예수님께서 우리에게 이 기도를 가르쳐 주신 동기와 목적이다. 먼저 그 동기를 살펴보자.

예수께서 한 곳에서 기도하시고 마치시매 제자 중 하나가 여짜오되 주여 요한이 자기 제자들에게 기도를 가르친 것과 같이 우리에게도

가르쳐 주옵소서(눅 11:1)

본문의 요한은 세례자 요한이다. 당시 유대교인들이나 세례자 요한의 제자들은 모두 모범 기도문을 가지고 있었다. 예나 지금이나 사람들은 기도하기 어려워한다. 어떻게 기도할 것인지는, 2천 년 전 사람들에게도 늘 숙제였다. 그래서 유대교인들은 랍비가 만들어 준 모범 기도문을 따라 기도했다. 요즘도 로마가톨릭 교인들은 교회에서 만들어 준 모범 기도문 책을 지니고 있다. 세례자 요한 역시 제자들에게 모범 기도문을 가르쳐 주었다. 그래서 예수님의 제자들도 예수님께 모범 기도문을 가르쳐 주실 것을 요청한 것이었다. 제자들의 요청에 응하여 예수님께서 가르쳐 주신 모범 기도문이 주님의기도였다. 그러므로 주님의기도가 모든 기도의 모범이 됨은 당연한 일이다.

주님의기도를 소개하고 있는 마태복음 6장은 주님께서 제자들에게 주님의기도를 가르쳐 주신 또 하나의 동기를 밝혀 주고 있다.

> 또 기도할 때에 이방인과 같이 중언부언하지 말라 그들은 말을 많이 하여야 들으실 줄 생각하느니라 그러므로 그들을 본받지 말라 구하기 전에 너희에게 있어야 할 것을 하나님 너희 아버지께서 아시느니라
> (마 6:7-8)

주님 보시기에 당시 유대인들의 기도는 우상을 섬기는 이방인들과 다르지 않았다. 유대인들 역시 이방인들처럼 동일한 내용의 기도를 늘 중언부언 되풀이하였다. 하나님께서 자신의 기도를 들으셨다는 믿음이 없기 때문이었다. 기도의 대상이 자신의 기도를 들었다고 믿는다면 동일한 내용을 중언부언 반복할 이유가 없다. 이방인들은 목석이나 쇠붙이 우상에

게 기도하기에 동일한 내용을 날마다 반복할 수밖에 없었다. 우상이 자신의 기도를 들었다는 표시가 없기 때문이었다. 그러나 살아 계신 하나님을 믿는다는 유대인들의 기도도 마찬가지였다. 말하자면 그들은 의심의 토대 위에서 기도하는 사람들이었다. 자신이 필요로 하는 것을 날마다 하나님께 반복하여 아뢰지 않으면, 하나님께서 자신의 사정을 전혀 아시지 못할 것이라는 의심이었다.

갓난아이는 자기에게 무엇이 필요한지 알지 못한다. 그런데도 아이가 살아 있는 것은 아이에게 무엇이 필요한지 부모가 다 알고, 아이가 구하지 않아도 때를 맞추어 아이에게 공급해 주기 때문이다. 육신의 부모도 이러하다면, 하물며 하나님 아버지께서 우리가 구하지 않는다고 우리에게 있어야 할 것을 어찌 모르시겠는가? 그러나 유대인들은 자신들이 구하지 않으면 하나님께서 모르신다는 전제하에 기도하였으므로 날마다 중언부언하기 마련이었고, 아무리 중언부언해도 의심의 토대 위에서 드려지는 기도는 하나님과 무관할 수밖에 없었다.

예수님께서는 이와 같은 상황 속에서 제자들에게 주님의기도를 가르쳐 주셨다. 제자들로 하여금 의심의 토대가 아니라, 믿음의 토대 위에서 바르게 기도할 수 있게 해주시기 위함이었다. 그러므로 예수님께서는 제자들의 요청이 없었더라도 제자들을 위해 주님의기도를 가르쳐 주셨을 것이다.

이번에는 예수님께서 주님의기도를 주신 목적을 살펴보자.

> 그러므로 너희는 이렇게 기도하라 하늘에 계신 우리 아버지여 이름이 거룩히 여김을 받으시오며(마 6:9)

주님께서 제자들에게 주님의기도를 가르쳐 주시는 본문은 "그러므로"란 접속사로 시작되고 있다. 이것은 그 단어의 앞뒤 구절이 서로 밀접하게 연결되어 있다는 의미이다. 그 앞 구절의 내용은 방금 살펴본 것처럼, "그들을 본받지 말라. 구하기 전에 너희에게 있어야 할 것을 하나님 너희 아버지께서 아시느니라"이다. 그리고 '그러므로'에 뒤이어 주님의기도가 시작된다. 따라서 '그러므로'로 이어지는 8절과 9절이 의미하는 바는, 하나님께서 우리에게 있어야 할 것을 이미 다 알고 계시므로 앞으로는 주님께서 가르쳐 주시는 대로 기도하라는 것이다. 다시 말해 더 이상 자신의 필요를 위해 중언부언하지 말고, 믿음의 토대 위에서 주님의기도를 따라 기도의 수준을 높이라는 것이다. 기도의 수준 향상—이것이 주님께서 주님의기도를 가르쳐 주신 목적이다.

한 사람의 신앙 수준이 어느 정도인지 가늠하는 방법은 다양할 수 있다. 그러나 대개의 경우 급박한 상황이나 위기에 직면했을 때 어떻게 대처하는지를 보면 쉽게 알 수 있다. 그 경우에도 그리스도인답게 대처하는 사람이라면 성숙한 신앙의 소유자임에 틀림없다. 또 하나의 방법은 기도의 내용을 통해 아는 것이다. 신앙의 수준과 기도의 수준은 언제나 정비례하기 때문이다.

매일 새벽기도회에 참석하여 열심히 기도해도 내 돈, 내 건강, 내 가족, 내 사업 등, 내 것만을 위해 기도하는 사람의 신앙은 자기라는 테두리를 벗어날 수 없다. 그 사람은 가정에서도 교회에서도 일터에서도, 자기라는 틀에 갇힌 자기 노예일 뿐이다. 그러나 하루에 단 5분만 기도해도 기도의 내용이 늘 하나님의 뜻과 이웃을 위한 것이라면, 그 사람이 어떻게 사는지 굳이 보지 않아도 그가 성숙한 신앙인임을 감지할 수 있다. 기도의 수준과 신앙의 수준은 어긋나지 않는 까닭이다. 따라서 예수님께서는 자기 틀에 갇힌 우리 기도의 수준을 끌어올려 주시기 위해, 결과적으로 우리 신앙의 수준을 향상시켜 주시기 위해 주님의기도를 가르쳐 주신 것이다.

주님의기도의 내용

1) 기도의 대상

하늘에 계신 우리 아버지여 Πάτερ ἡμῶν ὁ ἐν τοῖς οὐρανοῖς
(파테르 헤몬 호 엔 토이스 우라노이스)

주님의기도의 첫 번째 단락은 '기도의 대상'에 대한 내용이다. 우리 기도의 대상은 '하늘에 계신 우리 아버지'시다. 그러나 헬라어 원문에 기록되어 있는 단어의 순서는 우리말 번역과는 다르다. 헬라어 원문에 가장 먼저 등장하는 단어는 '파테르Πάτερ', 즉 '아버지'다. 주님께서 제자들에게 주님의기도를 가르쳐 주실 때, 무엇보다 먼저 하나님을 '아버지'라 부르게 하셨다. '아버지'라는 하나님의 호칭은 우리로 하여금 두 가지를 생각게 한다.

첫째, 예수님께서 하나님을 아버지라 부르게 하셨다고 해서 하나님께서 남성이신 것은 아니라는 점이다. 하나님께서는 당신의 형상대로 사람을 지으셨다. 만약 하나님께서 남자만 지으셨다면 하나님께서는 남성이실 것이다. 반대로 여자만 지으셨다면 하나님께서는 여성이실 것이다. 그러나 하나님께서는 당신의 형상대로 사람을 지으시되 남자와 여자를 만드셨다. 하나님의 형상은 남성도 여성도 아니신 것이다. 《새신자반》에서 배운 것처럼 하나님께서는 남성성과 여성성, 다시 말해 부성과 모성을 동시에 지닌 분이시다.

어릴 때 아버지의 사랑을 받지 못한 사람이 성인이 되어 하나님 아버지의 사랑을 믿기란 여간 어려운 일이 아니다. 육신의 아버지에게 받은 상처가 하나님 아버지의 사랑을 가로막는 걸림돌로 작용하기 때문이다.

이런 면에서 그대가 남자라면 특히 조심해야 한다. 그대의 자식이 하나님의 사랑을 얼마나 빨리 그리고 깊이 신뢰하느냐는 것은 일반적으로, 아버지인 그대가 자식에게 어떤 이미지로 각인되고 있느냐에 의해 결정되는 탓이다. 어느 목사님은 알코올 중독자 아버지의 횡포 속에서 어린 시절을 지낸 까닭에, 주님을 영접한 뒤에도 하나님 아버지의 사랑을 인격적으로 받아들이기까지는 10년 이상의 세월을 필요로 했다고 한다. 하나님을 인간적인 의미에서의 아버지, 곧 남성으로만 인식한 데서 비롯된 결과였다.

가끔 교인들로부터 '하나님께서 나의 아버지시라는 것을 어떻게 믿을 수 있느냐?'는 질문을 받는다. 그런 분들은 대부분 육신의 아버지에게 사랑을 받지 못한 분들이다. 아버지의 사랑을 깊이 경험해 본 적이 없기에 하나님을 아버지라고 부르긴 하지만, 아버지라는 호칭이 도무지 마음에 와 닿지를 않는 것이다. 나는 그런 분들에게 하나님을 부를 때 어머니의 사랑을 생각하라고 권한다. 만약 어머니의 사랑도 제대로 받지 못한 사람이라면, 그가 누구든 자신을 따뜻하게 대해 준 어른의 사랑을 생각해 보라고 한다. 그리고 하나님 아버지의 사랑은 자기 어머니의 사랑보다, 자신을 따뜻하게 대해 주었던 어른의 사랑보다 훨씬 더 큰 사랑임을 설명해 준다. 그러므로 그대가 하나님을 아버지라 부를 때 하나님의 부성과 모성을 동시에 느낄 수 있다면, 하나님의 사랑에 대한 그대의 믿음은 더욱 깊어질 것이다.

'아버지'라는 하나님의 호칭에 대해 두 번째로 생각할 것은, 주님께서 그 호칭을 가르쳐 주신 시대 상황이다. 21세기를 사는 우리에게는 '아버지'라는 하나님의 호칭이 그다지 중요하게 여겨지지 않을 수도 있다. 그러나 2천 년 전으로 거슬러 올라가면 상황은 완전히 달라진다. 주님께서 부활 승천하신 이후, 제자들을 비롯한 초대교회 교인들에게 주어진 것은 박해와 가난과 굶주림과 고난이었다. 모진 고문을 거쳐 원형극장에서 사자의 밥으로 죽어가는 그리스도인들이 주님께서 가르쳐 주신 기도를 드리며, 하늘을 우러러 하나님을 "아버지"라 부르는 감동적인 모습을 연상해 보라. 그 절망적인 상황 속에서 그들이 하나님을 '아버지'로 부르는 것만으로도 그들의 심령에 하나님의 위로가 넘치지 않았겠는가?

주님의 증인으로 살기 위해 핍박과 고난을 두려워하지 않았던 바울 역시, 바로 그 핍박과 고난 속에서 하나님을 "아빠 아버지"라고 불렀다(갈 4:6). 십자가의 죽음을 목전에 두고 겟세마네 동산에서 마지막 기도를 드리시던 예수님께서도 하나님을 "아빠 아버지"라 부르셨다(막 14:36). 생각해 보라. 모진 핍박과 고난 속에 살다가 끝내 참수형을 당하게 된 사도 바울이, 십자가의 죽음을 앞두고 겟세마네 동산에서 처절하게 기도하시던 예수님께서, 하늘을 우러러 천지를 창조하신 하나님을 향해 "아빠 아버지"라 부를 때, 어찌 참수형이 바울의 믿음을 주저앉힐 수 있었겠으며 십자가의 죽음이 예수님의 앞길을 가로막을 수 있었겠는가?

우리가 하나님을 "아빠 아버지"라고 부를 때, 우리는 그 호칭 앞에서 하나님의 자녀로서 권리와 의무를 동시에 지닌다. 하나님을 "아빠"라고 부를 때, 우리는 아빠가 지닌 모든 것에 대한 권리를 갖게 된다. 하나님을 "아버지"라 부를 때, 우리는 아버지에 대해 자식으로서의 의무를 다하게 된다. 어린 자식이 아버지를 아빠라 부르는 동안에는 자기 권리만 내세우지만, 그 자식이 장성하여 아버지를 아버지라 부르는 순간부터 자식의 의무를 다하는 것과 같은 이치다.

이처럼 우리가 주님의기도를 드리면서 하나님을 '아버지'라고 부를 때마다, '아버지'라는 호칭이 지닌 의미를 생각하면 할수록 온몸이 전율하는 것과 같은 감동을 느끼지 않을 수 없다. 누가복음 15장의 '돌아온 탕자'를 다시 생각해 보자. 누가복음 15장 21절에 따르면, 아버지의 재산을 탕진하고 돌아온 탕자가 다시 만난 아버지에게 던진 첫 마디가 "아버지"였다. 그다음 말은 굳이 하지 않아도 상관없었다. 아버지란 호칭 앞에서 아버지를 등지고 가출했던 아들의 존재가 회복되었고, 단절되었던 아버지와의 관계가 회복되었다. 이것이 아버지란 호칭이 지닌 위력이요 감동이다. 그대가 주님의기도를 드리면서 하나님을 "아버지"라고 부를 때마다 이런 감동을 느낄 수 있다면, 주님의기도를 통해 그대의 신앙은 날로 성숙해질 것이다.

'아버지'를 뜻하는 '파테르'는 그다음에 '헤몬ἡμῶν'으로 이어진다. '헤몬'은 '우리의'를 뜻하는 1인칭 복수형 소유격 형태이므로, '파테르 헤몬'은 '우리의 아버지'라는 말이다. 하나님께서는 그대나 나 혼자만의 아버지가 아니라 '우리의 아버지'시다. 하나님을 자기만의 아버지가 아닌 '우리의 아버지'라고 고백할 때, 그 아버지로 인해 우리의 관계가 바르게 정립된다.

내게는 네 명의 아들이 있다. 큰아들과 막내아들의 나이 차이는 6년이다. 아이들이 어려서 고만고만할 때, 막내 아이는 아빠 엄마 무릎은 늘 자기 것이라고 생각했다. 형들 가운데 누가 앉기라도 하면 어떻게든 밀쳐 내고 자기가 앉아야 했다. 그럴 때마다 형들은 으레 양보해 주곤 했다. 어느 날 막내 아이가 내 무릎에 앉은 큰형을 또 밀쳐 내려고 하자, 큰아이가 참다 참다 하는 말이 "아빠가 네 아빠만이야?"였다. 정곡을 찌르는 말이었다. 형들이 아빠 엄마 무릎에 앉아도 막내가 그러려니 한 것은 그 이후부터였다. 한 부모로부터 한 핏줄을 받고 태어난 자식들이, 아버지를 서로 자신만의 아버지로 인식하며 살아간다면 큰 문제가 생길 것이다. 아버지는 자신의 아버지일 뿐 아니라 우리의 아버지임을 인정할 때, 자식들은 비로소 형제간의 권리와 의무를 공유하게 된다.

한때 모 재벌의 자식들이 세상을 떠난 아버지의 유산을 놓고 싸우느라 세상을 떠들썩하게 했다. 그 형제들이 화해를 모색하게 된 곳은 아버지의 묘소 앞이었다. 아버지의 유산을 더 많이 차지하겠다며 서로 원수처럼 싸우는 동안 그 형제들에게 아버지는 각각 자신의 아버지일 뿐이었지만, 추석을 맞아 아버지의 묘소 앞에서 만나고 보니 자신들은 모두 우리 아버지의 아들들이었던 것이다.

그대가 성숙한 그리스도인으로 살아가기 원한다면 하나님 아버지께서 '우리의 아버지'이심을 잊지 말아야 한다. 다시 말해 하나님에 대한 그대의 사랑은 반드시 사람에 대한 사랑으로 확장되어야 한다. 오늘날 그리스도인들이 세상으로부터 비판받는 가장 큰 이유는 자신밖에 모르기 때문이다. 율법사가 예수님을 올무에 빠뜨리기 위해 계명 가운데 어느 계명이 가장 크냐고 물었다. 예수님께서 어떤 답변을 하셔도 올무에 빠지실 수 있었다. 가령 A계명이 가장 크다고 대답하시면, B계명은 크지 않다는 말이냐고 즉각 공박당할 판이었다. 진퇴양난처럼 보이는 상황이었지만 예수님께서는 다음과 같이 대답하셨다.

> 네 마음을 다하고 목숨을 다하고 뜻을 다하여 주 너의 하나님을 사랑하라 하셨으니 이것이 크고 첫째 되는 계명이요 둘째는 그와 같으니 네 이웃을 너 자신같이 사랑하라 하셨으니 이 두 계명이 온 율법과 선지자의 강령이니라(마 22:37-40)

"둘째는 그와 같으니"라는 말은 첫째와 둘째의 비중이 똑같다는 의미다. 예수님께서는 '하나님 사랑'과 '사람 사랑'이 가장 큰 계명이라 답하시면서, 그것이 "온 율법과 선지자의 강령"이라고 말씀하셨다. 그때는 신약성경이 기록되기 전이었으므로 '온 율법과 선지자의 강령'은, 율법서와 선지서로 이루어진 구약성경의 핵심이라는 말이었다. 즉 '하나님 사랑'과

'사람 사랑'의 두 기둥 위에 하나님의 말씀이 세워졌다는 의미였다. 예수님의 이 답변 앞에서, 예수님을 올무에 빠뜨리려고 했던 율법사들은 단 한마디도 반박할 수 없었다. 예수님의 답변을 부정하는 것은 곧 성경의 핵심을 부정하는 것이었기 때문이다.

성숙한 그리스도인의 삶을 영어 알파벳으로 표현한다면,《매듭짓기》에서 언급한 것처럼 'X'가 된다. 두 사선이 어긋 만나는 X는, 중간점을 기점으로 윗선의 길이와 아랫선의 길이가 정확하게 일치해야 한다. 윗선은 길고 아랫선은 짧다거나, 반대로 윗선이 짧고 아랫선이 길다면 X일 수 없다. 중간점으로부터 위아래의 길이가 똑같아야 온전한 X가 된다. 그 중간점을 '나'라고 하면 윗부분은 '하나님 사랑'이 된다. 이 영역에서는 하나님을, 감히 '나'를 사랑하시는 '나의 아버지'라고 고백할 수 있다. 오늘 아침에 왜 해가 떴는가? 나를 사랑하시는 하나님께서 나를 위해 뜨게 하셨다. 인적이 끊긴 심산계곡에 누구 보라고 저토록 아름다운 꽃이 피어 있는가? 나를 사랑하시는 하나님께서, 내가 오늘 이 길을 걸을 줄 아시고 미리 피게 하셨다. 하나님에 대한 우리의 믿음은 이처럼 하나님께서 '나'를 사랑하시는 '나의 아버지' 되심을 깨닫는 것으로부터 시작한다. 그래서 '나'는 얼마든지 '나의 하나님'을 찬양할 수 있다. 그러나 중요한 사실은, '나'는 '하나님 사랑'의 종점이 아니라는 것이다. '나'는 '하나님 사랑'의 통로일 뿐이다.

그러므로 '내'가 진정으로 하나님을 사랑한다면 '나'의 '하나님 사랑'은 똑같은 길이의 '사람 사랑'으로 이어지지 않으면 안 된다. 바로 X의 아랫부분이다. 이 영역에서는 '나의 아버지'가 아니라 '우리의 아버지'가 된다. 그래서 '내'가 이해할 수 없었던 사람도 '우리의 아버지' 앞에서 포용할 수 있게 된다. 그 사람 역시 '우리 아버지'의 자녀이기 때문이다. 따라서 '나'의 믿음은 '나의 아버지'가 '우리의 아버지'이심을 인식하는 것으

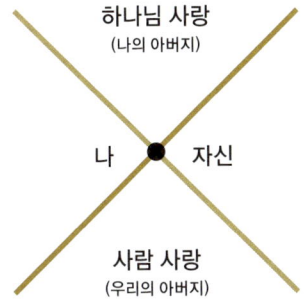

로부터 성숙해진다.

　그리스도를 영어로 표기하면 'Christ', 'C'로 시작한다. 그러나 그리스도를 뜻하는 헬라어 '크리스토스Χριστός'는 'X'로 시작한다. 그리스도인이 성경공부할 때 '그리스도'를 'X'로 표기하는 이유가 여기에 있다. 그대가 그리스도를 좇는 그리스도인이 된다는 것은 'X'의 삶을 추구하는 것이요, 그것은 그대의 삶이 '하나님 사랑'과 '사람 사랑', '나의 아버지'와 '우리 아버지'의 조화와 균형을 이루는 것을 의미한다.

　'파테르 헤몬'은 '파테르 헤몬 호 엔 토이스 우라노이스Πάτερ ἡμῶν ὁ ἐν τοῖς οὐρανοῖς'로 이어진다. '하늘에 계신 우리의 아버지'라는 의미다. '하늘'을 뜻하는 헬라어는 '우라노스οὐρανός'다. 그러나 원문에 사용된 '우라노이스οὐρανοῖς'는 '하늘'의 복수형이다. 그러므로 원문을 정확하게 옮기면 '하늘에 계신 우리의 아버지'가 아니라, '하늘들에 계신 우리의 아버지'이다. 복수형인 '우라노이스―하늘들'은 땅과 반대 개념으로서의 하늘이 아니다. '하늘들에 계신 아버지'는 하늘에만 계신 아버지가 아니라, 시간과 공간을 초월하여 '편재遍在해 계시는 아버지'를 의미한다. '편재'는 '두루 퍼져 있다'는 뜻이다. 그러므로 '하늘들에 계신 아버지'는 '무소부재無所不在하신 아버지'시다.

초대교회 교인들이 혹독한 박해 속에서 하나님을 "아버지"라 부를 때, 그 호칭에서 얼마나 큰 힘과 위로를 얻었을 것인지는 앞에서 생각해 보았다. 그 아버지는 '우리의 아버지'로서 '하늘들에 계시는 아버지'셨다. 아득히 먼 하늘에만 계시는 아버지가 아니라, 자신들이 갇혀 있는 감옥 속에도 계시는 아버지셨다. 그들이 원형극장의 사자에게 뜯겨 죽어 가는 현장에서도 그들과 함께 계시는 아버지셨다. 그래서 그들은 자신들의 생명을 '하늘들에 계시는 우리의 아버지'께 온전히 맡겼고, '하늘들에 계시는 우리의 아버지'께서는 그들의 생명을 영원토록 책임져 주셨다.

하나님께서 "하늘은 나의 보좌요 땅은 나의 발판"(사 66:1)이라고 말씀하셨다. 하나님께서 당신의 무소부재하심을 그렇게 표현하신 것이다. 우리가 주님의기도를 통해 "하늘들에 계신 우리의 아버지"라고 기도할 때마다 이처럼 시간과 공간을 초월하여 무소부재하신 하나님을 인식한다면, 우리가 어디에서 어떤 상황을 맞든 바로 그곳에 '우리의 아버지'께서 우리와 함께 계시는데 무엇이 두렵겠는가? 또 무소부재하신 '하늘들에 계신 우리의 아버지'를 믿는다면, 우리는 언제 어디서든 그릇된 짓을 행할 수 없다. 어디서 무엇을 하든 '하늘들에 계신 우리의 아버지'께서 다 보고 계시는데, 그 사실을 알면서도 우리가 어찌 감히 그릇된 짓을 행할 수 있겠는가?

내가 스위스에서 돌아와 100주년기념교회 목회를 시작하기 전의 일이다. 지방에 여행을 갔다가 주일을 맞아 숙소 근처 교회에서 예배를 드렸다. 놀랍게도 그 교회 목사님이 예배 시간에, 내가 주님의교회에서 설교했던 설교문을 그대로 읽는 것이었다. 그때까지 나는 남의 설교문을 읽는 목사님이 있다는 이야기만 들었는데, 내가 찾아간 교회 목사님이 나의 설교문을 읽는 것을 직접 목격한 것이다. 그분은 나의 얼굴을 알지 못해 내가 그 예배에 참석했다는 사실을 끝까지 몰랐다. 그 목사님이 내가 그날 그 예배에 참석하리라고 상상인들 했겠는가? 만약 그랬더라면 그런 일은 절대로 일어나지 않았을 것이다.

중요한 사실은, 그 목사님의 모습이 바로 우리 모두의 실상이라는 것이다. 그 목사님은 자신이 읽는 설교문의 작성자인 이재철은 그 자리에 없을 수도 있지만, 무소부재하신 하나님께서는 항상 자기 앞에 계신다는 사실을 망각하고 있었다. 우리 역시 마찬가지다. 우리가 그리스도인으로서 해서는 안 될 짓을 서슴없이 행하는 것은, 바로 그곳에 하나님께서 계심을 망각하고 있기 때문이다. 우리는 진정으로 '하늘들에 계신 우리의 아버지'를 믿어야 한다.

2) 하나님을 향한 기도

이름이 거룩히 여김을 받으시오며 나라가 임하시오며 뜻이 하늘에서 이루어진 것같이 땅에서도 이루어지이다

주님의기도 두 번째 단락은 하나님 아버지의 영광을 위한 기도다. 이 단락의 첫 문장인 "이름이 거룩히 여김을 받으시오며"는 수동태다. 따라서 아버지의 이름을 거룩하게 하는 주체가 누구냐에 따라 이 구절의 의미가 달라진다.

먼저 '나' 자신이 주체일 경우를 영어로 표현하면 'Hallowed be your name by me', 즉 '나에 의해 당신의 이름이 거룩해지기를 바랍니다'가 된다. 이름은 단순한 호칭이 아니다. 이름은 그 이름을 지닌 자의 인격과 존재 그리고 존엄성 그 자체다. 그러므로 하나님 아버지의 이름이 나에 의해 거룩해지기를 원한다는 것은, 내가 거룩하신 하나님 아버지를 믿는 아버지의 자녀답게 거룩하게 살겠다는 결단을 뜻한다. 내가 거룩하게 삶

으로써 아버지의 거룩하신 이름이 높여지기를 바란다는 말이다. 세상 사람들은 하나님께서 거룩하심을 결국 우리의 삶을 보고 알 수밖에 없다. 그들은 우리가 거룩하게 사는 모습, 세상과 구별되게 사는 모습을 보고 '저들이 믿는 하나님은 거룩하시다'고 알게 된다. 따라서 '아버지의 이름이 나로 말미암아 거룩히 여김을 받으시기를' 기도하는 것은, 나의 삶으로 아버지의 거룩하심을 세상에 드러내겠다는 다짐인 것이다.

만약 하나님 아버지의 이름을 거룩히 하는 주체가 '하나님 아버지'이실 경우에는 영어로 'Hallowed be your name by you', 즉 '당신에 의해 당신의 이름이 거룩해지기를 바랍니다'가 된다. 새번역성경은 이 구절을 하나님 아버지를 주체로 하여 "그 이름을 거룩하게 하여 주시며"라고 번역했다. 이것은, 인간에 의해 더럽혀진 아버지의 이름은 인간에 의해서는 회복될 수 없다는 것을 근거로 한다. 인간에 의해 더럽혀진 아버지의 이름을 거룩하게 회복하실 수 있는 분은 오직 아버지 당신밖에 없다는 것이다.

내가 중학교 3학년이 되던 해 봄방학의 일이다. 아버님께서 사업체가 있던 서울에 오셨다가 서울에서 하나님의 부르심을 받으셨다. 그때까지 부산에서 가정주부로 사시다가 갑자기 아버지의 기업체를 이어받은 어머님께서는, 당시 서울에 살고 있던 자형 중 한 분에게 기업 운영을 맡기셨다. 그러나 자형의 운영 잘못으로 회사는 큰 부채를 지고 부도가 났다. 그로 인해 돌아가신 선친의 이름은 먹칠을 당했고, 어머님의 이름 역시 더럽혀졌다. 하지만 자형은 자신이 더럽힌 부모님의 이름을 회복시킬 수 없었다. 어머님께서 선친이 남긴 사업체를 정리하시고, 자형이 진 모든 채무를 갚아 주셨다. 그 결과 자형에 의해 더럽혀진 어머님의 이름이 어머님에 의해 회복되었고, 어머님에 의해 선친의 이름도 회복되었다.

내 자식이 밤마다 외상술을 먹고 다니면서도 술값을 전혀 갚지 않는다면, 그 자식의 아비인 나—이재철의 이름이 더럽혀지지 않겠는가? 그 경우에 술집을 일일이 찾아다니며 내가 자식의 외상 술값을 다 갚아 주어야, 자식이 더럽힌 나의 이름이 비로소 회복되지 않겠는가? 우리는 하나님 아버지의 자녀이면서도 범죄함으로 인해 우리 아버지의 이름을 더럽히고 말았다. 그러나 우리에게는 우리가 더럽힌 하나님 아버지의 이름을 깨끗케 할 능력이 없으므로, 주님의기도를 통해 아버지께서 친히 당신의 이름을 거룩하게 회복시켜 주시기를 기도하는 것이다. 이것 역시 앞으로는 아버지의 이름을 더럽히지 않겠다는 결단의 기도라는 의미에서는, 이 기도의 주체가 '나' 자신일 경우와 동일하다. 이처럼 하나님 아버지의 이름을 거룩하게 하는 주체를 하나님 아버지로 보는 근거는 에스겔 36장 22-23절에 있다.

> 그러므로 너는 이스라엘 족속에게 이르기를 주 여호와께서 이같이 말씀하시기를 이스라엘 족속아 내가 이렇게 행함은 너희를 위함이 아니요 너희가 들어간 그 여러 나라에서 더럽힌 나의 거룩한 이름을 위함이라 여러 나라 가운데서 더럽혀진 이름 곧 **너희가 그들 가운데서 더럽힌 나의 큰 이름을 내가 거룩하게 할지라** 내가 그들의 눈앞에서 너희로 말미암아 나의 거룩함을 나타내리니 내가 여호와인 줄을 여러 나라 사람이 알리라 주 여호와의 말씀이니라

하나님께서 인간에 의해 더럽혀진 당신의 이름을 당신께서 거룩하게 회복시키실 것임을 친히 밝히신 말씀이다.

지금까지 살펴본 것처럼, 하나님의 이름을 거룩하게 하는 주체를 사람으로 볼 수도 있고 하나님으로 이해할 수도 있다. 하지만 중요한 사실은 어느 쪽이든 이 기도는, 이 기도를 드리는 사람이 앞으로는 거룩하게

살기를 결단하는 것을 의미한다는 점이다. 그러므로 우리가 주님의기도를 드릴 때마다 "이름이 거룩히 여김을 받으시오며"를 습관적으로 외우는 것이 아니라, 우리 삶의 지표가 '거룩'임을 재확인한다면 우리 삶의 질과 방향은 날로 새로워질 것이다.

두 번째 단락의 두 번째 문장은 "나라가 임하시오며"이다. 하나님의 나라가 임하도록 해달라는 기도다. 이 기도는 무슨 의미일까? 이에 대하여 세 가지를 생각할 수 있다.

첫째, 예수 그리스도 안에서 이 세상과 자기 자신에 대한 하나님의 통치권을 받아들이겠다는 것이다. 하나님의 나라가 임하게 해달라는 것은 자신이 하나님 나라의 백성이 되겠다는 말인데, 그것은 그 나라의 통치권을 받아들이겠다는 의미다. 하나님의 통치권은 상대적인 주권이 아니라 절대주권이다. 그 절대주권을 절대적으로 받아들이겠다는 것이다.

주님께서 "너희가 나를 택한 것이 아니요 내가 너희를 택하여 세웠나니"(요 15:16)라고 말씀하셨다. 또 하나님께서 "내가 너를 지명하여 불렀나니 너는 내 것이라"(사 43:1)고도 말씀하셨다. 우리가 하나님을 알기도 전에 하나님께서 "너는 내 것이라"고 지명하여 불러 주신 것이다. 그것은 하나님의 절대주권이다. 하나님의 절대주권이 아니고서는, 나처럼 형편없는 죄인은 하나님 아버지의 자녀로 택함 받지 못했을 것이다. 우리가 이 사실을 너무나도 잘 알기에 우리를 구원해 주신 하나님의 절대주권에 감사드린다면, 구원받은 이후의 우리 삶에 대한 하나님의 절대주권도 당연히 인정해야 마땅하지 않겠는가? 하지만 우리는 우리를 불러 주신 하나님의 절대주권에는 감사하면서도, 우리의 삶을 다스리시는 하나님의 절대주권인 통치권은 받아들이려 하지 않는다. 이것은 얼마나 큰 이율배반인가? 그러므로 우리는 "나라가 임하시오며"라고 주님의기도를 드릴 때마다, 우리 삶에 대한 하나님의 절대적인 통치권을 받아들일 것을 재다

짐해야 한다. 우리의 삶이 풍부에 거할 수도 있고 빈곤에 처할 수도 있지만, 믿음은 사도 바울처럼 그 어떤 상황에도 구애받음이 없이 그 상황을 주신 하나님의 절대적인 통치권을 받아들이는 것이다.

둘째, 그러므로 이 기도는 자기중심으로 살려는 어둠의 권세와의 충돌을 회피하지 않겠다는 적극적인 결단을 의미한다. 그대가 하나님의 절대적인 통치권을 받아들이고 하나님 아버지의 자녀로 살려 하면, 어둠의 권세가 그대를 짓누르며 그대 중심으로 살라고 교묘하게 유혹한다. 그때 하나님의 통치권을 받아들이려는 그대와 그대 중심으로 살려는 어둠의 권세는 충돌하기 마련인데, 그대는 "나라가 임하시오며"라는 주님의기도를 통해 그 충돌을 회피하지 않고 극복하게 된다. 다음은 독일의 신학자 본회퍼의 말이다.

> 내가 그리스도를 만난다면 둘 중에 하나는 죽어야 한다. 내가 죽으면 그리스도가 살고, 내가 살면 그리스도가 죽는다.

그대 속에서 그리스도가 살아야, 그리스도 안에서 하나님의 나라가 그대의 삶에 임한다. 그것은 그대 중심으로 살려는 그대 자신이 그리스도 안에서 죽을 때 가능하다. 그러므로 그대는 그대 중심으로 살려는 어둠의 권세와의 충돌을 회피하지 않고 적극적으로 맞서야 하고, 그 싸움에서 이기기 위해 그대는 "하나님의 나라가 임하시기를" 늘 기도해야 한다.

마지막으로, 이 기도는 자기 자신이 하나님 나라의 확장을 위한 도구가 되겠다는 결단의 기도다. "하나님의 나라가 임하시기를" 기도한다고 하나님의 나라가 절로 임하는 것은 아니다. 누구든지 이 기도를 드리는 사람이 하나님 나라의 씨를 뿌리고 개간하는 하나님 나라의 첨병이 되지 않으면 안 된다. 언제부턴가 '성시화聖市化운동'이라는 말이 유행하고 있다. 그러나 소위 성시화운동의 내용을 보면, 주로 넓은 공간에서 대형 집회를 여는 것이 핵심인 것처럼 여겨진다. 하지만 성시화는 그렇게 해서 이루어지지 않는다. 성시화는, 그리스도인 각자가 자기 삶의 자리에서 진리의 빛으로 살아갈 때에만 가능하다. 그리스도인들이 이 땅에 하나님의 나라를 일구는 첨병이 되어야 한다는 말이다.

주님께서 우리에게 "너희는 세상의 빛이라"(마 5:14)고 말씀하셨다. 그 말씀은 이 세상은 어둠이라는 뜻이다. 낮이든 밤이든 주님 보시기에 이 세상은 언제나 어둠이다. 그렇다면 주일 예배를 마친 그리스도인들이 세상 속으로 들어가는 모습을 머릿속에 그려 보자. 그리스도인들이 어둠인 세상 속에 같은 어둠으로 들어간다면, 그리스도인들이 설령 바닷가의 모래처럼 많아도 이 세상은 절대로 변화되지 않을 것이다. 그러나 그리스도인들이 진리의 빛이 되어 세상의 어둠 속으로 들어가는 모습을 연상해 보라. 여러 개의 빛이 동서남북으로 퍼져 나간다. 하루 이틀 지나면서 그 각각의 빛에서 또 하나의 빛이 퍼지고 거기서 또 다른 빛이 퍼지면, 어둔 세상을 밝히는 성시화는 구호를 외치지 않아도 이루어질 것이다. 하나님 아버지의 자녀인 우리 자신이 아버지의 나라를 일구는 첨병이 되지 않고는 아버지의 나라는 임하지 않는다. 우리가 죽은 뒤에도 이 세상에서 계속 살아갈 우리의 후손을 사랑한다면, 그들을 사랑하는 유일한 길은 그들이 살아갈 이 세상을 거룩하게 일구어 주는 것이다. 그래서 그대와 나는 "아버지의 나라가 임하시기를" 기도하면서, 이 기도를 우리의 삶으로 실천해야 한다.

두 번째 단락의 마지막 문장은 "뜻이 하늘에서 이루어진 것같이 땅에서도 이루어지이다"이다. "하늘에 계신 우리 아버지여"에서 '하늘'은 복수형 '우라노이스'라고 했다. 그러나 "뜻이 하늘에서 이루어진 것같이 땅에서도 이루어지이다"의 '하늘'은 단수형 '우라노스'다. 이때의 '하늘'은 땅과 대칭되는 개념으로, 그 방향은 '위'쪽이다. 그러므로 이것은 '위'를 지향하는 삶을 결단하는 기도다.

> 그러므로 너희가 그리스도와 함께 다시 살리심을 받았으면 **위의 것**을 찾으라 거기는 그리스도께서 하나님 우편에 앉아 계시느니라 위의 것을 생각하고 땅의 것을 생각하지 말라(골 3:1-2)

뜻이 '하늘'에서 이루어진 것처럼 땅에서도 이루어지게 하기 위해서는, 우리는 매일 '위의 것'을 구해야 한다. 일본의 신학자 우치무라 간조는 "이 세상은 거대한 무덤"이라고 했다. 사람들은 이 세상을 꽤 살 만한 곳이라 여기지만, 따지고 보면 그의 표현이 얼마나 적절한지 모른다. 하나님께서 범죄한 아담에게 "너는 흙이니 흙으로 돌아갈 것이니라"(창 3:19)고 말씀하셨다. 그 이후 인간의 육체는 죽으면 모두 흙으로 돌아간다. 하나님의 천지창조 이래, 이 땅을 거쳐 간 수많은 사람이 모두 흙이 된 것이다. 우리가 매일 밟고 다니는 길이, 수천 년 전 이 땅에서 죽은 사람들의 시신이 흙으로 변한 길인지도 모른다. 우리의 보금자리가 아득히 먼 옛날 공동묘지였는지도 모를 일이다. 우리의 육체 역시 천 년 후에는 길바닥의 흙이 되어 누군가의 발아래 짓밟힐지도 모른다. 혹은 누군가의 집터가 되어 주춧돌 아래에 깔릴지도 모른다. 확실히 이 세상이 온통 거대한 무덤이다. 그러므로 새것도, 생명도, 진리도, 결코 아래로부터 올 수는 없다. 그 모든 것은 오직 '위'로부터만 주어진다. 그러므로 '뜻이 하늘에서 이루어진 것처럼 땅에서도 이루어지는' 삶을 살기 위해서는, 먼저 '위'를 보며 '위의 것'을 구해야 한다. 참되고 영원한 것은 언제나 '위'에서만 온다.

이 기도는 또한 하나님의 뜻을 이루는 삶을 살겠다는 적극적인 결단을 의미한다. "뜻이 하늘에서 이루어진 것같이 땅에서도 이루어지이다"라는 기도 역시 말로 외운다고 절로 이루어지는 것은 아니다. 이 기도를 드리는 사람이 그 뜻을 이루는 통로가 되어야만 한다.

그러므로 이 기도는 말씀의 사람이 되겠다는 결단을 뜻하기도 한다. 하나님의 뜻을 이루는 삶은 하나님의 말씀과 불가분의 관계에 있다. 하나님의 뜻을 이루는 삶을 살기 원하면서도 하나님의 말씀을 읽지는 않는다면, 그 사람은 하나님의 뜻과 무관하게 살 수밖에 없다. 앞서 4장에서 일반계시와 특별계시에 대해 배웠다. 일반계시는 자연현상을 통해 하나님을 알 수 있다는 것이다. 그러나 일반계시를 통해서는 하나님의 힘과 능력 같은 외적 계시만 알 수 있을 뿐, 그보다 더 중요한 하나님의 내적 계시―하나님의 품성과 섭리와 뜻은 알 수 없다고 했다. 그리고 하나님의 내적 계시를 알기 위해서는 하나님의 특별계시인 하나님의 말씀을 보아야 한다고 했다. 하나님의 말씀을 통해서만 하나님의 의도, 하나님의 뜻, 하나님의 섭리를 알 수 있다. 그러므로 '뜻이 하늘에서 이루어진 것같이 땅에서도 이루어지는' 아버지의 도구로 살기 위해서는, 그대는 하나님 아버지의 말씀을 매일 먹고 마시지 않을 수 없다. 그때 그대는 그대 자신도 모르게 하나님의 뜻을 이루는, 하나님 아버지의 말씀이 육화되는 삶을 살게 된다.

3) 우리를 위한 기도

오늘 우리에게 일용할 양식을 주시옵고 우리가 우리에게 죄지은 자를 사하여 준 것같이 우리 죄를 사하여 주시옵고 우리를 시험에 들게 하지 마시옵고 다만 악에서 구하시옵소서 세 번째 단락은 우리 자신을 위한 기도다. 첫 번째 문장은 "오늘 우리에게 일용할 양식을 주시옵고"이다. 이 기도의 의미는 먼저, 영육 간에 결핍된 존재에 지나지 않는 자기 실상에 대한 고백이다. 하나님께서 일용할 양식을 내려 주시지 않으면 그 누구도 생존할 수 없다. 하나님께서는 출애굽한 이스라엘 백성을 위해 광야에서 40년 동안 매일 만나를 내려 주셨다. 하나님께서 매일 일용할 양식을 내려 주시지 않았다면 이스라엘 백성은 모두 출애굽 즉시 광야에서 몰살되고 말았을 것이다.

농부가 아무리 땀을 흘려도 비가 오지 않으면 농사를 망친다. 비가 많이 와도 망친다. 냉장고에 음식이 태산처럼 쌓여 있어도, 먹고 마실 건강이 없는 사람에게는 그림의 떡일 뿐이다. 하나님께서 허락하지 않으시면 우리는 일용할 양식조차 먹을 수 없다. 그러므로 우리는 "오늘 우리에게 일용할 양식을 주시옵고"라고 기도할 때마다, 그렇듯 유한하고 결핍된 존재에 불과한 우리 자신을 재확인하게 된다. 그 덕분에 우리는 교만에 빠지지 않을 수 있다.

> 내가 부득불 자랑할진대 내가 약한 것을 자랑하리라(고후 11:30)
> 나에게 이르시기를 내 은혜가 네게 족하도다 이는 내 능력이 약한 데서 온전하여짐이라 하신지라 그러므로 도리어 크게 기뻐함으로 나의 여러 약한 것들에 대하여 자랑하리니 이는 그리스도의 능력이 내게 머물게 하려 함이라 그러므로 내가 그리스도를 위하여 약한 것들과 능욕과 궁핍과 박해와 곤고를 기뻐하노니 이는 내가 약한 그때에 강함이라(고후 12:9-10)

사도 바울은 자신이 얼마나 결핍된 존재인지 잊지 않는 방편으로 자신의 약한 것들을 자랑했다. 자신의 약함과 결핍을 확인하면 확인할수록 주님을 더욱더 의지할 수밖에 없었고, 그 결과 바울은 자신이 가장 약할 때 역설적으로 주님 안에서 가장 강할 수 있었다. 자신의 약함과 결핍을 느낄수록 주님께서 바울을 통해 더 크게 역사하셨기 때문이다.

'오늘 우리에게 일용할 양식을 주시옵고'라는 이 기도의 또 다른 의미는, 일용할 양식으로 자족하는 청지기의 삶을 살겠다는 고백이다. 일용할 양식 이상의 재산이 있을지라도 자신을 위해서는 일용할 양식으로 자족하고, 초과분은 주님의 청지기로서 주님의 뜻에 따라 사용하겠다는 결단의 고백이다. 다시 말해 자신에게 무엇이 있든지 그것은 탐심의 대상일 수도, 자기 개인의 소유일 수도 없다는 것이다.

> 요셉은 베냐민이 그들과 함께 있음을 보고 **자기의 청지기에게 이르되** 이 사람들을 집으로 인도해 들이고 짐승을 잡고 준비하라 이 사람들이 정오에 나와 함께 먹을 것이니라(창 43:16)

이집트의 국무총리인 요셉이 양식을 구하러 온 형제들을 위해 청지기에게 식탁을 준비하게 했다. 대이집트 제국 국무총리의 공관에 얼마나 재물이 많았겠는가? 만약 청지기가 그 재물을 탐심의 대상으로 삼으면 그의 인생은 비참하게 끝날 것이다. 총리 공관에 아무리 많은 재물이 있어도 청지기는 일용할 양식에 족할 뿐이다. 나머지 재물은 모두 주인의 뜻에 따라 처분하는 것이 청지기의 사명이다. "오늘 우리에게 일용할 양식을 주시옵고"라는 주님의 기도 역시 동일한 의미를 지닌다. 중요한 사실은 '나에게'가 아니라 '우리에게'라는 점이다. 청지기 의식을 지닌 사람만 '우리의 양식'을 걱정한다. 청지기 의식이 없는 사람은 '나의' 배만 부르면 복 받았다고 하나님께 감사한다. 청지기 의식을 지닐 때에만 '내'가 소유한 것도 주님의 뜻에 따라 '우리'를 위해 사용할 수 있다.

주께서 이르시되 지혜 있고 진실한 청지기가 되어 주인에게 그 집 종들을 맡아 때를 따라 양식을 나누어 줄 자가 누구냐(눅 12:42)

하나님의 재물을 맡은 청지기로서 사업을 해도 좋고 직장생활을 해도 무방하다. 그러나 하나님께서는 '나'의 주머니만 늘리려는 사람이 아니라, '우리'를 위해 일하려는 지혜롭고 진실한 청지기를 찾고 계신다. '내'가 지닌 모든 것이 하나님께서 '우리'를 위해 '나'에게 맡기신 것이라는 청지기 정신이 없이는, 아무리 작은 것이라도 '우리'를 위해 사용할 수는 없다.

오래전에 상영되었던 영화 〈부시맨Bushmen〉(원제는 'The Gods Must Be Crazy'—편집자)의 소재는 아프리카 덤불 속에 사는 부시맨들이다. 경비행기를 타고 아프리카 상공을 낮게 비행하던 백인이 콜라를 마시고 빈 병을 비행기 밖으로 던졌다. 공교롭게도 그 병이 부시맨 마을에 떨어졌다. 부시맨들에게 하늘에서 내려 주신 그 병은 신비로운 요술 방망이 같았다. 밀가루 반죽을 밀어 보니 기가 막힐 정도로 유용했다. 과일을 놓고 내려치니 금방 즙이 되었다. 아이들에게는 더없이 좋은 장난감이었다. 용도가 밝혀지면 밝혀질수록 신기하기만 했다. 문제는, 하늘이 내려 주신 그 신비한 콜라병을 서로 독차지하려다 부시맨들이 그만 원수가 되어 버린 것이다. 마침내 족장은 자신이 아는 세상 끝까지 가서 콜라병을 절벽 아래로 내던져 버렸다. 그리고 부시맨들은 다시 평화를 되찾았다.

콜라병 하나 때문에 온 부시맨이 원수지간이 된 이유는, 그들에게 청지기 의식이 결여되어 있었기 때문이다. 하늘이 내려 주신 것을 '우리'가 함께 쓰려 하지 않고 저마다 '나' 혼자 독점하려 하니, 고작 콜라병 하나를 놓고도 분란이 생겼다. 혹 아프리카 사람은 미개해서 그토록 미련한 짓을 했다고 여길지 모르겠다. 그러나 그렇지 않다.

1976년에 나는 대학생들의 여름 봉사활동에 지도교사로 참여하여 남해의 작은 섬에 다녀온 적이 있었다. 그때까지 나는 우리나라에서 그 섬마을보다 더 가난한 곳을 본 적이 없었다. 일주일간의 봉사활동을 마치고 섬을 떠나기 전날 밤, 마을 이장 댁에서 마을 어른들과 저녁 식사를 함께했다. 막걸리를 돌려 가며 이런저런 이야기를 나누던 중에, 그 마을의 분교가 자립했으면 좋겠다는 어른들의 숙원을 들었다. 그 섬마을의 유일한 학교는 초등학교 분교였다. 분교 1년 연사금^{年謝金}이 800원인데, 80여 명에 달하는 마을 아이들 가운데 1년에 800원이 없어 분교에 다니지 못하는 아이들이 있다는 것이었다. 분교를 자립시킬 수 있는 방안이 무엇인지 내가 묻자, 마을 어른들은 워낙 천문학적인 돈을 필요로 하기에 감히 엄두를 낼 수도 없다고 했다. 나의 거듭된 재촉에 마을 이장은 피조개를 양식하면 3년 만에 분교를 자립시킬 수 있는데, 그러려면 종자돈으로 거금 30만 원이 당장 현금으로 있어야 한다고 대답했다. 1년에 800원이 없어 아이를 분교에 보내지 못하는 가정이 있을 정도로 가난한 마을이니, 그 섬에서 30만 원이라면 가히 천문학적 금액임에 틀림없었다.

그러나 대단히 민망한 이야기이지만, 당시 30만 원은 내게는 하룻밤 술값이었다. 내가 술 한 번 마시지 않으면 그 섬마을의 분교를 자립시켜 줄 수 있었다. 내가 마을 이장과 어른들에게 서울에 도착하는 대로 30만 원을 보내 드리겠다고 하자, 갑자기 이장이 손으로 술상을 탁하고 내리쳤다. 당시 나는 20대의 젊은이였지만, 청년봉사단의 지도교사였으므로 마을 이장과 어른들은 그때까지 나를 '선생님'이라 부르면서 내게 존댓말을 하였다. 그러나 술상을 내리친 이장은 내게 반말로 호통을 쳤다. 30만 원이 얼마나 거금인데, 술 좀 마셨다고 시골 사람 함부로 놀리지 말라는 것이었다. 그러자 동석한 마을 어른이, 이 젊은이가 정말 30만 원을 보내 줄지도 모르는데 왜 그러느냐며 이장을 만류하였다. 나는 서울에 도착하자

마자 마을 이장에게 약속한 30만 원을 보냈다. 그러자 이내, 섬마을 이장을 비롯하여 전 주민이 서명한 감사 편지가 왔다. 몇 월 며칠 몇 시에 그 섬의 가장 높은 곳에서 서울을 향해 박수 칠 테니 나더러 들으라는 감동적인 내용이었다.

그리고 얼마 지나서였다. 누님 가운데 한 분이 집안일을 거들어 줄 사람을 구하는데 쉽지 않다고 했다. 그때 그 섬마을 생각이 났다. 내가 섬을 떠나던 날 마을 이장이 내 손을 잡고, 혹 주위에 가정부를 구하는 집이 있으면 꼭 자기 동네 분교 출신을 불러 달라고 부탁했다. 그때만 해도 가난했던 시절이어서 많은 시골 출신 소녀들이 도시 사람들 집에서 살면서 가정부 일을 했다. 마을 이장은 그 섬 여학생들의 꿈이 가정부를 하더라도 뭍으로 나가는 것이라고 했다. 나는 그 섬마을을 돕는 심정으로 마을 이장에게 마땅한 소녀가 있으면 보내 달라고 연락했다. 며칠 후 그 섬의 분교장이 야간열차를 타고 직접 한 소녀를 데리고 우리 집을 찾아왔다.

마침 그때가 아침 식사 시간이어서 분교장과 소녀도 식탁에 합류하였다. 어머님께서 의아해하시며 분교장에게 "제 아들과 무슨 관계이시기에 이렇게 먼 길을 직접 소녀를 데리고 오셨습니까?" 하고 물으셨다. 분교장은 모르셨느냐면서, 내가 그 섬마을 분교를 위해 자립 기금을 기부한 사실을 어머님께 설명해 드렸다. 그 말에 감동을 받으신 어머님께서 "저도 그 섬을 위해 무언가 해드리고 싶은데 뭘 해드리면 좋겠습니까?" 하고 다시 물으셨다. 분교장은 선뜻 대답하지 못했다. 그리고 원하는 것은 있지만, 너무 큰돈이 드는 것이라 말할 수 없다고 했다. 어머님께서 다시 재촉하시자 분교장은 텔레비전을 원한다고 했다. 그때까지 그 섬마을에는 단 한 대의 텔레비전도 없고, 게다가 전기도 들어오지 않는다고 했다. 하지만 텔레비전을 개조하면 자동차 배터리를 이용하여 시청할 수 있다고 했다. 어머님께서 분교장에게 텔레비전과 배터리 구입, 그리고 텔레비전 개조에 필요한 비용을 모두 주셨다. 그 섬마을이 생긴 이래 분교장이 처음으로 텔레비전과 배터리를 들고 금의환향했음은 물론이다.

그 후 섬마을에서는 밤마다 모든 주민이 분교 강당에 모여 함께 텔레비전을 시청했다. 그러나 얼마 지나지 않아 바로 그 텔레비전 때문에 섬마을 주민 사이에 싸움이 났다. 자기 딸을 보낸 집 부모가, 이 텔레비전은 분명히 자기네 집에 보냈을 텐데 분교장이 중간에서 가로챘다고 주장하고 나선 것이었다. 분교장은 사실대로 해명했지만 소용없었고, 급기야 그 섬마을에 살던 세 성(姓)씨 가문들 간의 싸움으로 번졌다. 텔레비전 한 대 때문에 길에서 서로 돌을 던지는 사태에까지 이르렀다. 마침내 그 소녀의 아버지가 내게 편지를 보냈다. 텔레비전이 자기네 집에 보낸 것임을 확인해 달라는 편지였다. 나는 "그 텔레비전은 제 어머님께서 섬마을 주민 모두에게 보내 드린 선물입니다"라는 답신을 보냈다. 소녀의 아버지로부터 다시 편지가 왔다. 그 텔레비전을 자기 집에 주지 않으면 딸을 도로 데려가겠다는 것이었다. 나는, 정 그러시다면 딸을 데려가셔도 좋다고 답신을 보냈다. 그리고 며칠 후, 1년에 800원이 없어 자식을 분교에 보내지 못할 정도로 가난한 그 섬마을 소녀의 아버지는 비싼 교통비를 들여 상경, 자기 손으로 딸을 데리고 섬마을로 되돌아갔다.

약 10년이 지나 신학생이 된 나는 동료들과 함께 다시 그 섬마을에 봉사하러 갔다. 그때까지도 마을 주민들 간에 텔레비전으로 인한 싸움의 후유증은 가시지 않고 남아 있었다. 피조개 양식 3년이면 자립할 수 있다던 분교는 여전히 미자립 상태였다. 내가 보낸 30만 원으로 피조개 양식의 주도권을 서로 쥐려고 다투었기 때문이다. 오순도순 정겹게 살던 마을주민들이 왜 그렇게 되었을까? 그들에게도 청지기 의식이 없었기 때문이다. '우리' 마을 주민이 모두 함께 텔레비전을 시청하면 얼마나 좋은가?

왜 섬마을 주민 모두를 위해 선사한 텔레비전을 '나'의 집 안방에만 두어야 하는가? 분교 자립이 마을 주민의 숙원이라면서, 왜 자립 기금으로 피조개 양식의 주도권은 '내'가 독점해야 하는가? 그러나 우리 역시 마찬가지임을 결코 잊어서는 안 된다. 우리가 하나님 앞에서 청지기 의식 없이, '우리'라는 사고방식 없이 살면, 우리가 흉보는 재벌 자식들의 재산 싸움처럼 우리 역시 물질 때문에 피를 나눈 형제와 얼마든지 싸울 수 있다.

"오늘 우리에게 일용할 양식을 주시옵고"의 마지막 의미는, 하나님께서 주시는 것이기에 바르게 모으고 바르게 사용하겠다는 결단이다. '양식'은 하루 세 끼 밥만을 의미하지 않는다. 그것은 하나님께서 매일 주시는 모든 것을 뜻한다. 그러므로 우리는 모으든 쓰든 항상 바르게 행하여야 한다. 다시 말해 하나님 앞에서 분명한 철학이 있어야 한다. 돈을 모은다면 왜 모으는지, 쓴다면 왜 쓰는지, 그것이 하나님과 무슨 관계인지, 명확한 기준과 생각이 있어야 한다. 그렇지 않으면 우리는 자기도 모르게 돈의 노예가 될 수밖에 없고, 그 순간부터 하나님 앞에서 추해진다.

내가 중학교 1학년 때인 1961년에 화폐개혁이 시행되어 당시의 10환이 1원이 되었다. 그러나 충분한 준비가 없었던 탓에 은행에서는 새로 발행된 신권을 제때에 교환해 주지 못했다. 지방에서는 그 정도가 더 심했다. 그러다 보니 내가 살던 부산에서는 100원짜리나 500원짜리 신권을 가지고 학교에 가면 큰 자랑거리가 되었다. 화폐개혁 초기에는 100원짜리도 동전이 아닌 지폐였다. 아버님으로부터 100원짜리와 500원짜리 신권을 얻은 나는 매일 학교 친구들에게 보여 주며 자랑했다.

어느 날 단짝이던 친구와 부산역 앞에 있는 만두집에 갔다. 실컷 만두를 시켜 먹고 값을 치르려니 구권으로 190환이었다. 친구와 함께 주머니를 다 뒤져도 구권 180환밖에 없었다. 지갑 속에 있는 신권을 내면 되지만, 주인아저씨가 거스름돈을 구권으로 줄 것이 뻔했기에 아까워서 낼 수가 없었다. 친구와 나는 마치 약속이라도 한듯 주인아저씨가 잠시 주방으로 들어가는 순간, 식탁 위에 구권 180환만 내려놓고 부리나케 도망쳐 나왔다. 그리고 집으로 뛰어가는 내내, 만두집 아저씨가 우리를 잡으러 올지도 모른다는 두려움에 가슴이 요란하게 요동쳤다. 길에서 하얀 옷을 입은 사람만 보이면 소스라치게 놀라며 골목길로 뛰어 들어갔다. 그 만두집 아저씨가 하얀 가운을 입고 있었기 때문이다. 그 이후 약 한 달 동안 어디를 가든 흰 가운 입은 사람만 보면 가슴이 철렁했다. 아마도 그 만두집 아저씨는 '애들이 계산을 잘못했나 보구나'라고 대수롭지 않게 생각했을 것이다. 그런데도 나는 그 후로 근 1년 동안이나 부산역에 갈 일이 있으면 그 만두집을 피해 먼 길을 돌아서 다녔다(당시는 웬만한 거리는 모두 걸어 다녔다).

지금 생각해 보면, 그때 내가 왜 10환(신권 1원) 때문에 그렇듯 양심의 가책과 두려움 속에서 1년이나 살았을까 싶다. 이유는 유치하게도 신권을 깨뜨리기 싫다는, 의義 없는 욕심이었다. 돈에 대한 분명한 철학이 없으면 이처럼 어리석은 짓을 저지르게 된다. 그리고 결국엔 사람들 앞에서 수치를 당하게 된다. 그것으로 끝나면 그래도 괜찮겠지만, 나중에 하나님 앞에서 당할 수치를 생각한다면 그것은 정말 피해야만 할 일이다. 그러므로 우리는 "오늘 우리에게 일용할 양식을 주시옵고"라고 기도할 때마다 물질을 바르게 모으고 바르게 사용하겠다는 다짐을 되새겨야 한다.

주님의기도에서 우리를 위한 기도의 두 번째 문장은 "우리가 우리에게 죄지은 자를 사하여 준 것같이 우리 죄를 사하여 주시옵고"인데, 헬라어 원문은 우리말 번역과 순서가 다르다. 원문에는 '우리 죄를 사하여 주시옵고'가 먼저 나오고, '우리가 우리에게 죄지은 자를 사하여 준 것같이'가 그 뒤를 따른다. 따라서 '우리 죄를 사하여 주시옵고'라는 기도문의 첫 번째 의미는, 우리는 하나님의 용서 없이는 살 수 없는 존재라는 것이다. 죄 가운데 살고 있는 우리이기에, 우리를 정결케 해주시는 하나님의 은총 없이는 살아갈 수 없는 우리의 유한함에 대한 고백인 것이다.

마태복음은 이 기도문의 '죄'를 헬라어로 '옵헤일레마 ὀφείλημα'라고 표기했는데 '빚', '채무'라는 의미이다. 즉 마태는 이 기도문을 "우리의 빚을 탕감해 주십시오"라고 기록한바, 이때의 '죄'(빚)는 관계상의 '죄'(빚)이다. 무관계 속에서 사는 사람은 빚질 일도 없다. 그러나 누가복음은 이 기도문의 '죄'를 '하마르티아 ἁμαρτία'로 표기하였다. '하마르티아'는 《새신자반》에서 배운 것처럼 '본질적인 죄'를 뜻한다. 따라서 마태복음과 누가복음의 표현을 합치면 이 기도문의 더 깊은 의미를 건져 올릴 수 있다. 하나님께서 우리의 본질적인 죄뿐 아니라, 우리가 하나님과 사람의 관계 속에서 짓는 크고 작은 범죄들마저도 용서해 주시지 않으면, 우리는 단 한순간도 살아 있을 수 없다는 것이다.

중요한 사실은, 우리가 예수 그리스도 안에서 하나님의 용서를 이미 받았고 또 받는 하나님의 은총으로 살고 있다는 것이다. 하나님의 이 은총을 깨달으면, 하나님으로부터 용서받은 사람만 타인을 용서할 수 있다는 것도 알게 된다. 단 한 번도 용서받아 본 적이 없는 사람은 절대로 타인을 용서할 수 없다. 그러므로 '우리 죄를 사하여 주시옵고'의 두 번째 의미는, 이 기도를 통해 자신도 타인의 죄를 용서하며 살겠다는 결단이다. 그대가 타인의 죄를 용서하는 것은, 그대가 하나님으로부터 용서받은 하나님의 자녀임을 스스로 입증하는 길이다. 그대의 용서는 타인이 아니라, 바로 그대 자신을 위한 믿음의 행위다.

그다음으로 "우리가 우리에게 죄지은 자를 사하여 준 것같이"에서는, 마태복음과 누가복음이 동일하게 '죄'를 '옵헤일레마'로 표기하였다. 즉 두 복음서가 모두 '죄'를 '빚', '채무'로 표현한 것이다. 사람 간에 범하는 죄는 관계의 죄일 뿐, 본질적인 죄가 아니라는 뜻이다. 범죄한 아담과 하와의 후손인 모든 인간이 하나님 앞에서 이미 본질적인 죄인이므로, 죄인 간에 범하는 죄는 모두 관계의 죄일 뿐이다. 우리는 하나님으로부터 이미 본질적인 죄도 용서받지 않았는가? 그러므로 우리는 '우리가 우리에게 죄지은 자를 사하여 준 것같이'라는 기도문이, 본질적인 죄까지 용서받은 우리가 사람과의 관계에서 일어나는 누군가의 잘못을 왜 용서하지 못하겠느냐는 의미임을 알게 된다.

마태복음 18장에는 '용서'에 대한 이야기가 등장한다. 베드로가 예수님께 "주여, 형제가 내게 죄를 범하면 몇 번이나 용서하여 주리이까? 일곱 번까지 하오리이까?"(마 18:21) 하고 호기롭게 물었다. 베드로는 그 정도면 충분하고도 남는다고 생각했다. 그러나 예수님께서는 "일곱 번뿐 아니라 일곱 번을 일흔 번까지라도 할지니라"(마 18:22)고 대답하시며 그 이유를 설명해 주셨다. 왕에게 1만 달란트 빚진 종이 빚을 갚지 못하게 되었다. 왕은 종에게 아내와 자식들을 팔아 그 돈으로 빚을 갚을 것을 명했다. 종은 왕에게 반드시 갚을 테니 좀더 기다려 주시기를 애원하였고, 그를 불쌍히 여긴 왕은 그의 빚 1만 달란트를 깨끗하게 탕감해 주었다. 이 사람이 돌아가는 길에 자기에게 100데나리온 빚진 채무자를 만났다. 그는 대뜸 채무자의 멱살을 움켜잡고 왜 빚을 갚지 않느냐고 소리쳤다. 채무자는 반드시 갚을 테니 조금만 더 기다려 달라고 애원하였다. 1달란트가 6천 데나리온이니, 그가 왕으로부터 탕감받은 1만 달란트는 무려 6천만 데나리온이었다. 그렇다면 그 역시 자기에게 겨우 100데나리온 빚진 채무자의 빚을 탕감해 줌이 마땅했다. 100데나리온이라면, 그가 왕으로부터 탕감받은 금액의 60만 분의 1에 지나지 않았기 때문이다. 하지만 그는 채무자를 고소하여 감옥에 가두어 버렸다. 그의 고약한 행위는 그 광경을 목격한 주위 사람들에 의해 왕에게 보고되었다. 왕은 자신으로부터 6천만 데나리온의 자비를 받은 사람이 100데나리온의 자비도 베풀지 않고 도리어 악을 행하였다는 사실에 대노했다. 왕은 그 괘씸한 인간을 소환하여 크게 꾸짖은 뒤에 1만 달란트의 빚을 다 갚기까지 감옥에 가두어 두게 했다.

우리는 하나님으로부터 6천만 데나리온의 빚을 탕감받았다. 우리의 본질적인 죄까지 용서받았기 때문이다. 그러므로 사람들이 우리에게 아무리 잘못한다 한들, 그들의 빚은 우리가 하나님께로부터 탕감받은 빚에 비하면 60만 분의 1밖에 되지 않는다. 60만 분의 1이면, 실은 아무것도 아니다. 이 사실을 깨달은 사람만 용서할 수 있다. 그러므로 "우리가 우리에게 죄지은 자를 사하여 준 것같이"라고 기도를 드리는 것은, 우리가 하나님으로부터 6천만 데나리온을 탕감받은 존재임을 마음속으로 되뇌면서 누군가의 100데나리온을 탕감해 줄 것을 결단함을 의미한다.

우리를 위한 기도의 세 번째 문장은 "우리를 시험에 들게 하지 마시옵고"이다. 우리말 '시험'에 해당하는 헬라어 명사는 '페이라스모스$_{πειρασμός}$'이고, 동사는 '페이라조$_{πειράζω}$'다. 《새신자반》에서 배운 것처럼, 이 단어는 '시험'의 주체가 누구냐에 따라 그 의미가 달라진다. '시험'의 주체가 하나님이시면 '훈련'이다. 하나님의 모든 '시험'은 '훈련'이다. 앞에서도 언급했듯이 하나님께서 우리를 '시험'하시는 이유는 우리에게 인생의 해답을 알게 해주시고, 강인한 사람이 되게끔 우리를 훈련시켜 주시기 위함이다. 그러나 '시험'의 주체가 사탄이면 '유혹'이다. 사탄의 '시험'은 언제나 인간을 넘어뜨리기 위한 '유혹'이다. 그러므로 "우리를 시험에 들게 하지 마시옵고"라는 주님의기도는 유혹에 빠지지 않게 해달라는 뜻이다. 그렇다면 이 기도문이 지닌 몇 가지 의의를 생각할 수 있다.

첫째로 이 기도문은 우리로 하여금, 주님의 도우심이 없다면 사탄의 유혹에 넘어질 수밖에 없는 연약한 우리의 존재를 재인식하게 해준다. 우리는 절대로 강한 존재가 아니다. 베드로가 예수님을 부인한 것은 베드로만의 이야기가 결코 아니다. 그대와 나, 우리 모두의 이야기다.

> 근신하라 깨어라 너희 대적 마귀가 우는 사자같이 두루 다니며 삼킬 자를 찾나니(벧전 5:8)

사탄은 어떤 식으로든 우리를 넘어뜨리려고 한다. 그러나 주님께서 사탄의 유혹을 이기셨기에, 우리 역시 주님의 도우심 속에서 사탄을 이길 수 있다. 주님의 공생애는 광야에서 사탄의 유혹을 물리치시는 것으로 시작되었고, 십자가에서 사탄을 제압하시는 것으로 완성되었다.

둘째로 이 기도문은 우리로 하여금, 우리의 삶 속에서 크고 작은 유혹거리를 적극적으로 제거해 가도록 우리를 이끈다. "시험에 들지 않게 해주십시오. 유혹에 빠지지 않게 해주십시오"라고 날마다 기도하면서도 자신을 쉽게 넘어뜨리는 유혹거리들 속에서 살아간다면, 그것은 계속 유혹에 빠져 살겠다는 말밖에 되지 않는다. 그대가 진정으로 유혹에 빠지지 않기를 원한다면 그대를 넘어뜨릴 수 있는 유혹거리들을 그대 스스로 제거해야 한다. 그것이 그리스도인의 거룩, 곧 구별이다.

다음은 사도 바울의 권면이다.

> 끝으로 형제들아 무엇에든지 참되며 무엇에든지 경건하며 무엇에든지 옳으며 무엇에든지 정결하며 무엇에든지 사랑받을 만하며 무엇에든지 칭찬받을 만하며 무슨 덕이 있든지 무슨 기림이 있든지 이것들을 생각하라(빌 4:8)

"너 자신과 네 삶을 돌아보며, 네가 진정으로 참되고 정결할 수 있도록 너 자신을 가꾸어라. 거기에 방해가 되는 것은 모두 버리라"는 의미이다. 그때에야 우리가 정결한 삶을 살 수 있고 유혹에 빠지지 않을 수 있기 때문이다. 그대 주위에 돌아보라. 그대를 유혹하고 실족하게 하는 것이 있다면 그것이 무엇이든지 버려야 한다. 그것이 그대가 그리스도인으로서 후회 없이 사는 길이다.

셋째로 이 기도문은 우리로 하여금, 유혹에 빠지지 않도록 성도의 거룩한 교제를 실천하게 한다. 자신이 유혹에 빠지지 않는 것도 중요하지만 그보다 더 중요한 것은, 자신으로 인해 누군가가 유혹에 빠지거나 실족하지 않게 하는 것이다. 주님께서는 "그가 이 작은 자 중에 하나를 실족하게 할진대 차라리 연자맷돌이 그 목에 매여 바다에 던져지는 것이 나으리라"(눅 17:2)고 말씀하셨다. 인간을 넘어뜨리는 것은 그만큼 무서운 범죄다. 그러므로 이 세상을 살아가는 동안 자기 때문에 누군가가 유혹에 빠지거나 실족하지 않도록, 성도의 거룩한 교제를 통해 서로서로 세워 주고 지켜 주어야 한다.

> 그들이 사도의 가르침을 받아 서로 교제하고 떡을 떼며 기도하기를 힘쓰니라(행 2:42)

초대교회 교인들은 서로 교제하는 가운데 함께 유혹을 이기고 더불어 거룩한 삶을 살았다. 석탄 하나는 아무 힘도 발휘하지 못하지만 석탄이 모이면 겨울 찬바람을 이긴다. 그러나 불타는 석탄더미 속에서 석탄 하나를 꺼내면 그 한 개의 석탄은 금방 꺼져 버린다. 신앙생활도 이와 마찬가지다. 우리는 '우리'라는 신앙 공동체를 통해 거룩한 그리스도인으로 굳건하게 세워져 갈 수 있다.

우리를 위한 기도의 마지막 문장은 "다만 악에서 구하시옵소서"이다. 우리말 '구하시옵소서'라고 번역된 헬라어 '뤼오마이ῥύομαι'는 '건져 내다',

'구출하다'라는 의미다. '건져 내다'라는 말은 어디엔가 빠져 있다는 것을 전제로 한다. 건져 내거나 구해 내는 것은 빠져 있는 사람에게만 필요한 일이란 말이다. 그러므로 "다만 악에서 구하시옵소서"라는 기도문에서 '악'은 결코 추상적이거나 모호한 개념이 아니다. '악'은 사람을 사람이 아닌 상태로 끌어내리는 구체적인 세력이다. 그러므로 이 기도를 드릴 때마다 우리는 언제든지 '악'에 빠질 수 있는데, '악'은 우리에게서 사람됨을 앗아가는 것임을 상기해야 한다. '짐승 같은 인간' 혹은 '짐승보다 못한 인간'이라는 표현이 있다. 악에 빠져 사람됨을 상실해 버린 사람은 더 이상 사람이 아니라는 말이다.

사람이 사람됨을 상실한다는 것은 구체적으로 어떤 의미일까? 하나님께서 아담을 만드셨다. 히브리어 동사 '아담םדא'은 본래 '(얼굴을) 붉히다'라는 의미다. 따라서 사람이 사람됨을 상실하는 것은 '얼굴 붉힘'의 상실을 뜻한다. 다시 말해 수치심을 잃어버리는 것이다. 수치심의 상실은 악의 제일가는 특성이다. 누구든 악에 빠지면 수치심부터 없어진다. 범죄한 아담은 자신이 벌거벗었음을 깨닫고 무화과나무 잎으로 치마를 만들어 입었다. 그리고 하나님의 음성이 들리자 나무 사이에 숨어 버렸다. 하나님께서 아담에게 "네가 어디 있느냐?"(창 3:9)고 하시자, 아담의 대답이 "내가 벗었으므로 두려워하여 숨었나이다"(창 3:10)였다. 악에 빠지면 두려움은 느끼지만 죄의 수치는 모른다. 아담이 그랬다. 육체가 벗은 것은 두려워 숨었지만 죄의 수치는 전혀 느끼지 못했다. 이미 사람됨을 상실해 버린 탓이었다.

그 가운데에 계시는 여호와는 의로우사 불의를 행하지 아니하시고 아침마다 빠짐없이 자기의 공의를 비추시거늘 불의한 자는 수치를 알지 못하는도다(습 3:5)

말씀으로 천지를 창조하신 하나님께서 아침마다 당신의 말씀과 삼라만상을 통해 당신의 공의를 비추어 주시지만, 악에 빠진 불의한 인간은 수치를 전혀 모른다. 그대가 성경을 읽으면서 그대 자신에 대해 수치를 느낄 때가 있다면 그대는 영적으로 깨어 있는 사람이다. 그러나 성경을 아무리 읽어도 조금도 수치를 느끼지 못한다면, 그대는 혹 사람됨을 상실한 채 살고 있는 것은 아닌지 그대의 영적 상태를 말씀의 거울 앞에 비춰 보아야 한다.

"다만 악에서 구하시옵소서"라는 기도는, 그러므로 더더욱 말씀이신 하나님을 경외하며 살겠다는 결단을 의미한다. 인생 사용설명서인 하나님의 말씀을 떠나서는 사람이 사람으로 살아갈 도리가 없는 까닭이다. 누구든 말씀 안에서 살면 그 사람은 악과 무관해진다.

> 네 악이 너를 징계하겠고 네 반역이 너를 책망할 것이라 그런즉 네 하나님 여호와를 버림과 네 속에 나를 경외함이 없는 것이 악이요 고통인 줄 알라 주 만군의 여호와의 말씀이니라(렘 2:19)

끔찍한 살인이나 강도짓을 저지르지 않아도, 말씀이신 하나님을 경외하지 않는 것 자체가 악이요 고통이다. 인생 사용설명서인 하나님의 말씀을 따르지 않는 것 자체가 이미 사람됨을 포기하였음을 의미하는 탓이다. 그래서 그와 같은 삶은 결과적으로 고통으로 끝날 수밖에 없다. '악'은 헬라어로 '포네로스$_{πονηρός}$'인데 '바쁘다', '수고하다', '애쓰다'라는 의미의 동사 '포네오$_{πονέω}$'에서 파생되었다. 즉 하나님 없이 바쁜 것이 악이다. 하나님 없이는, 바쁘고 수고하고 애쓸수록 사실은 더 악에 빠지기 마련이다.

오래전 광주 비엔날레에서 크게 감명받은 작품이 있다. 한국 조각가

구본주 씨의 작품으로, 제목이 'Mr. Lee'였다. '미스터 리'가 가방을 겨드랑이에 끼고, 넥타이가 등 뒤로 제쳐질 정도로 황급히 뛰어가는 모습의 조각이었다. 그 조각은 까닭도 없이 바쁘기만 한 현대인의 상징이었다. 오늘날 현대인은 얼마나 바쁜가? 옛날 같으면 걸어서 하루 이틀 가야 할 거리를 지금은 자동차나 기차를 타고 매일 출퇴근한다. 새벽부터 밤늦게까지 눈코 뜰 새 없이 바쁘게 뛰어다닌다. 가족의 얼굴도 제대로 보기가 어려울 정도로 바쁘기만 하다. 그러나 그대는 스스로 자문해 보아야 한다. 그대가 왜 그토록 바쁜지, 그대의 바쁜 삶 속에 하나님이 계시는지, 그대의 그렇듯 바쁜 일이 하나님과 대체 무슨 관계가 있는지……. 이런 물음 없이 그대가 단지 바쁘기만 하다면, 그대가 바쁜 만큼, 그대 자신도 모르게 더 악에 빠질지도 모른다.

4) 송영

(대개) 나라와 권세와 영광이 아버지께 영원히 있사옵나이다 아멘

주님의기도 마지막 단락은 송영頌榮이다. 이 단락에서 먼저 생각할 것은, 개역개정판 성경에는 빠져 있지만 개역한글판에는 번역되어 있으며 우리가 주님의기도를 드릴 때에도 응당 포함되는 '대개'라는 단어의 뜻이다. 많은 사람들이 '대개'를 '거의'로, 다시 말해 영어의 'almost'로 착각한다. 그래서 권세와 영광이 아버지께 있으려면 몽땅 다 있어야지 왜 '거의' 있다고 하는지 궁금해한다. 하지만 한자어 '대개大蓋'는 '큰 원칙으로 보건대'라는 의미다. 이것은 헬라어의 뜻을 정확하게 옮긴 것이 아니다. 헬라어 원문에는 '호티ὅτι'라고 기록되어 있는데, 그 의미는 '왜냐하면 because'이다. 즉 주님의기도를 드리는 이유를 밝히는 단어다. 우리가 지금

까지 살펴본 내용의 주님의기도를 드리는 이유는 '나라와 권세와 영광이 아버지께 영원히 있'기 때문이다. 영원한 나라, 영원한 권세, 영원한 영광이 오직 하나님 한 분께만 있기에 그 하나님을 아버지로 부르며 아버지의 나라가 임하고 아버지의 뜻이 이루어지기를, 그리고 아버지께서 일용할 양식을 주시고 죄를 용서해 주시며 악에서 구하여 주실 것을 기도드리는 것이다.

송영이 우리에게 주는 또 다른 깨달음은, 주님의기도는 '아버지'로 시작해서 '아버지'로 끝맺는다는 것이다. 하나님을 "아버지"라고 부르며 시작한 주님의기도는 마지막 단락인 송영에서 "나라와 권세와 영광이 아버지께 영원히 있사옵나이다"로 끝을 맺는다. 우리말로는 '아버지께'로 번역되어 있지만 헬라어 원문에는 2인칭인 '당신께'라고 기록되어 있다. 그러나 우리말로는 '당신'이 2인칭 존칭이 될 수 없기에 '당신' 대신 '아버지께'라고 번역한 것이다.

하지만 생각해 보면 '당신'의 의미가 훨씬 더 깊다. '아버지'라고 시작한 주님의기도는 '당신'으로 끝난다. '아버지'라고 시작할 때는 하나님이 조금 멀게 느껴질 수도 있지만, '당신'이라고 하면 대단히 친밀해진다. 그러므로 우리는 하나님을 '아버지'로 부르며 주님의기도를 드릴수록, 하나님을 바로 우리 앞에 계시는 '당신'으로 느낄 수 있어야 한다. 우리를 품고 계시는 '아버지 당신'의 숨결과 온기를 느낄 수 있어야 한다는 말이다. 주님의기도가 '아버지'로 시작해서 '당신'으로 끝나는 이유가 여기에 있다.

그리고 송영의 마지막 단어이자 주님의기도의 마지막 단어는 "아멘"이다. 아멘은 '진실'이라는 의미다. 주님께서 자주 제자들에게 "진실로 너희에게 이르노니"라고 말씀하셨다. 우리말 '진실로'라고 번역된 헬라어가 '아멘ἀμήν'이다. 주님의 말씀은 모두 참말씀이라는 의미였다. 또 '아멘'에는 '동의'한다는 뜻도 있다. 예배 시간에 기도자의 기도가 끝나는 순간, 기도자와 예배 참석자가 동시에 "아멘"이라고 한다. 그것은 기도자의 입장에서는 "하나님, 지금 제가 드린 기도 내용은 모두 진실입니다"라는 고백이다. 그리고 그 예배 참석자들의 입장에서는, "하나님, 이분의 기도 내용에 전적으로 동의합니다. 이분 기도가 곧 저의 기도입니다"라는 고백이 된다. 성가대의 찬양이 끝날 때 교인들이 "아멘" 화답하는 것도 같은 이유다. "하나님, 저분들의 찬양에 저도 제 중심을 실었습니다. 저분들의 찬양은 제 찬양이기도 합니다"라는 의미인 것이다. 또한 '아멘'은 '이루어 주십시오', '믿습니다', '확신합니다'라는 의미도 지니고 있다. 주님의기도는 이런 의미를 지닌 '아멘'으로 끝난다. 하나님 아버지에 대한 전폭적인 신뢰와 전적인 자기 의탁으로 끝나는 것이다.

다시 마태복음 6장을 보자.

> 그러므로 그들을 본받지 말라 구하기 전에 너희에게 있어야 할 것을 하나님 너희 아버지께서 아시느니라 그러므로 너희는 이렇게 기도하라 하늘에 계신 우리 아버지여 이름이 거룩히 여김을 받으시오며
>
> (마 6:8-9)

주님께서 우리에게 "이제까지 너희는, 하나님께서 너희에게 필요한 것이 무엇인지도 모르신다고 불신하며 기도하지 않았느냐? 그래서 너희의 기도는 항상 이방인처럼 중언부언하기만 했지? 그러나 이제는 믿어라. 하나님께서는 너희에게 있어야 할 것을 이미 다 알고 계신다. 그러므로 너희는 지금부터 수준 높은 기도를 드려라"시며 주님의기도를 가르쳐 주셨다. 그리고 그 주님의기도는 "우리가 이런 수준 높은 기도를 드릴 수 있음은, 우리에게 있어야 할 것을 다 알고 계시는 하나님 아버지 덕분입니

다"라는 의미의 고백인 '아멘'으로 끝난다. 하나님 아버지께서 우리에게 있어야 할 것들을 다 알고 계신다는 확신과 믿음의 동기는 창세기 1장 1절이다.

> 태초에 하나님이 천지를 창조하시니라

하나님께서 우리를 창조하셨기에, 하나님께서는 우리에 대해 모르시는 것이 없으시다. 그 신뢰의 바탕 위에서 주님의기도를 드릴수록 우리 기도의 수준이 달라지고, 그 결과는 우리 삶의 성숙으로 드러날 것이다.

결론

첫째, 주님의기도는 기도의 방향과 틀 그리고 수준을 교정해 주는 기도의 거울이다. 주님의기도를 통해 우리는 우리가 매일 드리는 기도의 방향이 잘못되지는 않았는지, 우리가 그릇된 기도의 틀을 지니고 있는 것은 아닌지, 또 기도의 수준이 형편없지는 않은지, 스스로 점검할 수 있다. 교부 터툴리아누스는 "주님의기도는 복음 전체의 개요이며, 기도의 정수이고, 기도를 가르쳐 주는 기도"라고 말했다. 사복음서의 요점이 주님의 기도에 들어 있으며, 모든 기도를 대표하는 기도의 본이라는 의미다. 그래서 주님의기도는 우리 자신의 기도를 점검하고 교정해 주는 거울이다.

둘째, 주님의기도는 우리 신앙의 성숙을 위한 결단의 기도이다. 그저 자신의 욕구나 원하는 바를 구하는 것이 아니라, 그리스도인으로서 성숙한 삶을 추구하기를 결단하는 기도다. '나' 중심의 삶에서 '하나님'과 '우리'를 위한 삶의 결단이다. 그래서 이 짧은 주님의기도 속에 '우리'라는 단어가 여섯 번이나 나온다. 바꾸어 말하면 주님의기도에는 '나' 개인을 위한 기도는 한 마디도 없다. '나'는 그리스도 안에서 이미 '우리'이기 때문이다.

마지막으로, 이 기도의 원천은 우리를 책임져 주시는 하나님에 대한 전적인 신뢰다. 하나님에 대한 전적인 신뢰가 있는 사람만 주님의기도와 같은 성숙한 기도를 드릴 수 있고, 그 결과 성숙한 그리스도인으로 살아갈 수 있다. 기도와 믿음, 기도와 삶은 반비례하는 법이 없기 때문이다.

주님께서 우리에게 주님의기도를 가르쳐 주신 마태복음 6장은 다음과 같이 막을 내리기 시작한다.

> 그러므로 내가 너희에게 이르노니 목숨을 위하여 무엇을 먹을까 무엇을 마실까 몸을 위하여 무엇을 입을까 염려하지 말라 목숨이 음식보다 중하지 아니하며 몸이 의복보다 중하지 아니하냐 공중의 새를 보라 심지도 않고 거두지도 않고 창고에 모아들이지도 아니하되 너희 하늘 아버지께서 기르시나니 **너희는 이것들보다 귀하지 아니하냐** 너희 중에 누가 염려함으로 그 키를 한 자라도 더할 수 있겠느냐
>
> (마 6:25-27)

우리의 기도는 지금까지 무엇을 먹을까, 무엇을 마실까, 무엇을 입을까에 국한되어 있었다. 그래서 우리는 주님의기도와 같은 수준 높은 기도를 드릴 수가 없었다. 그대는 우리가 창공을 나는 새보다 더 귀한 존재임을 진심으로 믿고 있는가?

또 너희가 어찌 의복을 위하여 염려하느냐 들의 백합화가 어떻게 자라는가 생각하여 보라 수고도 아니하고 길쌈도 아니하느니라 그러나

내가 너희에게 말하노니 솔로몬의 모든 영광으로도 입은 것이 이 꽃 하나만 같지 못하였느니라 오늘 있다가 내일 아궁이에 던져지는 들풀도 하나님이 이렇게 입히시거든 하물며 너희일까보냐 **믿음이 작은 자들아** 그러므로 염려하여 이르기를 무엇을 먹을까 무엇을 마실까 무엇을 입을까 하지 말라 이는 다 이방인들이 구하는 것이라 너희 하늘 아버지께서 이 모든 것이 너희에게 있어야 할 줄을 아시느니라

(마 6:28-32)

그대와 나는 주님 보시기에 믿음이 작은 자인가, 반대로 큰 자인가? 주님께서는 어떤 경우에도 먹고 사는 문제가 우리 기도의 핵심일 수 없음을 다시 강조하셨다.

그런즉 너희는 먼저 그의 나라와 그의 의를 구하라 그리하면 이 모든 것을 너희에게 더하시리라(마 6:33)

기도의 최종 목표, 하나님의 나라와 그의 의를 먼저 구하는 기도가 바로 주님의기도다. 그 기도의 결과가 우리의 삶으로 드러나게 해야 한다. 나머지는 하나님께서 책임져 주신다. 하늘의 새들도 먹이시고 땅의 들풀도 입히시는 하나님이시거늘, 당신의 나라와 의를 먼저 구하며 살아가는 당신의 자녀들을 책임져 주시지 않는다면, 도대체 우리가 그런 무책임한 하나님을 믿어야 할 까닭이 어디에 있겠는가?

그러므로 내일 일을 위하여 염려하지 말라 내일 일은 내일이 염려할 것이요 한 날의 괴로움은 그날로 족하니라(마 6:34)

주님께서는, 내일 일은 내일을 주신 하나님이 책임져 주실 것이므로 걱정하지 말라신다. 그 말씀이, 우리에게 괴로움은 조금도 없을 것이란 의미는 아니다. 주님께서는 "한 날의 괴로움은 그날로 족하니라"고 말씀하셨다. 살아 있는 인간에게 괴로움은 분명히 있다. 하나님께서 주시는 창조적인 괴로움이다. 괴로움이 있어야 우리는 세상의 유혹을 끊고 하나님만 바라보게 된다. 자신의 연약함을 자각할 때에 하나님의 강하심을 더욱 의지하지 않는가? 그러나 주님께서 괴로움이 영원히 지속될 것이라고 말씀하시지 않았다. '한 날 괴로움은 그날로 족하'다고 하셨다. 그날 필요하면 하나님께서 괴로움을 주실 것이다. 그러나 그날로 끝이다. 그다음 날은 그다음 날을 주신 하나님이 또 책임져 주실 것이다.

"그러므로 너희는 이렇게 기도하라"고 명령하신 주님을 전폭적으로 신뢰하는 사람만, 날마다 주님의기도를 삶으로 드릴 수 있다.

6 십계명

출애굽기 20장 3-17절

제일은, 너는 나 외에는 다른 신들을 네게 두지 말라
제이는, 너를 위하여 새긴 우상을 만들지 말고 또 위로 하늘에 있는 것이나 아래로 땅에 있는 것이나
　　　　땅 아래 물속에 있는 것의 어떤 형상도 만들지 말며 그것들에게 절하지 말며 그것들을 섬기지 말라
제삼은, 너는 네 하나님 여호와의 이름을 망령되게 부르지 말라
제사는, 안식일을 기억하여 거룩하게 지키라
제오는, 네 부모를 공경하라
제육은, 살인하지 말라
제칠은, 간음하지 말라
제팔은, 도둑질하지 말라
제구는, 네 이웃에 대하여 거짓 증거하지 말라
제십은, 네 이웃의 집을 탐내지 말라

십계명에 대한 사전 이해

먼저 아득한 옛날의 십계명이 오늘날에도 유효한 성경적 근거를 살펴보기로 하자. 어떤 사람들은 구약의 유산인 십계명은 신약시대인 오늘날에는 용도 폐기되어야 한다고 주장한다. 그러므로 오늘날에도 십계명이 하나님의 절대적인 명령으로 여전히 유효하다면 반드시 성경적인 근거가 있어야 한다.

첫째로, 출애굽기 말씀을 살펴보자.

> 여호와께서 모세에게 이르시되 너는 산에 올라 내게로 와서 거기 있으라 네가 그들을 가르치도록 내가 율법과 계명을 **친히** 기록한 돌판을 네게 주리라(출 24:12)

여기서 중요한 단어는 '친히'이다. 하나님께서 친히 기록하신 돌판을 모세에게 주셨다.

여호와께서 두 돌판을 내게 주셨나니 그 돌판의 글은 **하나님이 손으로 기록하신 것이요** 너희의 총회 날에 여호와께서 산상 불 가운데서 너희에게 이르신 모든 말씀이니라 (신 9:10)

제4장에서 언급했던 것처럼, 그 돌판은 하나님께서 직접 기록하여 주신 것으로 십계명이었다. 하나님께서 모세에게 십계명을 단 한 번 써주신 것이 아니었다. 모세가 하나님께서 직접 써주신 십계명 돌판을 들고 시내산을 내려와 보니, 이스라엘 백성들이 하나님을 망각한 채 금송아지를 만들어 경배하고 있었다. 대노한 모세가 그들을 향하여 돌판을 던졌고, 돌판은 깨어져 버리고 말았다. 그렇다고 하나님께서 모세더러 십계명을 다시 쓰게 하신 것은 아니었다.

여호와께서 모세에게 이르시되 너는 돌판 둘을 처음 것과 같이 다듬어 만들라 네가 깨뜨린 처음 판에 있던 말을 **내가 그 판에 쓰리니** (출 34:1)

모세가 여호와와 함께 사십 일 사십 야를 거기 있으면서 떡도 먹지 아니하였고 물도 마시지 아니하였으며 **여호와께서는 언약의 말씀 곧 십계명을 그 판들에 기록하셨더라** (출 34:28)

모세는 두 개의 돌판을 다듬어 만들었을 뿐이고, 그 돌판에 십계명을 다시 쓰신 분은 하나님이셨다. 두 번 다 하나님께서 직접 십계명을 써주신 것이다. '말씀묵상'에서 배운 것처럼, 하나님께서는 1500년에 걸쳐 40여 명의 사람들을 동원하여 당신의 말씀을 기록하게 하셨다. 성경은 하나님의 말씀이지만, 하나님의 부르심을 받은 사람들의 기록인 것이다. 그러나 십계명만은 유일하게 하나님께서 직접 써주셨다. 한 번이 아니라 동일한 내용을 두 번씩이나 손수 써주셨다. 십계명이 시간과 공간을 초월하여 영원히 유효한, 하나님의 절대적인 명령이기 때문이다.

둘째로, 신명기의 말씀을 살펴보자. 신명기는 모세가 모압광야에서, 가나안 입성 직전의 이스라엘 백성에게 전한 하나님의 말씀이라 했다.

> 모세가 온 이스라엘을 불러 그들에게 이르되 이스라엘아 오늘 내가 너희의 귀에 말하는 규례와 법도를 듣고 그것을 배우며 지켜 행하라 우리 하나님 여호와께서 호렙산에서 **우리와** 언약을 세우셨나니 이 언약은 여호와께서 우리 조상들과 세우신 것이 아니요 **오늘 여기 살아 있는 우리 곧 우리와** 세우신 것이라(신 5:1-3)

본문은 모세가 이스라엘 백성에게 하나님께서 주신 십계명에 대해 설명하는 장면이다. 이스라엘 백성이 십계명을 받은 곳은 시내산 즉 호렙산이었고, 지금의 위치는 모압 광야다. 시내산에서 십계명을 받은 것은 40년 전의 일이고, 지금은 그때로부터 40년 후다. 그렇지만 '말씀묵상'에서 확인해 보았듯이 모세는, 십계명이 하나님께서 '우리'와 세운 언약이라고 선포했다. 40년 전에 십계명을 처음 받은 1세대는, 모세와 갈렙 그리고 여호수아를 제외하고는 광야에서 모두 죽었다. 지금 모세 앞에 있는 사람들은 40년 전에 어린아이였거나 태어나지도 않았던 출애굽 1.5세대와 2세대였다. 그들을 향해 모세는 '이 언약은 여호와께서 우리 조상들과 세우신 것이 아니요, 오늘 여기 살아 있는 우리 곧 우리와 세우신 것'임을 강조했다. 그렇다면 모세가 강조한 '우리'는 3400년 전 모압 광야의 이스라엘 백성만을 의미하지 않는다. 본문의 '우리' 속에는 시간과 공간을 초월하여 본문을 접하는 우리 각자도 포함되어 있다.

하나님의 말씀이 시공을 초월한 말씀이기 때문이다. 본문의 '우리'에 그대의 이름을 넣어 다시 읽어 보라.

> 모세가 온 이스라엘을 불러 그들에게 이르되 이스라엘아 오늘 내가 너희의 귀에 말하는 규례와 법도를 듣고 그것을 배우며 지켜 행하라 ○○○(의) 하나님 여호와께서 호렙산에서 ○○○과(와) 언약을 세우셨나니 이 언약은 여호와께서 ○○○(의) 조상들과 세우신 것이 아니요 오늘 여기 살아 있는 ○○○ 곧 ○○○과(와) 세우신 것이라

신약시대인 오늘날에는 십계명은 더 이상 유효하지 않다는 것은 무지의 소치다. 십계명은 언제나 현재형으로 유효한 하나님의 명령이다.

셋째로, 솔로몬이 예루살렘성전을 하나님께 봉헌하는 장면을 보자.

> 제사장들이 여호와의 언약궤를 그 처소로 메어 들였으니 곧 성전의 내소인 지성소 그룹들의 날개 아래라 그룹들이 그 궤 처소 위에서 날개를 펴서 궤와 그 채를 덮었는데 채가 길므로 채 끝이 내소 앞 성소에서 보이나 밖에서는 보이지 아니하며 그 채는 오늘까지 그곳에 있으며 그 궤 안에는 **두 돌판 외에 아무것도 없으니** 이것은 이스라엘 자손이 애굽 땅에서 나온 후 여호와께서 저희와 언약을 맺으실 때에 모세가 호렙에서 그 안에 넣은 것이더라 (왕상 8:6-9)

솔로몬은 예루살렘성전의 지성소에 하나님의 상징인 언약궤 즉 법궤를 안치했는데, 그 속에 넣은 것은 하나님의 말씀이었다. 그러나 솔로몬은 사람이 양피지에 기록한 두루마리가 아니라, 하나님께서 당신의 손으로 직접 기록하신 십계명의 두 돌판을 법궤 속에 안치했다. 그것은 솔로몬의 발상이 아니라 하나님의 명령이었다. 하나님께서 당신 자신과, 당신

이 직접 써주신 십계명의 말씀을 동일시하신 것이다.

> 너희는 너희가 **하나님의 성전**인 것과 하나님의 성령이 너희 안에 계시는 것을 알지 못하느냐(고전 3:16)

성경은 우리 자신을 가리켜 성전이라 부른다. 그러므로 우리가 성전이 되기 위해서는 언약궤를 품고 있어야 하는데, 그 언약궤에 들어 있는 말씀의 핵심은 두말할 것도 없이 십계명이다. 아무리 세월이 흘러도, 십계명은 그리스도인이 반드시 품고 살아야 할 하나님의 절대적인 명령이다.

넷째로, 요한 사도는 자신이 본 천국을 다음과 같이 증언하였다.

> 이에 하늘에 있는 하나님의 성전이 열리니 성전 안에 **하나님의 언약궤**가 보이며 또 번개와 음성들과 우레와 지진과 큰 우박이 있더라 (계 11:19)

요한 사도가 보니, 천국에 있는 하나님의 성전에도 하나님의 언약궤가 있었다. 십계명이 들어 있는 언약궤가 천국에도 있다는 말이다. 이것은 "살인하지 말라", "간음하지 말라"는 것과 같은 십계명이 천국에서도 필요하다는 말이 아니다. 우리가 천국에 이르기까지 십계명은 소멸되지 않는 하나님의 명령임을 우리에게 일깨워 주시기 위함이다. 십계명은 시간과 공간을 초월하여 언제 어디서나 항상 유효하다.

이제 십계명이 이처럼 중요한 이유를 생각해 보자. 십계명 장으로 불리는 출애굽기 20장은 다음과 같이 시작된다.

하나님이 이 모든 말씀으로 말씀하여 이르시되 나는 너를 애굽 땅, 종 되었던 집에서 인도하여 낸 네 하나님 여호와니라(출 20:1-2)

하나님의 이 말씀이 십계명의 대전제다. 성경에서 이집트는 죄와 사망의 상징이다. 십계명이 중요한 첫 번째 이유는, 하나님께서 죄와 사망에 빠진 인간을 구해 주셨기 때문이다. 죄와 사망의 노예였던 인간을 구해 주실 뿐 아니라 당신의 자녀로 신분을 바꾸어 주셨다. 그리고 그 신분에 걸맞은 수준의 삶을 살도록 명령하신 것이 십계명이다. 어머니가 돌아가신 후 부엌데기로 전락한 신데렐라는 왕자의 일방적인 선택으로 왕자비가 되었다. '부엌데기'의 신분이 '왕자비'의 신분으로 상승한 것이다. 왕자비가 된 신데렐라가 왕궁에서 부엌데기 시절의 사고방식으로 살려 하면 그녀의 신혼생활은 이내 파경을 맞고 말 것이다. 신데렐라를 아내로 맞은 왕자는 그녀에게 왕자비의 신분에 걸맞은 수준의 삶을 가르쳐 줄 것이다. 왕자 자신을 위해서가 아니라 신데렐라를 위해서다. 그 수준의 삶이 몸에 배어야 왕궁에서 왕자비의 역할을 다할 수 있기 때문이다.

우리는 부엌데기보다도 더 못했던 죄와 사망의 노예들이었는데, 하나님의 절대적인 사랑에 의해 하나님의 자녀로 신분이 바뀌었다. 신데렐라의 신분 상승과는 비교가 불가능한 수직 상승이다. 그렇다면 그 신분에 걸맞은 수준의 삶을 삶이 마땅하다. 하나님께서 그 수준의 삶을 살게끔 당신의 계명을 주셨고, 그것이 바로 십계명이다. 그렇기에 십계명의 중요성은 절대적이다. 하나님께서 십계명을 주신 것은 하나님 당신을 위함이 아니라 바로 우리를 위함인 것이다. 이런 의미에서 "나는 너를 애굽 땅, 종 되었던 집에서 인도하여 낸 네 하나님 여호와니라"라는 하나님의 말씀은 얼마나 중요한지 모른다. 유대인들은 지금도 이 말씀을 십계명의 제1계명으로 삼고 있다. 그 대신 그들은 잠시 후에 살펴볼, 우리가 말하는

1계명과 2계명을 한데 묶어 2계명이라 한다. 그들이 "나는 너를 애굽 땅, 종 되었던 집에서 인도하여 낸 네 하나님 여호와니라"라는 하나님의 말씀을 십계명 제1계명으로 삼는 것은, 바로 그 말씀이 십계명을 반드시 지켜야 할 대전제이기 때문이다.

십계명이 중요한 두 번째 이유는, 하나님 사랑과 사람 사랑의 구체적인 내용을 제시해 주기 때문이다.

> 예수께서 사두개인들로 대답할 수 없게 하셨다 함을 바리새인들이 듣고 모였는데 그중의 한 율법사가 예수를 시험하여 묻되 선생님 율법 중에서 어느 계명이 크니이까 예수께서 이르시되 네 마음을 다하고 목숨을 다하고 뜻을 다하여 주 너의 하나님을 사랑하라 하셨으니 이것이 크고 첫째 되는 계명이요 둘째는 그와 같으니 네 이웃을 너 자신 같이 사랑하라 하셨으니 이 두 계명이 온 율법과 선지자의 강령이니라 (마 22:34-40)

앞에서 설명한 것처럼, 율법사가 예수님께 "율법 중에서 어느 계명이 크"냐고 물은 것은 예수님을 올무에 빠뜨리기 위함이었다. 유대인들은 하나님의 율법서인 창세기·출애굽기·레위기·민수기·신명기를 해부하여 613개의 계명으로 나누었다. 그리고 613개의 계명을 하나님께서 "하라"고 명령하신 적극적 계명 248개와 "하지 말라" 명령하신 소극적 계명 365개로 다시 나누었다. 그렇게 하고서도 그 계명들 가운데 어느 계명이 가장 큰지를 놓고 서로 논쟁하였다. 그런 상황 속에서는 예수님께서 어떤 계명으로 답하신다 해도 논쟁에 휘말릴 수밖에 없었다. 그러나 예수님께서는 하나님의 말씀을 인용하여 대답하셨다.

> 너는 마음을 다하고 뜻을 다하고 힘을 다하여 네 하나님 여호와를 사랑하라(신 6:5)
>
> 원수를 갚지 말며 동포를 원망하지 말며 네 이웃 사랑하기를 너 자신과 같이 사랑하라 나는 여호와이니라(레 19:18)

즉 예수님께서 유대인들이 금과옥조로 삼고 있는 율법을 인용하여 '하나님 사랑'과 '사람 사랑'이 가장 큰 계명이라고 답하신 것이다. 그리고 예수님께서는 "이 두 계명이 온 율법과 선지자의 강령이니라"고 결론지으셨다. 새번역성경은 이 구절을 "이 두 계명에 온 율법과 예언서의 본뜻이 달려 있다"라고 번역했다. 앞에서 설명한 것처럼, 율법서와 선지서로 이루어진 구약성경이 하나님 사랑과 사람 사랑의 두 기둥 위에 세워졌다고 말씀하신 것이다. 하나님 사랑과 사람 사랑은 그리스도인의 삶의 핵심이다. 그렇다면 예수님의 이 말씀이 십계명과 무슨 관련이 있을까?

하나님께서 십계명을 두 돌판에 기록해 주셨다. 첫 번째 돌판의 제1계명부터 제4계명까지는 하나님 사랑과 관련된 계명이다. 그리고 두 번째 돌판의 제5계명부터 제10계명까지는 사람 사랑을 위한 계명이다. 따라서 우리가 십계명을 좇아 살면 우리의 삶 속에서 하나님 사랑과 사람 사랑은 절로 이루어지게 된다. 그리스도인의 삶을 영어 알파벳으로 표현하면 'X'가 된다고 했다. 그리스도인의 삶은 X의 윗부분인 하나님 사랑과 아랫부분인 사람 사랑이 정확하게 일치해야 하는데, 그것을 그리스도인으로 하여금 점검할 수 있게 해주는 거울이 바로 십계명이다. 그러므로 십계명의 중요성은 아무리 강조해도 지나침이 없다.

이번에는 십계명을 대할 때 유의해야 할 두 가지 사항을 짚어 보자. 첫째, 십계명을 문자적으로만 받아들여서는 안 된다. 십계명이 중요한 것은 십계명을 이루는 문자 자체가 중요해서가 아니다. 그 문자 속에 담긴 하나님의 뜻과 본질이 중요하기 때문이다. 예컨대 사람들은 불륜을 저지르지 않았으면 "간음하지 말라"는 제7계명 앞에서 자신은 떳떳하다고 생각한다. 그러나 이것은 이 계명을 문자적으로 받아들인 결과이다. 예수님께서는 "음욕을 품고 여자를 보는 자마다 마음에 이미 간음하였느니라"(마 5:28)고 말씀하셨다. 십계명을 문자적으로만 이해하려 하면 예수님께서 그토록 질타하셨던, '외식하는 바리새인'이 될 뿐이다.

둘째, 십계명은 상호적인 계명임을 잊지 말아야 한다. 이를테면 "나 외에는 다른 신들을 너희에게 두지 말라"는 제1계명은 당신만 섬기라는 하나님의 일방적인 명령이 아니다. "나는 너를 애굽 땅, 종 되었던 집에서 인도하여 낸 네 하나님 여호와니라"는 십계명의 대전제에서 보았듯이, 하나님께서 먼저 우리를 구원해 주셨으므로 구원받은 하나님의 자녀로서 우리도 하나님을 섬기라는 것이다. 앞으로도 하나님께서 계속 우리의 하나님이 되어 주실 것이므로, 우리 역시 하나님을 유일하신 하나님으로 섬기라는 것이다. 이처럼 하나님과 우리의 관계도 상호적이다. 하물며 인간 간에야 두말할 나위가 없다. 제5계명은 "네 부모를 공경하라"이다. 이것은 부모가 자식에게 어떻게 하든 상관없이 자식만 일방적으로 부모를 공경하라는 말이 아니다. 자식이 부모를 공경해야 하는 것은, 부모가 먼저 자식을 위해 부모의 책임과 의무를 다하기 때문이다. 이 계명 역시 상호적인 계명인 것이다. 제7계명 "간음하지 말라"도 여자에게만 국한된 계명이 아니다.

예수께 말하되 선생이여 이 여자가 간음하다가 **현장에서** 잡혔나이다 모세는 율법에 이러한 여자를 돌로 치라 명하였거니와 선생은 어떻게 말하겠나이까 그들이 이렇게 말함은 고발할 조건을 얻고자 하여 예

수를 시험함이러라 예수께서 몸을 굽히사 손가락으로 땅에 쓰시니 그
들이 묻기를 마지아니하는지라 이에 일어나 이르시되 너희 중에 죄
없는 자가 먼저 돌로 치라 하시고 (요 8:4-7)

서기관들과 바리새인들이 간음한 여자를 예수님께 붙잡아 왔다. 그리고 "이 여자가 간음하다가 현장에서 잡혔나이다"라고 말했다. 그들이 "이 여자가 한 달 전에 간음했다는 소문을 듣고 붙잡아 왔습니다"라고 했다면 우리는 이 상황을 받아들일 수 있을 것이다. 그러나 그들은 그 여자를 간음 현장에서 붙잡아 왔다고 하면서도 정작 여자만 붙잡아 왔다. 남자 없이 어떻게 여자 혼자 간음을 행할 수 있는가? 간음 현장에는 그 여자와 간음을 행한 남자가 분명히 있었을 것이다. 하지만 그들은 남자는 풀어 주고 여자만 붙잡아 왔다. 그들은 제7계명이 여자에게만 해당된다고 착각하고 있었다. 예수님께서 그들에게 "너희 중에 죄 없는 자가 먼저 돌로 치라"고 말씀하셨다. 너희들도 공범이거나 방조자로서 제7계명으로부터 자유로울 수 없다는 뜻이었다. 예수님의 그 말씀에 어떤 남자도 간음한 여인을 돌로 치지 못했음은 물론이다. 이처럼 십계명은 예외 없이 상호적인 계명이다. 바꾸어 말하면 십계명 중에서 '나 자신'에게 해당되지 않는 계명은 없다. 십계명은 온통 '나 자신'을 향한 하나님의 명령이다.

십계명의 내용

첫 번째 돌판 – 하나님 사랑

너는 나 외에는 다른 신들을 네게 두지 말라 너를 위하여 새긴 우상

을 만들지 말고 또 위로 하늘에 있는 것이나 아래로 땅에 있는 것이나 땅 아래 물속에 있는 것의 어떤 형상도 만들지 말며 그것들에게 절하지 말며 그것들을 섬기지 말라 나 네 하나님 여호와는 질투하는 하나님인즉 나를 미워하는 자의 죄를 갚되 아비로부터 아들에게로 삼사 대까지 이르게 하거니와 나를 사랑하고 내 계명을 지키는 자에게는 천 대까지 은혜를 베푸느니라 너는 네 하나님 여호와의 이름을 망령되게 부르지 말라 여호와는 그의 이름을 망령되게 부르는 자를 죄 없다 하지 아니하리라 안식일을 기억하여 거룩하게 지키라 엿새 동안은 힘써 네 모든 일을 행할 것이나 일곱째 날은 네 하나님 여호와의 안식일인즉 너나 네 아들이나 네 딸이나 네 남종이나 네 여종이나 네 가축이나 네 문 안에 머무는 객이라도 아무 일도 하지 말라 이는 엿새 동안에 나 여호와가 하늘과 땅과 바다와 그 가운데 모든 것을 만들고 일곱째 날에 쉬었음이라 그러므로 나 여호와가 안식일을 복되게 하여 그날을 거룩하게 하였느니라(출 20:3-11)

십계명 가운데 첫 번째 돌판에 기록된 네 계명은 하나님 사랑에 관한 계명이라고 했다.

제1계명은 "너는 나 외에는 다른 신들을 네게 두지 말라"이다. 이 계명과 관련하여 두 가지 의미를 생각해 볼 수 있다.

첫 번째 의미는, 이 계명은 하나님께서 많은 신들 가운데 한 분이심을 자인하신 것이 아니라, 하나님 당신만 유일한 신이심을 알고 믿으라는 것이다. 이스라엘 백성이 노예살이하던 이집트는 온갖 잡신을 섬기는 다신多神의 나라였다. 개구리도 신, 뱀도 신, 송아지도 신, 태양도 신, 달도 신이었다. 사람보다 힘이 세거나 뭔가 다른 능력이 있어 보이는 것은 모두 신이었다. 하나님께서 제1계명을 통해 그런 것들은 모두 신이 아니라고 선포하신 것이다. 천지를 창조하고 우주만물과 인류의 역사를 주관하는 분은 오직 하나님 당신밖에 없다는 선포였다. 그러므로 하나님 당신만 섬기라는 것이었다.

하나님께서 이집트의 노예살이에서 구해 내신 이스라엘 백성을 인도해 가신 여정을 살펴보면, 그것이 이스라엘 백성에게 하나님 당신이 누구신지를 구체적으로 일깨워 주는 교육 과정이었음을 알 수 있다. 하나님께서 먼저 그들을 홍해 앞으로 인도해 가셨다. 이집트 전 군대의 추격으로 이스라엘 백성이 전멸당할 수밖에 없는 위기에 처했을 때, 하나님께서 모세를 통해 폭이 32킬로미터나 되는 홍해를 가르셨다. 우리나라 진도 앞바다에서도 1년에 두 번씩 바다가 갈라지는데, 사람들은 그 현상을 모세의 기적(혹은 홍해의 기적)이라 부른다. 진도 앞바다가 갈라지면 사람들은 바다 사이에 드러난 개펄을 걸어 바로 앞 섬에 다녀온다. 만약 홍해가 갈라졌을 때에도 개펄이 나와 질척한 개펄을 32킬로미터나 걸어가야 했다면, 노약자들은 말할 것도 없고 남자 장정들도 중도에서 포기하고 말았을 것이다. 그러나 출애굽기 14장 21절에 의하면, 갈라진 홍해 사이에서 드러난 것은 '마른 땅'이었다. 바다 속에서 순식간에 '마른 땅'이 드러나, 남녀노소를 막론하고 모든 이스라엘 백성이 걷는 데 아무 불편이 없었다. 하나님 당신께서 바다와 땅을 온전히 주관하고 계심을 이스라엘 백성에게 친히 보여 주신 것이었다.

이집트에서 400년 동안이나 노예살이하던 이스라엘 백성은 해신海神과 지신地神, 그리고 천신天神이 각각 따로 있다고 생각하고 있었다. 하나님께서는 홍해 사이의 '마른 땅'을 건넌 이스라엘 백성을 쌀 한 톨, 풀 한 포기, 물 한 방울 없는 시내 광야로 데리고 가셨다. 실제로 그곳에 가 보면 하나님께서 이스라엘 백성을 얼마나 사랑하셨는지 확인할 수 있다. 먹을 것이라고는 아무것도 없는 그 광야에서 하나님께서는 날마다 하늘에서 양식이 비처럼 쏟아지게 해주셨다. 하나님께서 하늘도 당신이 장악하고 계심을 보여 주신 것이다. 물이 없는 르비딤에서는 반석에서 생수가 강물처럼 터지게도 하셨다. 이처럼 하나님께서는 이집트의 잡신 세계에서 살던 이스라엘 백성에게 하늘도, 땅도, 바다도, 모두 당신의 주관하에 있음을 구체적으로 확인시켜 주셨다. 다시 말해 하나님 당신만 온 우주를 주관하시는 유일한 하나님이심을 확인시켜 주셨다. 그러므로 유일한 하나님이신 당신만 믿으라는 것이다.

제1계명의 두 번째 의미는, 온 우주만물을 주관하시는 유일한 하나님께서 이미 우리를 구원해 주셨고 또 앞으로도 책임져 주실 것이기에, 오직 그분만 섬기라는 것이다. 인간을 먼저 찾아와 주시고, 구원해 주시고, 책임져 주시는 분은 언제나 하나님이다. 범죄한 아담과 하와가 먼저 하나님을 찾지 않았다. 오히려 나무 사이에 숨은 그들을 하나님께서 찾아가 불러내셨다. 아브라함도, 다윗도, 베드로도, 바울도, 그들이 먼저 하나님을 부르지 않았다. 하나님께서 그들을 일일이 불러 주시고 당신의 도구로 써주셨다. 그대와 나의 경우도 마찬가지다. 유일하신 하나님께서 우리와 무관하신 천상만의 하나님이 아니라, 우리를 먼저 찾으시고 부르시고 책임져 주시고 사용해 주시는 '우리의' 하나님 아버지이시기에 그분만 섬겨야 한다.

하나님께서 당신을 섬기라고 명령하시는 것도 하나님 당신을 위해서가 아니다. 우리 자신을 위함이다. 이미 언급했듯이 우리가 착각하는 것 중 하나는, 하나님께서 당신을 위해 우리더러 당신을 믿으라고 하신다는 것이다. 나 한 사람이 하나님을 믿지 않는다 해도 하나님께 손해될 일은 아무것도 없다. 내가 하나님을 믿지 않는다고 우주만물이 하나님의 섭리에서 벗어나는 것은 더더욱 아니다. 그러나 내가 하나님을 믿지 않으면, 나의 인생이 제아무리 화려해 보여도 결국엔 공동묘지에서 한 줌의 흙으로 허망하게 끝나고 만다. 그토록 유한한 우리를 위해 하나님께서 당신을 믿으라고 하신다. 유한한 내가 유일하신 하나님만을 믿는 것은 내 인생의 수준과 차원을 영원히 새롭게 하는 것이다.

제2계명은 "너를 위하여 새긴 우상을 만들지 말라"이다. 이 계명을 접하면서 먼저 제기되는 질문이 있다. 하나님께서 말씀하신 '우상'이 구체적으로 무엇이냐는 것이다. 사람들은 흔히 하나님께서 말씀하신 '우상'을 다른 종교의 신상으로 이해한다. 그래서 근본주의석 신앙의 소유자 가운데에는 다른 종교의 신상을 훼손하는 사람도 있다. 하나님께서 말씀하신 '우상'이 과연 무엇을 뜻하는지 십계명 장인 출애굽기 20장 23절을 통해 알아보기로 하자.

> 너희는 **나를 비겨서** 은으로나 금으로나 너희를 위하여 신상을 만들지 말고

하나님께서 '우상'을 만들지 말라시는 것은 당신의 우상, 즉 당신의 신상을 만들지 말라는 의미였다. 아니, 하나님을 믿지 않으면 모르지만 하나님을 믿는다면서도 우상을 만드는 어리석은 사람이 있을 수 있는가? 우리는 이렇게 반문하지 않을 수 없다. 그러나 그 대답은 '있다'는 것이다. 출애굽기 32장은 '금송아지 사건'을 전해 주고 있다. 하나님의 말씀을 받으러 시내산에 올라간 모세가 소식이 없자, 이스라엘 백성은 이집트에서 자주 보았던 금송아지를 자발적으로 만들었다. 이집트의 금송아지와의 차이점은, 그들은 금송아지를 여호와 하나님이라고 만든 것이었다. 하나님의 대리인인 모세가 보이지 않자, 눈으로 볼 수 있는 하나님으로 금송아지를 만든 것이었다. 이스라엘 백성은 그 금송아지를 보고 자신들을 이집트에서 인도해 내신 '하나님'이라고 외쳤고, 아론은 금송아지 앞

에 단을 쌓으면서 그다음 날을 '여호와의 절일'로 선포하였다(출 32:4-5). 그 순간 이스라엘 백성에게 자신들이 만든 금송아지는 영락없는 여호와 하나님이었다. 하나님의 선민인 이스라엘 백성이 하나님의 우상을 만든 것이다.

그러므로 제2계명의 첫 번째 의미는, 영이신 하나님을 섬기라는 것이다. 영이신 하나님께는 형체가 없으시다. 형체를 지녔다는 것은 그 자체로 시간과 공간의 지배를 받음을 뜻한다. 불상이나 불화 중에 팔이 많이 달린 부처님을 본 적이 있을 것이다. 또 부처님의 눈을 많이 그려 놓은 불화도 있다. 그것이 상징하는 바는 부처님은 모든 사람을 도울 수 있을 만큼 손이 많고, 억조창생億兆蒼生 모두를 볼 수 있을 정도로 눈이 많다는 것이다. 그러나 온 인류를 도울 수 있는 손이라고 달려 있는 손이 양쪽에 많아야 열 개씩 정도밖에 안 된다. 천만 개의 손과 팔을 단다고 한들, 그 천만 개의 손과 팔이 70억 인류를 다 도울 수 있겠는가? 얼굴에 100만 개의 눈을 그려 넣는다 해도 그것은 시간과 공간의 지배하에 있음을 스스로 증명할 뿐이다. 그러나 하나님은 형상이 없는 영이시기에 시간과 공간을 초월하여 우주만물을 주관하실 수 있고, 우리 한 사람 한 사람과 개별적으로 함께하시면서 우리 각자를 도와주실 수 있다.

《새신자반》에서 배운 것처럼, 어둔 방에 전깃불을 켜면 그 빛이 그대를 감싼다. 그러나 그대가 문을 열고 밖으로 나가면 방 안의 전깃불은 그대와 무관해진다. 반면에 태양은 태양빛으로 그대를 감싸면서 그대를 따라 움직인다. 그대가 남쪽으로 가면 태양도 그대를 따라 남쪽으로 가고, 그대가 북쪽으로 방향을 바꾸면 태양은 또 북쪽으로 그대를 따른다. 태양이 그대만 따라 움직이는 것은 아니다. 태양은 이 세상 모든 사람을 따라 움직인다. 어떻게 그럴 수 있을까? 태양은 방 안의 전깃불과는 비교가 불가능할 정도로 크기 때문이다. 그러나 태양은 한낮이라도 그대가 지하실로 들어가면 더 이상 빛으로 그대를 감쌀 수도, 그대를 따라 움직일 수도 없게 된다. 밤이 되면 태양은 아예 그대와 단절된다. 아무리 태양이 커도, 형체를 지닌 태양은 시간과 공간의 지배 속에 있기 때문이다. 그러나 하나님께서는 태양보다 더 크시면서도 영이시기에, 언제나 시간과 공간을 초월하신다. 그래서 그대가 하늘에 있든, 땅 위에 있든, 바다에 있든, 땅 속에 있든 상관없이, 하나님께서는 언제나 그대와 함께하시며 당신의 사랑과 빛으로 그대를 품으시고 그대를 도우신다. 영이신 하나님께만 가능한 일이다.

3천4백 년 전 하나님께서 모세에게 십계명을 주실 당시의 모든 인간은, 신도 인간처럼 반드시 형상을 지니고 있다고 믿었다. 그래서 온갖 신상을 다 만들었다. 하나님께서 당신이 영이심을 당신의 특별계시로, 다시 말해 당신의 말씀으로 일깨워 주시지 않았다면, 인간의 상식으로는 영이신 하나님을 감히 상상조차 못했을 것이다. 그러므로 "우상을 만들지 말라"는 제2계명은, 하나님께서는 영이시므로 영이신 하나님을 섬기라는 의미다. 시간과 공간의 지배를 받는 유한한 인간이 시간과 공간을 초월한 영이신 하나님을 아버지로 믿는다는 것은 복 중의 복이다.

제2계명의 두 번째 의미는, 그러므로 마음으로도 하나님의 우상을 만들지 말라는 것이다. 하나님은 이런 모습이실 것이라며 하나님의 형상을 만드는 순간, 우리는 시간과 공간을 초월하는 영이신 하나님을 그 형상 속에 가두게 된다. 그래서 그 형상은 이미 하나님과 무관해진다. 그런데도 왜 사람들이 하나님의 형상을 만들려 할까? 이스라엘 백성이 만든 금송아지를 다시 생각해 보자.

이스라엘 백성은 홍해가 갈라지는 것을 눈으로 보았을 뿐 아니라, 그 사이에 드러난 마른 땅을 자기들 발로 걸어서 홍해를 건넜다. 날마다 하늘에서 만나가 떨어지는 것도 보았고, 그것을 자기들 입으로 먹었던 사람들이다. 반석에서 터져 나온 생수를 마시기도 하였다. 그럼에도 그들은 형체 없는 하나님을 금송아지로 빚은 뒤, 그것이 자신들을 이집트에서 구원해 주신 여호와 하나님이라며 그 앞에서 경배하며 춤을 추었다. 이집트에서 익숙하게 보아 온 금송아지 신상이 하나님의 형상으로 안성맞춤일 것이라고 생각한 것이다. 왜 그들은 아무것도 없는 광야에서 송아지 신상을 진흙으로 빚거나 돌로 조각하지 않고, 자신들의 귀한 금귀고리를 포기하면서까지 금으로 만들었을까? 금은 인간 욕망의 상징이다. 그들은 금송아지 형상으로 하나님의 우상을 만듦으로써, 그 우상이 자신들의 욕망을 채워 주는 황금 요술방망이가 되리라고 믿은 것이다. 결국 그들은 하나님의 형상을 손으로 만들기 전에 마음으로 먼저 만들었다. 그들의 마음속에서 탐욕에 의해 만들어진 하나님의 우상이 결과적으로 눈에 보이는 금송아지로 나타난 것이었다. 잊지 말라. 우상은 인간의 손으로 빚어지기 전에 언제나 인간의 마음속에서 먼저 빚어진다. 그러므로 "너를 위하여 새긴 우상을 만들지 말라"는 제2계명은 자신의 탐욕을 위해 하나님의 우상을 손으로 빚지 말라는 명령이기 전에, 임의로 하나님을 규정하는 마음속의 우상조차 빚지 말라는 의미다.

> 여호와께서 호렙산 불길 중에서 너희에게 말씀하시던 날에 너희가 어떤 형상도 보지 못하였은즉 너희는 깊이 삼가라 그리하여 **스스로 부패하여** 자기를 위해 어떤 형상대로든지 우상을 새겨 만들지 말라 남자의 형상이든지, 여자의 형상이든지, 땅 위에 있는 어떤 짐승의 형상이든지, 하늘에 나는 날개 가진 어떤 새의 형상이든지, 땅 위에 기는 어떤 곤충의 형상이든지, 땅 아래 물속에 있는 어떤 어족의 형상이든지 만들지 말라(신 4:15-18)

형체 없는 영이신 하나님의 형체를 인간들이 굳이 만들려는 것은 스스로 부패했을 때, 곧 영적으로 부패했을 때다. 누구든지 무궁하신 하나님을 이런 형상이실 것이라고 자신이 만든 우상 속에 구겨 넣으려는 것은, 그 자신이 스스로 하나님이 되었기 때문이다. 영적으로 부패해서, 자기도 모르게 자기 스스로 하나님을 만들어 내는 하나님이 된 것이다. 그래서 하나님의 우상은 마음으로도 만들어서는 안 된다. 그렇다면 우리 자신이 의식하지도 못하는 가운데 우리의 마음으로 이미 빚어 움켜쥐고 있는 하나님의 우상에는 어떤 것들이 있을까?

《매듭짓기》에서 밝힌 것처럼 첫째, 거의 모든 그리스도인들이 '하나님은 나를 가장 사랑하신다'는 우상을 지니고 있다. 하나님께서 70억 인구 중 유독 자신을 가장 사랑하신다고 믿는 근거는 무엇일까? 그런 우상을 지니고서야 어떻게 'X'의 아랫부분인 '사람 사랑'을 바르게 구현할 수 있겠는가? 하나님께서 자신을 사랑하시는 것과 똑같은 사랑으로 다른 사람도 사랑하심을 믿을 때에야 비로소 'X'의 '사람 사랑'이 이루어진다.

둘째, '내가 하는 일을 하나님께서 가장 기뻐하신다'는 우상이다. 거의 모든 그리스도인들은 자신이 하는 일이 가장 중요하다고 여긴다. 목회를 하다 보면 양로원에서 노인들을 섬기는 분들, 고아원에서 아이들을 위해 사역하는 분들, 해외 선교지에서 원주민들을 위해 헌신하는 분들 등, 여러 곳에서 후원 요청이 들어온다. 하지만 사정상 그분들의 요청에 다 응해 드리지 못할 때가 있다. 이때, 물론 모두 그런 것은 아니지만 개중에는 나를 믿음 없는 사람처럼 취급하는 분이 있다. 자신이 하는 일이 가장 중요하다고 믿기에 자신의 일에 협조하지 않는 사람은 누구든 믿음 없는 사람으로 치부해 버리는 것이다. 그러나 하나님 앞에서는 큰일이든 작은 일이든, 고아원이든 양로원이든, 해외 선교든 국내 선교든 동일하게 중요하다. 누구든지 자신이 하는 일이 가장 중요하다고 내세우는 순간부터 그 사람은, 그 누구와도 동역할 줄 모르는 독불장군이 될 뿐이다.

셋째, '하나님께서는 나만을 통해 역사하신다'는 우상이다. 가령 스무 명의 회원으로 구성된 선교회에서 한 회원이, 하나님께서 자신만을 통해 선교회를 이끌어 가신다고 믿는다면 그 선교회는 분열될 수밖에 없다. 목사나 장로가 하나님께서 자신만을 통해 역사하신다고 믿어도 그 교회 역시 성할 수 없다. 하나님께서 이름 없는 어린아이를 통해서도 역사하심을 믿는 사람만 어떤 공동체에서도 하나님의 겸손한 도구가 될 수 있다.

넷째, '내가 주님을 위하여 일하는 이상 나의 일은 반드시 성공해야 한다'는 우상이다. 사도 바울은 2천 년 전에 목이 잘려서 죽었다. 우리는 영원의 관점에서 그를 평가하기에 그가 성공한 사도인 줄 알고 있다. 그러나 2천 년 전 사람들의 관점으로 본다면, 목이 잘려 죽은 그는 참담한 실패자였을 뿐이다. 그대가 하나님의 일을 하기 때문에 세속적인 관점의 성공을 반드시 거두어야 한다고 생각한다면, 그대는 그대가 빚어낸 우상 숭배자이지 하나님을 믿는 것은 아니다. 세례자 요한이 "그는(주님은) 흥하여야 하겠고 나는 쇠하여야 하리라"(요 3:30)고 말했듯이, 그대와 나는 주님을 위해 얼마든지 쇠하고 실패할 수 있다. 그러나 그와 같은 우리의 삶을 통해 하나님의 영광은 더 크게 드러날 것이다.

다섯째, '내가 하나님의 일을 행하는 이상 그 결실은 반드시 내가 거두어야 한다'는 우상이다. 로마제국은 주님의 제자들이 복음을 위해 순교한 뒤 300년이 지나서야 복음화되었다. 제자들이 뿌린 복음의 씨앗이 300년이 지나서야 결실된 것이다. 사도들은 그 결실을 하나님과 더불어 영원 속에서 거두었을 뿐, 이 땅에 살아 있을 때는 보지도 못했다. 그대가 뿌린 씨앗의 결실을 그대 생전에 거두지 못할 수도 있음을 깨달을 때, 그러나 영원 속에서는 반드시 거둘 것임을 믿을 때, 그대는 살아 있는 동안 그 무엇에도 구애받지 않고 뿌려야 할 바른 씨를 뿌릴 수 있다.

생각해 볼수록, 우리가 하나님을 믿는다면서도 얼마나 많은 하나님의 우상을 품고 있는지 새삼 깨닫게 된다.《믿음의 글들, 나의 고백》은 책 제목 그대로, 하나님께서 내게 베풀어 주신 은혜에 대한 나의 고백록이다. 그 책을 보신 분들 가운데 나에 대해 다 알았다고 말하는 분들이 있다. 그러나 어떻게 200쪽 남짓한 그 얇은 책에 나의 모든 것이 다 담길 수 있겠는가? 그 책을 읽고 나를 다 알았다고 말하는 분은 실은 자신이 빚어낸 이재철의 허상, 우상을 지니고 있는 셈이다. 그 허상―그 우상을 완전히 버리기까지 그분은 나의 실상을 알 수 없을 것이다. 그러나 그 책을 나를 파악하는 시발점으로 삼는 분이 있다면, 그분은 앞으로 나의 실상을 보다 분명하게 알아가게 될 것이다. 하물며 하나님은 두말해 무엇 하겠는가? 하나님께서 당신의 특별계시인 말씀을 우리에게 주셨지만, 유한한 우리가 무한하신 하나님을 완전히 안다는 것은 절대로 불가능하다. 그대가 하나님을 다 알았다고 확신한다면, 그 순간 그대는 실은 하나님으로부터 가장 멀리 떨어져 있을 것이다. 그래서 우리는 '내가 하나님을 다 안다'는 우상을 날마다 깨어가야 한다. 당나라 불교의 위대한 선사 임제臨濟의 말은 널리 알려져 있다.

그대가 열린 눈을 얻고 싶거든, 타인으로부터 미혹을 입지 말라. 안으로나 밖으로나 만나는 것을 바로 죽이라. 부처를 만나면 부처를 죽이고, 조사(祖師, 한 종파를 세운 큰 스님)를 만나면 조사를 죽이고, 성자와 부모와 친척을 만나면 그들을 죽이라. 그래야 비로소 어떤 것에도 구애받지 않고 자유자재하리라.

부처를 만나면 부처를 죽이고 조사를 만나면 조사를 죽이라는 것은 칼을 들고 살인하라는 말이 아니다. 누구를 통해서든 '불법佛法을 다 알았다'는 생각을 버리기 전까지는 부처님을 바르게 알 수 없다는 말이다. 우리 역시 하나님을 다 알고 하나님에 대해 누구보다도 박식하다는 우리 속의 우상을 깨뜨림으로써 날마다 하나님을 바르게 알아 갈 수 있다. 우리의 코끝에서 호흡이 멎고 육체의 유한함이 다할 때, 우리가 영으로 영이신 하나님을 뵙는 그제야 우리는 하나님을 온전히 알게 될 것이다. 그때가 이르기까지 우리는 하나님을 다 알았다고 속단하는 마음속의 우상을 끊임없이 제거해야 한다.

제3계명인 "네 하나님 여호와의 이름을 망령되게 부르지 말라"와 관련해서도 두 가지 의미를 생각해 볼 수 있다.

첫 번째 의미는, 하나님의 이름을 함부로 부르거나 그 이름으로 헛된 맹세 혹은 헛된 기도를 하지 말라는 것이다. 사람도 자기 부모의 이름을 함부로 부르지 않는다. 요즘 아이들은 한글 세대라 부모의 이름을 물으면 한글 발음으로만 대답한다. 내 아이들의 경우 "제 아버님은 재 자, 철 자를 쓰십니다"라고 하는 식이다. 그러나 내가 어릴 때는 "제 아버님은 '전주 이李' 가에, '밝을 형炯' 자와 '터 기基' 자를 쓰십니다"라고 한자어로 대답했다. 옛날이나 지금이나 부모의 이름을 자식이 직접 부르지 않기 위함이다. 게다가 내가 어릴 때만 해도 자식은 부모의 이름을 글자로도 쓰지 않았다. 외지에서 집에 계신 부모님께 편지를 드릴 때에는 편지 겉봉에 나의 이름을 쓰고 그 밑에 '본제입납本第入納'이라고 덧붙였다. 우편배달부에게 '이 편지를 이재철의 본가로 배달해 주십시오'라는 사인이었다. 물론 부모의 이름을 함부로 쓰지 않기 위함이었다.

이처럼 예의를 따지는 나라에서는 자식이 부모의 이름도 함부로 말하거나 글로 쓰지 않고, 아랫사람은 윗사람의 이름도 부르지 않는다. 하물며 인간이 여호와 하나님의 이름을 어떻게 마구 부르거나 입에 올릴 수 있겠는가? 그래서 유대인들은 여호와 하나님의 이름에 대해 철저했다. 옛날에는 서기관들이 양피지에 성경을 필사하였다. 그들은 성경을 필사하다가 여호와의 이름이 나오면, 잠시 멈추고 목욕한 뒤에 '여호와'를 기록하였다. 예컨대 출애굽기 20장 1-2절을 필사할 경우, '하나님이 이 모든 말씀으로 말씀하여 이르시되 나는 너를 애굽 땅, 종 되었던 집에서 인도하여 낸 네 하나님'까지 쓰고는 목욕한 뒤에 '여호와니라'를 필사하였다. 따라서 출애굽기 20장 1절부터 7절까지를 필사하면 무려 네 번이나 목욕해야 했고, 7절을 필사할 때는 연거푸 두 번의 목욕이 필요했다.

4장에서도 언급했듯이, 또 율법사들은 하나님의 말씀을 읽거나 가르칠 때 '여호와'의 이름이 나오면 발음하지 않았다. 예를 들어 율법사가 출애굽기 20장 2절을 읽을 때, "나는 너를 애굽 땅, 종 되었던 집에서 인도하여 낸 네 하나님" 하고서 하늘을 올려다본 후 "……니라"라고 하면, 사람들은 율법사의 행동이 '여호와'를 의미함을 알았다. 혹은 율법사들이 '여호와'를 '아도나이', 즉 '우리 주님'이라고 바꿔 읽기도 했다. 유대인들은 그 정도로 여호와의 이름에 대해 철저했다.

그러므로 인간이 하나님의 이름을 함부로 부르거나 하나님의 이름으로 헛된 맹세나 기도를 드린다면, 그것은 하나님의 이름을 망령되게 부르는 것이다. 곰곰이 생각해 보면 우리의 기도는 참 허황하다. "여호와 하나님 아버지, 땅끝까지 이르러 주님의 증인이 되게 해주십시오"라고 기도하면서도, 정작 자기 옆집 사람 얼굴도 모르는 그리스도인이 태반이다. 이런 것이 여호와 하나님의 이름을 망령되게 부르는 것이다. 행하려는 마음이나 의사는 전혀 없으면서도, 그저 입에 발린 소리로 하나님의 이름을 한번 불러 보는 것이기 때문이다.

우리는 "예수님의 이름으로" 기도한다. 우리 같은 죄인은 거룩하신 하나님께 직접 기도드릴 수 없기에 예수님의 이름을 빌려서 기도하는 것이다. 이와 관련하여 예수님께서 이런 말씀을 하셨다.

> 너희가 나를 택한 것이 아니요 내가 너희를 택하여 세웠나니 이는 너희로 가서 열매를 맺게 하고 또 너희 열매가 항상 있게 하여 내 이름으로 아버지께 무엇을 구하든지 다 받게 하려 함이라(요 15:16)

예수님의 이름으로 구하기만 하면 무엇이든 다 받을 수 있단다. 이것이 우리가 무엇을 구하든, 예수님의 이름으로 기도를 끝내기만 하면 다 이루어진다는 말인가? 예수님께서 당신의 이름으로 구하라신 말씀이 그런 의미이겠는가?

내가 사는 동네의 편의점 주인은 우리 가족을 잘 알고 있다. 만약 나의 아들 가운데 한 명이 그 편의점 주인에게 "제 아버지 이재철 목사 이름으로 달아 놓으시고 소주 열 병 주세요"라고 한다면 어떻게 될까? 편의점 주인이 소주를 주기는커녕 오히려 호통을 칠 것이다. 그러나 나의 아들이 동네 서점에 가서 "제가 지금 돈이 없는데 제 아버지 이재철 목사 이름으로 달아 놓으시고 성경 한 권만 주세요"라고 할 수는 있다. 나의 아들이 어디에서든 나의 이름으로 무엇을 구하려면 목사인 나의 이름에 걸맞은 것을 구해야 한다. 예수님의 이름으로 기도하는 것도 마찬가지다. 기도를 통해 예수님의 이름에 맞는 것을 구해야 한다. 예수님의 이름과는 전혀 상관없는 것을 아무리 구해도 그것은 공기의 진동으로 끝날 뿐이다. 따라서 여호와 하나님의 이름으로 구할 수 없는 것을 구하지 않는 것, 바로 그것이 "네 하나님 여호와의 이름을 망령되게 부르지 말라"는 제3계명의 정신이다.

제3계명의 두 번째 의미는, 그러므로 하나님의 이름을 존귀하게 하라는 것이다. '네 하나님 여호와의 이름을 망령되게 부르지 말라'는 계명을 뒤집어 생각하면 '하나님의 이름을 존귀하게 하라'는 명령이다. 하나님의 이름을 존귀하게 하는 사람은 하나님의 이름을 망령되게 부를 까닭이 없다. 그러므로 하나님의 이름을 존귀하게 하는 것은 제3계명을 지키는 지름길이다. 내가 누군가의 이름을 존귀하게 한다는 것은 그와 나 사이에 신실한 관계가 맺어져 있음을 뜻한다.

큰아이가 입대를 앞두고 휴학 중이었을 때다. 큰아이 나름대로 휴학 중에 세운 계획이 많았다. 그렇지만 다른 사람에게는 입대할 때까지 할 일 없는 백수처럼 보였다. 게다가 내가 섬기는 100주년기념교회가 바로 집 앞에 있으니 교회 목회자, 교사, 어른, 동료들이 주중에도 온갖 일을 시켰다. 그 덕분에 거의 매일 교회 일을 하다시피 했다. 하루는 내가 피곤하지 않느냐고 물었다. 큰아이는 "물론 피곤해요. 그러나 거절하거나 최선을 다하지 않으면 아버지 이름에 누가 될까 봐, 무조건 순종하고 최선을 다할 수밖에 없어요"라고 대답했다. 나는 아들의 말이 고마웠다. 아들과 내가 부자지간, 서로 신실하지 않으면 안 될 관계로 엮어져 있기에 아들이 나의 이름을 존귀하게 하려 애쓰는 것이다. 나 역시 그 아이의 아버지로서 아들의 이름을 존귀하게 하려 힘쓰지 않겠는가? 이처럼 자신의 일거수일투족을 통해 하나님의 이름이 더 높아지게 할지언정 누를 끼치지는 않겠다는 마음을 지닌 사람은, 자신의 입이나 삶으로 하나님의 이름을 망령되이 부를 까닭이 없다. 우리가 주님의기도를 통해 "이름이 거룩히 여김을 받으시오며"라고 기도드리는 것은, 자신의 삶을 통해 하나님의 거룩하심이 드러나게 하겠다는 결단을 뜻한다고 했다. 그 기도를 바르게 이해한 사람은, '네 하나님 여호와의 이름을 망령되게 부르지 말라'는 제3계명의 깊은 의미도 이해할 수 있다.

제4계명은 "안식일을 기억하여 거룩하게 지키라"이다.

이 계명의 첫 번째 의미는, 안식일의 뜻을 바르게 알고 구현하라는 것이다. 안식일의 의미를 말씀을 통해 확인해 보자.

안식일을 기억하여 거룩하게 지키라 엿새 동안은 힘써 네 모든 일을 행할 것이나 일곱째 날은 네 하나님 여호와의 안식일인즉 너나 네 아들이나 네 딸이나 네 남종이나 네 여종이나 네 가축이나 네 문 안에 머무는 객이라도 아무 일도 하지 말라 **이는 엿새 동안에 나 여호와가 하늘과 땅과 바다와 그 가운데 모든 것을 만들고 일곱째 날에 쉬었음이라 그러므로 나 여호와가 안식일을 복되게 하여 그날을 거룩하게 하였느니라**(출 20:8-11)

하나님께서 시내산에서 모세를 통해 이스라엘 백성에게 처음으로 '안식일을 기억하여 거룩하게 지키라'고 명령하실 때의 안식일은 창조사적 의미였다. 하나님께서 우주만물을 창조하시고 마지막 날에 안식하셨기에 그날을 기념하라는 것이다. 창조는 무에서 유를 있게 하는 것이다. 그러므로 뭔가 결핍한 사람, 예를 들어 경제적으로 어렵거나 육체적으로 병약한 사람 혹은 삶의 정황이 열악한 사람이 자신이 바라는 것을 위해 얼마든지 창조주 하나님을 찾을 수 있다. 인간의 결핍은 하나님을 만나는 좋은 계기가 된다. 자신의 결핍으로 인해 창조주 하나님을 붙잡고 싶은 것이 인간의 심리다. 그러나 그것은 신앙의 좋은 동기일 뿐 궁극적인 목적은 아니다. 만약 그것만을 평생 목적으로 삼는다면, 그가 누구든 그의 신앙은 기복신앙일 뿐이다.

이제 모압 광야에서 가나안 입성 직전의 이스라엘 백성에게 하나님께서 모세를 통해 십계명을 다시 상기시켜 주시는 신명기 5장을 확인해 보자.

네 하나님 여호와가 네게 명령한 대로 안식일을 지켜 거룩하게 하라 엿새 동안은 힘써 네 모든 일을 행할 것이나 일곱째 날은 네 하나님

> 여호와의 안식일인즉 너나 네 아들이나 네 딸이나 네 남종이나 네 여종이나 네 소나 네 나귀나 네 모든 가축이나 네 문 안에 유하는 객이라도 아무 일도 하지 못하게 하고 네 남종이나 네 여종에게 너같이 안식하게 할지니라 너는 기억하라 네가 애굽 땅에서 종이 되었더니 **네 하나님 여호와가 강한 손과 편 팔로 거기서 너를 인도하여 내었나니 그러므로 네 하나님 여호와가 네게 명령하여 안식일을 지키라 하느니라**(신 5:12-15)

하나님께서 신명기에서는 '내가 강한 팔로 애굽에서 너희를 인도하여 낸 하나님이므로 너희는 나를 기억하여 안식일을 지키라'고 명령하셨다. 즉 안식일의 의미가 창조사적 의미에서 구속사적 의미로 승화되었다. 인간의 결핍은 신앙의 좋은 동기가 되지만 그것이 끝이 아니라고 했다. 자신을 구원해 주신 하나님의 말씀 안에서 영적인 새로운 삶이 시작되어야 한다. 내가 돈 때문에, 혹은 죽을병에 걸려 교회의 문턱을 넘었는데, 교회에 다니면서 삼위일체 하나님을 인격적으로 만나고 보니, 그분이 나를 죄와 사망에서 영원히 구원해 주신 구원자이심을 깨닫게 되었다. 그래서 기복적으로 시작했던 나의 신앙이 구속사적 의미로 승화하는 것이다.

다음은 주님의 말씀이다.

> 또 이르시되 안식일은 사람을 위하여 있는 것이요 사람이 안식일을 위하여 있는 것이 아니니 이러므로 **인자는 안식일에도 주인이니라**
> (막 2:27-28)

예수님께서 당신이 '안식일의 주인'이라고 말씀하셨다. 주님께서 안식일의 주인이시기에, 안식일은 곧 주님의 날이 되었다. 그렇다면 오늘날 주님의 날은 언제인가?

> 나 요한은 너희 형제요 예수의 환난과 나라와 참음에 동참하는 자라 하나님의 말씀과 예수를 증언하였음으로 말미암아 밧모라 하는 섬에 있었더니 **주의 날**에 내가 성령에 감동되어 내 뒤에서 나는 나팔 소리 같은 큰 음성을 들으니(계 1:9-10)

사도 요한이 살아 있을 때 이미 '주의 날', 즉 주일이 있었다. 안식일이 주님께서 부활하신 주일 개념으로 바뀐 것이다. 창조사적 의미의 안식일이 구속사적 의미의 안식일로 승화되고, 마침내 부활의 의미인 주일이 됨으로써 비로소 안식일의 의미가 완성되었다. 정리하자면, 누구든 자신의 결핍을 충족시키기 위해 창조주 하나님을 찾을 수 있다. 그러나 그 계기를 통해 하나님이 자신의 구원자이심을 알게 되고, 그분에 의해 새로운 영적인 삶을 살게 된다. 그리고 그 삶은 궁극적으로, 자신만을 위해 살던 옛 사람은 죽고 예수 그리스도 안에서 더불어 사는 사람으로 부활함으로 완결된다. 바로 이것이 안식일을 기억하여 거룩하게 지키라는 첫 번째 의미다.

제4계명의 두 번째 의미는, 예수 그리스도 안에서 예배의 사람이 되라는 것이다. 주일을 거룩하게 지킨다는 것은 결국 예배의 사람이 되는 것이다. 예배는 한마디로 말해 하나님 앞에서 자신이 죽는 행위다. 번제를 드릴 때 짐승을 잡고, 가죽을 벗기고, 각을 뜨고, 모조리 불에 태우라는 레위기의 명령에 "하나님, 각은 왜 뜹니까? 이왕 태울 거면 통째로 태우면 되지 않습니까? 애써 가죽 벗기느라 고생할 이유가 없지 않습니까?"라는 식으로 우리는 이의를 제기할 수 없다고 했다. 하나님께서 제물을 잡아 가죽을 벗기고 각을 뜨라고 명령하셨기에 가죽을 벗기고 각을 떠야 하는 것이다. 다른 이유가 없다. 그 과정을 통해 제물이 드려지기 전에 제물을 바치는 사람이 먼저 하나님 앞에서 죽는 것이다. 그 사람의 삶에 하나님의 통치가 온전히 임하심은 두말할 나위도 없다.

이처럼 오늘날의 예배도 예배드리는 사람이 하나님의 말씀 앞에서 죽어야 한다. 자신이 죽을 때 천지를 창조하신 하나님의 말씀이 자신의 삶 속에서 역사하고, 그때부터 자신의 삶을 통해 하나님의 말씀이 육화한다. 안식일을 지키면 안식일이 우리를 지켜 준다는 말이 있다. 우리가 거룩한 예배의 사람이 되면 예배가 우리를 지켜 준다. 예배를 드리면서 하나님의 말씀 앞에서 죽어 보라. 하나님의 말씀이 그대를 온전히 지배하게 하라는 말이다. 그러면 그대를 죽게 한 하나님의 말씀이 그대를 살리시고 지키신다. 그와 같은 예배를 통해 그대의 사고방식이 바뀌고 삶의 태도가 달라질 것이다. 그래서 그대가 예배의 사람—주일의 사람이 되면, 예배와 주일이 그대를 지켜 준다.

두 번째 돌판 – 사람 사랑

> 네 부모를 공경하라 그리하면 네 하나님 여호와가 네게 준 땅에서 네 생명이 길리라 살인하지 말라 간음하지 말라 도적질하지 말라 네 이웃에 대하여 거짓 증거하지 말라 네 이웃의 집을 탐내지 말라 네 이웃의 아내나 그의 남종이나 그의 여종이나 그의 소나 그의 나귀나 무릇 네 이웃의 소유를 탐내지 말라(출 20:12-17)

두 번째 돌판에 기록된 계명은 사람 사랑을 위한 계명이라고 했다. 오늘날 그리스도인들에게 하나님 사랑은 별 문제가 없어 보인다. 한국 그리스도인들만큼 하나님 사랑에 열심인 그리스도인은 찾아보기 어렵다. 문제는 늘 사람 사랑에 있다. 대부분의 그리스도인들이 세상이 아무리 어려워도 내 사업, 내 가정, 내 혈족만 잘되면 그만이라고 여긴다. 언제나 'X'의 아랫부분이 문제인 것이다.

사람 사랑을 위한 여섯 계명 가운데 첫 번째 계명인 제5계명은 "네 부모를 공경하라"이다.

이 계명의 첫 번째 의미는, 좋은 자식이 되라는 것이다. 부모를 공경할 줄 모르고 부모에게 좋은 자식이 되지 못하면서, 땅끝까지 찾아가서 주님의 증인이 되겠다는 것은 어불성설語不成說이다. 내 부모를 공경하지 못하면서 이웃을 내 몸과 같이 사랑하겠다는 것도 공허한 구호에 불과하다. 자기 부모를 공경할 줄 아는 사람이 이웃도 사랑할 수 있고, 땅끝까지 찾아가서 주님의 증인으로 살 수도 있다. 자기 부모를 공경하지도 못하는 사람이 주님의 증인으로 산다는 것은 연기에 지나지 않는다. 아무리 연기를 잘해도, 인간의 연기를 통해서는 성령님의 역사가 일어나지 않는다.

우리말 '공경하다'로 번역된 히브리어 '카바드כבד'는 '무겁다'는 뜻이다. 그러므로 부모를 공경하라는 것은, 부모가 살아온 삶의 무게를 존중하라는 의미다. 나의 선친은 40세 때에 나를 낳으셨다. 만일 지금도 살아 계신다면 나보다 40년을 앞서 가고 계실 것이다. 이 세상에 살아 있는 모든 부모는 자식과의 나이 차이만큼 자식 앞에 있다. 자식이 가보지 않은 미지의 인생길을 부모가 늘 앞서 걸어가 있기에, 그 삶의 무게를 존중하라는 것이다. 자신이 아직 가보지 않은 인생길을 먼저 걸어간 부모의 삶의 무게를 존중하면, 사지 불수가 되어 병상에 누워 있어도 부모는 자식에게 좋은 인생 스승이 된다. 그러나 부모의 삶의 무게를 존중하지 않는 자식에게 돈 떨어진 부모는, 아니 돈이 있어도 짐밖에 안 된다. 죽음을 앞둔 사람이 하나님 앞에서 자기 인생을 정리할 때 공통적으로 후회하는 것 가운데 하나가 부모에게 불효한 것이다. 부모는 이미 이 세상 사람이 아니기에 만회할 방법이 없는 탓이다.

제5계명의 두 번째 의미는, 좋은 부모가 되라는 것이다. 십계명은 상호적이라고 했다. 부모를 공경하는 것은 자식의 입장에서다. 부모의 입장에서는, 어린 자식이 장성하여 부모 공경하기를 가만히 앉아서 기다리고만 있어서는 안 된다. 부모가 먼저 자식으로부터 공경받기에 합당한 좋은 부모가 되어야 한다. 부모가 바르고 진실한 심성으로 자식을 사랑하면, 부모 공경과 효도는 당연한 결과로 되돌아오는 명예로운 몫이다.

성경에서 부모 공경은 몇 차례만 언급되어 있다. 나머지는 모두 좋은 부모가 되라는 명령이다. 자식이 먼저 있지 않고, 부모가 먼저 있었기 때문이다. 아담과 하와가 먼저 있었고, 그들에게서 자식이 태어나 부모 공경이 있게 되었다. 그러므로 부모가 좋은 자식 타령하기 전에 먼저 자신들이 좋은 부모가 되어야 한다. 성경의 원리는 큰 사람이 작은 사람을 섬기는 것이다. 그러므로 작은 사람이 큰 사람을 섬길 것을 가르치는 유교 정신으로는, 부모가 자식으로부터 성경이 말하는 부모 공경의 명예로운 몫을 되돌려 받기가 쉽지 않다. 성경의 원리에 따르자면 부모가 더 크기에 오히려 자식을 섬겨 주어야 한다. 그리고 그 결과로 자식들의 부모 공경이라는 명예로운 몫을 되받게 되는 것이다. 좋은 자식은 저절로 태어나지 않는다. 좋은 부모가 좋은 자식을 만든다. 좋은 부모는 자식 앞에서 언제나 바르고 신실한 심성으로 살아가는 사람이다.

요즘은 부모가 자식에게 비싼 과외를 시켜 주고, 어떻게 해서든 좋은 대학에 보내어 좋은 학벌과 좋은 경력으로 자식을 출세시키면 좋은 부모로 간주된다. 하지만 문제는, 그 이후에 그 부모가 바로 그 자식으로부터 홀대당한다는 것이다. 정작 자식이 바르고 신실한 심성으로 살아가도록 가르치는 것은 실패한, 진정한 의미에서 좋은 부모가 아니기 때문이다. 부모가 자식 앞에서 늘 바르고 신실한 심성으로 살아가는 모습을 보여 주면, 자식은 바르고 신실한 심성으로 부모를 공경하게 되어 있다. 그리스도인들 가운데 특히 젊은 부부가 자기 부모를 홀대하는 것을 보면 참으로 안타깝다. 그 젊은이들은 지금 자기 어린 자식들에게 '너희들도 나중에 부모인 내게 이렇게 하라'고 시청각교육을 시키고 있는 것이다. 얼마나 어리석은 짓인가? 자식은 부모가 하는 대로 보고 배운다. 좋은 자식은 좋은 부모가 만든다. 사람 사랑의 첫 번째 계명인 제5계명이 "네 부모를 공경하라"로 시작한다는 것은, 사람 사랑은 좋은 부모와 좋은 자식이 되는 것으로부터 시작함을 일깨워 준다.

사람 사랑을 위한 두 번째 계명인 제6계명은 "살인하지 말라"다. 거의 모든 그리스도인들은 이 계명 앞에서 떳떳하다. 칼이나 총을 들고 살인을 저지른 적이 없기 때문이다. 그것은 이 계명을 문자적으로만 받아들인 결과다. 이 계명의 정신은 마음으로도 살인하지 말라는 것이다. 다음은 예수님의 말씀이다.

> 옛 사람에게 말한바 살인하지 말라 누구든지 살인하면 심판을 받게 되리라 하였다는 것을 너희가 들었으나 나는 너희에게 이르노니 형제에게 노하는 자마다 심판을 받게 되고 형제를 대하여 **라가**라 하는 자는 공회에 잡혀가게 되고 미련한 놈이라 하는 자는 지옥 불에 들어가게 되리라(마 5:21-22)

'라가$_{\rho\alpha\kappa\alpha}$'는 히브리어 '하라카'를 헬라어로 음역한 것으로 '바보 천치'라는 뜻이다. 예수님의 말씀은, 형제를 '바보 천치' 혹은 '미련한 놈'이라고 욕하는 것 자체가 이미 살인을 의미한다는 것이다. 가령 내가 기분이 나쁘다고 정신이 멀쩡한 사람을 "정신 나간 바보 천치"라고 욕했다고 치

자. 바로 그 순간 나는 정신이 멀쩡한 그 사람을 내 마음속으로 죽인 것이다.

> 그 형제를 미워하는 자마다 살인하는 자니 살인하는 자마다 영생이 그 속에 거하지 아니하는 것을 너희가 아는 바라(요일 3:15)

예수님께서는 형제를 미워하는 것 자체가 살인이라고 하셨다. 살인은 흉기를 들고 상대의 목숨을 빼앗는 것만을 의미하지 않는다. 그것은 결과일 뿐이다. 살인은 언제나 마음에서부터 시작한다. 마음속에서 일어난 미움과 증오가 우발적으로 폭발하면 결과적으로 살인이 된다. 친구끼리 카드놀이를 하다가 친구를 찔러 죽인 친구, 술집에서 옆 테이블 손님과 사소한 시비 끝에 살인을 저지른 회사원 등, 우리는 언론보도를 통해 이해할 수 없는 살인 사건들을 수없이 접하고 있다. 그것은 그들이 카드놀이나 술집에서 우발적으로 살인을 저지르기 전에, 자신들도 모르게 그들의 마음속에 이미 살인의 움이 싹트고 있었기 때문이다.

그러므로 '살인하지 말라'는 제6계명의 또 다른 정신은, 타인의 생명을 자기 생명처럼 여기라는 것이다. 형제를 미워하고 욕하는 것도 주님 보시기에는 살인이라면, 제6계명을 지키는 길은 타인의 생명을 자기 생명처럼 여기는 길밖에 없다. 누구든 자기 생명을 귀하게 여기는 것은 모든 인간의 공통점이다. 그러므로 타인의 생명을 자기 생명과 똑같이 귀하게 여기지 않는 한, 누구든 언제나 우발적인 살인자가 될 수 있다. 불교 신자들은 사람이 죽으면 또 다른 무엇인가로 환생한다는 윤회설을 믿는다. 자신이 죽은 뒤에 소나 개와 같은 짐승으로 태어나지 않으려면 선행을 해야 한다고도 믿는다. 그래서 함부로 다른 사람의 생명을 해친다는 생각은 하기 어렵다. 신심 깊은 불자들은 아예 육식도 삼간다.

우리가 믿는 주님께서는 사람의 생명을 당신과 동일시하는 분이시다. 다메섹 도상에서 하늘로부터 쏟아져 내린 빛에 사로잡힌 바울에게 "네가 어찌하여 나를 박해하느냐?"는 음성이 들렸다. 땅바닥에 고꾸라진 바울이 "주여 누구시니이까?"하고 묻자, 주님께서 "나는 네가 박해하는 예수라"고 대답하셨다(행 9:3-5). 그때까지 바울은 예수님을 박해한 적이 단 한 번도 없었다. 예수님께서 이 땅에 계시는 동안 바울이 예수님을 만난 적이 없었기 때문이다. 바울은 단지 예수 믿는 사람들을 박해했을 뿐이다. 그러나 예수님께서는 바울에게 박해받은 사람들과 당신을 동일시하셨다. 그 이후 바울 역시 사람의 생명을 존중하며 사랑할 수밖에 없었다. 사람의 생명 속에 주님이 계신 것을 알았기 때문이다. "지극히 작은 자 하나에게 한 것이 곧 내게 한 것이니라"(마 25:40)는 주님의 말씀을 정녕 믿는다면, 우리는 마음속의 살인과도 거리가 먼 삶을 살 수 있다.

그렇다면 제6계명을 바르게 지키기 위해서는, 우리가 일상생활 속에서 무의식중에 어떤 살인을 저지르고 있는지 생각해 보아야 한다. 먼저 말로 살인한다. 누군가를 향해 "저 사람은 죽지도 않나?"라고 말했다면, 이미 마음속으로 그를 죽인 것이다. 부모가 아이들이 말을 듣지 않는다고 "어쩌다가 저런 자식이 내게서 태어났지?" 하는 것도 말로 자식을 죽인 것이다. 부모가 내뱉는 말의 살인과 폭력 속에서 자녀가 정서적으로 바르게 성장할 리가 없다. 요즘 인터넷에서는 글로 사람을 죽인다. 자기 마음에 들지 않는 기사에는 댓글로 마구 살인을 저지른다. 참 무서운 세상이다. 그 사람들 가운데 4분의 1은 그리스도인일 것이다. 또 그릇된 생각이나 편견으로 살인을 저지른다. 태아는 생명이 아니라는 편견으로 낙태를 하는 것이다. 태아에 대한 살인이다.

내가 너를 모태에 짓기 전에 너를 알았고 네가 배에서 나오기 전에 너

를 성별하였고 너를 여러 나라의 선지자로 세웠노라 하시기로(렘 1:5)

　하나님께서는 태아도 하나님의 것이요, 생명임을 분명하게 말씀하셨다. 하나님께서 생명을 주시지 않으면 태아가 생길 수도 없기 때문이다. 그럼에도 그리스도인조차도 태아는 생명이 아니라며 낙태로 죽이는 경우가 허다하다. 비양심적인 행동으로 살인을 저지르기도 한다. 이를테면 불량식품을 만드는 것도 사람을 죽이는 짓이다. 식품의 유통기간을 변조하거나 부실시공을 하는 것, 강과 공기를 오염시키는 것도 모두 살인 행위다. 농부가 농약을 과다하게 살포하는 것도 마찬가지다. 우리는 이처럼 부지중에 타인의 생명을 해치면서 살아간다. 그러므로 '살인하지 말라'는 계명은 결코 문자적인 의미의 명령이 아님을 잊어서는 안 된다.
　사람 사랑을 위한 세 번째 계명인 제7계명은 "간음하지 말라"다. 간음 역시 마음속에서부터 시작된다.

　　또 간음하지 말라 하였다는 것을 너희가 들었으나 나는 너희에게 이르노니 음욕을 품고 여자를 보는 자마다 마음에 이미 간음하였느니라 (마 5:27-28)

　예수님의 말씀에 의하면 '간음하지 말라'는 계명의 정신은, 마음으로도 음욕을 품지 말라는 것이다. 여자 몸에 손가락 하나라도 대서는 안 된다는 엄한 계율을 지닌 수도원에 소속된 두 수도사가 길을 가다가 강을 만났다. 바지를 걷어 올리고 강을 건너려는데 한 여자가 보였다. 여자는 강을 건널 수 없어 속만 태우고 있었다. 수도사 가운데 한 명이 그 여자를 업고 강을 건넜다. 그리고 여자는 자기 길을 가고, 두 수도사도 가야 할 길을 갔다. 한참 길을 가다가, 혼자 강을 건넌 수도사가 동료 수도사에게 갑자기 소리쳤다. "이 나쁜 사람! 여자 몸에 손가락 하나라도 대지 말라고 했는데 왜 계율을 어겼어?" 여자를 업어 강을 건네준 수도사가 대답했다. "이 사람 참, 나는 그 여자를 벌써 내려 줬는데, 왜 자네는 아직도 업고 있는가?" 그 수도사가 여자를 업어 강을 건네준 것은, 어려움에 처한 생명을 돕는다는 수도사의 정신을 여자 몸에 손대지 말라는 계율보다 더 높게 여겼기 때문이다. 그리고 그 수도사는 여자를 업어 강을 건네줌과 동시에 그 일을 잊어버렸다. 그러나 다른 수도사는 마음으로 계속 그 여자를 품고 있었다. 자신이 그 여자의 몸에 손을 대보지 못한 것이 못내 아쉬워, 여자를 도와준 동료에게 오히려 시비를 걸었던 것이다. 우리가 두고두고 되새겨야 할 이야기다. 예수님께서 마음속에 음욕을 품는 것 자체가 간음이라 하신 것은, 하나님께서 간음에 대해 매우 엄격하심을 의미한다.

> 누구든지 남의 아내와 간음하는 자 곧 그의 이웃의 아내와 간음하는 자는 그 간부와 음부를 **반드시** 죽일지니라 (레 20:10)

간음을 저지른 간부와 음부를 죽이되, '반드시' 죽이라는 하나님의 명령이다. 이 한 구절로 하나님께서 간음에 대해 얼마나 엄격하신지 알 수 있다. 하나님께서 구약시대에만 간음에 대해 이렇듯 엄격하셨을까?

> 모든 사람은 결혼을 귀히 여기고 침소를 더럽히지 않게 하라 음행하는 자들과 간음하는 자들을 하나님이 심판하시리라 (히 13:4)

구약시대에 간음에 대해 엄격하셨던 하나님의 명령은 신약시대라고 해서 조금도 약화되지 않았다. 하나님께서 음행과 간음을 행하는 자들을 심판하실 것이라고 하셨다. 하나님께서 심판하신다면 누가 그 심판을 피할 수 있겠는가? 그렇다면 하나님께서 유독 간음에 대해 이렇게 엄격하신 이유가 무엇일까?

> 음행을 피하라 사람이 범하는 죄마다 몸 밖에 있거니와 음행하는 자는 자기 몸에 죄를 범하느니라(고전 6:18)

간음은 자기 몸에 죄를 범하는 것이다. 가령 내가 다른 사람의 물건을 훔쳤다면 훔친 장물은 내 몸 밖에 있다. 내가 누구를 한 대 쳤다면 맞은 사람은 내 몸 밖에 있다. 그러나 간음은 자신의 몸에 죄를 새기는 범죄행위다. 하나님 앞에서 자기 육체를 스스로 죽이는 짓인 것이다. 그뿐만이 아니다.

> 여인과 간음하는 자는 무지한 자라 이것을 행하는 자는 자기의 영혼을 망하게 하며(잠 6:32)

간음은 자신의 영혼을 죽이는 짓이다. 자기 아내와 남편이 있고 멀쩡하게 가정을 둔 사람이, 남의 남자 혹은 여자와 간음한다면 그 순간 그 사람이 어떻게 영적인 존재라 할 수 있겠는가? 영혼이 이미 죽어 버린 짐승일 뿐이다. 결과적으로 간음은 자신의 육체와 영혼을 죽이는 자살행위임과 동시에, 간음하는 상대의 육체와 영혼을 죽이는 타살행위다.

요즘 교회 내에서 불륜이 심심찮게 벌어지고 있다고 한다. 어느 날, 지방에서 신앙생활하며 내가 쓴 책들을 애독한다는 생면부지의 여집사님이 내게 상담전화를 걸어 왔다. 그녀는 자신이 다니는 교회의 남자 집사와 꽤 오랫동안 불륜 관계 속에 있었다. 그러나 계속 이러다가는 언젠가

큰일 나겠다 싶어 남편을 설득하여 교회를 떠나려고 결심했다. 공교롭게도 그즈음 목사님이 남편을 건축위원장으로 임명했다. 여집사님이 보기에 남편은 아직 믿음이 깊지 않았다. 교회를 옮기기보다는 차라리 남편이 다니던 교회에서 건축위원장을 맡으면 믿음이 커질 것 같았다. 그 여집사님은 불륜 상대와의 관계를 깨끗하게 정리하고 다니던 교회를 계속 다니기로 결심한 뒤, 나에게 상담전화를 한 것이었다. 나로부터 '잘하셨다'는 동의를 받음으로 자신의 행동을 합리화하기 위함이었다. 내가 여집사님께 물었다. "집사님은 불륜 상대였던 남자분과의 관계를 깨끗하게 정리하셨다고 했습니다. 그러나 제가 한 가지 물어보겠습니다. 요즈음 교회에서 그 남자 분을 볼 때 그분이 옷을 입은 모습으로 보입니까, 아니면 벗은 모습으로 보입니까?" 여집사님은 아무 대답도 하지 못했다. 그래서 내가 조언해 드렸다. "당장 그 교회를 떠나십시오. 그 남자와 한 교회를 다니면서 주일마다 얼굴을 마주치는 한, 그 남자와의 관계는 청산되지 않을 겁니다."

간음은 상대를 인격체로 보지 못하게 한다. 한 번이라도 간음을 저지르면, 그때부터 상대는 벗은 모습으로만 보이게 된다. 자신과 상대의 영과 육이 모두 죽었기 때문이다. 나아가 간음은 간음을 저지른 자신과 상대의 가족마저 죽이는 살인행위다. 서로 배우자가 있는 남자와 여자가 간음을 저지른다면, 그 순간 그들은 마음속으로 자신의 남편과 아내 그리고 상대의 아내와 남편을 동시에 죽여 버리는 것이다. 다윗이 밧세바와의 간음 사실을 은폐하려다가 실패해서 그녀의 남편 우리아를 죽인 것이 아니다. 남편이 있는 밧세바를 불러 간음하는 그 순간, 다윗은 이미 마음속으로 그녀의 남편 우리아를 죽인 것이다. 그렇기에 그 후에 별다른 고민 없이 실제로 그녀의 남편을 죽여 버렸다. 하나님께서 간음에 대해 매우 엄격하시고, 마음속으로라도 음욕을 품지 말라고 명하시는 이유가 여기에 있다.

　음욕을 품는 것 자체가 죄가 된다면, 음욕을 품게 만드는 것도 죄라는 사실을 깨달아야 한다. 오늘날 세상이 얼마나 음란해졌는지 모른다. 세상이 온통 음란물로 도배되어 있다. 공중파 텔레비전에서 방영되는 광고 영상물만 해도 성을 상징하는 것들이 얼마나 많은가? 인터넷은 음란물 천국이다. 나에게는 의문이 있다. 그런 음란물을 만드는 사람들이 자기 자식은 어떻게 키울까 하는 의문이다. 자신의 치장이나 옷매무새가 누구에겐가 음욕을 품게 한다면 그것도 경계할 일이다. 그리스도인은 언제나 단정해야 한다. 적어도 자신으로 인해 누군가가 성적으로 실족하는 일이 있어서는 안 된다.

　그렇다면 부부 사이의 사랑도 음욕일까? 중세기에 그렇게 단정했던 때가 있었다. 교회가 맹목적인 금욕생활을 강요했던 암흑기였다. 결혼한 부부가 자신의 쾌락만을 위해 배우자와 성을 도구화하면 그것은 음욕이다. 음욕은 점점 더 강한 자극을 요구하기에, 음욕의 노예가 되면 결국 변태가 되기 쉽다. 하지만 성을 자신의 쾌락이 아니라 하나님께서 짝지어 주신 배우자에게 봉사하기 위한 도구로 사용한다면, 성은 하나님께서 주신 소중한 선물이 된다. 그래서 생명은 성을 통해서만 태어난다. 성은 그만큼 신성하고 소중하다. 성을 어떻게 사용하느냐에 따라 결과는 천양지차로 달라진다. 크리스천 부부의 성과 관련하여 도움이 되는 지침서들이 있다. 이를테면 린다 딜로우의 《준비된 결혼, 준비된 배우자》, 아치볼드 D. 하트의 《남자도 잘 모르는 남자의 성》과 《여자도 잘 모르는 여자의 성》, 그리고 조셉 딜로우의 《부부도 잘 모르는 부부의 성》과 같은 책들이다. 이런 책들은 결혼을 앞두고 있거나 이미 결혼한 분 모두에게 도움이 될 것이다.

　사람 사랑을 위한 네 번째 계명인 제8계명은 "도둑질하지 말라"이다.

이 계명 앞에서도 우리는 늘 문자적으로 당당하다. 절도죄로 체포되어 법의 심판을 받거나 교도소에 수감된 적이 없다는 의미에서다. 하지만 교도소에 한번 가보라. 그곳에 있는 분들이 무슨 잘못으로 수감되었는지 확인해 보면, 그야말로 우리는 운이 좋아서 교도소 밖에서 살고 있음을 알 수 있다. 교도소에 수감되어 있는 분들과 우리의 차이는, 그들은 걸렸고 우리는 용케도 걸리지 않았다는 것뿐이다.

"도둑질하지 말라"는 제8계명의 참된 의미는, 신앙적으로 바른 물질관을 지니라는 것이다. 우리는 모두 물질에 관한 한 하나님의 청지기라고 고백한다. 하나님의 청지기로 살아가기 위해서는 반드시 신앙적으로 바른 물질관을 지녀야 한다. 그것은 자신에게 주어진 물질 속에 세 몫이 포함되어 있음을 인정하는 것이다. 무엇보다도 먼저 하나님께 드려야 할 몫이 있다. 그다음으로 타인을 위한 몫, 그리고 마지막으로 자신의 몫이다.

그리스도인들은 하나님의 몫에 대해서는 꽤 열심히 챙긴다. 한국 그리스도인들처럼 헌금에 열심인 그리스도인들은 세계 어디에도 없다. 그런 그리스도인들이 자기 지갑에 들어 있는 돈 중에 타인을 위한 몫이 포함되어 있다는 사실은 거의 인정하지 못한다. 내게 있는 돈은 절대로 나 자신만을 위한 돈이 아니다. 누군지는 모르지만, 하나님께서 정해 주신 누군가를 위한 몫이 거기에 포함되어 있다. 내 친척일 수도 있고, 이웃일 수도 있고, 오늘 처음 만나는 사람일 수도 있고, 뜻밖에도 내가 아주 미워하는 사람일 수도 있다. 우리에게는 형편이 어려웠을 때, 상상치도 못한 사람으로부터 상상치도 못한 도움을 받은 경험이 있다. 상상치도 못한 사람의 돈이 내게 흘러 들어온 적이 있다면, 하나님의 섭리에 의해 내 주머니의 돈도 상상치도 못한 누구에겐가 흘러갈 수 있음을 인정해야 한다. 누군가의 돈이 자신에게 흘러오는 것은 환영하지만, 자신의 돈이 누군가에게 흘러가는 것은 사절함은 신앙인의 바른 자세가 아니다. 따라서 우리는 우리의 물질 속에 세 몫이 있음을 인정하는 하나님의 청지기가 됨으로써 물질에 대한 소유욕에서 벗어날 수 있고, '도둑질하지 말라'는 하나님의 명령을 부지중에도 범치 않을 수 있다.

바른 물질관으로 물질에 대한 소유욕에서 벗어난 하나님의 청지기로 깨어 있지 않으면, 실은 자신도 모르게 매일 도둑질하며 살게 된다. 제조업자 가운데 제품 용량을 미달시키는 사람이 있다. 포장에는 제품 용량 100그램이라 표시하고 실제로는 80그램밖에 넣지 않았다면 20그램을 도둑질한 것이다. 폭리를 취하는 것도 남의 돈을 도둑질하는 것이다. 다른 사람의 상표나 지적소유권을 무단으로 사용하는 것도 도용, 도둑질이다. 봉급을 받는 회사원의 근무시간이 아침 9시부터 저녁 6시라면, 그 아홉 시간은 그의 시간이 아니다. 그에게 봉급을 지불한 회사를 위한 시간이다. 만약 회사원이 태만하게 근무하고 근무시간을 사적 용무를 위해 사용한다면 그것도 도둑질이다. 선진국에서는 근무 시간을 대단히 엄격하게 지킨다. 근무시간은 돈을 받고 판 시간이기 때문이다. 우리나라 사무실에서 흔히 볼 수 있는 광경―아침에 출근하여 커피 마시며 환담하고, 신문 보고, 오랫동안 화장실 다녀오는 행위 등은 선진국에서는 용납될 수 없는 일이다. 우리에게는 그런 행위가, 자신이 돈을 받고 회사에 판 시간에 대한 도둑질이라는 의식이 그만큼 희박하다. 사무실 용품을 사적으로 사용하는 것도 도둑질이다. 식당 주인이 손님에게 음식값은 제값을 받고 반찬은 앞 손님이 남긴 것을 다시 내놓는 것도 도둑질이다. 부동산 투기도 누군가의 기회를 도둑질하는 것이다. 봉급자가 20년 동안 꼬박 모은 돈으로 집을 사려고 할 때 부동산 투기꾼들이 집값을 두 배로 올려놓았다면, 투기꾼들은 그 봉급자의 일평생의 기회를 도둑질한 것이다. 탈세하는 것, 남의 인터넷 홈페이지에 무단 광고 게재하는 것, 스팸메일을 마구 보내는 것 등도 모두 도둑질이다. 사람들은 도둑질이라고 의식하지 않고 살아갈지 모르지만, '도둑질하지 말라'고 명령하신 하나님께서는 그냥 흘려버리시지 않을 것이다.

사람 사랑을 위한 다섯 번째 계명인 제9계명은 "네 이웃에 대하여 거짓 증거하지 말라"이다. 이 계명의 참된 의미는, '네가 하는 말이 곧 네 자신임을 잊지 말라'는 것이다. 많은 사람들이 자신의 말과 자신의 존재는 별개라고 생각한다. 예사로 거짓말을 하고서도 자신과는 아무 상관도 없는 것처럼 처신하는 것이다. 그러나 그것은 큰 착각이다. 거짓말을 하는 것은 자신이라는 존재가 거짓말쟁이임을 스스로 입증하는 것이다. '말은 존재의 집이다'라는 하이데거의 말처럼, 말과 존재는 언제나 함께 간다. 한 사람이 어떤 존재인지는 그 사람의 말로 알 수 있다. 진실성이 결여된 말을 하는 사람은 진실성과는 거리가 먼 사람이다. 말이 사려 깊으면, 그 사람은 사려 깊은 사람이다.

> 내가 너희에게 이르노니 사람이 무슨 무익한 말을 하든지 심판 날에 이에 대하여 심문을 받으리니 네 말로 의롭다 함을 받고 네 말로 정죄함을 받으리라 (마 12:36-37)

예수님의 이 말씀은 무슨 의미인가? '네 말이 곧 네 존재'라는 뜻이다. 하이데거가 '말은 존재의 집이다'라고 말하기 2천 년 전에 예수님께서 벌써 동일한 의미의 말씀을 하셨다. "너는 네가 한 말로 하나님께 의롭다고 인정받을 것이고, 네가 한 말로 하나님께 죄인으로 정죄함을 받을 것이다."―결코 잊어서는 안 될 말씀이다.

> 나를 저버리고 내 말을 받지 아니하는 자를 심판할 이가 있으니 곧 내가 한 그 말이 마지막 날에 그를 심판하리라 (요 12:48)

예수님께서도 당신의 말씀과 당신의 존재를 동일시하셨다. 예수님께서 우리를 심판하시는 근거는 당신의 말씀이다. 그것이 주님의 심판이다. 주님의 말씀이 주님이시기 때문이다. 이처럼 말과 존재는 결코 분리되지 않는다. 그러므로 거짓 증거를 해서는 안 된다. 우리의 말은 늘 진실해야 한다.

우리가 무의식중에 행하는 거짓말 중 가장 전형적인 것은 없는 말을 지어내는 것이다. 상대의 말을 의도적으로 왜곡하는 것도 거짓말이다. 상대의 말을 앞뒤 잘라내고 자기에게 필요한 말만 인용하는 것, 과장해서 말하는 것 등도 다 거짓 증거다. 성경에서 필요한 말만 선택하여 인용하면 다른 종교의 경전도 만들 수 있다. 교회처럼 '헛소문'이 많은 곳도 없음을 잊어서는 안 된다.

사람 사랑을 위한 여섯 번째 계명이자 마지막 계명인 제10계명은 "네 이웃의 집을 탐내지 말라"이다. 이 계명의 첫 번째 의미는, '네 욕망을 다스리라'는 것이다. 인간의 모든 문제는 욕망으로부터 시작된다.

> 여자가 그 나무를 본즉 먹음직도 하고 보암직도 하고 지혜롭게 할 만큼 **탐스럽기도** 한 나무인지라 여자가 그 열매를 따먹고 자기와 함께 있는 남편에게도 주매 그도 먹은지라 (창 3:6)

만약 여자가 선악과를 보았을 때 '먹음직도 하고, 보암직도 하고, 지혜롭게 할' 나무이기만 했다면 열매를 따먹지 않았을 것이다. 그러나 여자에게 그 나무는 탐스럽기까지 했다. 여자는 탐심 때문에 하나님의 명령을 범한 것이다. 일단 탐심이 발동되면 인간의 눈에 하나님은 보이지 않는다. 오죽하면 성경이 탐심을 '우상숭배'라고 했을까?

그러므로 땅에 있는 지체를 죽이라 곧 음란과 부정과 사욕과 악한 정욕과 탐심이니 **탐심은 우상숭배니라**(골 3:5)

그러므로 이 계명의 두 번째 의미는, 늘 자족하는 사람이 되라는 것이다. 탐심을 이기는 것은 자족하는 마음뿐이다. 지금 나에게 없는 것은, 그것이 지금 내게 있으면 해가 될 것이기에 하나님께서 주시지 않는 것이다. 이것을 아는 것이 자족하는 것이다.

그러나 자족하는 마음이 있으면 경건은 큰 이익이 되느니라(딤전 6:6)

자족하는 마음을 지녔으면 경건에 큰 이익이 된다는 이 말씀을 뒤집으면, 자족하는 마음이 없으면 경건과는 거리가 먼 사람이 된다는 말이 된다. 그 경우에는 설령 에덴동산에서 살지라도, 아담과 하와처럼 하나님의 명령을 어기고 자기 탐욕을 채울 수밖에 없다.

내게 능력 주시는 자 안에서 내가 모든 것을 할 수 있느니라(빌 4:13)

이 구절은 그리스도인들이 좋아하는 성경구절이다. 그러나 이 구절만 좋아한다. 더 중요한 것은 바로 그 앞 구절이다.

내가 궁핍하므로 말하는 것이 아니니라 어떠한 형편에든지 나는 자족하기를 배웠노니 나는 비천에 처할 줄도 알고 풍부에 처할 줄도 알아 모든 일 곧 배부름과 배고픔과 풍부와 궁핍에도 처할 줄 아는 일체의 비결을 배웠노라(빌 4:11-12)

얼마나 감동적인 바울의 고백인가? "나는 한 번도 물질의 노예가 된 적이 없습니다. 있으면 있는 대로 물질의 주인이 되었고, 없으면 없는 대로 물질을 초월하는 자족의 삶을 살았습니다. 그랬더니 내게 능력 주시는 주님 안에서, 나는 물질을 초월하여 모든 것을 할 수 있었습니다." 만약 그대와 내가 지금 탐심에 사로잡혀 있다면, 주님께서 우리에게 능력을 주신들 과연 우리가 그 능력을 담을 그릇이나 될 수 있겠는가?

결론

첫째로 십계명은 우리로 하여금, 구원받은 그리스도인으로서 하나님과 세상에 대해 책임을 다하는 삶을 살게끔 이끌어 준다. '하나님 사랑'과 '사람 사랑'의 'X'를 가능하게 해주는 삶이다. 그대가 《성숙자반》을 완독했다 해도 세월이 지나면 대부분의 내용을 잊어버릴 것이다. 그래도 상관없다. 단 한 가지, 그대의 마음속에 'X'만 새겨 두면 된다. 성숙한 그리스도인이 된다는 것은 'X'의 균형, 즉 '하나님 사랑'과 '사람 사랑'의 균형을 이루는 것이다. 이 균형이 바르게 이루어졌는지를 비추어 주는 거울이 '하나님 사랑'을 위한 계명(1~4계명)과 '사람 사랑'을 위한 계명(5~10계명)으로 구성된 십계명이다. 십계명 이외에 'X'의 균형을 바르게 잡아 줄 거울은 없다.

둘째로 'X'를 구현하는 삶의 토대는, 예수 그리스도 안에서 하나님께서 우리에게 베풀어 주신 사랑이다. 우리에게 "너희들 이렇게 살아라"고 명령하신 후에는 다시는 우리를 거들떠보지도 않는 하나님을 상상인들 할 수 있는가? 만약 그런 하나님이라면 하나님의 말씀대로 산다는 것은 애당초 불가능하고, 그 하나님을 믿고 그의 명령을 좇을 이유도 없다.

하나님께서 그리스도 안에서 먼저 우리를 불러 주셨고, 구원해 주셨고, 언제나 함께해 주시기에, 우리는 하나님의 그 사랑을 힘입어 'X'의 삶을 살 수 있고 또 살아야 한다. 그러므로 이제부터 십계명을 볼 때마다 하나님의 계명 이전에, 당신의 독생자를 버리시기까지 그대와 나를 바로 세워 주시려는 하나님의 사랑을 보아야 한다. 그때부터 십계명은 온통 그대와 나를 향한 하나님의 사랑의 고백이 될 것이다.

> 그런즉 이 일에 대하여 우리가 무슨 말 하리요 만일 하나님이 우리를 위하시면 누가 우리를 대적하리요 자기 아들을 아끼지 아니하시고 우리 모든 사람을 위하여 내주신 이가 어찌 그 아들과 함께 모든 것을 우리에게 주시지 아니하겠느냐 누가 능히 하나님께서 택하신 자들을 고발하리요 의롭다 하신 이는 하나님이시니 누가 정죄하리요 죽으실 뿐 아니라 다시 살아나신 이는 그리스도 예수시니 그는 하나님 우편에 계신 자요 우리를 위하여 간구하시는 자시니라 누가 우리를 그리스도의 사랑에서 끊으리요 환난이나 곤고나 박해나 기근이나 적신이나 위험이나 칼이랴 기록된바 우리가 종일 주를 위하여 죽임을 당하게 되며 도살당할 양같이 여김을 받았나이다 함과 같으니라 그러나 이 모든 일에 우리를 사랑하시는 이로 말미암아 우리가 넉넉히 이기느니라 내가 확신하노니 사망이나 생명이나 천사들이나 권세자들이나 현재 일이나 장래 일이나 능력이나 높음이나 깊음이나 다른 어떤 피조물이라도 우리를 우리 주 그리스도 예수 안에 있는 하나님의 사랑에서 끊을 수 없으리라(롬 8:31-39)

하나님의 이 사랑 때문에 그대와 나는 십계명을 거울삼아 'X'의 삶을 살지 않을 수 없다.

7 사도신경

사도신경

전능하사 천지를 만드신 하나님 아버지를 내가 믿사오며
그 외아들 우리 주 예수 그리스도를 믿사오니
이는 성령으로 잉태하사 동정녀 마리아에게 나시고
본디오 빌라도에게 고난을 받으사 십자가에 못박혀 죽으시고
장사한 지 사흘 만에 죽은 자 가운데서 다시 살아나시며
하늘에 오르사 전능하신 하나님 우편에 앉아 계시다가
저리로서 산 자와 죽은 자를 심판하러 오시리라
성령을 믿사오며 거룩한 공회와 성도가 서로 교통하는 것과
죄를 사하여 주시는 것과 몸이 다시 사는 것과
영원히 사는 것을 믿사옵나이다
아멘

사도신경의 중요성

'신경信經'이란 '굳게 믿고 지키려는 생각 혹은 신념'을 의미한다. 그리스도인들의 신앙고백인 사도신경은 두 가지 면에서 중요하다.

첫째, 사도신경은 우리 믿음의 핵심 내용이라는 점이다. 그리스도인인 우리는 모두 하나님을 믿는다고 고백한다. 그리고 하나님의 말씀인 성경을 믿는다. 그러나 하나님은 보이지 않고 성경은 방대하다. 성경은 창세기부터 요한계시록까지 엄청난 분량이다. 따라서 우리가 하나님을 믿는다고 고백할 때, 우리가 믿는 것이 무엇인지 핵심을 정리하지 않으면 실은 아무것도 믿지 않는 것과 마찬가지가 된다. 사도신경에는 우리 믿음의 핵심이 들어 있다.

둘째, 사도신경은 하나님을 향한 인간의 고백이라는 점이다. 우리가 앞 장에서 배운 십계명은 인간에 대한 하나님의 명령이다. 십계명은 하나님의 명령이므로 우리에게 순종의 의무가 주어진다. 반면에 사도신경은 하나님을 향한 인간의 고백이기에 고백에 대한 인간의 책임이 뒤따른다.

책임이란 자신의 고백에 대한 실천의 책임이다. 사랑하는 사람에게 사랑을 고백하고 청혼하여 결혼까지 했다면 자기 고백에 대한 책임을 져야 한다. 만약 책임을 지지 않는다면 혼인을 빙자한 사기다. 우리가 사도신경으로 하나님께 우리의 신앙을 고백하는 한 우리의 고백에 대한 책임을 져야 함으로 사도신경의 내용은 구구절절 중요할 수밖에 없다.

사도신경의 유래

첫째, 사도신경은 그 말이 시사하는 것처럼 사도들의 신앙고백에서 비롯되었다. 마태복음 16장에는 그 유명한 베드로의 고백이 나온다.

이르시되 너희는 나를 누구라 하느냐 시몬 베드로가 대답하여 이르되 **주는 그리스도시요 살아 계신 하나님의 아들이시니이다**(마 16:15-16)

예수님에 대한 베드로의 이 고백은 예수님이 누구신지를 정확하게 꿰뚫어 본 고백이었다. 예수님께서 베드로의 이 고백 위에 당신의 교회를 세우실 것을 천명하셨음은 이미 우리가 잘 알고 있다. 또 나다나엘은 이렇게 고백했다.

나다나엘이 이르되 어떻게 나를 아시나이까 예수께서 대답하여 이르시되 빌립이 너를 부르기 전에 네가 무화과나무 아래에 있을 때에 보았노라 나다나엘이 대답하되 랍비여 **당신은 하나님의 아들이시요 당신은 이스라엘의 임금이로소이다**(요 1:48-49)

베드로의 고백과 같은 의미의 고백이지만 나다나엘은 용어를 조금 달리하여 고백했다. 여성의 고백도 있다. 마르다의 고백이다.

> 예수께서 이르시되 네 오라비가 다시 살아나리라 마르다가 이르되 마지막 날 부활 때에는 다시 살아날 줄을 내가 아나이다 예수께서 이르시되 나는 부활이요 생명이니 나를 믿는 자는 죽어도 살겠고 무릇 살아서 나를 믿는 자는 영원히 죽지 아니하리니 이것을 네가 믿느냐 이르되 주여 그러하외다 **주는 그리스도시요 세상에 오시는 하나님의 아들이신 줄 내가 믿나이다**(요 11:23-27)

베드로, 나다나엘 그리고 마르다의 고백의 핵심은 동일하다. 예수님께서 인간을 구원할 그리스도이시고 성자 하나님이시라는 것이다.

사도들이 둘러앉아 한 구절씩 고백한 것을 모으니 사도신경이 되었다는 이야기를 흔히 듣곤 한다. 그러나 그것은 사실이 아니다. 사도들이 이 땅에 살아 있을 때는 지금 우리가 고백하는 내용의 사도신경이 확정되지도 않았다. 사도신경을 사도신경이라고 부르는 것은 이 신경의 모든 내용이 사도들에 의해 만들어졌다는 말이 아니라, 위에서 살펴본 것처럼 사도들의 신앙고백과 그들이 전해 준 복음에 뿌리를 두고 있기 때문이다.

둘째, 세례식 때 문답형으로 신앙을 고백하게 하였다. 오순절 성령강림 이후 사도들의 복음 전파로 하루에도 3천 명 혹은 5천 명의 사람들이 세례를 받았다. 예수님을 믿겠다고 나서기만 하면 다 세례를 주었다. 그러나 시간이 지나면서 핍박이나 다른 여러 이유로, 세례 받았던 사람들 가운데 배교자가 나타나기 시작했다. 이에 경각심을 가진 교회 지도자들은 세례를 줄 때 세례 받는 사람으로 하여금 문답형으로 신앙을 고백하게 했다. 이를테면 "당신은 천지를 창조하신 하나님을 믿습니까?" 하고 물으면 "예, 믿습니다"라고 고백하는 식이었다. 이와 같은 문답형 신앙고백은 몇십 년 전까지 우리나라 교회에서도 시행되었었다. 나 역시 60년대에 문답형 신앙고백으로 세례를 받았다.

셋째, 문답형 신앙고백이 자기 고백형 신경으로 발전되고 완성되었다. 세례식에서 문답형 신앙고백만으로는 아무래도 미흡했다. 교회는 표준 신앙고백문을 만들어 세례 받는 사람들에게 외우도록 하고, 그 내용을 자기 입으로 고백하게 했다. 또 교회 역사가 계속 이어지면서 이단의 공격으로부터 교회를 지켜야 했다. 그 과정에서 신앙고백의 내용이 점차 보완되었다. 그렇게 보완된 내용을 세례식에 국한하지 않고 모든 예배에서 그리스도인들이 함께 고백하게 되었다.

사도신경의 발전 과정

사도신경이 발전해 온 과정을 정리한 오른쪽 표에서 첫 번째 열은 '고대 로마신조(2세기) 문답형'이다. 그리고 그 아래 행들에 적힌 내용은 그 시기에 세례 집례자가 세례자에게 질문한 내용이다. 그 내용이 두 번째 열에서 '로마신조(4세기) 고백형'으로 바뀌었다. "……을 믿습니까?"라고 물으면 "예" 하고 고백하던 문답형이 "나는……을 믿습니다"로 바뀐 것이다. 그리고 마지막 열은 주후 750년에 확정된 '공인원문Forma Recepta'이다. 그 후부터 사도신경은 로마가톨릭교회, 영국 성공회, 그리고 모든 개혁교회와 장로교회가 공인원문으로 고백하게 되었다. 사도신경이 '고대 로마신조(2세기) 문답형'에서 '공인원문'으로 보완되어 간 내용들을 오른쪽 표에서 확인해 보자.

처음에는 "모든 것을 주관하시는 아버지"라고 시작했는데, 200년

사도신경의 발전 과정

	고대 로마신조 (2세기) 문답형	로마신조 (4세기) 고백형	공인원문 (750년) Forma Recepta	비고
1	당신은 모든 것을 주관하시는 아버지를 믿느뇨?	_나는 전능하신 하나님_ 아버지를 믿으며	나는 전능하사 천지를 만드신 하나님 아버지를 믿으며	
2	당신은 하나님의 아들이시며	_그 외아들 우리 주 예수 그리스도를 믿으니_	그 외아들 우리 주 예수 그리스도를 믿으니	
3	동정녀 마리아에게서 성령에 의하여 나셨고	이는 성령으로 동정녀 마리아에게서 나셨으니	이는 성령으로 _잉태하여_ 동정녀 마리아에게 나셨으며	
4	본디오 빌라도에게 십자가에 달려서 죽으시고 그리고 장사되어	본디오 빌라도에게 십자가에 _못박혀_ 장사 지낸 바 되시고	본디오 빌라도에게 _고난을 받아_ 십자가에 못박혀 _죽어_ 장사 지낸 바 되시고	
5			_지옥에 내려가셨으며_	
6	죽은 자 가운데서 다시 살아나셔서	_삼 일 만에_ 죽은 자 가운데서 살아나시며	삼 일 만에 죽은 자 가운데서 살아나시며	
7	하늘에 오르사 아버지 우편에 앉아 계시다가	하늘에 오르사 아버지 우편에 앉으시고	하늘에 오르사 _전능하신 하나님_ 아버지 우편에 앉으시고	
8	산 자와 죽은 자를 심판하러 오실 예수 그리스도를 믿느뇨?	_저리로서_ 산 자와 죽은 자를 심판하러 오시리라	저리로서 산 자와 죽은 자를 심판하러 오시리라는 것을 믿사옵니다	
9	당신은 성령과	성령과	(_나는 믿기를_) 성령과	
10	거룩한 교회와	거룩한 교회와	거룩한 _공교회와_ _성도가 서로 교통하는 것과_	
11	몸의 부활을 믿느뇨?	_죄를 사하여 주시는 것과_ 몸의 부활을 믿사옵니다	죄를 사하여 주시는 것과 몸이 부활하는 것과 _영생을_ 믿사옵니다	

이탤릭체 및 밑줄로 표시된 부분은 보완된 내용임을 의미한다.

이 지난 4세기에는 "전능하신 하나님 아버지"로 바뀌었다. "당신은 믿느뇨?"는 "나는 믿습니다"가 되었다. 그리고 마지막 공인원문에서는 "나는 전능하사 천지를 만드신 하나님 아버지를 믿습니다"라고 확정되었다. 헬라 문명과 라틴 문명은 잡신의 세계요 신화의 세계였다. 사랑의 신, 술의 신, 불의 신 등 온갖 신들이 다 있었다. 그 신들도 헬라어로는 하나님과 똑같은 '테오스θεός'였다. 교회는 신화 속의 신들과 하나님을 구별할 필요가 있었다. 그래서 나는 술의 신이나 사랑의 신이 아니라, 전능하셔서 천지를 만드신 하나님 아버지를 믿는다는 내용으로 보완되었다.

"당신은 하나님의 아들이시며"는 4세기에 "그 외아들 우리 주 예수 그리스도를 믿으니"로 바뀌었고, 공인원문에 그대로 확정되었다. '그 외아들'이라는 단어가 삽입된 이유는 자신이 하나님의 아들이라고 주장하는 사람들이 많았으므로, 오직 예수님 한 분만 하나님의 유일한 아들이심을 밝힐 필요가 있었던 것이다.

"동정녀 마리아에게서 성령에 의하여 나셨고"는 4세기에 "이는 성령으로 동정녀 마리아에게서 나셨으니"로 내용의 순서가 바뀌었다가, 공인원문에는 한 단어가 더 들어갔다. 즉 "이는 성령으로 잉태하여 동정녀 마리아에게 나셨으며"로 '잉태'라는 단어가 더해졌다. 기독교 초기에 가현설假現說을 주장하는 이단이 있었다. 이 땅에 오셨던 예수님이 진짜 사람이 아니라, 하나님이 인간의 가면을 쓰고 오신 것이었다고 주장하는 이단이었다. 그래서 예수님께서 참하나님이신 동시에 인간의 몸에서 잉태되어 태어나신 참사람이심을 분명히 한 것이다.

"본디오 빌라도에게 십자가에 달려서 죽으시고 그리고 장사되어"는 4세기에 "본디오 빌라도에게 십자가에 못박혀 장사 지낸 바 되시고"로 발전되었다. 이것이 공인원문에서는 "본디오 빌라도에게 고난을 받아 십자가에 못박혀 죽어 장사 지낸 바 되시고"가 되었다. 실제로 고난을 당하고 죽으셨음을 강조한 것이다. 교회를 공략한 이단들 가운데 예수님께서 실제로는 죽지 않았다고 주장하는 이단도 있었다. 이른바 가사설假死說로, 잠시 죽은 것처럼 의식불명 상태에 빠졌다가 깨어났다는 주장이다. 그러나 예수님께서는 분명히 죽으셨음을 확실하게 밝힌 것이다.

그다음 문구인 "지옥에 내려가셨으며"는 공인원문에서부터 시작되었다. 이 문구는 한국 개신교 신자에게는 생경한 문구다. 한국 개신교의 사도신경에는 이 문구가 빠져 있기 때문이다. 한국 개신교의 사도신경에서 이 문구가 언제, 무슨 까닭으로 삭제되었는지에 대해서는 조금 뒤에 설명하기로 하겠다. 이 문구가 사도신경 공인원문에 들어간 것은 교인들에게 질문이 생겼기 때문이다. 예수님께서 십자가에 못박혀 몸이 돌아가셨는데, 그때 예수님의 영은 무엇을 하셨는가 하는 질문이었다. 또 예수님을 믿지 않고 죽은 자들은 어떻게 되는지에 대한 질문도 있었다. 이런 질문에 대한 대답으로 이 문구가 들어가게 되었다.

"죽은 자 가운데서 다시 살아나셔서"는 4세기에 '삼 일 만에'가 첨가되었다. 이는 조금 전에 언급한 가사설을 주장하는 이단을 반박하기 위해서였다. 가사상태에 빠지셨다가 몇 시간 만에 살아나신 것이 아니라 사흘째 되는 날이 되어서야 살아나셨음을 분명하게 밝힌 것이다.

"하늘에 오르사 아버지 우편에 앉아 계시다가"는 공인원문에서 "하늘에 오르사 전능하신 하나님 아버지 우편에 앉으시고"로 보완되었다. '전능하신 하나님'이라는 표현이 삽입된 이유는 뒤에서 다시 생각해 보겠지만, 예수님께서 하나님 아버지와 동일한 권위를 지닌 분이심을 강조할 필요가 있었기 때문이다.

"산 자와 죽은 자를 심판하러 오실 예수 그리스도를 믿느뇨?"라는 문구에는 4세기에 '저리로서'라는 말이 덧붙여졌다. 예수님께서 승천하신 바로 그 하늘로부터 다시 재림하실 것이라는 의미다. 이 말이 덧붙여진 이유는 자신이 재림주라고 주장하는 사람들이 많았기 때문이다. 그래서 다시 오실 주님은 더 이상 여자의 몸에서 태어나지 않고 하늘에서 재림하실 것임을 분명히 할 필요가 있었다. 인간의 몸에서 태어난 자칭 재림주는 모두 가짜임을 확실히 한 것이다.

성령님과 관련해서는 공인원문에 '(나는 믿기를)'이 첨가되었다. 다른 사람이 아니라 나 자신이 믿는다는 것을 재강조한 것이다.

"거룩한 교회와"는 공인원문에서 "거룩한 공교회와 성도가 서로 교통하는 것과"로 보완되었다. 교회는 공교회이어야 함을 강조해야 했고, 또 성도 간 교제의 중요성을 고백해야 할 필요가 있었던 것이다.

"몸의 부활을 믿느뇨?"는 4세기에 "죄를 사하여 주시는 것과 몸의 부활을 믿사옵니다"로, 다시 공인원문에서는 "죄를 사하여 주시는 것과 몸이 부활하는 것과 영생을 믿사옵니다"로 보강되었다. 죄사함에 대한 확신을 강조할 필요가 있었던 것이다. 자신이 예수님의 십자가 보혈로 죄사함 받았다는 신앙의 핵심이 분명하게 규명되지 않으면 인간의 신앙은 기복주의에 빠지게 된다. 그래서 사도신경은 죄사함의 은혜를 분명히 하면서, 우리의 궁극적인 목표가 영원한 생명임을 밝히는 것으로 끝난다.

> 말씀하실 때에 열둘 중의 하나인 유다가 왔는데 대제사장들과 백성의 장로들에게서 파송된 큰 무리가 칼과 몽치를 가지고 그와 함께하였더라 예수를 파는 자가 그들에게 군호를 짜 이르되 내가 입 맞추는 자가 그이니 그를 잡으라 한지라 곧 예수께 나아와 랍비여 안녕하시옵니까 하고 입을 맞추니 예수께서 이르시되 친구여 네가 무엇을 하려고 왔는지 행하라 하신대 이에 그들이 나아와 예수께 손을 대어 잡는지라 **예수와 함께 있던 자 중의 하나가 손을 펴 칼을 빼어 대제사장의 종을 쳐 그 귀를 떨어뜨리니**(마 26:47-51)

위 본문은 가룟 유다가 대제사장들과 장로들이 보낸 체포조와 함께 예수님을 잡으러 온 상황을 전해 주는 내용이다. 체포조가 예수님을 잡으려고 예수님의 몸에 손을 대는 순간, 예수님의 제자 중 한 명이 칼을 뽑아 대제사장의 종의 귀를 쳐 떨어뜨렸다. 마태가 마태복음을 기록할 때는 이 내용만으로도 족했다. 그러나 세월이 흐르자 사람들에게 질문이 생겼다. 칼 맞은 사람은 어느 쪽 귀가 떨어져 나갔을까? 그 사람은 지금도 짝귀일까? 그래서 누가는 마태복음보다 늦게 누가복음을 기록하면서 이 질문에 답하였다.

> 그중의 한 사람이 대제사장의 종을 쳐 그 **오른쪽 귀**를 떨어뜨린지라 예수께서 일러 이르시되 이것까지 참으라 하시고 **그 귀를 만져 낫게 하시더라**(눅 22:50-51)

누가는 칼 맞은 사람의 오른쪽 귀가 떨어져 나갔고, 예수님께서 그의 귀를 붙여서 낫게 해주셨음을 밝혔다. 세월이 지나자 사람들에게 또 다른 의문이 생겼다. 초기에는 이 사건의 목격자가 많았으므로 아무 문제가 없었다. 그러나 10년 20년 세월이 흐르다 보니 "예수님의 제자 중에서 칼부림을 한 사람은 대체 누구인가? 귀가 떨어져 나갔던 이 실존 인물은 또 누구인가?" 하는 의문이 생겼다. 이 의문에 대해 사복음서 가운데 가장 늦게 기록된 요한복음이 답하였다.

> 이에 **시몬 베드로**가 칼을 가졌는데 그것을 빼어 대제사장의 종을 쳐서 오른편 귀를 베어 버리니 **그 종의 이름은 말고라**(요 18:10)

칼을 휘두른 사람은 시몬 베드로이고, 칼을 맞은 사람은 말고였다. 하나님께서는 이처럼 마태복음에서 시작해서 요한복음이 끝날 때까지 인간의 질문에 계속 응답하시면서 복음서가 기록되게 하셨다. "모른다면 할 수 없다. 모르는 채로 그냥 믿어라" 하시지 않고, 인간의 계속된 질문에 답하시며 복음서가 완성되게 하신 것이다. 하나님을 향한 인간의 신앙고백인 사도신경도 마찬가지다. 세월이 흘러감과 동시에 교회가 이단의 공격으로부터 신앙을 수호하면서 계속 필요한 내용을 보완한 끝에, 오늘날 우리가 매 주일 고백하는 것과 같은 사도신경이 완성되었다.

사도신경의 내용

우리말 사도신경은 문장이 계속 이어져 있다. 그러나 라틴어로 기록된 사도신경 원문은 단락이 명확하게 구분되어 있다.

1) 성부

Credo in DEUM PATREM omnipotentem: Creatorem caeli et terrae
전능하사 천지를 만드신 하나님 아버지를 내가 믿사오며

첫 번째 단락은 성부 하나님에 대한 신앙고백이다. 우리말로는 "전능하사 천지를 만드신 하나님 아버지를 내가 믿사오며"다. 그러나 우리말 번역은 우리말 어순상 라틴어 원문의 의미를 그대로 전달할 수 없다. 라틴어 원문은 동사 'Credo'(끄레도)로 시작한다. 'Credo'는 '나는 믿는다'는 의미다. 사도신경은 믿음의 고백이므로 '믿는다'는 동사가 제일 먼저 등장한다. 대체 누가 믿는가? 바로 '내가' 믿는다. 'Credo'의 마지막 'o'는 라틴어로 1인칭 주어 어미다. 따라서 라틴어 원문의 의미를 그대로 살리면 사도신경은 '믿습니다. 내가'로 시작한다. 다른 사람이 아니라, 바로 내가 믿는다는 것이다. 이 이후 이어지는 모든 고백의 내용을 내가 모두 다 믿는다는 것이다.

    'Credo'는 '심장'을 뜻하는 'cre'와 '드리다'는 뜻을 지닌 'do'의 합성어다. 믿음은 믿음의 대상에게 나의 심장을 드리는 것이다. 바꾸어 말해 나의 생명을 드리는 것이 믿음이다. 믿음은 단순히 말로만 고백하는 것이 아니다. 믿음은 믿음의 대상이 나의 생명보다 더 귀하기에 나의 생명을 드리는 것이다. 그렇게 함으로써 나의 생명이 비로소 참된 생명으로 승화됨을 알기에, 믿음의 대상에 나의 생명을 기꺼이 거는 것이다. 우리말 어순상 앞으로도 사도신경을 "전능하사 천지를 만드신 하나님 아버지를 내가 믿사오며"라고 고백할 수밖에 없지만, 이번 주일부터 사도신경을 고백할 때마다 '믿습니다. 내가 믿습니다. 나의 심장을 하나님께 드립니다'라는 심정으로 고백해 보라. 그때부터 사도신경의 의미가 사뭇 달라질 것이다.

    내가 믿는데, 무엇을 믿는다는 말인가? 'Credo in'의 'in'은 영어로 'believe in'의 전치사 in처럼 그 뒤에 이어지는 내용을 믿음을 뜻한다. 그리고 "Credo in DEUM PATREM"(끄레도 인 데움 빠뜨렘)에서 'DEUM'은 '하나님'이고, 'PATREM'은 '아버지'다. 즉 하나님께서 내 아버지 되심을 내가 믿는다는 것이다. 미물에 지나지 않는 나를 당신의 자녀로 삼아 주신 하나님 아버지의 사랑을 내가 믿는다는 의미다. 하나님 아버지의 인격을 믿는 것이다. 우리가 하나님을 "아버지"라고 부르는 것은 사실상 불가능한 일이었다. 개가 나를 아버지라고 부를 수 없듯, 우리는 하나님을 "아버지"라고 부를 수 없는 존재다. 그런데도 우리를 자녀로 삼아 주신 아버지의 인격을 내가 믿는 것이다.

하나님께서 내 아버지 되심을 내가 믿는다는 것은 또, 내가 이미 그분의 자녀가 되었음을 재확인하는 고백이다. 그 고백을 통해 나의 정체성을 재정립하는 것이다. 나의 정체성을 바르게 정립함으로써 내 삶의 방향이 분명해진다. 우리가 "하나님 아버지를 내가 믿습니다"라고 고백할 때마다 이미 하나님의 자녀 된 나의 정체성을 재확인한다면, 우리는 결코 옛 삶을 답습할 수 없다.

"Credo in DEUM PATREM omnipotentem:"(끄레도 인 데움 빠뜨렘 옴니뽀뗀뗌)은, 내가 믿는 하나님 아버지는 '전능하신 하나님 아버지'라는 뜻이다. 라틴어 원문에는 '전능하신'을 뜻하는 'omnipotentem' 뒤에 콜론이 있고, 전능하신 하나님 아버지가 어떤 분이신지 고백하는 내용이 이어진다. 즉 라틴어 원문으로 'Creatorem caeli et terrae'(끄레아또렘 첼리 에뜨 떼레)—'하늘과 땅의 창조자'란 말이다. 이처럼 라틴어 원문은 우리말로 번역한 "전능하사 천지를 만드신 하나님 아버지를 내가 믿사오며"와 같이 밋밋하지 않다. 원문은 "나는 하나님 아버지를 믿습니다. 전능하신 하나님 아버지를 믿습니다. 바로 천지의 창조자이신 하나님 아버지를 믿습니다"라는 의미다.

우리를 당신의 자녀로 삼아 주신 하나님 아버지는, 우리 육신의 아버지와는 다르게 전능하신 아버지시다. 그뿐 아니라 천지의 창조자시다. 창조는 없음에서 있음을 가능하게 하는 것이다. 사람 중에서 그것이 가능한 사람은 아무도 없다. 없음에서 있음을 가능하게 할 수 있는 분은 전능하신 하나님 아버지 한 분뿐이시다. 이 구절을 고백할 때마다 없음에서 있음을 가능하게 하신 내 아버지 하나님을 바르게 인식한다면, 지금 나에게 주어진 상황이 어떠하든 조금도 문제가 되지 않을 것이다. 천지를 창조하신 하나님 아버지께서 보시기에 지금 나에게 그 상황이 반드시 필요하기에 그 상황을 주셨을 것이기 때문이다. 하나님을 믿는다면서도 자신이 원하고 꿈꾸는 상황을 만들기 위해 인생을 허비하지 말라. 전능하신 창조주 하나님께서 내 아버지이심을 믿는 참된 믿음은, 그분이 주신 상황 속에서 나의 삶으로 그분의 뜻을 이루어 가는 것이다.

다윗이 골리앗을 죽이는 혁혁한 공을 세웠지만, 도리어 사울 왕은 그로 인한 질투심으로 다윗을 죽이려고 했다. 다윗은 어쩔 수 없이 근 10년 동안 사울 왕의 칼날을 피해 도망 다녀야만 했다. 그러나 그는 한 번도 그 상황에서 뛰쳐나가려 하지 않았다. 도망자 신세인 다윗에게 사울 왕을 죽일 수 있는 절호의 기회가 두 번이나 있었지만 두 번 모두 그를 살려 준 것이 그 증거다. 다윗은 주어진 상황 속에서 매일 하나님의 뜻을 실천하기 위해 최선을 다했다. 다윗은 바로 그 상황 속에서, 하나님께서 당신이 원하시는 대로 자신을 새롭게 빚고 계심을 알았기 때문이다. 그러므로 전능하신 창조주 하나님께서 내 아버지이심을 믿는 그리스도인은 어떤 상황 속에 있든지, 그 상황에 휩쓸리거나 침몰해서는 안 된다. 오직 하나님의 인도하심을 따라, 마치 강물 위의 배처럼 그 상황 위를 떠가야 한다. 내가 믿는 하나님 아버지는 없음에서 있음을 가능하게 하신 창조자시기 때문이다. 사도신경에서 하나님 아버지에 대한 신앙고백은 이것이 전부다. 천지를 창조하신 하나님, 전능하신 하나님, 그 하나님께서 내 아버지이심을 믿는다는 것 외에 무슨 고백이 또 필요하겠는가? 이 한 구절만 평생 제대로 믿어도 우리 삶은 달라질 것이다.

2) 성자

Et in JESUM CHRISTUM, Filium ejus unicum, Dominum nostrum; qui conceptus est de Spiritu Sancto, natus ex Maria virgine; Passus sub Pontio Pilato, crucifixus, mortuus, et sepultus; descendit ad inferna, tertia die resurrexit a mortuis; ascendit ad caelos; sedet ad dexteram Dei Patris omnipotentis; inde venturus (est) judicare vivos et mortuos

그 외아들 우리 주 예수 그리스도를 믿사오니 이는 성령으로 잉태하사 동정녀 마리아에게 나시고 본디오 빌라도에게 고난을 받으사 십자가에 못박혀 죽으시고 지옥에 내려가시고 장사한 지 사흘 만에 죽은 자 가운데서 다시 살아나시며 하늘에 오르사 전능하신 하나님 우편에 앉아 계시다가 저리로서 산 자와 죽은 자를 심판하러 오시리라

두 번째 단락은 성자 하나님께 대한 고백이다. 우리말 번역으로는 "그 외아들 우리 주 예수 그리스도를 믿사오니"로 시작한다. 라틴어 원문에서 "Et in JESUM CHRISTUM"(에뜨 인 예숨 끄리스뚬)은 사도신경 첫머리의 동사 'Credo'(믿는다)와 연결된다. 'JESUM'은 '예수'이고, 'CHRISTUM'은 '그리스도'다. 즉 나사렛 예수님께서 그리스도—구원자이심을 믿는다는 말이다.

다음으로 "Filium ejus unicum"(필리움 에이우스 우니꿈)에서 'Filium'은 '아들', 'ejus'는 '그의', 'unicum'은 '유일한'이다. 즉 예수 그리스도, 그분이 '하나님의 유일한 아들이심'을 믿는다는 것이다. 그렇다면 우리말 사도신경의 '외아들'이라는 번역은 적절하지 않음을 알게 된다. 외아들이라면 딸은 있을 수도 있다. 나는 외아들이지만 누님이 다섯 분이나 있다. 하나님께는 딸이 없으시므로, 예수님께서는 '외아들'이 아니라 '독생자'시다. 우리 민법은 부모가 죽으면 딸도 아들과 똑같이 유산을 상속받게 되어 있다. 만일 하나님께 외아들 이외의 딸도 있다면 하나님의 나라는 분산될 수밖에 없다. 그러나 예수님께서 하나님의 유일한 독생자이시므로 하나님의 모든 것과 하나님의 나라가 예수님의 것이기도 하다. 그래서

예수님께서 성자 하나님이시고, 우리는 예수님 안에서 하나님의 모든 것을 얻고 누릴 수 있다.

예수님께서 하나님의 아들이신데, 어떻게 예수님께서 또 하나님이실 수 있느냐는 질문이 제기될 수 있다. 하지만 그것이 얼마나 비논리적인 질문인지는 간단하게 알 수 있다. 이미 언급했듯이 개의 새끼는 개, 사람 자식은 사람이다. 그렇다면 하나님의 아들 역시 하나님이실 수밖에 없다. 하나님의 독생자이시기에 하나님과 본체가 동일한 하나님이시다. 내가 사람의 자식이기에 우리 부모와 동일한 본체를 지닌 사람으로 존재하는 것과 같은 이치다. 그러므로 우리가 사도신경을 통해 예수 그리스도께서 하나님의 유일한 독생자이심을 고백할 때 우리는 '예수'라는 안경을 쓰게 된다. 하나님의 독생자이신 예수님께서는 우리에게 하나님을 보게 해 주시는 안경이다. 보이지 않는 하나님께서 당신이 어떤 분이신지 보여 주시려 인간에게 주신 안경이 당신의 독생자 예수님이시다. 그래서 우리는 예수님을 통해 하나님을 뵐 수 있고, 알 수 있고, 말씀을 들을 수 있고, 또 하나님과 인격적인 관계를 맺고 심화시켜 갈 수 있다.

그다음 "Dominum nostrum"(도미눔 노스뜨룸)에서 'Dominum'은 '주님' 그리고 'nostrum'은 '우리의'이다. 즉 예수 그리스도, 그분이 '우리의 주님이심'을 믿는다는 말이다. 이 문구의 첫 번째 의미는, 내가 예수 그리스도를 내 인생의 주인으로 모신다는 것이다. 종은 인격이 없다고 했다. 주인의 인격으로 살기 때문이다. 종은 자기 재산도, 자기 의견도, 자기 시간도 없다. 자신의 모든 것은 실은 주인의 것이다. 따라서 "우리 주 예수 그리스도를 내가 믿습니다"라는 고백은, 내가 그분을 내 인생의 주인으로 모시고 철저하게 그분의 종으로 살아가겠다는 결단을 뜻한다. 그것만이 나의 인생을 영원히 건져 올리는 유일한 길임을 믿기 때문이다.

앞에서 'Credo'는 '내가' 믿는다는 뜻이라 했다. 우리가 믿는 것이 아니라 '내가' 믿는 것이다. 신앙고백을 시작할 때는 이렇듯 내가 믿는다고 시작했는데 Dominum nostrum(우리 주님)에서는, 예수님께서 '나의' 주님이심을 믿는다고 하지 않고 '우리의' 주님이심을 '내가' 믿는다고 고백한다. '내가' 믿는 주님께서는 '우리의' 주님이심을 '내가' 믿는다는 것이다. 주님께서 가르쳐 주신 주님의기도도 '우리'를 강조하지 않았던가? '내가' 믿는 주님께서 '우리의' 주님이시므로, 주님을 믿는 '우리'는 주님 안에서 서로 횡적으로 연대하게 된다. 주님을 믿는 '우리'가 주님 안에서 서로 형제자매가 되는 것이다. 이것이 이 문구의 두 번째 의미다. '내가' 믿는 주님과 나 사이에 종적인 관계가 이루어짐과 동시에, '우리의' 주님 안에서 주님을 믿는 형제자매들과 횡적 연대도 이루어짐으로써 비로소 십자가의 삶이 완성되는 것이다. 앞으로 우리는 "우리 주 예수 그리스도를 믿습니다"라고 고백할 때마다, 우리 자신이 횡적으로나 종적으로나 바른 십자가의 관계를 이루고 있는지 점검해 보아야 한다.

이어지는 내용은 '우리 주 예수 그리스도'에 대한 설명이다. 먼저 "성령으로 잉태하사 동정녀 마리아에게 나시고"에 해당하는 부분이다. 한글 번역문은 한 문장으로 연결되어 있지만 라틴어 원문은 두 문장으로 구분되어 있다. 앞 문장은 "qui conceptus est de Spiritu Sancto,"(꾸이 꼰셉뚜스 에스뜨 데 스삐리뚜 상또)인데 마지막 단어 'Sancto' 다음에 쉼표가 찍혀 있다. 'qui'는 '그분'을 뜻하는 관계대명사 'who'이고, 'conceptus est de'는 '…에 의해 잉태되다'는 뜻으로 영어로 옮기면 'who was conceived'가 된다. 또 'de Spiritu Sancto'는 '거룩한 영으로'이다. 즉 예수님께서 성령님에 의해 잉태되셨다는 뜻이다. 하나님의 독생자 예수 그리스도께서 성령님에 의해 잉태되셨다는 것은 하나님께서 인간의 역사 세계 속으로 들어오셨다는 의미다. 그때까지 인간은, 인간이 신을 찾아가야 한다고 생각했다. 그러나 성자 하나님께서 성령님에 의해 인간의 역사 속으로 잉태되어 들어오신 것이다.

    몇 해 전 집회차 뉴욕에 갔을 때다. 첫날 집회가 끝나고 숙소에 돌아와 잠을 자려는데, 문득 다음 날 설교할 내용을 적어 놓은 설교 카드를 확인해야겠다는 생각이 들었다. 잠자리에 일어나 서류 가방을 열었는데, 이게 웬일인가? 가방에서 나온 것은 전혀 다른 설교 카드였다. 그 순간 어안이 벙벙해진 나는 당장 무엇을 어떻게 해야 할지 아무 생각도 나지 않았다. 설교 카드는 태평양 건너 서울에 있는데 다음 날 집회 시간은 멈춤 없이 1초1초 다가오고, 정말 큰일이었다.

    그때까지 나는 한 번도 그런 적이 없었다. 첫날 집회를 끝내고 잠자리에 들었다가 다음 날 설교 카드를 확인해 본 적도 없었고, 집회에 엉뚱한 설교 카드를 들고 간 적은 더군다나 없었다. 난감해하던 나의 뇌리 속에 뉴욕이 밤이니까 서울은 낮이라는 생각이 스쳤다. 나는 서울에 있는 아내에게 전화를 했다. 사정을 설명한 뒤, 나의 서재 책상 서랍 속에 있는 설교 카드를 보내 줄 방법이 있겠는지 물었다. 잠시 후 아내로부터 해당 설교 카드를 스캐너로 떠서 전자메일로 보냈다는 전화가 왔다. 천만다행이었다. 만일 그날 밤 설교 카드를 확인하지 않았다가 다음 날 집회 시간이 되어서야 설교 카드를 바꿔들고 갔음을 알았다면, 다음 날 집회는 보기 좋게 망치고 말았을 것이다.

    아내의 전화를 받자마자 나는 노트북을 켜고 전자메일을 열었다. 아내가 스캐너로 보내 준 설교 카드가 노트북 화면에 파노라마처럼 펼쳐졌다. 그 순간 "하나님이 인간 역사 세상 속으로 들어오셨다는 것이야말로 기적 중의 기적"이라는 C. S. 루이스의 말이 가슴에 확 와닿았다. 서울에 두고 온 설교 카드가 한밤중 한순간에 태평양을 건너왔다. 내게는 기적이었다. 그러나 그 정도는 실은 기적도 아니다. 성자 하나님께서 성령님에 의해 인간 세상 속으로 잉태되어 들어오신 것, 그것이 기적이다. 이 세상에 그보다 더 큰 기적이 어디 있겠는가? 그러므로 우리는 앞으로 "성령으로 잉태하시고"라는 이 구절을 고백할 때마다, 성령님에 의해 인간의 역사 속으로 잉태되어 들어오신 주님께서 지금 어디에 계시는지 떠올리지 않을 수 없다. 그분은 우리 삶의 현장, 역사의 현장에 계신다. 우리가 어떤 상황에 처해 있든 주님께서는 항상 그 상황 속에 잉태해 계신다. 이것이 진정 우리의 신앙고백이라면 우리에게 무슨 두려움이 있겠으며 무슨 절망거리가 있겠는가? 이 세상에서 넘지 못할 산이 없을 것이다.

'Sancto' 뒤에 찍힌 쉼표 다음에 연결되는 문구는 "natus ex Maria virgine"(나뚜스 엑스 마리아 비르쥐네)이다. 'natus'는 '태어나다', 'ex'는 '…로부터', 'Maria virgine'는 '동정녀 마리아'이다. 성자 하나님께서 성령님에 의해 인간 세상 속으로 잉태되어 들어오셨는데, 그 성자 하나님은 하나님의 모습으로 오시지 않고 동정녀 마리아의 몸에서 인간으로 태어나셨다. 말하자면 하나님의 자기 비하이시다. 하나님께서 당신 자신을 인간으로 낮추신 것이다. 그리고 인간이 겪는 희로애락을 당신도 친히 겪으셨다.

사람이 개나 고양이와 같은 애완동물을 아무리 좋아해도 개나 고양이를 본질적으로 완전히 이해할 수는 없다. 개를 좋아한다고 사람이 개나 고양이로 비하될 수도 없고, 비하될 의사도 없기 때문이다. 개를 좋아한다는 사람이 자기 편하라고 개의 꼬리를 자르거나 목청을 떼버린다. 단 한 번이라도 개의 입장이 되어 본다면 감히 그런 짓을 할 수는 없을 것이다. 그러나 성자 하나님께서는 인간으로 자기 비하하셔서 인간의 삶을 몸소 겪으셨기에 우리의 처지를 아시고, 이해하시고, 도와주실 수 있다. 그래서 히브리서 2장 18절은 다음과 같이 증언한다.

그가 시험을 받아 고난을 당하셨은즉 시험받는 자들을 능히 도우실

수 있느니라

만약 성자 하나님께서 인간으로 와주시지 않았던들 이런 증언은 불가능할 것이다. 그러므로 우리는 사도신경을 통해 "이는 성령으로 잉태하사 동정녀 마리아에게 나시고"라고 우리의 신앙을 고백할 때마다, 우리의 처지를 속속들이 아시는 그분의 위로를 받으며 그분과 함께 동행할 수 있다.

다음에 이어지는 문구는 "본디오 빌라도에게 고난을 받으사 십자가에 못박혀 죽으시고 장사한 지"로서, 원문에서는 "Passus sub Pontio Pilato, crucifixus, mortuus, et sepultus"(빠수스 숩 뽄띠오 삘라또, 끄루치픽수스, 모르뚜우스, 에뜨 세뿔뚜스)에 해당한다. 일반적으로 주님에 대한 신앙을 고백하라면 대부분 "예수님이 물 위를 걸으신 것을 믿습니다", "오병이어의 역사를 일으키신 것을 믿습니다", "한센병 환자를 낫게 하신 것을 믿습니다", "죽은 자를 살리신 것을 믿습니다"라는 식의, 예수님의 이적에 관한 내용일 것이다. 그러나 우리 믿음의 핵심인 사도신경에는 예수님께서 행하신 이적에 대한 신앙고백은 단 한마디도 없다. 그런 이야기는 어떤 종교에나 다 들어 있다. 천지를 창조하신 삼위일체 하나님께는 그런 것이 이적이거나 기적일 수 없다. 도대체 성자 하나님께 물 위를 걸으시거나 한센병 환자를 고치신 일이 무슨 이적이나 기적일 수 있겠는가?

기적은 하나님께서 인간을 위해 인간으로 당신 자신을 비하하셨다는 것이다. 기적은 하나님께서 하찮은 인간의 죗값을 대신 치르시기 위해 십자가의 제물로 돌아가셨다는 것이다. 기적은 하나님께서 죽음을 깨뜨리고 부활하셨다는 것이다. 그래서 정작 우리가 관심을 갖는 예수님의 이적이나 기적은 사도신경에 들어 있지도 않다. 한글 번역문 "본디오 빌라도에게 고난을 받으사 십자가에 못박혀 죽으시고 장사한 지"는 문장이 한데 붙어 있지만, 라틴어 원문은 주요 단어마다 쉼표로 끊어져 있다. 각 단어의 의미를 강조하기 위함이다.

먼저 "Passus sub Pontio Pilato,"(빠수스 숩 뽄띠오 삘라또)는 '본디오 빌라도에게 고난을 당하사'에 해당한다. 사도신경은 삼위일체 하나님에 대한 신앙고백이다. 그 신앙고백 속에 사람의 이름이 나온다. 마리아와 본디오 빌라도—두 사람이다. 그 두 사람의 이름은 서로 상반된다. 마리아는 하나님께 순종함으로써 가장 존귀한 여인이 되었다. 여인에게 성자 하나님을 자기 몸으로 잉태하고, 자기 몸으로 낳고 기르는 것보다 더 큰 영광이 어디에 있겠는가? 그러나 본디오 빌라도는 성자 하나님을 십자가에 못박음으로써 가장 저주받은 인간이 되었다. 주님께서 재림하실 때까지 전 세계의 그리스도인들은 예배를 드릴 때마다 사도신경을 통해 "본디오 빌라도에게 고난을 받으사 십자가에 못박혀 죽으시고"라고 고백할 것이다. 이 세상에 태어난 인간 가운데 이보다 더 저주받은 인간이 어디에 또 있겠는가? 예수님을 판 가룟 유다도 추악한 배신자였지만, 그의 배신행위가 사도신경에 들어 있지는 않다. 은 30냥에 눈이 멀어 예수님을 판 가룟 유다보다, 권력을 남용하여 예수님께 사형을 선고한 빌라도의 죄과가 더 큰 것이다. 그렇다면 우리는 사도신경을 통해 "성령으로 잉태하사 동정녀 마리아에게 나시고"와 "본디오 빌라도에게 고난을 받으사"를 고백할 때마다, 나 자신은 과연 어느 쪽에 속해 있는지 생각해 보아야 한다. 마리아처럼 어떤 상황 속에서도 순종의 길을 걷고 있는지, 혹은 본디오 빌라도처럼 잘못인 줄 알면서도 자기 욕망이나 주위의 압력 때문에 진리를 짓밟고 있는 것은 아닌지 스스로 점검해 보아야 한다.

실제로 예수님을 못박은 사람들은 로마 군병들이었다. 그러나 사도신경은 "로마 군병들에게 고난당하시고"라고 고백하지 않는다. 로마 군병들은 하수인에 지나지 않았고 본디오 빌라도는 결정권자였기 때문이다. 아담과 하와 중 여자가 먼저 범죄했다. 그러나 하나님께서는 그것을 아담의 죄로 보셨다. 하나님께서 선악과를 먹지 말라는 명령을 아담에게 내리셨기 때문이다. 하나님께서 아담에게 그 명령을 내리실 때는 하와가 만들어지기도 전이었다. 아담에게는 하나님의 명령을 나중에 창조된 하와에게 바르게 전할 책임이 있었다. 그러나 아담은 그 책임을 소홀히 하였고, 그것이 아담의 죄였다.

본디오 빌라도도 마찬가지였다. 그는 예수님께 못질 한 번 하지 않았다. 그러나 하나님께서 그에게 모든 권세를 위임하셨기에 예수 고난의 책임을 가룟 유다 아닌 그에게 물으셨다. 그렇다면 우리에게 주어진 권세나 직책 그리고 물질은 우리 홀로 누리라고 주신 것이 아니라, 하나님께서 당신의 정의와 진리를 구현하라고 우리에게 위임하신 것임을 알 수 있다. 그러므로 우리는 이 신앙고백 앞에서 우리에게 주어진 것들을 하나님 앞에서 정당하게 사용하고 있는지 되돌아보아야 한다.

"crucifixus"(끄루치픽수스)는 '십자가에 못박히다'는 의미다. 예수님께서는 사도 바울처럼 참수형을 당하시지 않고 십자가에 못박혀 돌아가셨다. 그래서 예수님께서는 순식간에 목숨을 잃는 참수형보다 더 큰 고통을 당하셔야만 했다. 나의 죗값을 대신 치르시기 위함이었다. 이 사실을 분명하게 인식하고 있다면 "십자가에 못박히시고"라는 고백을 결코 무미건조하게 행할 수는 없다.

앞에서도 설명했지만 '구속'을 뜻하는 영어 단어 'atonement'의 문자적 의미는 '한 상태를 이루는 것'이라 했다. 할머니가 손자의 깨어진 무릎을 보고 자신의 무릎에 고통을 느끼는 것은, 할머니에게는 손자의 무릎과 자신의 무릎이 구별되지 않기 때문이다. 나를 위해 십자가에서 당하신 예수님의 아픔과 고통이 나와 한 상태를 이루어 나의 아픔과 고통이 될 때, 비로소 나는 그분 안에서 바른 삶을 살 수 있다. 우리는 "십자가에 못박히시고"라는 신앙고백을 통해 매번 이 사실을 확인하는 것이다.

"mortuus"(모르뚜우스)는 '죽다'는 의미다. 예수님께서 십자가에 못박히셨을 뿐 아니라 실제로 죽으셨다. 죄의 삯은 사망이기에 예수님께서 우리를 대신하여 죽으셔야만 했다. 예수님께서 죽으심으로써, 우리의 죗값을 완전히 치르실 수 있었다. 예수님께서 죽으심으로써, 도리어 죽음을 깨뜨리고 부활하실 수 있었다. 예수님께서 죽으심으로써, 우리를 죄와 죽음에서 건지시어 부활하신 당신 안에서 영원히 살게 하실 수 있었다. 그래서 그분은 반드시 죽으셔야만 했다. 예수님의 구원이 추상적인 사변이나 이론이 아니라 당신의 죽음을 통한 구체적인 생명의 행위임을, 우리는 매번 사도신경을 통해 이렇게 고백하는 것이다.

"et sepultus"(에뜨 세뿔투스)는 '장사 지내다'는 의미다. 돌아가신 예수님께서 장례식도 없이 그냥 부활하신 것은 아니었다. 돌아가신 예수님의 시신이 무덤 속에 안치됨으로써 예수님께서는 무덤의 의미까지도 새롭게 해주셨다. 그러므로 우리는 사도신경을 고백할 때마다, 무덤은 우리의 종착역이 아니라 새로운 출발점임을 재확인하게 된다.

다음으로 "descendit ad inferna"(데스첸디뜨 아드 인페르나)에서 'descendit'는 '내려가다', 'ad'는 '…로', 'inferna'는 '음부陰府, 지옥'을 의미한다. 즉 예수님께서 '지옥으로 내려가셨다'는 말이다. 사도신경을 공식적으로 받아들인 전 세계의 교회들—이를테면 로마가톨릭교회, 개혁교회, 장로교회, 영국 성공회 등이 고백하는 사도신경에는 모두 이 문구가 들어 있다. 앞에서 설명한 것처럼 주후 750년에 확정된 사도신경 '공인원문'에 이 문구가 포함되어 있기 때문이다. 그러나 유독 한국 개신교인들은 사도신경 원문에 이런 문구가 들어 있다는 사실 자체도 모른다. 한국 성공회를 제외한 한국 개신교의 사도신경에만 이 문구가 빠져 있기 때문이다.

우리나라에서도 개신교 초기의 사도신경에는 이 문구가 분명히 들어 있었다. 1894년 언더우드H. G. Underwood 선교사가 발간한 《찬양가》에는 한국 개신교 역사상 가장 오래된 것으로 알려진 사도신경 번역문이 실려 있는데, 'descendit ad inferna'가 '디옥에 나리샤'로 번역되어 있다. 1905년 미국 남장로회와 북장로회 그리고 캐나다와 오스트레일리아 선교사 협의회가 발간한 《찬셩시》에 실린 사도신경에도 이 문구가 '음부에 나리셨더니'로 번역되어 있다. 그러나 1908년 장로교와 감리교 그리고 성결교가 합동으로 출간한 《합동 찬송가》에는 이 문구가 삭제된 사도신경 번역문이 수록되었다. 그 이유는 미국 감리교회와 연관되어 있다. 1792년 자유주의신학의 물결 속에서 미국 감리교회는 몇 가지 이유를 들어 사도신경에서 'descendit ad inferna'를 삭제할 것을 결의하였다. 1908년 조선 반도에서 장로교, 감리교, 성결교가 《합동 찬송가》를 출간할 때, 조선 감리교의 지도자는 미국 감리교회에서 파송되어 온 미국인 선교사들이었다. 그들은 모교회인 미국 감리교회의 입장에서 《합동 찬송가》 발간과 관련하여 사도신경에서 'descendit ad inferna'를 삭제할 것을 제안했고, 장로교와 성결교가 그 제안을 받아들임으로써 그 문구가 삭제된 사도신경 번역문이 《합동 찬송가》에 수록된 것이었다. 그때부터 한국 개신교에는 'descendit ad inferna'의 번역이 삭제된 사도신경이 오늘날까지 전해지고 있다. 한국 개신교의 사도신경에서 'descendit ad inferna'가 삭제되는 데 미국 감리교 선교사들이 절대적인 영향을 미친 셈이다. 그러나 역설적이게도 미국 연합감리교회(미국 감리교회의 새 명칭)는 200년 전에 사도신경에서 삭제했던 'descendit ad inferna'를 1989년에 '에큐메니칼 버전Ecumenical version'으로 다시 복원하였다. 그러나 한국 개신교의 사도신경은 아직도, 1908년 미국 감리교 선교사들의 제안으로 그 문구가 삭제된 사도신경 그대로다. 그 결과 한국 개신교인들만 매 주일마다 불완전한 사도신경으로 신앙을 고백하고 있다. 안타까운 사실은 그동안 한국 개신교는 이 구절을 복원하기 위해 그 어떤 노력도 기울이지 않았다는 것이다. 신학자들도 외국에서 유학하는 동안에는 그 나라의 언어로 'descendit ad inferna'를 고백했을 것이면서도 귀국한 뒤에는 언급조차 않는다.

한글 찬송가에 수록되어 있는 사도신경 한글 번역문과 영어 번역문은 참으로 묘한 대조를 이루고 있다. 한글 번역문에는 당연한 듯 'descendit ad inferna'의 번역이 빠져 있고, 영어 번역문에는 당연하게도 그 문구가 'He descended into hell'이라고 번역되어 있다(그동안 모든 찬송가의 사도신경 영어 번역문에 이 문구가 예외 없이 들어 있었지만 근래에 예장 출판사만 아무런 설명 없이 이 문구를 삭제—편집자 주). 사도신경 영어 번역문에 그 문구가 들어 있는 것은, 전 세계 영어권 교회가 고백하는 사도신경에 그 문구가 당연히 포함되어 있기 때문이다. 영어권 교회뿐만이 아니다. 일본, 중국, 인도, 프랑스, 독일, 스위스, 이탈리아, 스페인, 러시아, 체코, 헝가리, 폴란드, 브라질, 아르헨티나 등 사도신경으로 신앙을 고백하는 모든 나라의 사도신경에는 'descendit ad inferna'가 반드시 그 나라의 언어로 번역되어 있다. 1300년 동안 사도신경을 받아들인 전 세계의 교회가 고백해 온 사도신경 '공인원문'에 이 문구가 포함되어 있기 때문이다. 지난 20여 년 동안 나는 내가 확인할 수 있는 모든 나라의 사도신경을 확인했지만 'descendit ad inferna'가 삭제된 사도신경은 현재까지 본 적이 없다. 그러나 한국 성공회를 제외한 한국 개신교만은 예외다. 한국 천주교와 개신교에 속한 한국 성공회의 사도신경에도 이 문구가 들어 있다.

한국 천주교의 사도신경은 "본시오 빌라도 통치 아래서 고난을 받으시고 십자가에 못박혀 돌아가시고 묻히셨으며 **저승에 가시어** 사흗날에 죽은 이들 가운데서 부활하시고"라고 되어 있다. 'descendit ad inferna'를 '저승에 가시어'로 번역한 것이다. 한국 성공회는 사도신경을 2004년

개정 이전에는 중도신경이라 불렀는데, "본디오 빌라도 때에 고난을 받으사 십자가에 못박혀 죽으시고, 묻히심을 믿으며, **음간에 내리사**, 사흘 만에 죽은 자 가운데로 좇아 다시 살으심을 믿으며"로 번역하였다. 100년 전에 'descendit ad inferna'를 '어두울 음陰, 사이 간間' 자를 사용하여 '음간에 내리사'로 번역한 것이다.

2004년 한국기독교교회협의회KNCC와 한국기독교총연합회(한기총)는 주님의기도와 사도신경의 번역이 너무 오래되고 문제점이 있다고 하여 새로운 번역문을 확정하였다. 한국기독교교회협의회는 진보적인 단체이고 반대로 한국기독교총연합회는 보수적인 단체다. 그 두 기관이 공동으로 확정한 사도신경의 새 번역문에도 'descendit ad inferna'는 빠져 있다. 그 대신 사도신경 밑에 두 개의 주註를 달아 놓았다. 첫 번째 주는 "'사도신조'로도 번역할 수 있다"이다. 사도신경의 제목을 사도신조로 번역해도 좋다는 말이다. 두 번째 주는 "'장사되시어 지옥에 내려가신 지'가 공인된 원문에는 있으나, 대다수의 본문에는 없다"이다. 그동안 한국 개신교가 사도신경에서 삭제했던 'descendit ad inferna'가 사도신경의 '공인원문'에는 기록되어 있음을 주를 통해 처음 밝힌 것이다. '대다수의 본문에는 없다'는 것은, 앞에 수록한 '사도신경의 발전 과정' 표에서 보는 바와 같이 '공인원문'이 확정되기 이전의 신조들에는 이 문구가 없다는 말이다. 이미 언급한 것처럼 이 문구는 750년에 확정된 '공인원문'에서부터 나오기 때문이다.

한국 개신교는 그동안 사도신경에서 'descendit ad inferna'가 삭제되어 있었음을 겨우 사도신경 새 번역문의 주를 통해 간접적으로 밝히는 것으로 그쳐서는 안 된다. 라틴어 'inferna'의 원뜻이 '지옥'이냐, '음부'냐, 아니면 가톨릭이 말하는 '연옥'이냐를 따지기 전에 하루 속히 사도신경에 'descendit ad inferna'를 복원시켜야 한다. 이 문구에 대해 신학적으로 따질 것이 있으면 그 이후에 따져야 한다. 그것이 바른 순서다. 그래서 한국 개신교인들도 사도신경에 이 문구가 있음을 당연히 알아야 하고, 또 사도신경을 받아들인 전 세계의 그리스도인들처럼 매 주일예배 때마다 이 문구가 복원된 온전한 사도신경으로 자신들의 신앙을 고백할 수 있어야 한다.

위에서 언급했듯이 사도신경 새 번역문의 주에는 'descendit ad inferna'를 '지옥에 내려가신' 것으로 번역하였다. 십자가에 못박혀 돌아가신 예수님께서는 장사되시어 '지옥에 내려가신' 것이다. 사도신경에서 이 문구는 대단히 중요한 의미를 지닌다. 하늘에 계시던 성자 하나님께서 인간의 몸을 입으시고 이 땅으로 내려오셨다. 그분의 몸은 이 땅에서 십자가에 못박혀 돌아가셨지만, 그분의 영은 지옥에 내려가셨다. 그리고 사흘째 되는 날 다시 부활하시어 하늘로 승천하셨다. 그 결과 천상과 천하 그리고 지옥, 이 모든 세계가 온전히 그분의 통치권 속에 들어가게 되었다. 만약 예수님께서 돌아가시어 지옥에 내려가시지 않았다면 그곳은 예수님의 통치가 미치지 못하는 곳임을 의미할 텐데, 이 세상 어느 한 곳이라도 예수님의 통치에서 벗어난 곳이 있어서야 어떻게 그분이 시간과 공간을 초월한 유일한 구원자가 되시겠는가?

그렇다면 예수님께서 지옥에 내려가신 이유는 무엇일까? 그리고 교회가 1천3백 년 동안 사도신경을 통해 'descendit ad inferna'를 고백해 온 근거는 또 무엇일까?

> 너희 안에 이 마음을 품으라 곧 그리스도 예수의 마음이니 그는 근본 하나님의 본체시나 하나님과 동등됨을 취할 것으로 여기지 아니하시고 오히려 자기를 비워 종의 형체를 가지사 사람들과 같이 되셨고 사람의 모양으로 나타나사 자기를 낮추시고 죽기까지 복종하셨으니 곧

십자가에 죽으심이라 이러므로 하나님이 그를 지극히 높여 모든 이름 위에 뛰어난 이름을 주사 **하늘에 있는 자들과 땅에 있는 자들과 땅 아래에 있는 자들로** 모든 무릎을 예수의 이름에 꿇게 하시고 모든 입으로 예수 그리스도를 주라 시인하여 하나님 아버지께 영광을 돌리게 하셨느니라(빌 2:5-11)

여기에서 '하늘에 있는 자들'은 이미 세상을 떠나 천국에 이른 사람들, '땅에 있는 자들'은 살아 있는 우리들, 그리고 '땅 아래에 있는 자들'은 죽은 뒤 지옥에 간 사람들을 일컫는다. 하나님께서는 예수 그리스도를, 그들 모두를 위한 구주로 세우셨다. 이처럼 성경은 예수님의 통치가 하늘이나 땅에 국한된 것이 아니라 지옥에까지 확장되어 있음을 분명하게 밝혀 주고 있다.

그리스도께서도 단번에 죄를 위하여 죽으사 의인으로서 불의한 자를 대신하셨으니 이는 우리를 하나님 앞으로 인도하려 하심이라 **육체로는 죽임을 당하시고 영으로는 살리심을 받으셨으니**(벧전 3:18)

예수님께서 불의한 자를 대신하여 십자가에서 돌아가신 것은 우리를 하나님 앞으로 인도하시기 위함이었다. 그 구원 사역을 위해 십자가에 못박히신 예수님의 육체는 죽임을 당하시어 시신이 무덤 속에 안치되었다. 그러나 그분의 영은 살아 계셨다.

그가 또한 영으로 가서 **옥에 있는 영들에게** 선포하시니라(벧전 3:19)

예수님의 영은 가셔서 '옥에 있는 영들'에게 선포하셨다. 대체 '옥'은 어디를 의미하고 '영들'은 누구의 영을 뜻하는가?

> 그들은 전에 노아의 날 방주를 준비할 동안 하나님이 오래 참고 기다리실 때에 복종하지 아니하던 자들이라 방주에서 물로 말미암아 구원을 얻은 자가 몇 명뿐이니 겨우 여덟 명이라 (벧전 3:20)

노아 방주 때 구원받은 사람은 노아 가족 여덟 명밖에 없었다. 그 외의 사람들은 하나님의 말씀을 믿지 않고 외면하다가 모두 멸망당해 죽었다. 바로 그 영들이 갇혀 있는 '옥', 다시 말해 지옥에 예수님의 영이 복음을 선포하셨다는 것이다.

> 이를 위하여 **죽은 자들에게도 복음이 전파되었으니** 이는 육체로는 사람으로 심판을 받으나 영으로는 하나님을 따라 살게 하려 함이라 (벧전 4:6)

성경은 이와 같이 예수님께서 지옥에 내려가셔서 그곳의 영들에게도 복음을 선포하셨음을 증언하고 있다. 이와 같은 하나님의 말씀을 근거로 750년 사도신경 '공인원문'이 확정된 이래 교회는 예배 때마다 예수님께서 'descendit ad inferna'(지옥으로 내려가셨으며)라고 신앙을 고백해 온 것이다. 우리는 이 고백을 근거로 예수 믿지 않고 지옥에 간 사람들도 전부 구원받을 수 있다는 식으로 섣불리 속단하거나 확대 해석해서는 안 된다. 구원은 전적으로 하나님의 결정 사항이지 우리가 왈가왈부할 사안이 아니다.

하지만 사도신경의 이 문구를 통해 귀한 깨달음을 얻을 수는 있다. 내가 신학교에 들어가기 전의 일이다. 교인의 가족 가운데 믿지 않는 가족이 죽었을 때, 목사님이 지옥에 간 사람의 장례식을 집례할 수 없다며 유족의 요청을 거절하는 경우를 여러 차례 보았다. 그때마다 내게는 예수님께서도 저 경우에 저렇게 거절하실까, 하는 회의가 들곤 했다. 또 그리스도인들 가운데 불신자의 상가喪家에 가서는 신앙적으로 할 일이 없다고 말하는 사람들도 적지 않다. 지옥에 간 사람을 위해 영적으로 무엇을 할 수 있겠느냐는 것이다. 그러나 우리가 적어도 사도신경의 이 문구를 알고 있다면, 불신자의 상가에서 죽은 사람의 영혼을 위해 기도해 줄 수는 있다. "하나님, 저 영혼이 구원받았는지 아닌지 저는 모릅니다. 그러나 예수님께서 지옥에 있는 영들에게도 복음을 선포하셨다고 하셨으니, 하나님의 뜻에 합당하다면 저 영혼을 불쌍히 여겨 주십시오"라고 말이다. 이런 마음을 지니고 있다면 불신자의 상가에서 유족들을 훨씬 더 따뜻하게 대해 줄 수 있다. 불교 신자인 육영수 여사의 장례식에서 한경직 목사님께서 기도하시고, 무신론자인 박정희 대통령의 장례식에서 강신명 목사님께서 기도해 주신 것처럼 말이다.

오래전, 모 기독신문의 상담란에 어떤 자매가 이런 질문을 했다. 사랑하는 동생이 예수님을 믿지 않고 죽었는데 그 동생을 위해 기도해도 되겠느냐는 질문이었다. 이에 대해 당시 협성대학교 신학대학원의 안석모 교수님이 다음과 같이 답변하였다. 참고로 협성신학대학원은 감리교단에 속한 신학교다.

> 죽은 이를 위해 살아 있는 이가 무엇인가 행하는 관습은 유대인 전통에도 있었고, 초대교회에서도 유사한 관습이 있었습니다. 고린도전서 15장을 읽어 보면, 세례를 받지 못하고 죽은 이를 위해 나중에 누군가가 대신 세례를 받음으로 죽은 이의 구원을 위해 진력했음을 알 수 있습니다.

안 교수님이 언급한 고린도전서 15장의 말씀은 다음과 같다.

> 만일 죽은 자들이 도무지 다시 살아나지 못하면 죽은 자들을 위하여 세례를 받는 자들이 무엇을 하겠느냐 어찌하여 그들을 위하여 세례를 받느냐(고전 15:29)

기독교가 전파되던 초기에, 그리스도인 가운데 주님을 믿지 않고 죽은 가족을 대신하여 자신이 세례 받는 관습이 있었다. 그렇게 함으로써 하나님의 구원의 은총이 죽은 자에게 전해지기 바라는 믿음에서였다. 그 근거는 '예수님께서 지옥의 영들에게 복음을 전하셨다'는 성경 말씀이었다. 바로 그 관습을 언급한 안 교수님의 답변은 다음과 같이 이어진다.

> 이 관습에 대해 바울은 옳다 그르다 하지 않고 다만 자기 이론을 위해 예증으로 이 문제를 거론했습니다. 물론 이런 관습 등으로 가톨릭 교회의 연미사, 죽은 이를 위한 기도 등의 전통이 생겨난 것으로 보입니다. 그렇다면 우리 개신교 신자들은 죽은 이를 위해 무슨 일을 할 수 있을까요? 우선 교리적 효능을 떠나 돌아가신 분을 위해 기도하는 것은 전혀 문제될 것이 없습니다. 그 영혼의 평안과 명복을 비는 것에 무슨 잘못이 있겠습니까? 다만 그 기도나 (그를 기념하는) 선행이 신앙적인 효능이 있는지에 대해서는 교회 지도자와 신학자들의 일치된 견해가 있어야 할 것입니다. 어떠한 견해나 결정이 나온다 해도, 망자를 위한 살아 있는 이의 효심이나 기리는 마음, 또 살아 있는 이를 위한 정서적 안녕을 생각하는 쪽에서 논의가 이뤄져야 하겠습니다. 저 자신은 교리상의 문제로 보기보다는 목회양호牧會養護의 문제로서 죽은 이를 위한 기도를 권장하고 싶습니다.

나는 안 교수님의 의견에 전적으로 동의한다. 자신은 예수님을 믿고 구원의 감격 속에 살지만 형제가, 부모가, 자식이 예수님을 믿지 않다가 갑작스러운 사고로 죽었다면 그 자체로도 비통할 수밖에 없다. 그런데 예수님을 믿지 않고 죽었다는 이유만으로 목회자가 장례식 집례를 거부하거나 심지어 기도조차 해줄 수 없다고 한다면 그것이 과연 예수님께서 말씀하신 복음이겠는가? 그런 상황에서는 살아 있는 유족들을 위해서라도 죽은 자의 영혼을 위해 따뜻하게 기도해 주는 것이 참된 그리스도인의 정신일 것이다. 우리 믿음의 핵심 중의 핵심인 사도신경이 예수님께서 'descendit ad inferna', '지옥에 내려가셨다'고 고백하기 때문이다.

이어지는 문구는 "사흘 만에 죽은 자 가운데서 다시 살아나시며"이다. 원문은 "tertia die resurrexit a mortuis"(떼르치아 디에 레수렉시뜨 아 모르뚜이스)이다. 'resurrexit'는 '다시 살다'는 의미다. 우리말 '사흘 만'에라고 번역된 라틴어는 'tertia die'다. 'tertia'는 '세 번째'이고 'die'는 '날'이다. 그러므로 정확한 번역은 '사흘 만'이 아니라 '세 번째 날'이다. '사흘 만'이라고 하면 예수님께서 72시간 만에 부활하신 것이 된다. 그러나 그것은 사실이 아니다. 금요일 오후 3시에 돌아가신 예수님께서는 주일 새벽에 부활하셨다. 만 이틀도 지나지 않아서였다. 예수님께서 '사흘 만'이 아니라 '사흘째 날' 부활하신 것이다. 영어 사도신경은 "the third day"(사흘째 날)라고 정확하게 번역하고 있다.

그리고 'a'는 '…로부터', 'mortuis'는 '죽은 자'이다. 예수님께서 '죽은 자 가운데서' 다시 살아나셨다는 말이다. '죽은 자'는 곧 '시체'다. 예수님의 부활은 시신 상태에서 이루어졌다. 무덤 속에 시신으로 안치되었던 예수님의 시신이 다시 살아나신 것이다. 만약 예수님께서 시신이 되셨다가 다시 살아나신 것이 아니라면, 우리의 인생은 시체가 되는 것으로 영영 끝나 버리고 말 것이다. 예수님께서 시신이 되셨다가 다시 살아나셨기에 우리의 육체가 시체가 될 때에도 우리에게는 소망이 있다. 사도신경을 통해 이 구절을 고백할 때마다 우리는 그 어떤 절망의 벽도 소망 속에서 넘을 수 있다.

그다음 구절인 "ascendit ad caelos"(아스첸디뜨 아드 첼로스)는 '하늘에 오르사'에 해당한다. 'ascendit'는 '올라가다', 'ad'는 '…로', 'caelos'는 '하늘'이다. 예수님께서 성령님의 능력으로 하늘에서 인간 세상으로 잉태되어 들어오셨다가, 이 세상에서 구원 사역을 마치신 뒤 다시 하늘로 올라가셨다. 이 구절은 구원이 철저하게 하늘에서 내려온 것임을 강조하고 있다. 구원은 결코 아래로 땅에서부터 혹은 옆으로 사람에게서 오지 않는다. 구원은 오직 위로부터, 하나님으로부터만 내려온다. 그러므로 우리가 구원받은 그리스도인임을 정녕 믿는다면, 앞에서 살펴본 골로새서의 말씀처럼 언제나 '위의 것'을 구해야 함을 이 고백이 천명하고 있다.

> 그러므로 너희가 그리스도와 함께 다시 살리심을 받았으면 **위의 것**을 찾으라 거기는 그리스도께서 하나님 우편에 앉아 계시느니라 **위의 것**을 생각하고 땅의 것을 생각하지 말라 이는 너희가 죽었고 너희 생명이 그리스도와 함께 하나님 안에 감추어졌음이라(골 3:1-3)

그다음 구절은 "sedet ad dexteram Dei Patris omnipotentis"(세데뜨 아드 덱스떼람 데이 빠트리스 옴니뽀뗀띠스)이다. 'sedet'는 '앉다', 'ad dexteram'은 '오른쪽에', 'Dei'는 '하나님', 'Patris'는 '아버지', 'omnipotentis'는 '전능한'을 의미한다. 즉 부활하신 예수님께서 '전능하신 하나님 아버지 오른쪽에 앉아 계신다'는 뜻이다. 우리말 번역문에는 라틴어 원문의 '아버지'가 빠져 있다. 하나님께서 아버지이심을 재강조한 원문의 의도를 우리말 번역이 살리지 못한 셈이다. '오른쪽'은 동등한 권위를 의미한다. 예수님께서 성부 하나님과 본체가 같으신 성자 하나님이심을 다시 강조한 것이다. 2천 년 전에만 성자 하나님이셨던 것이 아니라, 부활하시고 승천하셔서 하늘에 계시는 지금 이 시간에도 성자 하나님이시라는 말이다.

그다음으로 "inde venturus (est) judicare vivos et mortuos"(인데 벤뚜루스 [에스뜨] 유디까레 비보스 에뜨 모르뚜오스)는 '저리로서 산 자와 죽은 자를 심판하러 오시리라'에 해당한다. 이 문장의 첫 단어인 'inde'는 '저리로서' 다시 말해 '거기로부터'란 뜻이다. 하늘로 승천하신 예수님께서 재림하실 때 바로 그 하늘로부터 다시 오신다는 것이다. 다음은 예수님의 말씀이시다.

> 그때에 인자의 징조가 하늘에서 보이겠고 그때에 땅의 모든 족속들이 통곡하며 그들이 인자가 구름을 타고 능력과 큰 영광으로 오는 것을 보리라(마 24:30)

예수님께서 당신의 재림 때 구름을 타고 오실 것이라는 말씀이시다. 하늘로부터 오신다는 의미다. 예수님의 초림(첫 번째 오심)은 구약성경이 예언한 내용대로 모두 문자적으로 이루어졌다는 사실에 주목해야 한다. 예를 들면 이사야 7장 14절이 "처녀가 잉태하여 아들을 낳을 것"이라고 밝혔고, 예수님께서는 실제로 동정녀 마리아에게 태어나셨다. 미가 5장 2절은 예수님께서 베들레헴에서 태어나실 것을 예언했고, 실제로 예수님의 탄생지는 베들레헴이었다. 스가랴 9장 9절은 예수님께서 나귀 새끼를 타고 예루살렘에 입성하실 것이라 했고, 예수님께서 예루살렘에 들어가실 때 실제로 타셨던 것도 나귀 새끼였다. 그뿐 아니다. 이사야 53장은 예수님의 수난을 예언했고, 예수님께서 실제로 십자가 수난을 당하셨다.

하나님께서 예수님의 초림에 대한 구약성경의 예언이 모두 문자대로 이루어지게 하신 것은, 하나님의 말씀 앞에서는 어떤 거짓 예수도 설 자리가 없게 하시기 위함이었다. 그러므로 예수님께서 재림하실 때 '하늘로부터 오시리라'는 말씀도 반드시 문자대로 이루어질 것이다. 앞에서 언급했듯이, 누구든 여자의 몸에서 태어난 인간은 결코 재림주가 아니다. 그동안 우리나라에서만도 자칭 재림주가 얼마나 많았는가? 그렇지만 그들의 주장은 모두 새빨간 거짓말이다. 그들은 모두 여자의 몸에서 태어났기 때문이다.

재림하실 예수님께서는 반드시 하늘로부터 오신다. 만약 한반도로 재림하신다면 지구 반대편에 있는 미국인들은 그 사실을 어떻게 알 수 있을까? 부활하신 예수님께서는 이미 시간과 공간을 초월하셨다. 예수님께서 부활하셨음을 알지 못한 제자들은 두려움에 사로잡혀 소위 마가의 다락방에 숨어 있었다. 제자들 가운데 누구도 문을 열어 드리지 않았지만 부활하신 예수님께서 홀연히 제자들 가운데 나타나셨다. 시간과 공간을 초월하셨기 때문이다. 그러므로 구름 타고 재림하시는 예수님을 특정 공간에 있는 사람만 볼 수 있는 것이 아니다. 예수님께서 시간과 공간을 초월하여 하늘로부터 임하실 것이기에, 지구는 둥글지만 어느 곳에 있든 지구상의 모든 인간이 동시에 볼 수 있다.

'inde' 다음의 'venturus'는 '오다'는 뜻이다. 앞에서 살펴본 '하늘에 오르사'의 원문 'ascendit ad caelos'의 'ascendit'는 과거형이다. '전능하신 하나님 우편에 앉아 계시다가'의 원문 'sedet ad dexteram Dei Patris omnipotentis'에서 'sedet'는 현재형이다. 그리고 '저리로서 오시리라'의 원문 'inde venturus'에서 'venturus'는 미래형이다. 예수님께서는 어느 한 시점에 국한하여 역사하는 분이 아니시다. 과거 현재 미래를 통틀어 언제나 변함없이 역사하는 분이시다.

그다음 'judicare vivos et mortuos'의 'judicare'는 '심판하다', 'vivos'는 '산 자', 'mortuos'는 '죽은 자'이다. 즉 예수님께서 재림하시는 것은 '산 자와 죽은 자를 심판'하시기 위함이라는 것이다. 예수님께서는 반드시 심판주로 재림하실 것이다. 믿지 않는 사람에게 심판은 영원한 멸망이지만, 예수 그리스도 안에서 구원받은 사람에게 심판은 하나님의 셈하심과 상 주심이라고 했다. 하나님께서 우리 각자에게 맡겨 주신 달란트(재능과 물질)를 우리가 어떻게 사용했는지 셈하시고 상 주시는 것이다.

> 믿음이 없이는 하나님을 기쁘시게 하지 못하나니 하나님께 나아가는 자는 반드시 그가 계신 것과 또한 그가 자기를 찾는 자들에게 상 주시는 이심을 믿어야 할지니라 (히 11:6)

바른 믿음을 위해서는 반드시 두 가지를 믿어야 한다. 첫째는 하나님께서 계신 것을 믿어야 한다. 쉬운 것 같지만 말처럼 쉽지 않다. 그대는 매일 하루를 살면서 그대가 어디에서 무엇을 하든 하나님께서 항상 그대 곁에 계심을 믿으면서 살고 있는가? 만약 그렇다면 그대는 정말 좋은 그리스도인이다. 어디에서든 하나님의 말씀대로 살지 않을 수 없을 것이기 때문이다. 대부분의 그리스도인들은 이 중요한 사실을 망각한 채 살아간다. 그래서 교회에 다녀도 삶이 변화되지는 않는다. 자기 삶의 현장에 하나님께서 계심을 믿지 않는 사람이 어떻게 하나님의 말씀을 좇아 살 수 있겠는가? 참된 그리스도인으로 살아가기 위해서는 자신이 어디에 있든 바로 그곳에 하나님께서 계심을 반드시 믿어야 한다.

둘째는 하나님께서 셈하시고 상 주시는 분이심을 믿어야 한다. 학생은 선생님이 주는 상을 받기 위해 노력한다. 그러나 자신을 선생님과 동등하게 여기거나 선생님보다 자신을 더 크게 여기기 시작하면 선생님의 상이 우습게 보인다. 하나님께서 당신이 상 주시는 분임을 분명히 믿으라고 하셨음에도 하나님이 말씀하신 상이 우습고 유치하게 여겨진다면, 그 사람은 자신도 모르게 하나님보다 자신을 더 크게 여기는 사람이다. 대충대충 하나님을 믿는 사람과 사도 바울처럼 주님을 위해 참수형마저 불사한 사람이 하나님의 나라에서 똑같은 대우를 받는다면, 그 하나님은 정의의 하나님이실 수 없다. 정의의 하나님은 공평한 하나님이시고, 뿌린 대로 거두게 하는 하나님이시다. 그래서 우리는 셈하시고 상 주시는 하나님—심판하시는 하나님을 믿을 때에만, 칠흑같이 어두운 현실 속에서도 하나님의 상을 바라보며 바른 삶을 추구할 수 있다. 오늘날 한국 교회가 타락한 이유 중의 하나는, 하나님의 복과 상을 세상에서 세상의 것으로만 얻고 누리려 했기 때문이다. 심판하시는 하나님을 믿는 믿음이라야, 영적으로 나태하기 짝이 없는 우리를 매사에 성경적인 윤리 위에 서게 해준다.

3) 성령

> Credo in SPIRITUM SANCTUM; sanctam ecclesiam catholicam; sanctorum communionem; remissionem Peccatorum; carnis resurrectionem; vitam aeternam
> 성령을 믿사오며 거룩한 공회와 성도가 서로 교통하는 것과 죄를 사하여 주시는 것과 몸이 다시 사는 것과 영원히 사는 것을 믿사옵나이다

사도신경의 세 번째 단락은 성령님에 대한 신앙고백으로, "Credo in SPIRITUM SANCTUM;"(끄레도 인 스뻬리뚬 상뚬)으로 시작한다. 'Credo in'은 'in' 이후의 내용을 '내가 믿는다'는 뜻으로, 동사 'Credo'가 다시 등장하여 '내가 믿는다'는 사실을 재강조하고 있다. 'SPIRITUM SANCTUM'은 '성령님'을 일컫는다. 즉 '내가 성령님을 믿는다'는 말이다. 자세히 살펴보면 '성령님'을 일컫는 'SPIRITUM SANCTUM'이 대문자로 기록되어 있다. 앞서 살펴본 성부에 대한 고백 'Credo in DEUM PATREM'을 보아도 '하나님 아버지'를 뜻하는 'DEUM PATREM'이 대문자로 기록되어 있다. 그리고 성자에 대한 고백 'Et in JESUM CHRISTUM' 역시 '예수 그리스도'를 뜻하는 'JESUM CHRISTUM'이 대문자다. 라틴어 원문은 이처럼 성자 하나님, 성부 하나님, 성령 하나님을 모두 대문자로 구별하였다. 그 구별을 통해 삼위일체 하나님께서는 구별된 분이시며, 그 하나님을 믿기 위해서는 우리 역시 구별된 마음과 생각을 지녀야 함을 우리에게 확인시켜 주고 있다.

이미 설명한 것처럼 성령님을 믿는 것은 성령님께 내 심장을 드린다는 것이다. 우리가 성령님께 우리 심장을 드릴 정도로 믿어야 할 구체적인 내용은 다음과 같다.

첫째, "sanctam ecclesiam catholicam"(상땀 에클레시암 카똘리깜) 즉 '거룩한 공회'를 믿어야 한다. 거룩한 공회를 믿는다는 것은 모든 교회가 가톨릭교회이어야 함을 의미한다. 《새신자반》에서 배운 것처럼 니케아 콘스탄티노폴 신조는 교회를 하나의 교회, 거룩한 교회, 보편적 교회, 사도적 교회로 정의하였다. 여기에서 '보편적 교회'는 라틴어 원문에 기록되어 있는 대로 'Ecclesiam Catholicam' 즉 'Catholic Church'다. 그러나 'Catholic'은 천주교의 전용 용어처럼 굳어져 있기에, 개신교에서는 'Catholic Church' 대신에 'Universal Church'라고 표현한다. 그러나 'Catholic Church'든 'Universal Church'든 의미는 동일하다. 다 같이 '보편적인 교회'라는 뜻이다.

교회는 남녀노소 빈부귀천을 막론하고 누구나 한데 어우러질 수 있어야 한다. 미국에는 백인들만 모이는 교회가 있다. 그것은 진정한 의미에서의 교회가 아니다. 흑인들만 모이는 교회도 참된 교회가 아니다. 백인과 흑인이 한데 어우러질 때 성경이 가르치는 보편적인 교회가 된다. 가끔 그리스도인들이 자신이 출석하는 교회를 소개하면서 "우리 교회는 수준 높은 교인들로 구성되어 있어서 아주 좋다"고 하는 말을 듣는다. 그것이 사실이라면 그 교회는 보편적 교회가 아니다. 소위 수준 높은 사람들이 자신들의 수준에 전혀 미치지 못하는 사람들과도 주님 안에서 격의 없이 어우러질 수 있어야 진정한 교회다. 아리마대의 거부, 존귀한 산헤드린 의원, 가난하고 무식한 어부, 비천한 창녀, 불의한 세리, 로마제국의 하수인인 백부장 등 남녀노소 빈부귀천이 모두 주님 안에서 명실공히 한 지체를 이루었던 것처럼, 모든 교회는 보편적 교회가 되어야 한다. 그것이 가능하기 위해서는 교회를 구성하고 있는 내가 먼저 보편적 인간이 되어야 한다. 요즘 유행하는 말로 자신과 코드가 맞는 사람만 좋아하겠다는 것은, 적어도 교회를 이루고 있는 그리스도인에게는 해당되지 않는다. 성령님에 대한 신앙고백 속에 '거룩한 공회'—'보편적 교회'가 포함되어 있는 것은, 우리는 성령님의 도우심 속에서만 보편적 교회를 이루는 보편적 그리스도인으로 살 수 있다는 의미다. 그러므로 사도신경의 이 고백은 곧 '내가 성령님의 도우심 속에서 보편적 교회를 이루는 보편적 그리스도인으로 살아가겠다'는 결단이다.

둘째, "sanctorum communionem"(상또룸 꼬무니오넴) 즉 '성도가 서로 교통하는 것'을 믿는 것이다. '성도의 교통'은 먼저 '성도가 함께 행하는 것'을 의미한다. 십자가의 죽음을 목전에 두신 예수님께서 겟세마네에서 최후의 기도를 드리시며, 베드로와 요한 그리고 야고보에게도 당신을 위해 기도해 줄 것을 당부하셨다. 그러나 예수님께서 땀방울에 피가 맺히기까지 처절하게 기도하시는 동안, 제자들은 깊은 잠에 곯아떨어져 있었다. 한심하기 짝이 없는 제자들이었다. 예수님의 처음이자 마지막 기도 요청에 그런 식으로 응답하는 제자들이라면 더 이상 기대할 것도 없었다. 그러나 예수님께서는 그들을 깨우시며 "일어나라. 함께 가자!"시며 그들과 '함께 행하셨다'. 하지만 제자들은 예수님께서 십자가에 못박혀 돌아가시는 가장 결정적인 순간에 줄행랑을 쳐버리고 말았다. 그럼에도 부활하신 예수님께서 그들이 숨어 있는 다락방으로 그들을 먼저 찾아가셨고, 승천하시기 전까지 40일 동안 그들과 '함께 행하셨다'. 그대 주위에는 그대와 수준이 같은 사람도 있고, 그대의 수준에 못 미치는 사람도 있고, 그대의 수준보다 월등한 사람도 있을 것이다. 성도가 교통한다는 것은 그들 모두와 '함께 행하는' 것이다. 그것은 그대의 의지만으로는 불가능하다. 오직 성령님의 능력과 도우심 속에서만 가능하다. 그래서 우리는 사도신경을 통해 '성령님의 도우심 속에서 함께 행하여야 할 사람들과 함께 행하겠노라'고 고백하는 것이다.

'성도의 교통'은 또 '함께 사귀는 것'이다. 이를테면 성도의 교제다. 말씀, 기도, 봉사, 권면을 통해 '함께 사귀는' 가운데 각자의 신앙 경지가 확장된다. 그래서 그리스도인은 어느 교회에 다니든 반드시 소그룹 모임에 참여해야 한다. 주일 예배만으로는 성도의 '함께 사귐'이 불가능하기 때문이다. 구역공부와 같은 소그룹 모임을 통해 '함께 사귀는' 가운데 자신이 경험하지 못한 것을 이 사람을 통해 알게 되고, 자신이 주님께 받지 못한 것을 저 사람을 통해 채움 받음으로써 신앙 경지가 서로 넓어지게 되는 것이다.

> 한 사람이면 패하겠거니와 두 사람이면 맞설 수 있나니 세 겹 줄은 쉽게 끊어지지 아니하느니라 (전 4:12)

한 사람이면 필패할 수밖에 없는 상황이라도 두 사람이면 능히 맞설 수 있다. 그러나 본문은 한 사람보다 두 사람의 중요성을 강조하면서 엉뚱하게도 '세 겹줄은 쉽게 끊어지지 않는다'고 결론 맺는다. 논리적으로 '두 사람'이라면 '겹줄'이어야 한다. 그런데도 왜 '세 겹줄'인가? 두 사람 사이에 성령님께서 개입해 주시지 않으면 안 되기 때문이다. 두 사람이 모여 다투기만 한다면 한 사람만도 못하다. '성도의 교통'—'함께 사귐'도 성령님 안에서만 가능하다. 그래서 우리는 사도신경을 통해 '성령님의 도우심 속에서 성도의 교통을 통해 서로 신앙 경지를 넓혀 가겠다'고 고백하는 것이다.

'성도의 교통'은 마지막으로 성찬식을 통한 '주님과의 연합'을 의미한다. 성찬식을 행할 때, 우리는 주님의 몸과 피를 먹고 마신다. 그로써 주님과 내가 종적으로 연합한다. 나아가 성찬식에 참여한 모든 형제자매와도 주님 안에서 횡적으로 연합한다. 이 모든 것도 성령님의 역사 속에서 가능하다. 바울의 고백이다.

내가 그리스도와 함께 십자가에 못박혔나니 그런즉 이제는 내가 사는 것이 아니요 오직 내 안에 그리스도께서 사시는 것이라 이제 내가 육체 가운데 사는 것은 나를 사랑하사 나를 위하여 자기 자신을 버리신 하나님의 아들을 믿는 믿음 안에서 사는 것이라(갈 2:20)

성령님의 도우심 속에서 주님과의 이 신비스러운 연합이 가능함을 우리는 사도신경을 통해 고백하는 것이다.

셋째, "remissionem Peccatorum"(레미시오넴 뻬까또룸) 즉 '죄를 사하여 주시는 것'을 믿어야 한다. 우리는 하나님을 눈으로 뵌 적이 없다. 그렇지만 우리는 보이지 않는 하나님께서 예수 그리스도의 보혈을 통해 우리의 죄를 용서해 주셨음을 믿는다. 이것 역시 성령님의 역사 속에서만 가능한 일이다. 자신의 죄가 사함 받았음을 성령님의 역사 속에서 믿는 것은, 자신이 죽을 수밖에 없는 죄인이란 자각이 전제된다. 스스로 의인이라 생각하는 사람은 하나님의 죄사함도, 예수 그리스도의 십자가 복음도 필요 없다. 성령님의 거울 앞에서만 자신의 죄인 됨을 자각하고, 십자가의 예수 그리스도께 자신을 의탁할 수 있다. 성령님의 거울을 통해서만 자신의 죄인 됨과, 그리스도 안에서 믿음으로 의롭다 인정받은 자신을 동시에 볼 수 있다. 우리는 사도신경의 이 구절을 고백하면서, 죄사함 받은 자신의 정체성을 재확인하는 것이다.

넷째, "carnis resurrectionem"(까르니스 레수렉치오넴) 즉 '몸의 부활'을 믿는 것이다. '몸의 부활'은 원래 상태로의 '회복'을 의미한다. 주님께서는 죄로 더럽혀진 우리의 영혼을 깨끗하게 회복시켜 주셨다. 그러나 영적인 회복만으로는 부족하다. 언젠가 한 신학 교수가 "우리가 예수 그리스도 안에서 영적으로 구원받았으면 그것으로 족하지, 그리스도인들은 왜 몸까지 부활하려 욕심을 부리느냐"고 주장하여 큰 물의를 빚은 적이 있었다. 그분은 구원의 의미를 오해한 것이다. 구원은 회복이다. 그러나 영적인 구원만으로는 완전한 회복일 수 없다. 하나님께서 아담과 하와에게 처음 몸을 주셨을 때, 그 몸은 병들고 늙어 죽는 몸이 아니었다. 영원히 죽지 않는 영원한 몸이었다. 하지만 그 몸이 죄로 인해 죽게 되었다. 그러므로 구원은 하나님께서 본래 아담과 하와에게 입혀 주신, 영원히 죽지 않는 몸으로 우리 몸이 회복됨으로써 완성된다. 그리고 그 '회복'은 성령님의 역사 속에서 이루어진다. 우리는 이것을 사도신경을 통해 우리의 믿음으로 고백하는 것이다.

'몸의 부활'이 우리 몸과 관련하여 우리에게 주는 깨달음이 있다. 몸 즉 육체의 소중함에 대한 깨달음이다. 육체 자체가 인생의 목적이 되면 육체는 허망한 것이 된다. 육체는 썩어 없어지기 때문이다. 그러나 우리의 육체를 영혼을 담는 그릇으로 소중하게 다루면 우리는 비로소 전인적인 존재가 된다. 우리의 영적 상태가 어떠한지는 결국 우리의 몸을 통해 드러난다. 그러므로 우리의 몸을 영혼을 고이 담는 그릇으로 소중하게 가꾸면, 우리 몸은 영혼을 가두어 두는 감옥이 아니라 우리 영혼의 아름다운 옷이 된다. 우리가 이 세상을 떠나면 살아 있는 사람들은, 우리가 살아생전 우리의 몸으로 보여 주었던 우리의 삶으로 우리를 기억할 것이다. 그리스도인이 자기 몸을 바르게 가꾸고 지키는 것의 중요성은 아무리 강조해도 지나침이 없다. 우리는 그것이 성령님의 조명 안에서 가능함을 믿고 고백하는 것이다.

마지막으로 "vitam aeternam"(비땀 에떼르남), '영원히 사는 것'을 믿는 것이다. 한마디로 '영생'을 믿는 것이다. 사도신경에서 마지막 결어結語인 '아멘'을 빼면, 사도신경은 '영생을 믿는다'는 고백으로 끝난다. 사도신경이 사도신경을 고백하는 사람에게 영생이라는 안경을 씌워 주고 끝나는 것이다. 영생, 다시 말해 영원의 안경을 쓰고 세상을 보면 무엇이 진정으로 크고 작은지 확연하게 보인다. 이 안경 없이는 모든 것이 오리무중일 뿐이어서, 인간은 결국 자기 욕망으로 자기 생명을 갉아먹는 어리석음에서 벗어날 수 없다. 사도 바울은 영원의 안경을 쓰고 있었기에 영원한 진리를 위해 참수형마저 감수할 수 있었다. 영원의 안경을 통해 죽음은 죽음이 아니며, 자신이 뿌린 진리의 씨앗은 영원 속에서 반드시 결실할 것을 확실하게 보았기 때문이다.

작가 가브리엘 액셀Gabriel Axel은 "우리가 천국에서 하나님께 보여 드릴 수 있는 것은 우리가 이 세상에서 포기한 것이다"라고 말했다. 이 세상을 떠나 하나님 앞에 섰을 때 하나님께 보여 드릴 수 있는 것은 우리가 이 세상에서 모은 것들이 아니다. 우리가 하나님께 보여 드릴 수 있는 것은 하나님을 위해 포기한 것들뿐이다. 이 땅에서 포기한 만큼 천국에서 되돌려 받는다. 영원의 안경을 쓴 사람만 포기해야 할 것을 미련 없이 포기할 수 있고, 그것은 성령님의 도우심 속에서 가능하다. 영원의 안경을 쓰지 못한 사람의 인생은 평생 먹어도 다 먹지 못할 것을, 평생 써도 다 쓰지 못할 것을 더 많이 쌓으려고 동분서주하다가 일순간 허망하게 끝나버린다. 반드시 후회로 끝날 인생이다. 그러므로 우리는 사도신경의 고백을 통해 '성령님의 빛 속에서 영원, 영생의 안경을 쓰고 이 세상을 넉넉히 이기며 살겠다'고 다짐하는 것이다.

4) 결어

Amen 아멘

사도신경의 결어는 '아멘'이다. '주님의기도'에서 언급했듯이 'Amen'은 '진실입니다', '믿습니다', '이루어질 것을 바랍니다', '동의합니다'라는 의미다. 사도신경은 하나님을 향한 인간의 고백이라고 했다. 그 고백은 '아멘'으로 끝난다. 사도신경을 고백하는 사람이 '하나님, 이 고백이 모두 진심입니다. 제가 그냥 한번 해본 말이 아닙니다. 저는 이 고백의 내용을 모두 믿고 있습니다. 이것은 저의 진실한 고백입니다. 그리고 저의 고백이 제 삶의 열매로 결실되게 도와주실 것을 믿습니다'라는 심정으로 고백을 끝맺는 것이다.

그대가 사도신경의 모든 내용을 온전히 믿고 하나님께 그대의 믿음을 신실하게 고백하기를 반복한다면, 그대의 고백은 반드시 그대의 삶으로 이어질 것이다. 그대의 고백을 받으시는 분께서 살아 계시는 삼위일체 하나님이시기 때문이다.

결론

첫째, 사도신경을 통한 신앙고백은 날마다 반복되지만 그 의미는 날이 갈수록 더욱 새로워지고 깊어진다. 사도신경을 《새신자반》이 아닌 《성숙자반》에서 배우는 이유가 여기에 있다. '새신자반'의 관점보다 '성숙자반'의 관점에서 사도신경을 들여다보면 보다 더 깊은 의미를 건져 올릴 수 있다. 그대가 지금까지 배운 사도신경의 의미를 되씹으면서 사도신경을 계속 고백한다면, 1년 후에 사도신경을 보는 그대의 눈은 훨씬 더 깊어져 있을 것이다.

둘째, 더 이상 눈에 보이는 기적을 구하려 하지 말고 보이지 않는 본질을 믿어야 한다. 사람들은 자꾸 자신이 바라는, 눈에 보이는 기적을 믿으려 한다. 눈에 보인다는 것은 이미 시간과 공간의 지배 속에 있음을 의미한다. 그러나 믿음의 본질은 눈에 보이지 않는다. 예수님께서 성령님에 의해 처녀 마리아에게서 태어나셨다. 그분이 우리 죄를 위해 십자가에 못박혀 돌아가셨다. 그분은 지옥에 내려가셨다가 죽음을 깨뜨리고 부활하셨다. 그리고 하늘로 올라가시어 전능하신 하나님 우편에 앉아 계시지만, 우리 눈으로는 그 가운데 아무것도 볼 수 없다. 믿음의 대상이신 하나님께서 보이지 않는 영이시니 두말해 무엇 하겠는가? 그러나 보이지 않기 때문에 믿는 것이다. 보이는 것은 인식의 대상일 뿐 믿음의 대상은 아니다. 보이지 않기에 믿고, 믿음으로 보이지 않는 것을 보는 것이 믿음이다. 보이는 것은 지극히 제한적이지만, 믿음은 보이지 않는 모든 것을 수용한다.

셋째, 보이지 않는 것을 믿는 믿음의 바탕은 하나님의 말씀이다. 보이지 않는 것을 믿는다고 자신이 원하는 대로 아무것이나 믿어서는 안 된다. 믿음의 바탕도, 기준도, 원칙도 오직 하나님의 말씀이다. 그 말씀에 대한 믿음의 핵심이 사도신경이다. 그러므로 이제부터 하나님의 말씀인 성경을 읽을 때, 사도신경이라는 창을 통해 성경을 들여다보면 성경의 의미가 새로워질 것이다. 그리고 자신이 읽은 성경 본문의 관점에서 사도신경을 들여다보면 사도신경 역시 새로운 의미로 다가올 것이다.

마지막으로, 바로 그 하나님의 말씀에 'Credo'—그대의 심장을, 생명을 드리라. 하나님의 말씀이 그대의 생명을 영원히 책임져 주실 것이다.

8 성령님의 은사

고린도전서 12장 31절
너희는 더욱 큰 은사를 사모하라 내가 또한 가장 좋은 길을 너희에게 보이리라

은사에 대한 바른 이해

그동안 한국 교회에는 성령님의 은사와 관련하여 많은 오해와 문제가 야기되어 왔다. 성령님의 은사를 충만하게 받았다는 아내와 그렇지 못한 남편 사이에 갈등이 일어나는 일은 허다하다. 성령님의 은사를 강하게 받았다는, 소위 성령파들로 인해 교회가 내부적으로 서로 대립하거나 분열하는 경우도 적지 않다. 이는 모두 성령님의 은사에 대한 그릇된 이해에서 비롯된 비성경적인 현상이다.

먼저 '은사'의 의미에 대해 생각해 보자. '은사'를 가리키는 헬라어 동사는 '카리조마이χαρίζομαι'다. '친절을 베풀다', '호의를 베풀다' 또는 '만족게 하다'는 의미다. 그러므로 성령님의 은사를 받았다는 것은 '하나님께로부터 친절과 호의를 입었다', '성령님에 의해 만족함을 얻었다'는 말이다. 따라서 성령님의 은사를 받은 사람은 독선적이거나 이기적일 수 없음을 알게 된다. 성령님의 은사를 받은 사람은 다른 사람에게 호의와 친절을 베풀고, 어떤 면에서든 타인에게 만족을 주는 사람이다. 일반적으로 성령님의 은사를 강하게 받았다는 사람일수록 자기중심적이고 독선적이며 이기적인 경우가 많다. 그러나 '은사'를 뜻하는 헬라어 동사의 의미만 보아도 벌써 그것이 잘못되었다는 사실을 알 수 있다.

'은사'를 가리키는 헬라어 명사는 '카리스마$\chi\acute{\alpha}\rho\iota\sigma\mu\alpha$'로 '선물', '증여'라는 뜻이다. '선물'과 '증여'는 값없이 그냥 주는 것이다. 은사를 받았다는 것은 하나님께로부터 거저 선물을 받았다는 말이다. 그러므로 은사의 사람은 하나님께로부터 거저 받은 선물을 또 누군가에게 거저 나누어 주는 사람이다. 하나님께서 선물을 거저 주신 목적이 거기에 있기 때문이다.

교회에 다니지 않는 남편을 둔 여자 성도님의 이야기다. 남편은 아내가 늘 교회에 열심인 것이 못마땅했고, 아내는 남편이 교회에 다니지 않는 것을 안타까워했다. 어느 날 아내가 용기를 내어, 남편에게 함께 교회에 나가기를 요청했다. 남편이 기다렸다는 듯이 아내에게 물었다.

"만일 하나님 나라에 들어갈 수 있는 티켓이 한 장밖에 없다고 합시다. 그리고 그 한 장을 당신이 가졌다면, 당신은 남편인 나를 위해 그 한 장의 티켓을 포기할 수 있겠소? 그로 인해 당신은 하나님 나라에 들어가지 못한다고 해도 말이오."

아내가 곰곰이 생각하다가 그것만은 포기하지 못하겠다고 했다. 그러자 남편은, 당신 같은 사람들이 모인 곳이 교회라면 자신은 나가지 않겠다고 했다. 그것은 어디까지나 남편이 가정해서 던진 질문이었다. 하나님 나라에 들어가는 티켓이 세상에 단 한 장뿐인 것은 결코 아니다. 세월이 흘러 나이가 든 지금은 그분의 남편도 교회에 다니지만, 만일 그때 아내가 "내가 거저 받은 선물을 당신께 얼마든지 드리겠습니다"라고 대답했더라면 남편의 구원은 훨씬 앞당겨졌을 것이다. 하나님 나라에 들어가는 구원의 티켓은 그 아내도 하나님으로부터 거저 받은 선물이었다. 그 선물을 남편에게 양도하겠다고 했다면 하나님께서 그 아내를 칭찬하실지언정 외면하시겠는가? 다음은 사도 바울의 고백이다.

> 나의 형제 곧 골육의 친척을 위하여 나 자신이 저주를 받아 그리스도에게서 끊어질지라도 원하는 바로라(롬 9:3)

자기 형제 자기 친척의 구원을 위해서라면, 자신이 저주를 받아 버림받을지라도 기꺼이 감수하겠다는 바울의 고백이다. 자신이 하나님께 거저 받은 선물이기에 형제 친척과 얼마든지 나누겠다는 말이다. 이것이 성령님의 은사다.

이제 성령님의 은사와 관련하여 유의해야 할 점들을 살펴보자.

첫째, 은사는 선물이므로 선물은 아무나 받는 것이 아니라는 점이다. 성령님께서 누구에게 은사 혹은 선물을 주셨다면 어떤 의미로든 성령님 보시기에 이유가 있기 때문이다. 그 이유가 무엇인지 우리는 알지 못한다. 그러나 성령님 보시기에는 충분한 이유가 있기에 은사를 주신다. 그러므로 우리는 은사 받은 사람을 진심으로 존중해 줄 수 있어야 한다. 귀한 상을 받은 사람에게 주위 사람들이 진심으로 축하해 주는 것처럼, 자신이 받지 못한 은사를 받은 사람이 있을 경우 '성령님 보시기에 이유가 있기에 저런 귀한 은사를 주셨겠지' 하고 그를 존중해 주는 마음을 지녀야 한다. 반면에 은사를 받은 사람은 동일한 은사를 받지 못한 사람들에 대한 빚진 마음으로, 자신이 받은 은사를 함께 나누고 그 은사를 사람을 섬기기 위한 도구로 사용해야 한다.

오늘날 성령님의 은사를 받았다는 사람들 중에 본인이 원하든 원하지 않든, 결과적으로 물의를 일으키는 사람은 자신이 잘나서 은사를 받왔다고 착각하기 때문이다. 인간이 은사를 받는 것은 성령님 보시기에 그 은사를 주실 이유가 있어서이지, 결코 인간의 공로로 인함이 아니다. 은사를 받은 사람이 타인에 대한 빚진 마음을 지니지 못한 까닭에, 귀한 은사를 받고서도 더불어 화평하기보다 오히려 대립하는 경우가 허다하다.

둘째, 은사는 여러 가지라는 점이다. 은사는 단 하나의 형태 혹은 종류만 있는 것이 아니다.

> **은사**는 여러 가지나 성령은 같고 **직분**은 여러 가지나 주는 같으며 또 **사역**은 여러 가지나 모든 것을 모든 사람 가운데서 이루시는 하나님은 같으니(고전 12:4-6)

본문에서 '은사', '직분', '사역'이 모두 동격으로 기록되어 있다. 우리말 '직분'으로 번역된 헬라어는 '디아코니아$_{\delta\iota\alpha\kappa o\nu i\alpha}$'로, 우리가 잘 아는 바와 같이 '섬김', '봉사'의 뜻이다. 봉사를 위한 교회의 모든 직분도 성령님께서 주시는 은사, 선물인 것이다. '사역'으로 번역된 헬라어 '에네르게마$_{\dot{\varepsilon}\nu\acute{\varepsilon}\rho\gamma\eta\mu\alpha}$'는 '성과', '일'이라는 뜻이다. 어떤 사역이든 사역 역시 성령님의 은사다. 방금 말했듯이 '은사', '직분', '사역'이 동격으로 기록되어 있으므로, '은사'를 '직분', '사역'으로 표현할 수도 있다. 중요한 사실은 '은사', '직분', '사역'의 공통점이 모두 '여러 가지'라는 것이다. 그러나 이 '여러 가지'는 우리가 우리말로 알고 있는 '여러 가지'와는 사뭇 다르다. '여러 가지'로 번역된 헬라어 '디아이레시스$_{\delta\iota\alpha\acute{\iota}\rho\varepsilon\sigma\iota\varsigma}$'는, 여러 가지이긴 하지만 그 뿌리가 동일하게 하나일 때 사용하는 단어다.

과일 가게에 사과, 귤, 포도, 바나나 등 여러 종류의 과일들이 진열되어 있다. 그러나 과일은 종류마다 뿌리가 다르다. 각각 다른 뿌리에서 결실되기에 과일 종류마다 모양, 색깔, 맛이 다 다르다. 모양도 다르고 뿌리도 다른 것이다. 그러나 헬라어 '디아이레시스'는, 모양은 서로 다르지만 뿌리는 같은 경우다. 세상에는 이런 것이 있을 수 없다. 소나무에 솔방울 외에, 감이나 배 혹은 포도가 같이 달려 있을 수는 없다. 그러나 성령님의 은사는 다르다. 성령님께서는 당신의 은사를 단 하나의 모양으로 통일하셔서 전 세계 모든 그리스도인들을 붕어빵 다루듯 하시지 않는다. 은사의 뿌리는 성령님 한 분이시지만, 각 사람에게 맞도록 '여러 가지' 형태의 은사를 주신다. 그러므로 고린도전서 12장에 기록되어 있는 은사가 은사의 전부인 것은 결코 아니다.

> 어떤 사람에게는 성령으로 말미암아 지혜의 말씀을, 어떤 사람에게는 같은 성령을 따라 지식의 말씀을, 다른 사람에게는 같은 성령으로 믿음을, 어떤 사람에게는 한 성령으로 병 고치는 은사를, 어떤 사람에게는 능력 행함을, 어떤 사람에게는 예언함을, 어떤 사람에게는 영들 분별함을, 다른 사람에게는 각종 방언 말함을, 어떤 사람에게는 방언을 통역함을 주시나니(고전 12:8-10)
>
> 우리에게 주신 은혜대로 받은 은사가 각각 다르니 혹 예언이면 믿음의 분수대로, 혹 섬기는 일이면 섬기는 일로, 혹 가르치는 자면 가르치는 일로, 혹 위로하는 자면 위로하는 일로, 구제하는 자는 성실함으로, 다스리는 자는 부지런함으로, 긍휼을 베푸는 자는 즐거움으로 할 것이니라(롬 12:6-8)

로마서 12장은 고린도전서 12장이 전하는 은사와 전혀 다른 종류의 은사를 소개하고 있다. 그러므로 성령님을 받은 사람은 반드시 방언을 해야 한다는 식의 주장은 전혀 옳지 않음을 알게 된다. 성령님을 받은 사람에 따라 '여러 가지' 형태의 은사가 각각 다르게 나타날 수 있다. 어떤 사람에게는 방언으로 나타날 수 있지만, 어떤 사람에게는 또 다른 은사로 나타날 수 있는 것이다. 반드시 신유神癒의 은사가 나타나야 성령님의 사람이라는 주장 역시 그릇된 생각이다. 은사는 '여러 가지'이기 때문이다.

셋째, 은사를 통해 나타나는 모든 역사의 주체는 삼위일체 하나님이시라는 점이다. 고린도전서 12장 4-6절 말씀을 다시 보자.

> 은사는 여러 가지나 **성령**은 같고 직분은 여러 가지나 **주**는 같으며 또 사역은 여러 가지나 모든 것을 모든 사람 가운데서 이루시는 **하나님**은 같으니

본문 속에 '성령', '주'(예수님), '하나님'—즉 삼위일체 하나님이 등장한다. 은사는 '여러 가지' 형태로 드러나지만, 그 모든 은사를 통해 나타나는 역사의 주체는 삼위일체 하나님이심을 밝히기 위함이다.

은사는 선물이라고 했다. 사람끼리 주고받는 선물에도 선물하는 사람의 인격이 배어 있다. 예를 들어 친구에게 줄 생일 선물로 갑과 을이 같은 시계를 샀다고 하자. 갑은 그 시계를 신문지에 말아서 친구에게 주었다. 그러나 을은 축하 카드와 함께, 시계를 예쁜 상자에 넣고 멋진 포장지로 정성스레 싸서 친구에게 주었다. 그 두 선물은 내용은 똑같지만 전혀 다른 두 사람의 인격을 반영하고 있다. 선물 받은 친구가 누구의 선물을 더 소중히 여겼을지는 불을 보듯 뻔하다. 성령님의 은사를 받은 사람에게는 그 선물을 주신 삼위일체 하나님의 인격이 배어난다. 그래서 은사를 받은 사람은 독선적일 수 없다. 은사를 받은 사람은 더 겸손하고, 더 이타적이고, 더 너그러워진다.

넷째, 은사를 주시는 목적은 유익하게 하시기 위함이라는 점이다.

각 사람에게 성령을 나타내심은 **유익하게** 하려 하심이라(고전 12:7)

누구의 유익을 위함이겠는가? 먼저 은사를 받은 사람의 유익이다. 삼위일체 하나님의 인격이 배어나는 삶을 살 수 있게끔 성령님께서 주시는 은사를 받은 당사자의 유익을 위함이다. 그다음으로는 그와 더불어 사는 사람들의 유익을 위함이다. 누군가가 은사를 받았으면, 더불어 사는 사람들이 그로 인해 평화를 누릴 수 있어야 한다. 누군가가 은혜를 받았다면, 그가 속한 교회가 그 사람이 있음으로 은혜로워야 한다. 그래서 결과적으로 은사를 주신 성령님께도 유익하게 된다.

여기에서 우리는 두 가지 사실을 깨닫게 된다. 먼저, 사람에게 해를 끼치거나 부정적인 의미의 분열을 조장하는 것은 어떤 경우에도 성령님의 은사가 아니라는 것이다. 성령님께서 우리에게 은사를 주시는 것은 유익하게 하려 하시기 때문이다. 그다음으로, 은사를 받았을 때의 체험과 감격에 머무르려 해서는 안 된다는 것이다. 많은 그리스도인들이 처음 은사 받았을 때의 감격과 감정을 매번 재현하려고 애를 쓴다. 그러나 성령님께서 은사를 주신 이유는 그 순간에 머물게 하려 하심이 아니라, '유익하게 하려 하심'이다. 당신께서 주신 은사로 누군가에게 봉사하고, 누군가를 섬기며 살게 하심인 것이다. 만약 처음 은사 받았을 때의 감격과 감정을 계속 재현하려 할 경우, 그때의 신앙은 마약에 지나지 않는다. 첫 감격은 거쳐 가는 과정이요, 더불어 살아가기 위한 출발점일 뿐이다. 그래서 은사의 사람들은 인생의 엄동설한 속에서도 더불어 살아야 할 사람과 더불어 살기 위해 눈물을 흘리면서도 씨를 뿌린다.

마지막 유의점은, 은사는 선물이므로 선물은 선물을 주시는 분이 결정하신다는 점이다.

> 이 모든 일은 같은 한 성령이 행하사 **그의 뜻대로** 각 사람에게 나누어 주시는 것이니라 (고전 12:11)

성령님께서는 당신의 뜻대로 은사를 나누어 주신다. 은사―선물을 주시는 분이 성령님이시기 때문이다. 우리 부부는 아이들이 고등학교에 입학해야 휴대폰을 사주었다. 그 시기는 아이들을 위해 부모인 우리 부부가 정한 것이다. 아이들은 중학교 때까지는 휴대폰이 없어도 불편을 감수해야 했다. 성령님께서 각 사람에게 나누어 주시는 은사의 내용과 시기도 철저하게 성령님의 결정 사항이다. 그러므로 '특별 은사 집회'라는 것은 애당초 불가능하다. 특별 은사 집회에서 특정 은사를 받고 싶은 사람은 모두 오라는 광고를 보게 되는데, 성경적으로 보면 그런 집회는 절대로 불가능하다. 은사는 인간의 노력으로 얻는 것이 아니라, 성령님께서 당신의 뜻에 따라 당신이 정한 시기에 당신이 정한 것을 주시는 당신의 선물이기 때문이다.

물론 은사를 사모할 수는 있다. 고등학교에 입학해야 휴대폰을 가질 수 있었던 나의 아이들도, 그 이전에 휴대폰이 있다면 좋겠다고 간절히 바랄 수는 있었다. 그러나 그 사모하는 마음을 자기 마음속에 묻어 두지 않고 아빠 엄마에게 드러낼 때는 모두의 유익을 위할 때여야 했다. 예를 들어 "아빠, 학교에서 수학여행 가는데 아빠 휴대폰을 빌려 주시면 좋겠습니다. 그러면 제가 어디에 있는지 아실 수 있어 아빠 엄마도 편하시고, 저도 갑자기 연락할 일이 있을 경우 편할 것 같습니다"와 같은 경우다. 이처럼 모두의 유익을 위해서라면 은사를 사모할 수 있다.

나는 본래 방언을 할 줄 몰랐다. 지금은 돌아가셨지만, 한때 한국에서 유명한 부흥사가 운영하던 기도원이 있었다. 그 기도원에서는 방언 못하는 사람을 위해 밤새워 특별 과외 공부를 시켰다. 그 기도원의 구호 중

하나가 "방언 못하면 개보다 못하다"였다. 나도 그곳에서 방언 특별 과외를 받았다. 조교 권사님이 시키는 대로 밤새도록 "할렐루야"를 외치고, "랄랄랄라"를 반복했지만 내게는 방언의 은사가 주어지지 않았다. 나는 '아! 나는 개보다 못하구나' 하고 기도원에서 내려온 후, 방언의 '방' 자도 생각해 본 적이 없었다. 신학교에 들어간 뒤, 신학교 기도탑 골방에서 기도하곤 했다. 어느 날 기도하기 전에 성경을 읽었는데 방언이 언급되어 있는 고린도전서 12장이었다. 신학교 기도탑 골방은 무릎을 꿇으면 몸이 벽에 닿을 정도의 작은 골방이었다. 나는 그날 그 골방에서 무릎을 꿇고 다음과 같이 기도드렸다.

"하나님, 제가 이다음에 신학교를 마치면 누군가와 성경공부를 하게 될 것입니다. 그때 고린도전서 12장도 공부하게 될 텐데, 제가 방언도 못해 보고 어떻게 이 장을 가르칠 수 있겠습니까……."

기도 끝머리의 '까'가 채 끝나기도 전에, 여전히 눈을 감고 있는 상태에서 돌연 골방 앞 벽이 날아갔다. 양옆 벽과 뒷벽도 함께 날아감과 동시에, 내가 무릎 꿇은 골방이 허허벌판이 되었다. 그리고 그 순간 갑자기 내 혀가 꼬부라지더니 저절로 방언이 터졌다. 방언을 하게 해달라고 "할렐루야"를 밤새워 외치지도 않았고 "랄랄랄라"를 목이 쉬도록 반복하지도 않았지만, 모두의 유익을 위해 방언을 사모했더니 성령님께서 응답해 주신 것이었다. 은사는 성령님의 선물이므로, 은사와 관련된 모든 결정권은 철저하게 성령님의 소관이다.

은사의 구분

은사는 크게 내적 은사와 외적 은사로 구별된다.

내적 은사는 우리에게 내적으로 주어지는 하나님의 선물이다. 그래서 내적 은사가 임하는 것을 주위 사람은 알기 어렵다. 본인조차 모르기가 쉽다. 그러나 내적 은사는 시간이 지나면서 서서히 외부로 배어 나온다. 내적 은사는 받으면 받을수록 좋다. 우리의 삶을 인격적으로 변화시켜 주는 것은 내적 은사이기 때문이다.

외적 은사는 은사를 받는 순간 외적으로, 가시적으로 드러난다. 순식간에 방언이 튀어나온다던가, 기도 중에 병자가 낫는 것이 그 좋은 예다. 그래서 외적 은사가 주어지는 순간 당사자는 물론이요 주위 사람도 알 수 있다. 당장 외적으로 드러나는 외적 은사는 매우 화려해 보인다. 그래서 많은 사람들이 외적 은사를 사모하면서 외적 은사에 집착한다.

내적 은사와 외적 은사에 대해 우리가 유의해야 할 세 가지 사항이 있다.

첫째, 내적 은사는 모두의 유익을 위해 사모하고 간구하는 자에게 주어지지만, 외적 은사는 하나님의 필요와 뜻에 따라 주어진다. 내적 은사는 생활필수품과 같아서 그리스도인으로 살아가는 데 절대적으로 필요하다. 이에 비해 외적 은사는 가구나 장식품과 같아 굳이 없어도 살 수 있다. 생활필수품과 같은 내적 은사는 우리가 모두의 유익을 위해 사모하고 간구할 때 주어진다. 그러나 장식품이나 가구와 같은 외적 은사는 간구한다고 주어지는 것은 아니다.

둘째, 성령님의 은사와 관련된 모든 문제는 외적 은사에서 드러난다. 내적 은사에서 문제가 발생하는 경우는 없다. 모든 문제는 겉으로 드러나는 외적 은사에서 비롯된다. 당장 외적으로 드러나지 않는 내적 은사를 사모하고 간구하는 것은 당사자의 중심이 주님께 맞춰져 있음을 의미한다. 주님을 더 잘 믿고, 더욱 주님의 뜻대로 살기 위해 내적 은사를 구하는 것이다. 반면 신유, 방언, 예언 등의 외적 은사를 갈망하는 동기는 대부분 자기 과시욕이기 쉽다. 그래서 외적 은사로 인해 문제가 야기되는 것이다. 사도행전 8장의 마술사 시몬이 성령님의 능력을 돈으로 사려고 했던 것이 좋은 예다. 만약 시몬이 그 그릇된 마음으로 만에 하나라도 성령님의 능력을 받았더라면, 그로 인해 얼마나 큰 문제가 야기되었겠는가?

> 나더러 주여 주여 하는 자마다 다 천국에 들어갈 것이 아니요 다만 하늘에 계신 내 아버지의 뜻대로 행하는 자라야 들어가리라 그날에 많은 사람이 나더러 이르되 주여 주여 우리가 주의 이름으로 선지자 노릇하며 주의 이름으로 귀신을 쫓아내며 주의 이름으로 많은 권능을 행하지 아니하였나이까 하리니 그때에 내가 그들에게 밝히 말하되 내가 너희를 도무지 알지 못하니 불법을 행하는 자들아 내게서 떠나가라 하리라(마 7:21-23)

예수님의 이름으로 귀신을 쫓아내고 많은 권능을 행하였다면, 성령님의 은사를 얼마나 크게 받은 사람이겠는가? 그러나 주님께서는 "불법을 행하는 자들아 내게서 떠나가라"시며 그들을 내치실 것이라고 하셨다. 그들이 성령님의 은사를 자기 소유욕과 과시욕을 충족시키기 위한 도구로 오용했기 때문일 터이다.

셋째, 그러므로 외적 은사는 반드시 내적 은사로 승화되어야 한다. 외적 은사를 외적 은사로 드러내려고만 하면 자기 교만에 빠지지 않을 수 없다. 그러나 외적 은사를 내적 은사로 승화시켜 보다 성숙한 그리스도인으로 살려 하면, 외적 은사 역시 사모하는 사람에게 주어질 수 있다. 외적 은사를 내적 은사로 승화시킨다는 것은 외적 은사를 자신을 드러내기 위한 수단으로 삼지 않고, 모두의 유익을 위한 봉사와 헌신의 도구로 삼는 것을 의미한다. 외적 은사를 내적 은사로 승화시키려는 사람은 그 중심이 이미 주님께 맞춰져 있기에 외적 은사도 사모함으로 받을 수 있다. 그에게는 모든 것이 주님을 위함이기 때문이다.

고린도전서가 말하는 내적 은사

고린도전서 12장 8-10절에 언급된 여러 가지 은사 가운데 먼저 내적 은사에 대해 생각해 보기로 하자.

> 어떤 사람에게는 성령으로 말미암아 **지혜의 말씀**을, 어떤 사람에게는 같은 성령을 따라 **지식의 말씀**을, 다른 사람에게는 같은 성령으로 **믿음**을……(고전 12:8-9)

본문이 언급한 '지혜의 말씀', '지식의 말씀', '믿음'이 모두 내적 은사다. 먼저 '지혜의 말씀'에 대해 생각해 보자. 지혜는 하나님의 말씀으로 자기 인생을 건져 올리는 능력이다. 그러므로 내적 은사인 '지혜의 말씀'은, 하나님의 말씀으로 자기 인생을 건져 올릴 수 있는 말씀 적용의 능력이다. 그리스도인은 하나님의 말씀을 붙잡고 하나님의 말씀대로 사는 사람이다. 그러나 항상 문제가 되는 것은 삶의 현장인 여기, 바로 이 순간에 무슨 말씀을 붙잡아야 하느냐는 것이다.

축구 경기에서 양 진영의 골대 크기는 당연히 똑같다. 그러나 공격수에게는 항상 골대가 작게 보인다. 공격수는 늘 골대가 10센티미터만 더 크면 좋겠다고 생각한다. 반면에 골키퍼에게 골대는 언제나 넓게만 느껴진다. 10센티미터만 작아도 모든 공격을 다 막을 수 있을 것처럼 여긴다.

성경말씀도 그와 같다. 하나님의 말씀인 성경을 처음부터 끝까지 한 번이라도 읽으려면 너무 방대해서 엄두가 나지 않는다. 그러나 성경을 몇 번씩 통독했다 해도 막상 삶의 현장에서 문제가 터졌을 때, 도대체 무슨 말씀을 붙잡아야 할지 오리무중이 된다. 그래서 삶의 현장에 말씀을 적용하는 은사를 받지 않으면 안 된다. 그대는 이 은사를 사모해야 한다.

지금은 고인이 된, 극작가였던 노 권사님의 경험담이다. 어느 날 권사님은 병원에 입원한 교인을 심방했다. 병원에서 만나기로 했던 목사님이 갑작스런 일이 생겨 오질 못했다. 결국 병실에 모인 교인 가운데 가장 연장자인 권사님이 환자를 위해 예배를 인도해야 했다. 일단 찬송가 472장(통일찬송가 530장—'네 병든 손 내밀라고')을 부르면서 권사님의 머릿속은 컴퓨터처럼 다급하게 돌아갔다. 찬송이 끝나면 성경 어느 구절을 찾아 읽어야 할지 막막했기 때문이다. 찬송가가 끝날 즈음, 찬송가 상단에 권사님이 자기 손으로 써둔 창세기 4장 11절이라는 글자가 눈에 확 들어왔다. 그 성경구절이 신유를 기원하는 찬송가 472장과 분명히 연관이 있으리라고 확신한 권사님은 찬송이 끝나자마자 자신 있게 "창세기 4장 11절을 보시겠습니다" 하고 해당 본문을 펼쳤다. 그런데 이게 웬일인가? 그 내용은 "땅이 그 입을 벌려 네 손에서부터 네 아우의 피를 받았은즉 네가 땅에서 저주를 받으리니"였다. 얼이 빠진 채 환자 앞에서 얼마나 진땀을 뺐던지 그날 오후에 나를 만난 권사님은, 자신이 그 성경구절로 환자에게 대체 무슨 말을 했는지 아무것도 기억나지 않는다고 토로했다.

우스개처럼 들리는 이야기지만 실은 남의 이야기가 아니다. 대부분의 그리스도인들이 자신의 인생이 실패했을 때, 당장 무슨 말씀을 붙잡아야 할지 모른다. 성공했을 때에도 무슨 말씀을 좇아야 할지 모르기에, 그만 자기 교만의 늪에 빠져 버리고 만다. 불치의 병으로 사형선고를 받았을 때에도 무슨 말씀을 의지해야 할지 알지 못한다. 삶의 곤궁함에 빠져 있는 믿음의 형제자매에게 자신이 어떤 말씀으로 권면하느냐에 따라 상대를 죽일 수도 있고 살릴 수도 있다. 아무리 성경을 많이 읽어도, 말씀이 필요한 삶의 현장에 적절한 말씀을 찾아 적용하지 못한다면 아무 소용이 없다. 그래서 우리는 겸손하게 '지혜의 말씀'의 은사를 구해야 한다. 그대가 어떤 문제에 직면하여 하나님의 말씀을 바르게 적용할 수 있다면, 그것은 성령님께서 그대에게 '지혜의 말씀'을, 다시 말해 주님의 말씀을 기억나게 하는 은사를 주셨기 때문이다.

> 보혜사 곧 아버지께서 내 이름으로 보내실 성령 그가 너희에게 모든 것을 가르치고 내가 너희에게 말한 모든 것을 생각나게 하리라
> (요 14:26)

보혜사 성령님께서 우리에게 주님의 말씀을 가르치고 또 생각나게 해 주신다. 바로 이것이 성령님께서 주시는 '지혜의 말씀'의 은사이다.

> 주 여호와께서 학자들의 혀를 내게 주사 나로 곤고한 자를 말로 어떻게 도와줄 줄을 알게 하시고 아침마다 깨우치시되 나의 귀를 깨우치사 학자들같이 알아듣게 하시도다 (사 50:4)

'여호와께서 아침마다 깨우쳐 주신다'는 것은 아침마다 말씀 읽는 은사를 받았다는 말이다. 말씀을 읽으니까 깨우칠 수도 있었다. 말씀을 읽는 은사뿐 아니라 깨닫는 은사도 받은 것이다. 또 '곤고한 자를 말로 어떻게 도와줄'지 아는, 말씀 적용의 은사도 받았다. 그의 삶이 어찌 모든 사람에게 유익하지 않겠는가? 은사 가운데 '지혜의 말씀'의 은사가 가장 먼저 나오는 이유가 여기에 있다.

내적 은사 가운데 두 번째 은사인 '지식의 말씀'은 말씀을 해석하는 은사다. '지혜의 말씀'은 말씀을 적용하는 은사라고 했다. 이 은사를 영어로 표현하면 'application'이다. 그리고 '지식의 말씀'의 은사, 즉 말씀을 해석하는 은사는 'interpretation'이다. 이단들은 우리보다 성경공부를 훨씬 많이 하지만 말씀 해석을 그릇한다. 그리고 그릇한 해석을 논리적으로 꿰어 맞추기 위해 성경공부를 더 열심히 한다.

사회적으로 큰 물의를 일으킨 이단 단체가 있다. 그 단체가 결성된 초창기에, 내가 목회하던 교회에 그 단체와 관련된 분이 있었다. 그분은 대학 교수였는데 그분의 제자가 그 단체에 깊이 빠져 있었다. 그분은 자기 제자를 구해 내기 위해 그 단체에 들어가 보았다. 그 단체의 대표는 '대학 교수가 들어왔으니 좋은 홍보감이 되겠다'고 생각했는지, 절대 외부로 유출하지 않는 성경공부 교재를 그분에게만은 가지고 다니게 하면서 성경공부를 시켰다. 그분이 그 교재를 들고 나를 찾아왔다. 자기 보기에는 교재가 논리적으로 다 맞는 것 같으므로, 그 단체가 정말 이단이라면 교재 어느 부분이 어떻게 잘못되었는지 확인해 달라는 것이었다. 지금은 그 단체의 교재가 어떻게 바뀌었는지 모르겠지만, 당시 내가 확인한 교재의 제1과는 다음 구절로 시작했다.

> 예수께서 이 모든 것을 무리에게 비유로 말씀하시고 비유가 아니면 아무것도 말씀하지 아니하셨으니 (마 13:34)

마태복음 13장의 이 말씀을 근거로 그 단체는, 성경은 모두 비유라고 주장했다. 그러므로 성경은 비유로 풀어야지, 역사적인 사실로 풀려고 하면 안 된다고 했다. 그러다 보니 교주의 해석이 곧 하나님 말씀이 되었고, 그 자신이 재림주가 되었다. 그 교재의 내용대로라면 논리적으로 하자가 없어 보인다. 그러나 마태복음 13장은 예수님께서 천국을 비유로 설명하신 내용이다. 어린아이가 신혼여행에 대해 묻는다면 부모가 어떻게 설명할 수 있을까? 그 아이의 수준으로 이해할 수 있는 비유로만 설명할 수 있을 것이다. 우리는 죽어 본 적이 없다. 천국에 가본 적도 없다. 시간과 공간의 지배를 받는 인간에게 영원한 천국은, 비유 이외의 다른 방법으로 설명하는 것은 불가능하다. 따라서 마태복음 13장이 예수님께서 비유가 아니고는 말씀하지 않으셨다는 것은, 천국에 대한 예수님의 설명에 국한된 증언이다. 그런데도 처음부터 해석을 잘못해 놓으니, 성경 전체가 교주의 입맛대로 전혀 다른 이야기가 되어 버렸다.

모든 말과 글에는 '외시外視의미'와 '함축의미'가 있다. 외시의미는 겉으로 드러나 보이는 의미이고, 함축의미는 그 속에 내포된 의미다. 문장에 따라 함축의미와 외시의미가 다를 수 있다. 그때 그 차이를 분별할 수 있어야 한다. 예를 들어 "어찌하여 형제의 눈 속에 있는 티는 보고 네 눈 속에 있는 들보는 깨닫지 못하느냐"(마 7:3)는 말씀을 보고, "들보가 대체 몇 미터인데 인간의 눈 속에 들어갈 수 있느냐"고 따지려 해서는 안 된다는 말이다. 이 말씀에 함축된 의미는 잘 아는 것처럼, 다른 사람의 허물보다 네 허물이 더 크다는 것이다. "네 눈이 너를 범죄하게 하거든 빼버리라", "네 손이 너를 범죄하게 하거든 찍어 버리라"는 것도 외시의미대로 하라는 말씀이 아니다. 그 말씀의 함축의미는 어떤 경우에도 고의적으로 죄를 범하지 말라는 것이다. 더욱이 성경은 최소한 2천 년 전에 기록되었다. 따라서 당시의 문화적인 배경 속에서 해당 구절의 함축의미가 무엇인지 알려는 자세가 필요하다.

고린도전서 16장 20절은 "너희는 거룩하게 입맞춤으로 서로 문안하라"고 명령한다. 만약 어느 교회든 이 명령에 따라 교인들이 주일마다 서로 입을 맞추어 인사한다면 엄청난 사회문제로 대두될 것이다. 사도 바울은 왜 고린도의 교인들에게 이런 명령을 했는가? 입을 맞추어 인사하라는 명령의 함축의미는 무엇인가? 2천 년 전 로마제국은 계급사회였지만, 교회만은 빈부귀천이 한데 어우러져 있었다. 당시 상류층의 인사법은 서로 입을 맞추는 것이었다. 그러나 교회 안에서 상류층은 자기들끼리만 입을 맞추어 인사하고 하류층은 거들떠보지 않았다. 그래서 바울이 하류층과도 똑같이 거룩하게 입맞춤으로 인사할 것을 명한 것이다. 그러므로 그 명령의 함축의미는 누구와도 마음을 다해 인사하라는 것이다. 오늘날의 인사법은 일반적으로 악수다. 그러므로 "너희는 거룩하게 입맞춤으로 서로 문안하라"는 명령의 함축의미를 오늘날에 적용하면, 출세하고 잘난 사람과만 악수하려 하지 말고 보잘것없고 비천한 사람도 따뜻하게 손을 잡아 주며 인사하라는 것이다. '지식의 말씀'의 은사는 이렇듯 중요하다. 말씀의 해석이 깊어질수록 우리 믿음도 깊어지기 때문이다.

바르고도 깊은 해석을 위해서는 반드시 우리의 지각이 동원되어야 한다.

> 이는 젖을 먹는 자마다 어린아이니 의의 말씀을 경험하지 못한 자요 단단한 음식은 장성한 자의 것이니 그들은 **지각을 사용함으로** 연단을 받아 선악을 분별하는 자들이니라 (히 5:13-14)

귀에 듣기 좋고 마음에 드는 말씀만 사모하는 사람은 젖 먹는 아이와 같다. 어려워 보이고 이해하기 힘든 딱딱한 말씀까지도 먹고 이해하기 위해서는 반드시 지각을 사용해야 한다. 우리말 '지각'으로 번역된 헬라어 '아이스데테리온αἰσθητήριον'은 모든 '의식 기관'을 의미한다. 말씀을 깊이 해석하기 위해서는 이성, 지성, 오성悟性을 모두 동원해야 한다는 말이다.

다음은 사도 바울의 고백이다.

깊도다 하나님의 지혜와 지식의 풍성함이여, 그의 판단은 헤아리지 못할 것이며 그의 길은 찾지 못할 것이로다(롬 11:33)

　하나님의 지혜와 지식의 풍성함을 인간이 헤아리지 못할진대, '지식의 말씀'의 은사를 사모하고 간구하지 않고서야 우리가 어떻게 모두에게 유익을 끼치는 성숙한 그리스도인이 될 수 있겠는가? 그래서 우리는 모두의 유익을 위해 '지식의 말씀'의 은사를 사모하며 간구해야 한다.

　내적 은사 중 세 번째 은사는 '믿음'이다. 사람들은 은사로서의 '믿음'을 일반적인 믿음과 구별하여, 산을 옮길 만한 특별한 능력을 행하는 믿음으로 이해하려 한다. 물론 그것도 일리는 있다. 그러나 고린도전서 12장 10절은 '능력 행함'의 은사를 별도로 소개하고 있다. 따라서 고린도전서 12장 9절의 '믿음'을 '능력 행함'과 같은 의미로 해석해야 할 근거는 없다. 오히려 이 '믿음'을 먼저 우리가 일반적으로 생각하는 믿음으로 받아들이는 것이 타당할 것이다.

　'믿음'은 성령님의 선물, 즉 은사다. 한번은 미국에서 의학을 전공하는 젊은이와 저녁 식사를 함께했다. 마침 텔레비전에서 〈생명의 신비〉라는 프로그램이 방영 중이었다. 우리가 잘 알고 있는, 아메바가 진화해서 원숭이를 거쳐 사람이 되었다는 내용이었다. 어떻게 사람들이 아메바가 절로 생명체가 되어 자기 필요에 의해 여러 단계를 거쳐 인간으로 진화하였다고 생각할 수 있는지, 그리스도인에게는 이해하기 힘든 이야기다. 나와 식사하던 그 청년은 그리스도인이 아니었다. 내가 그 청년에게 저 내용이 믿어지느냐고 물었다. 그 청년은 "저런 식으로가 아니면 어떻게 인간을 설명할 수 있겠습니까"라고 대답했다. 그 청년은 그 내용을 전적으로 믿고 있었다. 하지만 나는 오히려 그 청년이 믿는 내용은 도무지 믿을 수 없고, 하나님께서 인간을 창조하셨다는 창세기의 말씀이 믿어진다.

내가 아는 스님 가운데 프랑스에서 유학한 스님이 있다. 그 스님은 프랑스 유학 기간 동안 가톨릭 수도원에서 지내면서, 수도사들과 함께 아침저녁으로 미사에 참여하고 성경도 몇 번이나 읽었다. 그러나 그 스님은 성경을 읽으면 읽을수록 하나님은 없다는 확신만 더 든다고 했다. 반면에 나는 성경을 읽으면 읽을수록 하나님의 존재와 사랑이 더 깊이 느껴지면서 감격스럽기만 하다. 이처럼 '믿음'은 선물이다. 수도원에 산다 해도 성령님께서 '믿음'을 선물로 주시지 않으면, 성경을 아무리 읽어도 성경이 하나님 계심의 증거가 되지 못한다. 그러므로 성경을 읽으면서 믿기 어려운 구절을 만나면 '하나님, 이 말씀도 믿을 수 있는 은사를 주십시오' 하고 간구해야 한다. 그래서 창세기 1장 1절부터 요한계시록 22장 마지막 절까지 모두 믿을 수 있다면, 그는 정녕 '믿음'의 은사를 받은 사람이다.

이제 '믿음'의 의미를 한 차원 더 높이 생각해 볼 필요가 있다. 헬라어로 '믿음'은 '피스티스^{πίστις}'인데, '신실', '충성'을 의미하기도 한다. 다시 말해 헬라어로는 '신실', '충성', '믿음'이 구별되지 않는다. 성경을 읽다가 '믿음'이란 단어가 나올 때 '신실' 혹은 '충성'으로 대체하면 그 의미를 더 정확히 알 수 있다. 그리스도인들은 "너희가 기도할 때에 무엇이든지 믿고 구하는 것은 다 받으리라"는 마태복음 21장 22절 말씀을 좋아한다. 믿고 구하면 다 주신다고 하셨으니, 내가 믿고 구한 나의 소원을 이루어 달라고 하나님께 요구하는 것이다. 그러나 이 구절의 '믿음'을 '신실'과 '충성'으로 대체하면 의미가 달라진다. '신실하고 구하는 것은 다 받으리라.' '충성되고 구하는 것은 다 받으리라.' 신실한 사람은 헛것을 구하지 않는다. 충성된 종은 자기 욕망의 것을 구하지 않는다. 그들은 오직 주인의 뜻을 위해, 더욱 신실하고 충성되이 살기 위해 기도한다. 그래서 신실하고 충성된 사람의 기도는 모두 이루어진다.

그리스도인들이 "내가 믿는다"고 말할 때 자신의 생각과 판단을 믿는 경우가 허다하다. 자기 욕망이 원하는 것을 하나님의 이름으로 포장하여, 그것을 믿음이라 믿고 싶어 하는 것이다. 우리가 '믿음'의 은사를 받아야 하나님의 말씀에 신실해져서, 자기를 부인하고 말씀을 믿으면서 말씀에 충성하게 된다. 한자 '충성'을 풀어 보면 '忠'(충)은 '中'(가운데 중)과 '心'(마음 심)으로 '중심'이 된다. 그리고 '誠'(성)은 '言'(말씀 언)과 '成'(이룰 성)으로 '말씀을 이루다'는 의미다. 즉 '충성'은 '중심을 다하여 말씀을 이루다'는 의미다. 평소에는 말씀과 동떨어져 살면서 주일에 교회에서만 열심히 봉사하는 것은 '충성'이 아니다. 그것은 성경이 말하는 '충성'이라기보다는 자기만족에 지나지 않는다. 고통스럽고 괴롭지만 삶 속에서 중심을 다하여 말씀을 이루기 위해 울면서도 행하는 것이 '충성'이다.

'믿음'을 뜻하는 헬라어 '피스티스'의 또 다른 의미는 '입증'이다. '믿음'은 스스로 '입증'하는 것이다. 위에서 설명한 것처럼 하나님의 말씀을 좇아 '신실'하게 '충성'을 다한다면, 그의 '믿음'이 어찌 그의 삶을 통해 '입증'되지 않겠는가? 어찌 그와 같은 '믿음'의 사람을 통해 주님께서 역사하시지 않겠는가? 그래서 그대는 '믿음'의 은사를 구해야 한다.

지금까지 살펴본 세 가지의 내적 은사는 모두 '말씀'과 관련되어 있다. 말씀을 적용하는 은사, 말씀을 해석하는 은사, 말씀을 믿는 은사다. 내적 은사가 모두 말씀과 관련되어 있는 이유는 하나님이 말씀이시기 때문이다. 그래서 우리는 내적 은사들을 통해 하나님과 내적으로 깊이 교통하고 외적으로 동행할 수 있다. 내적 은사는 구하고 사모할수록 성령님께서 더욱 주신다. 성령님께서 말씀이신 하나님의 영이시기 때문이다. 기도할 때마다 이 은사를 사모하고 구하는 것은, 진정으로 하나님의 말씀을 좇아 살고 싶다는 의지의 표현이다.

고린도전서가 말하는 외적 은사

이제 외적 은사에 대해 생각해 보기로 하자. 고린도전서 12장에는 여섯 가지의 외적 은사가 나온다.

> ……어떤 사람에게는 한 성령으로 **병 고치는 은사**를, 어떤 사람에게는 **능력 행함**을, 어떤 사람에게는 **예언함**을, 어떤 사람에게는 **영들 분별함**을, 어떤 사람에게는 **각종 방언 말함**을, 어떤 사람에게는 **방언들 통역함**을 주시나니(고전 12:9-10)

첫 번째 외적 은사는 '병 고치는 은사'다. '병 고치는 은사'에 대해서는 《새신자반》에서 상세하게 다루었으므로, 여기에서는 이 은사와 관련하여 유의해야 할 사항에 대해 생각해 보기로 하겠다.

첫째, '병 고치는 은사' 즉 '신유의 은사'는 결코 만병통치가 아니다. '신유의 은사'를 강조하는 집회나 교회에 가보면, 그 집회를 주관하는 부흥사나 목사를 통해 자신의 병이 나았다고 간증하는 사람들이 많다. 그러나 그 사람들 중에 정말 병이 완치되어 건강하게 사는 사람은 드물다. 대부분의 사람들이 나았다고 생각할 뿐이다. 그래서 얼마 지나지 않아 세상을 떠나는 사람들이 허다하다. 그 경우 무슨 병이든 다 고칠 수 있을 것처럼 열변을 토하던 부흥사나 목사는, 그 사람들은 믿음이 부족해서 병이 낫지 않고 죽었다고 한다. 성경이 말하는 '신유의 은사'는 상대방의 믿음 여부에 상관없이 나타나는 것임을 감안하면, 그런 부흥사나 목사는 '신유의 은사'를 받지도 못했고 또 제대로 알지도 못하는 사람들임이 분명하다. '신유의 은사'는 하나님께서 병원과 의술 그리고 의약이라는 은사를 인간에게 주시기 전에 강하게 나타났다. 지금도 아프리카처럼 병원이나 약국이 없는 곳에서는 선교사들을 통한 '신유의 은사'가 강하게 드러난다. 하지만 21세기 문명 세계 속에 사는 사람들에게 '신유의 은사'는 만병통치를 의미하지 않는다.

둘째, 하나님께서 자신의 병을 치유해 주시지 않았다며 신앙의 실패자로 인생을 마감하는 사람들이 있다. 참으로 안타까운 일이다. 병은 무조건 나쁘기만 한 것은 아니다. 병이 주는 유익이 있다. 사도 바울은 자신의 지병을 하나님의 은혜로 알았다. 병에 시달리는 자기 육체의 연약함으로 인해 더욱 겸손하게 주님만 의지하였기에, 바울은 누구보다도 강인한 그리스도인으로 살 수 있었다. 평생 병자로 살았지만 병의 노예가 되지 않았고, 오히려 병을 부리며 산 것이다. 나는 병원에 입원한 환자들을 심방할 때마다, 병원은 하나님 은혜의 산실임을 절감한다. 병에 걸렸기에 인간은 비로소 하나님 앞에서 겸손해진다. 병에 걸렸기에 그제야 자신을 되돌아본다. 병은 인간을 인간답게 만드시는 하나님의 은혜다. 무조건 병이 낫기만을 목적으로 삼는다면, 천지를 지으신 하나님을 믿는다면서도 그 병을 통해 하나님께서 주시려는 은혜를 어찌 깨달을 수 있겠는가?

앞에서 언급한 것처럼 내가 스위스에서 귀국하기 직전, 식탁에서 일어서다 연골이 찢어진 것도 그렇다. 그로 인해 그토록 즐기던 등산은 더는 못하게 되었지만 나는 하나님께 진심으로 감사드리고 있다. 만약 연골이 찢어지지 않았더라면, 나는 전국의 명산을 누비고 다니는 산악인으로 살아가고 있을 것이다. 하나님께서 100주년기념교회를 통해 나를 양화진 묘지기로 부르셨을 리도 없다. 나의 연골이 찢어지고 건강이 상함으로 누리는 더더욱 큰 은혜가 있었다. 그대가 혹 병이 들면, 병에서 나으려 하기 전에 병들었을 때에만 누릴 수 있는 주님의 은혜를 먼저 누려야 한다.

셋째, 예수님께서 병자를 고쳐 주시고도 발설치 말 것을 명령하신 적이 여러 차례 있음을 잊어서는 안 된다. 그 이유가 무엇일까? 인간들은 늘 병 낫는 것 자체를 목적으로 삼기 때문이다. 다시 말해 예수님을 믿고 따르는 목적을 그런 데 두기 때문이다. 그래서 예수님께서 가련한 병자를 고쳐 주시면서도 아무에게 발설치 못하게 하신 것이다. 사도 바울이 선천성 하반신 마비자를 일으키고 죽은 유두고도 살렸다면 '신유의 은사'를 크게 받은 사람임에 틀림없었다. 그가 그 은사로 얼마나 많은 사람을 고쳐 주었겠는가? 그러나 바울은 신약성경을 4분의 1이나 기록하면서도, 자신이 성령님의 은사로 환자를 치유한 사실은 단 한 번도 밝히지 않았다. 단지 사도 바울의 수행자이던 누가가 사도행전에서 극히 일부를 기록으로 남겼을 뿐이다. 사도 바울에게 예수님을 좇는 목적은 육체의 무병장수가 아니었기 때문이다.

모든 외적 은사는 내적 은사로 승화되어야 한다고 했다. '병 고치는 은사' 역시 내적 은사로 승화되어야 한다. 가령 누군가 병들었다면 그의 육체의 치유를 위해서도 기도하지만, 동시에 그의 영혼이 강건해져서 어떤 결과에도 자유하는 그리스도인이 되도록 기도해 주어야 한다. 사실 영혼이 강건하게 되는 것보다 더 큰 신유의 은혜는 없다. 바울은 지병에 시달리면서도 주님의 은혜가 족하다며 평생 영적 건강인으로 살지 않았던가?

영적 건강의 시금석은 죽음의 의미와 가치를 아는 것이다. 그대가 누군가에게 죽음의 의미와 가치를 알고 받아들이게 해준다면, 그래서 그가 죽음을 두려워하지 않고 죽음의 관문을 통과한다면, 그대는 진정으로 '신유의 은사'를 받은 사람이다. 이제 곧 생이 끝날 것을 뻔히 알면서도 대부분의 사람들은 당사자에게 "이제 하나님의 나라로 가십시오" 하고 말할 엄두를 내지 못한다. 오히려 하나님께 살려 달라고 습관적이고도 형식적인 기도를 반복한다. 그래서 죽음을 앞둔 환자는 생에 대한 미련을 떨치지 못한 채 원망과 탄식으로 생을 마감하는 경우가 허다하다.

참된 그리스도인이라면 죽음을 목전에 둔 사람에게 "하나님이 부르십니다, 이제 기쁜 마음으로 가십시오. 저도 곧 가겠습니다. 하나님 나라에서 다시 뵙겠습니다"라고 말할 수 있어야 한다. 당사자가 그 권유를 믿음으로 받아들이고 남은 시간 동안 자신의 삶을 그리스도인답게 매듭짓고 하나님의 품에 안긴다면, 그보다 더 아름다운 '신유의 은사'는 없다.

얼마 전 한 지인이 암으로 하나님의 부르심을 받았다. 그분이 임종 직전에 자기 아내에게 내가 제일 보고 싶다는 말을 남겼다고 한다. 그분의 아내가 남편의 임종을 전화로 가장 먼저 알린 사람도 나였다. 그 남편에게 이제 천국 가시라고 말해 준 사람이 나였기 때문이다. 사람들은 죽음이 임박한 환자에게 "이제 가십시오"라고 말하면 환자가 받아들이지 못할 것이라고 생각한다. 그러나 오히려 그 반대다. 내가 정말 상대를 사랑해서 그 말을 할 때 성령님께서 역사하신다. 그래서 그 말을 듣는 당사자가 도리어 감사해한다. 나는 지금까지 그런 말을 듣고 거부하거나 언짢아하는 사람을 본 적이 없다. 죽음에 직면한 사람의 남은 시간을 영원에 접목시켜 주는 것은 더없이 아름다운 '신유의 은사'다.

두 번째 외적 은사는 '능력 행함'이다. 많은 그리스도인들이 '능력 행함'을 외적 은사로만 이해한다. 그래서 '능력 행함'을 희한하고 마술적인 능력으로 오해하는 사람들이 많다. 실제로 한국 그리스도인들은 지성을 동원하지 않고 감성적으로만 믿는 경향이 농후하다. 한국인을 가리켜 "신명, 신바람이 나야 한다"고 말한다. 이것은 한국인은 감정만 움직이면 무엇이든 할 수 있다는 뜻으로 이해할 수 있다. 그래서 희한한 능력을 행하는 사람이라고 하면, 이것저것 따져 보지도 않고 맹목적으로 추종하는 그리스도인들이 적지 않다. 이른바 사람을 '넘어가게' 하는 집회가 있다. 강사가 안수를 하거나 바람소리만 내면 사람들이 뒤로 넘어간다는 것이다. 나는 그런 집회에서 실제로 '넘어지는' 체험을 했다는 분들에게, 소위

'넘어지는' 체험 후에 삶에 무슨 변화가 있었는지 물어본다. '넘어지는' 체험을 통해 당사자의 삶에 성령님의 인격이 배어나는 변화가 수반되지 않는다면, 그것은 단순한 최면술에 지나지 않는다.

'능력 행함'이 외적으로 드러나는 은사이긴 하지만, 이것 역시 내적 은사로 승화될 때에만 진정한 하나님의 선물일 수 있다. '능력 행함'의 은사가 내적으로 승화된다는 것은 끊지 못하던 것을 끊는 것이다. 할 수 없던 것을 할 수 있게 되는 것이다. 이것이 진정한 '능력 행함'이다. 자신의 능력으로 끊지 못하던 것을 성령님의 능력을 의지하여 칼로 무를 자르듯 잘라 내는 것이다. '아무리 예수를 믿어도 이것만은 못하겠다. 이것보다는 내 주머니가 더 중요하다'라고 생각하던 자신을 버리고, 그리스도인으로서 마땅히 해야 할 것을 하는 것이다. 그 사람이 '능력 행함'의 은사를 받은 사람이다. 죽어도 저 사람만은 사랑하지 못하겠다고 단정했던 사람을 사랑하게 되는 것, 그것이 '능력 행함'이다. 그리스도인들은 경제적인 어려움을 당할 때 하나님께 돈을 구하기 위해 금식하며 기도한다. 육체가 병들었을 때 건강의 회복을 위해 밤새워 기도하기도 한다. 그러나 그대는 그리스도인으로서 끊을 것을 끊고, 사랑해야 할 사람을 사랑하기 위해 금식하며 기도해 본 적이 있는가? 참된 그리스도인으로 살아가기 원한다면 '능력 행함'의 은사를 구해야 한다.

세 번째 외적 은사는 '예언'이다. 이것 역시 많은 사람들이 외적 은사로만 오해하는 것이다. 어떤 집사님이 내게 상담을 요청했다. 우연히 친구를 따라 예언기도하는 권사님을 찾아갔는데, 그 후에는 시도 때도 없이 그분을 찾게 된다는 것이다. 그래서 그것이 과연 옳고 건강한 신앙생활인지 내게 물었다. 나는 "만약 그분의 예언이 점쟁이식 예언이라면 더 이상 그분을 찾지 않는 것이 좋겠습니다"라고 대답했다. 내가 소위 점쟁이식 예언기도를 경계하게 한 데는 분명한 이유가 있다.

첫째, 하나님의 예언에도 반작용을 위한 예언이 있다. 하나님의 예언임에도, 반드시 그대로 이루어지라는 것이 아니라 도리어 반작용이 일어나게 하는 예언이다.

> 가령 내가 악인에게 말하기를 **너는 죽으리라** 하였다 하자 그가 돌이켜 자기의 죄에서 떠나서 정의와 공의로 행하여 저당물을 도로 주며 강탈한 물건을 돌려보내고 생명의 율례를 지켜 행하여 죄악을 범하지 아니하면 그가 반드시 살고 죽지 아니할지라 그가 본래 범한 모든 죄가 기억되지 아니하리니 **그가 반드시 살리라** 이는 정의와 공의를 행하였음이라 하라(겔 33:14-16)

하나님께서 악인에게 너는 죽으리라고 하셨다면, 그 악인은 반드시 죽어야 할 것이다. 그러나 하나님께서는 그 악인이 하나님의 예언을 듣고 회개하면 반드시 살 것이라고 말씀하셨다. 하나님께서 악인에게 "너는 죽을 것이다"라고 예언하신 것은 정말 죽으라는 것이 아니라, 그러므로 회개하고 반드시 살라는 의미였다.

둘째, 점쟁이식 예언기도에 몰두하면 예수님의 제자가 되는 것이 아니라, 점쟁이식 예언을 하는 바로 그 사람의 노예로 전락해 버린다. 내가 대학교 1학년 때였다. 여름방학을 맞아 서점에 갔다가,《관상학 입문》이라는 책이 있기에 호기심에 한 권 구입하였다. 집에 가서 하루 만에 읽었는데 무척 재미있었다. 다음 날 다시 서점에 가서 관상학과 관련된 책을 모조리 구입하였다. 총 여덟 권이었다. 그리고 여름방학 내내 그 관상학 책들을 두루 섭렵했다. 그 후에는 길을 가도, 버스를 타도 사람 관상만 보였다.

2학기가 시작되어 학교에 갔더니, 학교 정문 앞에 신장개업한 국수집이 있었다. 국수를 좋아하는 나는 그날 점심시간에 그 국수집으로 갔다. 문을 열어 들어가자 주인아주머니가 "어서 오세요" 하고 인사하는데, 얼굴을 보니 국수 장사할 관상이 전혀 아니었다. 내가 "아니, 국수 장사하실 상이 아니신데 여기 계시네요" 하고 자리에 앉자, 내 말을 들은 주인아주머니가 깜짝 놀랐다. 어떻게 아느냐고 묻기에 내가 익힌 관상학 상식으로, 귀부인상인 아주머니가 이렇게 국수집을 시작한 것은 필히 말 못할 곡절이 있기 때문일 것이라고 대답했다. 관상학은 통계다. 삶의 흔적은 얼굴에 남는다. 사람이 어떤 마음으로 어떤 생을 살았는지는 얼굴에 흔적으로 남고, 그 흔적은 통계를 통해 추측할 수 있다. 아주머니는 국수를 말아 올 생각일랑 아예 제쳐놓고 내 앞에 앉아 이것저것 물었고, 나는 짧은 관상학 지식으로 대답했는데 나의 대답이 용케도 아주머니의 상황에 딱 맞아떨어졌다. 재미있는 것은 내가 아주머니 관상을 보면서 하나를 이야기하면 아주머니는 자신에 대해 두 개를 가르쳐 주었다. 내가 모르는 것까지 아주머니가 스스로 가르쳐 주니 관상 보기가 어렵지 않았다. 알고 보니 그 아주머니는 당시 유명한 언론인의 부인으로, 서울 근교에 마당만 900평인 대저택을 소유하고 있었다. 그러나 남편이 하도 바람을 피워 홧김에 잠시 집을 나와 국수집을 막 연 것이었다.

그 후부터 점심시간에 그 국수집에만 가면, 아주머니는 내게 물을 것을 미리 조목조목 써두었다가 차례로 묻곤 했다. 질문 중에는 어디어디에 있는 땅을 팔아야 하느냐, 팔지 말아야 하느냐는 것도 있었다. 또 팔아야 한다면 언제 파는 것이 좋은지도 물었다. 그럴 경우 직업적인 점쟁이들은 날짜까지 집어 주지 않는가? 그 아주머니가 나를 그런 점쟁이 대하듯 하는 것이었다. 그 아주머니는 나의 권유를 받아들여 그 해가 가기 전에 국수집을 청산하고 남편과 다시 합쳤다. 이듬해에는 900평인 그분 댁 마당을 빌려 전국 프랑스어과 학생들의 가면무도회를 개최하기도 했다.

이처럼 누구에게 점쟁이식 다시 말해 족집게식 예언기도를 받기 시작하면 그다음부터는 그 개인의 노예가 되어 버린다. 그렇지만 정작 예언기도하는 사람은 자신의 예언이 어긋나서 기도받은 사람의 인생이 망가져도 책임져 주지 않는다. 또 그런 기도를 하는 사람과 받는 사람 간에 물의가 일어나기도 한다. 옛날 그 아주머니가 나의 관상에 매달릴 때 만약 내가 고약한 심보를 지닌 인간이었으면 어떻게 되었을까? 그 아주머니는 나의 농간에 이미 패가망신하고 말았을 것이다. 예수님께서도 점쟁이가 하는 족집게식 예언을 하신 적이 없다. 예수님께서는 언제나 큰 방향과 틀을 제시해 주셨다. 종말과 관련해서도 당신은 그 시와 때를 모르신다고 하지 않았는가?

점쟁이식 예언을 경계해야 할 세 번째 이유는, 인간이 그런 예언에만 의존해서 살아간다면 인간의 자율적인 삶은 실종되어 버리기 때문이다. 박완서 선생의 표현대로 인간은 컴퓨터의 커서가 아니다. 로봇도 아니다. 그러나 누군가의 점쟁이식 예언만 따라 산다면, 그 사람은 비인격적인 로봇일 뿐, 하나님으로부터 인격을 부여받은 인격체일 수는 없다.

그렇다면 성경에 나타나 있는 족집게식 예언은 어떻게 된 것이냐는 반론이 있을 수 있다. 예를 들어 다윗이 블레셋과의 전투를 앞두고 어떻게 해야 할 것인지를 하나님께 여쭈었다. 이에 하나님께서 다윗에게 "마주 올라가지 말고 그들 뒤로 돌아 뽕나무 수풀 맞은편에서 그들을 기습하되, 뽕나무 꼭대기에서 걸음 걷는 소리가 들리거든 곧 나가서 싸우라"(대상 14:14-15상)시며, 마치 점쟁이가 족집게로 콕콕 집어내듯 말씀하셨다. 대체 이런 말씀은 어떻게 받아들여야 하는가? 중요한 것은 당시에는 지금과 같은 성경이 없었다는 것이다. 성경이 없을 때는 하나님께서 당신의 필요에 따라 그런 예언을 해주시기도 했다. 그러나 성경을 다 뒤져도 그런 경우는 성경 전체의 0.001퍼센트도 안 된다. 그 0.001퍼센트도 되지 않는 경우를 절대화하여 누군가가 자신을 찾아오는 모든 사람을 위해 항상 족집게처럼 정확하게 예언기도를 할 수 있다고 한다면, 그 사람이야말로 철저하게 비성경적인 사람이다.

그렇다면 예언의 참된 의미가 무엇일까? 예전에는 한국 교회가 '예언'을 한자로 '미리 예豫' 자를 사용하여 '豫言'으로 표기했다. 그래서 '예언자豫言者'는 미래에 일어날 일을 점쟁이처럼 미리 이야기해 주는 사람으로 이해했다. 그러나 지금은 '맡길 예亮' 자를 사용하여 '예언자亮言者'로 표기한다. 그것이 '예언자'의 원뜻이기 때문이다. '예언자'를 뜻하는 히브리어 '나비'는 점쟁이처럼 미리 말해 주는 사람이 아니라, 하나님의 말씀을 맡은 사람을 일컫는다. 다시 말해 하나님께서 맡겨 주신 말씀으로 과거와 현재와 미래를 해석하는 사람이 예언자다. 가령 그리스도인이라면서도 매일 허랑방탕하게 사는 사람에게 나는 하나님의 말씀을 토대로 이렇게 예언할 수 있다.—"계속 그렇게 살면 하나님께서 당신을 가만히 두시지 않을 겁니다. 머지않아 당신은 가슴을 치며 후회하게 될 것입니다. 지금 당장 돌아서십시오." 또 어려운 여건 속에서도 말씀대로 살고자 애쓰는 사람에게는 이런 예언이 가능하다.—"그런 여건 속에서도 주님을 좇는 당신의 중심을 주님께서 정말 기뻐하실 것입니다. 언젠가 당신이 이 세상을 떠난 뒤에도, 당신의 삶의 족적은 반드시 살아 있는 사람들을 위한 믿음의 이정표로 남을 것입니다."

이런 예언들은 말씀의 토대 위에서 현실을 해석하기에 가능하다. "사도 바울은 참수형을 당했습니다. 그러나 그의 순교 후 300년이 지나 로마제국이 복음화되지 않았습니까? 우리 역시 우리의 생명을 걸고 진리의 씨앗을 뿌리면, 300년 후에는 이 사회가 반드시 새로워질 것입니다"라고 예언할 수도 있다. 점쟁이식 예언과는 차원이 다른 예언이다. 100세에 얻는 아들 이삭을 번제로 바치라는 하나님의 명령에 아브라함이 순종할 수 있었던 것은, 하나님께서 가나안을 주시겠다고 약속하신 대상이 이삭이기에 절대로 이삭을 죽이지 않으시리라 아브라함이 확신했기 때문이다. 설령 이삭이 번제물로 죽는다 해도 하나님께서 다시 살려 내실 것이라는 확신이었다(히 11:19). 만약 이삭이 정말 죽어 버린다면 하나님께서 거짓말하신 셈이 되는데, 그런 일은 결코 있을 수 없음을 믿은 것이다. 바로 그 아브라함이 예언자였다. 족집게처럼 미래를 예언한 것이 아니라, 하나님께서 주신 말씀으로 자신의 상황을 바르게 해석한 것이다.

이와 같은 예언의 본뜻을 알지 못하면 예언에 대한 오해로 인해 실족하기 쉽다. 그러므로 '예언'의 은사 역시 내적 은사로 승화시켜 가야 한다. 아브라함처럼 하나님께서 자식을 바치라 하실 때 자신이 붙잡아야 할 말씀이 무엇이고, 그 말씀으로 주어진 상황을 어떻게 해석해야 할지 생각할 수 있어야 한다.

2002년 9월 여수에 갔을 때다. 그곳에서 만난 분이, 여수에 있는 하나님의 위대한 예언자가 차기 대통령으로 누가 당선될 것인지 예언했다고 했다. 그래서 차기 대통령으로 지목된 사람이 곧 출마 선언할 것이라고 했다. 그분의 이름 석 자는 대한민국 사람이라면 삼척동자도 알 정도로 유명 인사였지만, 그때까지 그분이 출마한다는 낌새는 그 어디에도 없었다. 나는 설마 그런 일이 있을까, 바보가 아닌 다음에야 그런 말을 들었다고 출마할 분이 아니라고 생각했다. 그러나 얼마 지나지 않아, 예언자가 지목했다는 그분이 정말 출마 선언하는 것을 보고 나는 깜짝 놀랐다. 하나님의 위대한 예언자라는 사람이 얼마나 자신 있게 권했던지, 그리스도인이었던 그분은 하나님께서 자신을 대통령으로 세우신다는 확신으로 출마한 것이었다. 그러나 그 누구도 지지하지 않는 가운데, 그분은 투표 하루 전에 자진 사퇴하고 말았다. 소위 위대한 예언자의 예언을 믿었다가 망신만 당한 셈이었다. 몇 해 전 대구 집회에 다녀온 뒤에는, 대구의 자칭 예언자가 내게 수십 번이나 전화를 했다. 나를 위한 하나님의 예언이 자기에게 임했으므로, 내가 자기를 만나 그 예언을 받아야 한다는 것이었다. 그러나 이런 일은 그때가 처음이 아니었다. 지난 20년 동안 나를 위한 예언을 받았다는 사람들이 얼마나 많았는지 모른다. '예언'의 의미를 바르게 이해하고 내적 은사로 승화시키지 않으면, 그릇된 예언으로 수많은 사람을 실족시키거나 반대로 수많은 사람이 실족당한다.

네 번째 외적 은사는 '영들 분별'이다. '영들 분별'의 은사를 받았다는 사람을 만나 보면 "네 몸에 뱀 영이 붙었다", "개구리 영이 머리에 앉았다", "귀신이 어깨에 둥지를 틀었다"는 식의 이야기를 예사로 듣게 된다. 그들 역시 '영들 분별'의 은사를 철저하게 외적 은사, 외적 현상으로만 여기기 때문이다. 2천 년 전에 성령님께서 왜 '영들 분별'의 은사를 주셨는지 그 동기와 이유를 아는 것이 중요하다.

> 사랑하는 자들아 영을 다 믿지 말고 오직 영들이 하나님께 속하였나 분별하라 많은 거짓 선지자가 세상에 나왔음이라(요일 4:1)

요한 사도가 이 본문을 기록할 때는 신약성경이 확정되기 전이었다. 게다가 자칭 그리스도, 자칭 선지자가 도처에 있었다. 도대체 누구 말이 참이고, 어떤 문서가 진짜인지 알 도리가 없었다. 그래서 성령님께서 '영들 분별'의 은사를 주신 것이다. 그러나 오늘날에는 영들을 분별할 수 있는 명확한 근거인 성경이 있다. 오늘날에는 성령님의 조명 속에서 말씀을 근거로 영들을 분별할 수 있는 것이다. 우리가 말씀의 토대 위에서 경계해야 할 영은 다음과 같은 모습이다.

첫째, 회개를 말하지 않는다. 계속 하나님을 이야기하긴 하지만, 일년 열두 달 내내 회개에 대한 언급은 전혀 하지 않는다면 문제가 있다. 성령님의 역사는 고요함 속에서도 찔림이 있다. 성령님은 우리를 회개케 하시는 영이기 때문이다. 둘째, 심판과 회개만 강조한다. 3장 '회개'에서 살펴보았듯이, 회개는 하나님의 사랑에 대한 인간의 응답이다. 하나님의 사랑 없이 회개와 심판만 줄곧 강조하는 것도 명백히 성령님의 역사가 아니다. 셋째, 사랑과 용서만 강조한다. 하나님의 공의를 결여한 사랑은 마약에 지나지 않는다. 하나님의 사랑은 언제나 하나님의 공의가 함께 간다. 넷째, 기도나 찬양만 하게 한다. 기도와 찬양이 말씀의 토대를 벗어나면 얼마든지 잘못될 수 있다. 그때의 기도와 찬양은 성령님과는 전혀 무관한, 인간 감정의 산물일 뿐이다. 다섯째, 그리스도인의 의무는 말하지 않고 복과 권리만 강조한다. 그러나 성령님께서는 그리스도인으로 하여금 그리스도인의 의무와 책임을 다하도록 인도하는 진리의 영이시다. 여섯째, 욕망을 불러일으키게 한다. 성령님께서는 우리 욕망의 허망함을 비춰 주는 거울이시다. 그러나 특정 집회에 참석하여 도리어 욕망이 분출한다면 그것은 성령님의 역사가 아니다.

1992년 10월 28일, 이른바 '휴거 소동'이 있었다. 휴거, 즉 산 채로 하늘로 들림 받을 것을 믿는 사람들은 자기 재산을 모두 처분하고 10월 28일 밤, 그들의 예배당에 모였다. 당시 그 소동이 사회적으로 얼마나 큰 물의를 일으켰던지, 그들이 하얀 옷을 입고 마치 승리자처럼 예배당으로 들어가는 광경을 텔레비전이 생중계할 정도였다. 그때 예배당으로 들어가던 그들이 예배당 밖에 운집한 취재진들과 구경꾼들을 얼마나 불쌍한 표정으로 보았는가? 그러나 불과 몇 시간 후, 그들은 모두 얼굴을 들지도 못한 채 그 예배당을 나와야만 했다. 그들이 그토록 믿었던 휴거가 불발이었던 것이다. 중요한 것은, 그들이 모두 하나같이 보고 들었다는 것이었다. 10월 28일이라는 글자 모양의 구름이나 환상을 보거나, 나팔 소리와 함께 '10월 28일'이라는 소리를 분명하게 들었다고 했다. 그렇게 보거나 들지 않고서야 어떻게 재산을 처분하고 가족까지 내팽개친 채 그렇듯 어처구니없는 짓을 할 수 있었겠는가? 그러나 그들이 본 것은 모두 가짜였다. 외적으로만 영을 분별하려 하면 이처럼 집단 최면에 빠질 수도 있다. 그러므로 영들 분별 역시 말씀을 통해 내적으로 승화되어야 한다.

> 우리의 씨름은 혈과 육을 상대하는 것이 아니요 통치자들과 권세들과 이 어둠의 세상 주관자들과 하늘에 있는 악의 영들을 상대함이라 그러므로 하나님의 전신갑주를 취하라 이는 악한 날에 너희가 능히 대적하고 모든 일을 행한 후에 서기 위함이라 그런즉 서서 진리로 너희 허리띠를 띠고 의의 호심경을 붙이고 평안의 복음이 준비한 것으로 신을 신고 모든 것 위에 믿음의 방패를 가지고 이로써 능히 악한 자의 모든 불화살을 소멸하고 구원의 투구와 **성령의 검 곧 하나님의 말씀**을 가지라(엡 6:12-17)

그리스도인이 취해야 할 전신갑주에서 '성령의 검'은 하나님의 말씀이다. 하나님의 말씀을 검으로 지닌 사람만 성령님의 인도하심 속에서 거짓된 영을 분별하고 격퇴할 수 있다. 예수님께서도 마지막 날에 대해서는, "그날과 그때는 아무도 모르나니 하늘의 천사들도, 아들도 모르고 오직 아버지만 아시느니라"(마 24:36)고 말씀하셨다. 만약 휴거 소동에 휩쓸렸던 사람들이 하나님의 말씀을 성령의 검으로 지니고 있었던들, 거짓된 환상과 환청을 일으킨 거짓 영에 미혹되지 않고 일거에 물리칠 수 있었을 것이다.

다섯 번째 외적 은사는 '방언'이다. 고린도전서 12장 10절이 '각종 방언'이라고 했기에, 방언을 중시하는 사람들 중에는 최소한 3개국 이상의 방언을 할 줄 알아야 한다고 주장하는 사람들도 있다. 그래야 천국 갔을 때 세계 여러 나라에서 온 사람들과 의사소통이 잘된다는 것이다. 그래서 일본 방언이라면서 '데스, 데스'로 끝나는 방언을 하기도 하고, 이탈리아어 알파벳 'r' 발음을 계속하면서 이탈리아 방언이라는 사람도 있다. 이것도 '방언'을 외적 은사로만 그릇 이해한 결과이다.

어떤 교우님이 내게, 자기에게 갑자기 방언이 임한 것 같은데 자신이 꾸며서 하는 것인지, 아니면 진짜 방언인지 어떻게 구별할 수 있느냐고 물었다. 나는 간단한 방법을 알려 드렸다. 방언할 때 실제로 동원되는 단어는 몇 단어밖에 되지 않는다. 같은 단어가 반복되는 것이다. 그래서 방언으로 기도하다 얼마 지나지 않아 지루해지면, 그것은 자신이 억지로 꾸며서 하는 것이라고 했다. 성령님께서 주시는 방언은 한 시간을 기도해도 지루하지 않다. 같은 단어의 반복이지만 성령님과 교감이 있기 때문이다.

방언이 은혜로운 까닭은, 성령님께서 자신과 함께하심을 확인하는 가장 손쉬운 방법이기 때문이다. 갑자기 초자연적인 힘에 의해 평소에 상상치도 않은 방언을 하게 된다면, 성령님의 임재를 확인하는 데 그보다 더 쉬운 길이 어디에 있겠는가? 그래서 많은 그리스도인들이 방언을 사모한다. 바로 여기에 방언의 문제점이 있다. 자칫 방언을 자기 과시의 수단으로 삼고, 방언 받지 못한 사람을 영적으로 열등한 사람인 것처럼 업신여기기 쉽다는 것이다. 이것 역시 방언을 외적 은사로만 여기기 때문이다. 2천 년 전 고린도 교회에도 동일한 문제가 있었다. 사도 바울은 고린도 교인들에게 먼저 써 보낸 편지인 고린도전서에서 14장을 온통 방언에 할애하였다. 서로 자신을 과시하려는 방언으로 인한 문제가 그 정도로 심각했던 것이다.

내가 만일 방언으로 기도하면 나의 영이 기도하거니와 나의 마음은 열매를 맺지 못하리라 그러면 어떻게 할까 내가 **영으로 기도하고 또**

마음으로 기도하며 내가 영으로 찬송하고 또 마음으로 찬송하리라

(고전 14:14-15)

방언기도는 방언하는 사람조차 그 의미를 알 수 없는 영적 기도이기에 방언기도만으로는 마음의 열매를 맺을 수 없다. 그래서 바울은 영적 기도인 방언과 더불어 마음으로 기도하도록 했다. '마음'으로 번역된 헬라어 '누스νοῦς'는 '이성'을 뜻하기도 하므로, 바울의 말은 자기 이성이 이해할 수 있는 기도를 드리라는 의미였다. 스스로 이해할 수 없는 외적 은사인 방언을, 자신이 이해할 수 있는 내적 은사로 승화시키라는 말이었다. 그런 기도가 기도하는 사람과 기도에 참여한 사람 모두의 유익으로 귀결되기 때문이다. 이것이 바울이 다음과 같이 증언한 이유다.

내가 너희 모든 사람보다 방언을 더 말하므로 하나님께 감사하노라 그러나 교회에서 네가 남을 가르치기 위하여 깨달은 마음으로 다섯 마디 말을 하는 것이 일만 마디 방언으로 말하는 것보다 나으니라

(고전 14:18-19)

그렇다면 외적 은사인 방언을 내적 은사로 승화시킨다는 것은 구체적으로 무슨 의미일까? 우리는 그 해답을 사도행전 2장에서 찾아볼 수 있다. 방언이 처음으로 임한 것은 오순절의 일이었다. 당시의 방언은 사람이 전혀 이해할 수 없는, 이른바 천사의 방언이 아니었다. 제자들은 모두 갈릴리 무식꾼 출신으로 한 번도 외국어를 배워 본 적이 없었다. 그들은 모국어인 히브리어밖에 못했다. 그런데도 성령님께서 그들에게 방언을 내려 주셨을 때, 각각 다른 언어를 사용하는 열여섯 개 지역의 사람들이 모두 제자들의 말을 자기 모국어로 알아들었다. 그들은 외국어를 알

지 못하는 갈릴리 출신의 제자들과 평소에 말이 통할 수 없는 사이였다. 그런데 성령님의 역사 속에서 방언을 통해 그들 간에 소통이 이루어졌다. 따라서 방언의 은사를 내적으로 승화시킨다는 것은, 평소 말이 통하지 않던 사람과 말이 통하게 되는 것이다.

평생 함께 살면서도 말이 통하지 않는 부부가 있다고 하자. 그런데 어느 날부터 남편의 말이 이해되고 아내가 하는 말이 마음에 와 닿는다면, 그것이 내적으로 승화된 방언의 은사다. 자기주장만 하면서 사사건건 대립하던 진보주의자와 보수주의자가 서로 상대의 말에 귀를 기울이기 시작했다면, 그것이 방언의 은사다. 고용자와 근로자가 서로 상대의 입장을 이해한다면, 그것이 방언의 은사다. 내적 은사로 승화된 방언은 어떤 경우에도 사람에게 해를 끼치거나 문제를 야기하지 않는다. 그때의 방언은, 사람과 사람 사이의 담을 허물고 그 양자를 한데 엮어 주는 능력이기 때문이다.

고린도전서 12장이 전하는 마지막 외적 은사는 '방언 통역'이다. '방언 통역'의 은사를 받았다는 사람들은 다른 사람의 방언을 우리말로 통역해 준다. 그러나 그 통역이 제대로 된 통역인지는 아무도 모른다. 연필과 종이를 주고, 방언을 손이 움직이는 대로 천사의 글로 써보라는 사람도 있다. 천사의 글을 눈으로 본 적도 없는 판에 어떻게 손으로 쓰는 것이 가능하겠는가? 결국 어린아이의 환칠 같은 희한한 결과가 나올 수밖에 없다. 그런데도 그것이 천사의 글이라며 태연하게 읽고 통역해 준다. 그 희한한 환칠이 과연 천사의 글인지, 그리고 그 환칠의 통역이 맞는지도 아무도 모른다. 이것 역시 '방언 통역'을 철저하게 외적 은사로만 이해한 결과다. 물론 초자연적인 능력으로 희한한 환칠을 천사의 글로 읽고 통역할 수도 있다. 하지만 그런 것을 절대화하면 믿음은 반드시 정상 궤도에서 이탈해 버린다. 우리 믿음의 대상은 미몽의 존재가 아니라 로고스

―말씀이신 삼위일체 하나님이시기 때문이다. 그러므로 '방언 통역'의 은사 역시 내적 은사로 승화되어야 한다.

말이 통하지 않던 사람과 말이 통하게 되는 것이 내적으로 승화된 방언이라고 했다. 그러므로 '방언 통역'의 내적 은사는 말이 통하지 않던 사람과 말이 통하게 된 그의 말을 제3자가 알아듣게 이야기해 주는 것이다. 사람들은 교도소에 수감된 사람의 아픔과 외로움을 잘 알지 못한다. 그러나 어느 날부터 A가 교도소에 수감되어 있는 B와 편지로 서로 말이 통하기 시작한다. B의 아픔이 A의 아픔이 되고, B의 외로움이 A의 외로움이 된다. 그래서 A가 C에게 B의 아픔과 외로움을 자세히 설명해 주고, 그 결과 C도 B의 아픔과 외로움에 동참하게 된다면, A는 '방언 통역'의 은사를 받은 사람이다. 배고픈 사람의 고통을 자신이 이해하고 다른 사람도 이해하게 한다면, 바로 그것이 '방언 통역'의 은사다.

> 화평하게 하는 자는 복이 있나니 그들이 하나님의 아들이라 일컬음을 받을 것임이요 (마 5:9)

'방언 통역'의 은사를 지니고 살아갈 때 우리는 하나님의 자녀답게 '화평하게 하는 자peacemaker'가 될 것이다.

결론

첫째, 모든 은사는 내적 은사로 승화되어야 한다. 그래야 모두의 유익으로 드러난다. 그대가 성령님으로부터 어떤 외적 은사를 받았을 경우, 그 은사가 내적으로 승화되었는지 확인하는 간단한 방법이 있다. 그대가 받은 외적 은사로 인해 그대와 더불어 사는 사람들과 그대가 속해 있는 공동체 모두에게 유익이 미치고 있는지 점검해 보면 된다.

둘째, 모든 은사는 'X'의 삶을 구현하기 위한 성령님의 선물이다. 그리스도인의 삶은 'X'로 드러난다고 했다. 하나님 사랑과 사람 사랑이 균형을 이루는 삶이다. 그것이 가능할 수 있도록 성령님께서 우리에게 주시는 선물이 성령님의 은사다. 성령님의 은사에 대해 설명하는 고린도전서 12장 마지막 절은 이렇게 끝난다.

> 너희는 더욱 큰 은사를 사모하라 내가 또한 가장 좋은 길을 너희에게 보이리라(고전 12:31)

"더욱 큰 은사를 사모하라"고 했으니 은사 중에 열등하고 우월한 은사, 혹은 크고 작은 은사가 따로 있는 것으로 자칫 오해하기 쉽다. 그러나 이 말은 그런 뜻이 아니다. 결과적으로 모두에게 더 큰 유익으로 드러나는 은사를 사모하라는 것이다. 그 은사가 바로 '사랑'임을 고린도전서 13장이 밝혀 주고 있다. 우리가 'X'의 삶을 구현할 수 있도록 성령님께서 우리에게 주시는 모든 은사의 궁극적인 목적이 사랑으로 귀결된다는 뜻이다. '사랑'에 대해서는 다음 장에서 자세히 살펴보기로 하겠다. 앞에서도 언급했듯이 세월이 흐른 뒤에 《성숙자반》의 내용을 다 잊어버려도, 그리스도인의 삶이 'X'의 구현이라는 것만 그대의 심령 속에 각인되어 있으면 대성공이다. 성령님의 은사도, 하나님의 말씀도, 십계명도, 모두 우리로 하여금 'X'의 삶을 살게 해주시려는 하나님의 은혜다.

셋째, 이 세상에 속박당하지 않는 성숙한 그리스도인으로 살아가는 데 필요한 은사는 영생이다.

> 죄의 삯은 사망이요 하나님의 은사는 그리스도 예수 우리 주 안에 있
> 는 영생이니라(롬 6:23)

외양이 어떠하든 죄의 결국은 사망일 수밖에 없지만, 하나님의 은사 즉 선물은 예수 그리스도 안에서 영생으로 귀결된다. 우리가 서로 사랑하는 것은 대단히 중요하다. 그러나 영생과 무관한 사랑은 무의미하다. 하나님께서 우리에게 영원한 생명을 주셨기에 영원한 생명 속에서 사랑은 진정한 의미를 지니게 되고, 결과적으로 'X'의 삶으로 드러나게 된다. 그러므로 우리는 하나님께서 은사로 주신 영생, 다시 말해 우리가 영원한 생명의 사람임을 언제나 잊어서는 안 된다. 영원한 생명을 지향하는 사람만, 순식간에 끝나 버릴 이 세상의 삶을 바르게 살다가 깨끗하게 퇴장할 수 있다. 나는 《인간의 일생》에서 "퇴장은 등장이다"고 정의했다. 인간의 죽음을 의미하는 퇴장은 퇴장만으로 끝나지 않는다. 인생의 퇴장은 곧 재등장을 의미한다. 이완용은 부귀영화를 누리다가 퇴장했다. 그러나 그것으로 끝난 것이 아니었다. 그는 천인공노天人共怒할 매국노로 역사의 무대에 다시 등장했다. 그리고 그는 동해물과 백두산이 마르고 닳도록 비난과 비판의 표적이 될 것이다. 그대가 이 세상에서 어떤 모습으로 퇴장하느냐는 것은 대단히 중요하다. 그대가 퇴장했던 바로 그 모습으로 재등장하여 살아 있는 사람들의 뇌리 속에 살아남게 될 것이기 때문이다. 그대가 영생의 토대 위에서 살아갈 때에만 깨끗하게 퇴장할 수 있고, 깨끗하게 퇴장할수록 더욱 멋지게 재등장할 수 있다.

인생의 퇴장인 죽음과 관련하여, 특히 부부간에 미리 확고하게 약속해 둘 필요가 있다. 불치의 병에 걸려 회복의 가망이 없을 경우에 무의미하게 의료 행위를 계속하지 말라는 식의 약속이다. 퇴장하는 사람의 생명의 존엄성은 가족이 지켜 주어야 한다. 지금도 병원마다 중환자실에는,

아무 의미도 없이 산소호흡기를 꽂고 있는 중환자들이 많다. 가족들이 당사자의 퇴장을 방해하고 있는 것이다. 다시 말해 당사자의 천국 입성을 저지하고 있는 것이다. 그런 경우에 서로 상대의 퇴장을 방해하지 않도록 부부간에 사전 약속이 필요하고, 자식들에게도 그 뜻을 명확하게 밝혀 두어야 한다. 당신의 퇴장이 임박했음을 아신 나의 어머님께서 "더 이상 나를 병원에 데리고 가지 마라"고 내게 당부하시며, "집에서, 너희들 곁에서 하나님의 부르심을 받고 싶다"고 말씀하셨다. 아무리 어머님의 뜻이 그러셨다 해도 어머님께서 의식불명에 빠지셨을 때, 자식 중 한 명이라도 병원에서 끝까지 의료 행위를 받게 해드리자고 하면 그렇게 할 수밖에 없다. 그러나 내 누님들도 모두 어머님의 뜻을 존중해 드렸기에 어머님께서 깨끗하게 퇴장하실 수 있었다. 영생을 믿는 믿음의 토대 위에서 가능했던 일이다.

죽음과 관련하여 또 한 가지 생각해야 할 것은, 자신이 죽은 뒤에 남은 가족으로 하여금 자신을 위해 어떤 장례를 치르게 할 것이냐는 것이다. 만약 매장하게 한다면 이 좁은 국토에서 매년 여의도 두 배 이상의 면적이 무덤으로 잠식되는 토지 사용 효율성 문제는 차치하고서라도, 자식과 후손에게 무거운 짐을 떠맡기는 셈이 된다. 성묘 때마다 온 국토가 차량 행렬로 몸살을 앓는 것을 생각해 보라. 묘소를 오가는 데 하루 종일 걸리지만 정작 묘소에 머무는 시간은 1시간도 되지 않는다. 하나님을 믿지 않으면 모를까, 천국과 영생을 믿는 그리스도인이 자식과 후손들에게 그런 무의미한 일을 평생 반복하게 하는 것은 깊이 생각해 볼 필요가 있다. 그래서 우리 부부는 누가 먼저 하나님의 부르심을 받든, 남은 사람이 먼저 퇴장한 사람을 화장해 주기로 했다. 화장한 골분骨粉은 납골당에도 두지 않고 아예 없애 버리기로 했다. 골분을 납골당에 두는 것은, 자식과 후손이 납골당에 대해 지녀야 할 부담을 생각하면 묘소를 두는 것과 실은 아무 차이가 없다. 우리 부부는 우리 자식들로 하여금 우리의 시신이나 골분을 형식적으로 기념하게 하는 대신, 묘소나 골분을 아예 없앰으로써 도리어 자식들의 마음속에 부모가 일평생 지향한 영원한 생명을 각인시켜 주기로 한 것이다.

아무리 무덤을 그럴듯하게 조성해도 자식들은 1년에 고작 한두 번 찾을 뿐이다. 그리고 100년이 지나기도 전에 방치되고 말 것이다. 그대는 100년 전 선조의 무덤을 성묘한 적이 있는가? 만약 모른다면 그대의 무덤도 100년이 지나면 마찬가지 아니겠는가? 우리 다 같이 영생의 은사 속에서 받은 소명을 멋지게 감당하다가 주님께서 부르시는 날 미련 없이 퇴장하자. 우리 육신의 흔적을 없애면 없앨수록, 오히려 우리는 자식들의 심령 속에 더욱 뚜렷하게 재등장할 것이다. 그대와 나는 영생을 은사로 받은 사람들이기 때문이다.

9
사랑

고린도전서 13장 8절
사랑은 언제까지나 떨어지지 아니하되 예언도 폐하고 방언도 그치고 지식도 폐하리라

더욱 큰 은사

우리는 고린도전서 12장을 통해 성령님의 은사에 대해 배웠다. 고린도전서 12장의 마지막 단락은 다음과 같이 끝난다.

> 하나님이 교회 중에 몇을 세우셨으니 첫째는 사도요 둘째는 선지자요 셋째는 교사요 그다음은 능력을 행하는 자요 그다음은 병 고치는 은사와 서로 돕는 것과 다스리는 것과 각종 방언을 말하는 것이라 다 사도이겠느냐 다 선지자이겠느냐 다 교사이겠느냐 다 능력을 행하는 자이겠느냐 다 병 고치는 은사를 가진 자이겠느냐 다 방언을 말하는 자이겠느냐 다 통역하는 자이겠느냐 **너희는 더욱 큰 은사를 사모하라** 내가 또한 가장 좋은 길을 너희에게 보이리라(고전 12:28-31)

이것은 고린도전서의 수신자인 고린도 교인들이, 저마다 자신이 받은 은사가 더 크다고 내세우며 대립하고 다투었음을 의미한다. 그래서 바울은 "너희는 더욱 큰 은사를 사모하라"고 권면했고, 그것은 결과적으로 공동체에 더 큰 유익으로 드러나는 은사를 사모하라는 뜻이라고 했다. 사도 바울은 고린도전서 13장에서 '더욱 큰 은사'가 '사랑'이라고 증언한다. 성령님께서 은사를 주시는 까닭은 자신과 타인, 그리고 공동체를 유익하게 하시기 위함이다. 그러나 고린도 교인들은 은사를 받고서도 타인과 공동체의 유익을 생각하지 않았다. 저마다 자기를 내세우며 서로 다투고 대립하고 분열하였다. 그래서 바울은 모두에게 가장 큰 유익으로 드러나는 은사, 가장 좋은 길, 그것은 '사랑'이라고 설파한다.

사랑이 더욱 큰 은사인 이유

그렇다면 '사랑'이 왜 '더욱 큰 은사'인지 먼저 생각해 보자.

첫째, 사랑만이 외적 은사를 내적 은사로 승화시켜 주기 때문이다. 외적 은사는 반드시 내적 은사로 승화되어야 한다고 했다. 그래야 은사가 자기 자신을 과시하는 도구가 아닌, 모두를 유익하게 하는 섬김의 도구가 된다. 예를 들어 신유의 은사를 받았다면, 누군가를 영적 건강인으로 일으켜 세워 자기 육체의 모든 문제로부터 자유하게끔 도와주어야 한다. 그것이 가능하려면 반드시 그 사람에 대한 사랑이 있어야 한다. 말이 통하지 않던 사람들 사이에 말이 통하는 것이 방언의 내적 은사화라고 했다. 그것 역시 사랑 없이는 불가능하다. 모든 외적 은사는 사랑 안에서만 내적 은사로 승화되고, 그때부터 모두를 유익하게 하는 섬김의 도구로 선용된다. 그래서 사랑이 '더욱 큰 은사'다.

둘째, 사랑만이 성령님의 열매를 결실하게 해주기 때문이다. 성령님의 은사와 성령님의 열매의 차이는 인격의 변화 여부다. 성령님의 은사는 인격의 변화 없이도 얼마든지 받을 수 있다. 인격의 변화와 관계없이 신유의 은사를 받을 수 있고, 방언도 할 수 있다. 그러나 성령님의 열매는 인격의 변화 없이는 맺어지지 않는다. 성령님의 열매는 인격의 변화 속에서만 결실된다. 성령님의 외적 은사가 내적 은사로 승화된다는 것은 성령님의 열매로 결실되는 것이며, 그것은 곧 인격의 변화를 의미한다. 따라서 외적 은사가 성령님의 열매로 이어지지 않고 외적 은사 자체로만 머물러 있는 것은 인격적인 변화가 뒤따르지 않음을 뜻한다. 성령님의 은사를 받는 것도 중요하지만 인격의 변화 속에서 성령님의 열매를 맺는 것은 더 중요하다.

> 오직 성령의 열매는 사랑과 희락과 화평과 오래 참음과 자비와 양선과 충성과 온유와 절제니 이 같은 것을 금지할 법이 없느니라
>
> (갈 5:22-23)

인격의 변화나 훈련 없이도 얼마든지 방언을 받을 수는 있지만, 사랑과 희락과 화평과 오래 참음과 자비와 양선良善은 어느 날 절로 주어지지 않는다. 반드시 인격의 변화 속에서 훈련을 통해서만 주어진다. 대체 누가 이런 훈련을 할까? 운동선수가 금메달을 따기 위해 땀 흘려 훈련하는 것은 자기 자신을 위함이다. 자비와 양선과 충성과 온유와 절제 같은 열매는 타인과 공동체를 위한 훈련의 결과다. 그것이 결국 자기 유익으로 귀결되지만, 일차적으로는 사람과의 관계를 위한 것이다. 그래서 이 훈련은 인격의 변화와 불가분의 관계에 있다. 인격의 변화는 이기적 사고에서 이타적 사고로의 전환을 의미하기 때문이다. 중요한 사실은 인격의 변화 역시 사랑 안에서만 가능하다는 것이다. 위 구절이 언급한 성령님의 아홉 가지 열매 중 첫 번째 열매가 '사랑'인 까닭이 여기에 있다. 아홉 가지

열매라면 단수와 복수를 엄격하게 구별하는 헬라어 원문에 '열매'라는 단어가 복수형으로 기록되어 있어야 한다. 그렇지만 원문에는 단수형인 '카르포스καρπός'로 기록되어 있다. 그 이유가 무엇일까? 성령님의 아홉 가지 열매가 각각 다른 아홉 종류의 열매들이 아니라, 첫 번째 열매인 사랑이 나머지 여덟 가지 형태의 열매로 드러남을 표현하기 위함이다. 이를테면 사랑이 오래 참음으로도 드러나고, 평화와 절제 그리고 온유로도 드러나는 것이다. 그래서 사랑이 '더욱 큰 은사'다.

셋째, 율법이 사랑을 통해 완성되기 때문이다.

> 피차 사랑의 빚 외에는 아무에게든지 아무 빚도 지지 말라 남을 사랑하는 자는 율법을 다 이루었느니라 간음하지 말라, 살인하지 말라, 도둑질하지 말라, 탐내지 말라 한 것과 그 외에 다른 계명이 있을지라도 네 이웃을 네 자신과 같이 사랑하라 하신 그 말씀 가운데 다 들었느니라 사랑은 이웃에게 악을 행하지 아니하나니 그러므로 **사랑은 율법의 완성이니라**(롬 13:8-10)

사랑은 하나님의 계명을 완성하는 원동력이다. 그리스도인이 된다는 것은 'X'의 사람이 되는 것이라고 했다. 'X'의 윗부분은 하나님 사랑이고 아랫부분은 사람 사랑이며, 그리스도인들에게 늘 문제가 되는 것은 'X'의 아랫부분인 사람 사랑이라고 했다. 그렇다면 사랑이 있는 한 'X'의 균형은 이미 이루어진 것과 마찬가지다. 내게 사람을 사랑하는 사랑이 있는데 어떻게 그 사람의 소유를 훔칠 수 있겠는가? 어떻게 그 사람의 아내나 남편과 불륜을 저지를 수 있겠는가? 어떻게 그 사람을 살인할 수 있겠는가? 어떻게 부모를 공경하지 않을 수 있겠는가? 사랑은 율법의 완성이자 'X'의 완성이다. 그래서 사랑이 '더욱 큰 은사'다.

넷째, 사랑하지 않으면 결국 아무것도 아니기 때문이다.

> 내가 사람의 방언과 천사의 말을 할지라도 사랑이 없으면 소리 나는 구리와 울리는 꽹과리가 되고(고전 13:1)

내가 사람의 방언과 천사의 말을 한다면, 나는 은사를 받은 사람임에 틀림없다. 그러나 사랑이 없으면, 나는 소리 나는 구리와 울리는 꽹과리에 지나지 않는다. 소리 나는 구리와 울리는 꽹과리는 소음의 대명사다. 내가 아무리 은사를 많이 받았어도 사랑이 없으면 나의 모든 말은 소음일 뿐이다. 아이들이 어릴 때는 부모의 말을 잘 듣는다. 그러나 자식이 부모의 이기심을 확인하는 순간부터 더 이상 부모의 말을 듣지 않는다. 부모가 무슨 말을 하든 자식에게는 그저 귀찮은 소음일 뿐이기 때문이다.

> 내가 예언하는 능력이 있어 모든 비밀과 모든 지식을 알고 또 산을 옮길 만한 모든 믿음이 있을지라도 **사랑이 없으면 내가 아무것도 아니요**
> (고전 13:2)

세상의 모든 비밀과 지식을 꿰뚫어보는 능력을 소유하고 산을 옮길 만한 믿음을 지닌 사람이라면 못할 일이 무엇이겠는가? 그래도 그에게 사랑이 없으면, 하나님께서 그는 아무것도 아니라고 말씀하신다. 영어로 'nothing'이다. 제아무리 값비싼 전자 제품이라도 소프트웨어가 빠져 있으면 고철 덩어리에 지나지 않는 nothing이다. 그대가 세상에서 아무리 출세했다 해도 사랑이 없으면 하나님 보시기에는 nothing일 뿐이다.

> 내가 내게 있는 모든 것으로 구제하고 또 내 몸을 불사르게 내줄지라

도 사랑이 없으면 내게 아무 유익이 없느니라(고전 13:3)

구제를 위해 전 재산을 내어 놓고 자기 몸을 불사르도록 헌신하는 사람은 대단한 사람이다. 그러나 사랑이 없으면 그 모든 행위가 당사자에게는 아무런 유익이 되지 않는다. 사랑 없이 행하는 모든 행위는 자기 과시에 불과할 뿐이고, 자기 과시는 사람들을 자기에게서 멀어지게 하는 가장 빠른 길이다. 그래서 사랑이 '더욱 큰 은사'다.

다섯째, 하나님께서 사랑이시기 때문이다.

> 사랑하는 자들아 우리가 서로 사랑하자 사랑은 하나님께 속한 것이니 사랑하는 자마다 하나님으로부터 나서 하나님을 알고 사랑하지 아니하는 자는 하나님을 알지 못하나니 이는 **하나님은 사랑이심이라**
> (요일 4:7-8)

하나님께서 사랑이시다. 그러므로 우리가 사랑한다는 것은 우리 자신이 하나님께 속한 사람임을 스스로 입증하는 것이요, 사랑하지 않는다면 우리가 하나님께 속한 사람이 아님을 공개적으로 선포하는 것이다. 따라서 우리에게 사랑이 없으면 우리는 아무것도 아니요, 우리에게 아무 유익도 없는 것이다. 교회는 사랑이신 하나님의 몸이며, 우리는 그 교회를 이루는 지체다. 만약 우리가 서로 사랑하지 않는다면, 우리가 하나님의 몸 된 교회의 지체가 아님을 스스로 드러내는 것이다.

사도 바울은 교회를 사람의 몸에 비유하여 설명하였다. 우리 몸은 어떤 지체든 서로 사랑하고 도와주도록 만들어졌다. 오른 손등이 가려울 때 오른손 혼자서는 아무리 애를 써도 자기 손등을 긁을 수 없다. 반드시 왼손이 긁어 주어야 한다. 밥은 손이 떠서 입에 넣어 주어야 하고, 먹은 것은 위장이 소화시켜 주어야 한다. 하나님께서는 이렇듯 모든 지체가 서로 사랑하고 위하고 돌보아 주도록 사람을 만드셨다. 만일 두 손이 서로 위하고 돌보아 주기는커녕 서로 해코지한다면, 그 두 손은 절대로 한 사람의 몸에 붙어 있는 손이 아니다. 한 몸에 붙어 있으면서도 다른 지체를 해코지한다면 그것은 암덩어리다. 암은 자기밖에 모른다. 그래서 암은 자신이 해코지하는 사람을 죽이고 결국 자기도 죽고 만다. 동일한 이치로 우리가 사랑하고 위해야 할 사람을 미워하기를 당연하게 여긴다면, 우리는 사랑이신 하나님의 몸 된 교회를 해코지하는 교회의 암덩어리일 것이다. 그래서 사랑이 '더욱 큰 은사'다.

사랑이 '더욱 큰 은사'인 마지막 이유는, 예수님께서 우리에게 주신 새로운 계명이 사랑이기 때문이다.

> 새 계명을 너희에게 주노니 **서로 사랑하라** 내가 너희를 사랑한 것같이 너희도 **서로 사랑하라** 너희가 서로 사랑하면 이로써 모든 사람이 너희가 내 제자인 줄 알리라(요 13:34-35)

우리가 그리스도인이라는 증거는 주일에 교회에서 예배드리고, 봉사하고, 헌금하는 그 자체가 아니다. 그보다 더 중요한 것은 '서로 사랑'하는 것이다. 예수님께서 그것만이 당신의 '제자' 됨의 증거라고 말씀하셨기 때문이다. 그래서 사랑보다 '더욱 큰 은사'는 없다.

사랑의 종류와 문자적 의미

우리말에는 사랑을 의미하는 단어가 사랑 하나밖에 없다. 그래서 누군가가 사랑을 언급하면 그 사랑이 어떤 종류의 사랑인지 구별하기 어렵다. 헬라어에서는 사랑의 종류에 따라 사랑이 각각 다른 네 단어로 표현된다. 첫째로 '에로스ἔρος'는 남녀—이성 간의 사랑이다. 둘째로 '필리아φιλία'는 친구 간의 사랑이다. 우정이나 형제애라고도 할 수 있다. 셋째는 '스토르게στοργή'이다. 가족—혈육 간의 사랑을 의미한다. 에로스, 필리아, 스토르게—이 세 사랑의 특징은 조건적이라는 것이다. 네가 나를 사랑하기 때문에 나도 너를 사랑하고, 내가 너를 사랑한다면 내가 사랑한 만큼 너도 나를 사랑해야 한다. 흔히 가족 간의 사랑에는 조건이 없다고 생각한다. 그러나 그렇지 않다. 가족 간의 사랑도 결국은 조건적인 사랑이다. 그래서 부부가 함께 살다가 헤어지는 일도 다반사고, 형제가 많은 집에서는 더 사랑하는 형제가 있기 마련이다. 자기에게 잘해 주는 형제를 더 좋아하는 것이다. 부모 자식 간의 사랑 역시 예외인 것은 아니다. 마지막으로 '아가페ἀγάπη'는 무조건적인 사랑이다. 다시 말해 어떤 조건도 전제되지 않는 사랑이다. 성경이 언급하고 있는 사랑이 바로 아가페의 사랑이다.

먼저 '아가페'의 문자적 의미를 생각해 보자. '아가페'는 '사랑'을 뜻하는 명사이고, '사랑하다'는 의미의 동사는 '아가파오ἀγαπάω'다. 이 동사의 첫 번째 뜻은 '기뻐하다'이다. 사랑은 기뻐하는 것이다. 언제 어디서든 누군가를 생각하기만 해도 마냥 기쁘다면, 그것은 그 사람을 사랑하기 때문이다. 내가 가족을 떠나 3년 동안 홀로 제네바에서 살 때, 혼자 길을 가다가 얼마나 히죽히죽 웃었는지 모른다. 아마도 행인들은 나를 실성한 사람으로 여겼을 것이다. 그러나 서울에 있는 가족만 생각하면 마냥 기뻐서 그냥 웃음이 나오곤 했다. 이름만 떠올려도 불쾌해지는 사람이 있다면, 그것은 그 사람을 증오한다는 증거다. '사랑하면 예뻐진다'는 말이 있다. 사랑은 당사자를 기쁘게 해주고, 기뻤던 것만 생각나게 한다. 사랑은 마음속에 기쁨을 품고 다니는 것이다. 그러므로 그 기쁨이 겉으로 배어나 사랑하면 예뻐질 수밖에 없다. 사랑은 기뻐하는 것이기에, 언제든지 새롭게 시작될 수 있다. 부부가 어떤 일로 심하게 싸웠다고 하자. 그러나 사랑은 기뻐하는 것이므로 부부 싸움의 후유증은 얼마 지나지 않아 사라지고, 부부는 다시 기쁜 마음으로 돌아가 언제 싸웠느냐는 듯 새롭게 시작한다. 만약 사랑이 기뻐하는 것임을 모르거나 서로 기뻐하지 않는 부부라면, 한 번 다투는 것만으로도 모든 것이 끝나 버릴 수도 있다. 서로 기뻐하지 않는 사람 간의 다툼의 결과는 깨어진 유리 조각과 같을 것이기 때문이다.

'아가파오'의 두 번째 뜻은 '잘되기를 바라다'이다. 입으로는 사랑한다고 말하지만 속으로는 상대가 잘못되기를 바라는 것은 사랑이 아니다. 부모가 대학 입시를 앞둔 자녀를 위해 새벽부터 교회에 나가 기도하는 것은 사랑하는 자식이 잘되기를 바라기 때문이다. 그러나 옆집 자식이 삼수를 해도 그 집 자식을 위해서는 새벽에 일어나지 않는다. 자기 자식만큼 사랑하지 않기 때문이다. 사랑하면 잘되기를 바라는 것은 인지상정이다.

어머님께서 3년 동안 병상에 누워 계실 때 하실 수 있는 일이라곤 기도밖에 없었다. 당신의 핏줄들과 교회 그리고 나라를 위해 기도하셨는데, 아무래도 내가 모시고 산지라 나를 위한 기도의 비중이 가장 컸다. 어머님 기도의 핵심은 늘 '재철이가 평생 신실한 목사로 살게' 해달라는 것이었다. 목사가 평생 신실한 목사로 사는 것보다 더 잘되는 길이 있겠는가? 어머님께서 3년 동안 병상에서 그렇게 기도하신 것은 나를 사랑하시기 때문이었다. 사랑은 진심으로 잘되기를 바라기에 언제나 기적을 낳는다. 진심으로 잘되기를 바라는 마음으로 사람을 계속 대하면, 자신의 그 마음이 상대에게 전해진다. 그리고 마음과 마음의 교류 속에서 전혀 예기치 않은 결과가 초래된다.

　헬렌 켈러는 보지도, 듣지도, 말하지도 못했다. 겉모습만 사람이지 실제로는 짐승과 다를 바 없었다. 그 헬렌 켈러를 위대하게 만든 사람이 설리번 선생이었다. 설리번은 헬렌 켈러에게 인식 능력과 표현 능력을 길러 주기 시작했다. 헬렌 켈러가 보지 못하기에 무엇이든 손으로 만져 느끼게 하고 그것이 무엇인지 설명해 주었다. 돌멩이를 만져 딱딱한 감각을 느끼게 하고 돌이라고 일러 주는 식이었다. 손으로 만질 수 있는 것은 그래도 인식시키기 쉬웠다. 정말 어려운 것은 추상적인 단어였다. 대체 사랑을 어떻게 인식시킬 수 있겠는가? 뜻밖에도 헬렌 켈러가 사랑이 뭔지 안다고 했다. 설리번이 헬렌 켈러를 처음 만나던 날 그녀는 헬렌 켈러를 꼭 안아 주었다. 헬렌 켈러는 설리번의 그 행동을 사랑으로 인식하고 있었던 것이다.

　설리번 이전에 헬렌 켈러를 가르치기 위해 여러 교사가 왔지만 모두 실패했다. 그들은 짐승 같은 헬렌 켈러에게 아무 사랑도 느낄 수 없었고, 결국 말을 듣지 않는 헬렌 켈러와 얼마간 씨름하다 모두 지쳐 떠나 버리고 말았다. 그러나 설리번은 달랐다. 설리번은 시력을 상실할 뻔한 사람이었다. 그래서 약시였던 설리번은 헬렌 켈러를 처음 보는 순간 너무나도 측은하여, 헬렌 켈러가 정말 잘되었으면 좋겠다는 마음으로 꼭 안아 주었다. 헬렌 켈러는 그때의 느낌을 기억하고, 세월이 흐른 뒤에 그것이 사랑이라고 답한 것이다. 설리번의 그 사랑 속에서 헬렌 켈러는 우리가 아는 헬렌 켈러가 되었다. 잘되기를 바라는 마음으로 누군가를 사랑하며 대하면, 이처럼 사랑은 기적을 낳는다.

　'아가파오'의 세 번째 뜻은 '귀하게 여기다'이다. 사랑은 사랑의 대상을 귀하게 여기는 것이다. 사랑하는 자식의 책가방을 다루는 마음과, 모르는 아이의 책가방을 다루는 마음이 같을 수 없다. 사랑하면 상대의 소유를 귀하게 여긴다. 사랑하면 상대의 생각과 계획을 귀하게 여긴다. 사랑하면 상대가 살아가는 방법과 행하는 일을 귀하게 여긴다. 유명한 영화감독 스필버그의 어머니가 유대인인 것은 잘 알려져 있는 사실이다. 스필버그는 어렸을 때 지렁이나 도마뱀 같은 것들을 잡아와 방에 두곤 했다고 한다. 다른 어머니라면 그것들을 모두 내다 버리고 아이를 혼낼 것이다. 그러나 스필버그의 어머니는 아들의 특성을 귀하게 여겨, 지렁이든 도마뱀이든 오히려 병에 넣어 잘 보관해 주었다. 그래서 스필버그의 영화를 보면 지렁이와 도마뱀은 말할 것도 없고 상상치도 못한 것들이 등장하곤 한다. 만일 스필버그의 어머니가 어린 아들의 특성을 귀하게 여겨 주지 않고 부정해 버렸더라면, 그토록 독창적인 영화감독 스필버그는 존재하지 않을 것이다.

사랑하면 또 상대가 자신과 다르다는 사실을 귀하게 여긴다. 그래서 사랑하면, 네가 틀렸다고 말하지 않는다. 틀렸다는 것은 옳지 않다는 말이다. 사랑은 서로 다름을 인정하고 존중하는 것이다. 프랑스의 여성 문학가이자 철학가인 시몬느 베이유는 "사랑은 상대와 자신의 거리를 사랑하는 것이다"라고 했다. 우리는 상대가 언제나 우리 자신과 똑같기를 원한다. 그래서 서로 부딪친다. 참된 사랑은 상대방과 자신의 거리, 즉 다름을 귀하게 여기는 것이다. 그 거리가 길면 긴 만큼, 그 다름이 크면 큰 만큼, 더 사랑하는 것이다. 그래서 사랑은 아름다운 조화調和의 꽃을 피운다.

성경이 정의하는 사랑

사도 바울은 사랑을 다음과 같이 정의하였다.

사랑은 오래 참고 사랑은 온유하며 시기하지 아니하며 사랑은 자랑하지 아니하며 교만하지 아니하며 무례히 행하지 아니하며 자기의 유익을 구하지 아니하며 성내지 아니하며 악한 것을 생각하지 아니하며 불의를 기뻐하지 아니하며 진리와 함께 기뻐하고 모든 것을 참으며 모든 것을 믿으며 모든 것을 바라며 모든 것을 견디느니라 (고전 13:4-7)

사랑에 대한 바울의 정의는 크게 두 범주로 나누어진다. 첫째는 '사랑은 ……가 아니다'라는 부정문의 소극적 정의이고, 둘째는 '사랑은 ……이다'라는 긍정문의 적극적 정의다.

소극적 정의

먼저 소극적 정의부터 살펴보자.

첫째, 사랑은 '시기하지 않는다'. 첫 번째 소극적 정의가 '시기하지 않는다'는 것은, 사랑을 깨뜨리는 첫 출발점이자 원인이 시기임을 뜻한다. 일상생활에서 시기하지 않으면 우리의 사랑은 훨씬 폭넓어질 수 있다. 시기는 그릇된 경쟁의식의 산물이기에 항상 상대적인 우월감이나 열등감으로 인한 고통을 안겨 준다. 고린도 교인들이 그랬다. 성령님의 은사가 성령님께서 거저 주시는 선물임을 망각하고, 마치 자기 능력이나 노력으로 얻은 것처럼 자기 은사가 더 크다고 내세우며 서로 시기했다. 자기보다 더 큰 은사를 받은 것 같은 사람 앞에서는 열등감을 느끼고, 반대의 경우에는 우월감을 지녔다. 그러니 그들 간에 사랑이 가능할 리 만무했다. 경쟁의식 자체는 나쁘지 않다. 경쟁의식에는 순기능이 있다. 서로의 진보를 위해 경쟁하고 그 결과를 받아들여 축하와 격려를 나눈다면, 그것은 아름다운 사랑의 행위다. 경계해야 할 것은 그릇된 경쟁의식이다.

그릇된 경쟁의식은, 경쟁을 열등감과 우월감의 발로로 삼기에 항상 시기가 뒤따를 수밖에 없다.

둘째, 사랑은 '자랑하지 않는다'. 우리말 '자랑하다'로 번역된 헬라어 '페르페류오마이$_{περπερεύομαι}$'는 허풍선을 뜻하는 '페르페로스$_{πέρπερος}$'에서 파생되었다. 자랑은 과장하는 것이다. 자랑은 사람들이 자기를 칭찬해 주기를 열망하는 마음에서 비롯된다. 그러므로 자기 우월성을 과시하거나 반대로 열등감을 감추기 위해 자신의 행위를 계속 과장하게 된다. 내가 나의 행위를 자랑하고 과장하는 한, 나와 관련된 사람들은 나를 돋보이게 하기 위한 수단에 지나지 않게 된다. 그래서 사랑은 불가능하다. 중요한 것은 누군가를 시기하면 반드시 자신의 행위를 자랑하게 되어 있다는 것이다.

셋째, 사랑은 '교만하지 않다'. '교만하다'라는 의미의 헬라어 '휘시오오$_{φυσιόω}$'는 '부풀리다', '부풀게 하다'라는 의미다. 위에서 자랑은 자신의 행위를 과장하는 것이라고 했는데, 자기 행위에 대한 과장이 반복되다 보면 아예 자기 자신을 부풀리게 된다. 이것이 교만이다. 교만은 실제의 자기보다 자신을 훨씬 높고 큰 사람으로 착각하는 것이다. 다시 말해 자신이 앉아야 할 자리보다 훨씬 높은 자리에 자신을 앉히는 것이다. 그 부풀려진 허상의 자리에 앉아서는 누구도 사랑할 수 없다. 사랑은 상대에게 자신을 맞추어 주는 것인데, 교만의 자리는 상대가 자기에게 맞춰 주기를 요구한다. 그 상태에서 사랑은 불가능하다.

넷째, 사랑은 '무례히 행하지 않는다'. '무례하다'라는 헬라어 '아스케모네오$_{ἀσχημονέω}$'는, 상대방에게 돌아가야 할 존경과 명예를 인정하지 않는 것을 의미한다. 한마디로, 상대를 이치에 합당하게 대우해 주지 않는 것이다. 자기 교만으로 인함이다. 예를 들어 마땅히 상대를 칭찬해야 할 때 칭찬하지 않는다. 상대가 그 일을 해낸 것은 자신의 도움 덕분이고,

상대가 최고봉에 오른 것도 자신이 밀어주었기 때문이라고 생각하는 까닭이다. 이렇듯 모든 것을 자기 교만의 입장에서 평가하기에 상대에게 마땅히 돌아가야 할 존경과 명예를 인정하지 못한다. 사랑은 수고한 사람에게 정말 수고했다고, 감사를 표해야 할 대상에게 대단히 감사하다고 존경과 명예를 돌려주는 것이다.

다섯째, 사랑은 '자기의 유익을 구하지 않는다'. '자기의 유익'이라 하면 자칫 경제적인 유익으로 오해하기 쉽다. 헬라어 '타 헤아우테스$_{τὰ ἑαυτῆς}$'는 본래 '자기의 것'이라는 뜻이다. 그러므로 자기에게 속한 모든 것—자신의 기분, 감정, 몫 등 무엇이든지 자신의 것만 일방적으로 구하지 않는 것이 사랑이다. 사랑이 없으면 자기 것만 생각하고, 자기 기분과 자기 감정만 중요하게 여긴다. 우리말 '구하다'로 번역된 헬라어 '제테오$_{ζητέω}$'는 '힘써 구하다'라는 의미다. 사랑이 없으면 자기 것만 집요하게 구한다. 다른 사람은 안중에도 없고, 자기만 기분 좋고 자기 배만 부르면 그만인 지극히 이기적이고 독선적인 사람이 된다. 사랑은 그 반대다. 사랑은 사랑의 대상에게 무엇이든 자기의 것을 구하지 않는다. 사랑은 주는 것이기 때문이다.

아이들이 어릴 때는 부모가 자식을 위해 모든 것을 해주면서도 자식에게 생색을 내지 않는다. 그러나 어느 날부터 부모가 자식에게 "내가 너를 어떻게 키웠는데?" 하며 셈을 하기 시작하면, 자식이 부모에게 가까이 다가오기는커녕 도리어 부모로부터 더욱 멀어진다. 반대로 부모의 은덕으로 장성하여 결혼까지 한 자식이 자기 처자식만 챙기느라 부모를 소홀히 해도, 부모와의 관계는 뒤틀리고 만다. 형제간도 예외는 아니다. 가령 삼형제 중의 한 명이 학교에서 먼저 돌아와 냉장고를 열어 보니 먹을 것이라고는 사과 한 개밖에 없다고 하자. 그 한 개의 사과 속에서 다른 두 형제의 몫 3분의 2가 보이면, 바로 그것이 사랑이다. 그러나 그 한 개의 사과를 자기 것으로만 여기고 자기 배만 채운다면, 그 형제들 사이에 문제가 생기지 않을 수 없을 것이다.

여섯째, 사랑은 '성내지 않는다'. 바울이 언급한 '성'은 우리가 일상생활에서 낼 수 있는 화를 의미하지 않는다. 헬라어 '파록쉬노παροξύνω'는 '발작적인 분노'를 뜻한다. 영어로 발작을 '페럭시즘paroxysm'이라 하는데 헬라어 '파록쉬노'에서 유래한 말이다. 자기 것에만 집착하는 사람은 자기 것이 해를 받는다고 여겨지면 발작적으로 반응한다. '파록쉬노'는 본래 '날카롭게 하다'는 뜻이다. 따라서 발작적으로 분노하는 것은 결국 자기 자신에게뿐 아니라 타인에게 날카로운 흉기가 된다는 말이다. 자신도 해치고 타인도 해치는 것이다. 그러므로 사소한 것 때문에 시비가 붙어도 발작적으로 분노하면 얼마든지 살인도 저지를 수 있다. 사랑에는 그런 내성이 전혀 없다. 그렇다면 하나님을 믿는 그리스도인들은 어떤 경우에도 화를 내면 안 되는가? 그렇지 않다. 정직한 분노도 있고, 의로운 화도 있다. 살아가면서 여러 가지 이유로 화낼 일이 많이 있을 수 있다. 이와 관련하여 성경은 다음과 같이 권면한다.

> 분을 내어도 죄를 짓지 말며 해가 지도록 분을 품지 말고 마귀에게 틈을 주지 말라(엡 4:26-27)

성경은 우리가 화를 낼 수 있음을 인정한다. 다만 분을 내어도 죄를 짓지 말라고 권면한다. 자기 자신을 흉기로 만들지 말라는 뜻이다. 또 해가 지도록 분을 품고 있지 말라고 한다. 아침에 분을 내었는데 잠자리에 들 때까지 계속 분을 품고 있다면, 그것은 하루 종일 주님을 한 번도 바라보지 않았다는 말이다. 한 번이라도 주님을 생각하며 주님의 말씀으로 자신을 추슬렀다면, 적어도 잠자리에 들 때까지 분을 품고 있지는 않을 것이다. 그리고 분을 내어도 마귀에게 틈을 주지 말라고 했다. 잠자리에 들기까지 분을 품고 있다면 이미 마귀에게 틈을 준 것이다. 하루 종일 분을 품고 지내느라 다른 사람들과의 관계가 바르게 이루어졌을 리가 없기 때문이다.

일곱째, 사랑은 '악한 것을 생각하지 않는다'. '생각하다'라는 헬라어 '로기조마이λογίζομαι'는 '숙고하다', '계산하다'라는 뜻이다. '악'은 한마디로 '공동선을 해치는 것'이다. 공동선을 해치는 악을 심사숙고하고 어떻게 해칠 수 있을 것인지 계산하는 이유는 간단하다. 그 사람이 자기의 유익만 구하는 독선적인 인간이기 때문이다. 사랑은 더불어 살기 위한 공동선을 추구하는 것이기에 공동선을 해치는 악을 생각할 수조차 없다. 우리가 정말 사랑의 사람이 되기 위해서는 항상 공동선을 앞세워야 한다. 자신으로 인해 얼마나 많은 사람에게 유익이 돌아가고 있는지, 자신도 모르게 누군가에게 해를 끼치고 있는 것은 아닌지 늘 생각해야 한다.

마지막으로 사랑은 '불의를 기뻐하지 않는다'. '기뻐하다'라는 헬라어 '카이로χαίρω'는 '매우 기뻐하는 상태'를 의미한다. 불의를 기뻐하는 이유는 간단하다. 불의를 저지를수록 자기에게 더 유익하다고 여기기 때문이다. 불의를 저질러 죽음과도 같은 손해를 보게 된다면 아무도 불의를 저지르지 않을 것이다. 세상에서는 많은 사람들이 불의를 통해 더 큰 유익을 누리지만, 하나님께서는 마지막 날 결코 그냥 넘기시지 않을 것이다. 사랑은 모두를 생각하는 힘이기에 설령 자기에게 유익해 보인다 해도 불의를 기뻐할 수는 없다.

지금까지 살펴본 사랑의 소극적 정의는 그 전개 순서가 중요하다. 시기하면 자랑하게 되어 있고, 자랑하면 자기를 높이 올리는 교만에 빠지게 된다. 교만하면 누군가에게 돌아가야 할 존중과 명예를 부정하고, 결국 자기의 유익만 구하는 독선적인 인간이 된다. 그런 인간은 자기의 유익이 침해당할 때 발작적으로 분노한다. 그 사람은 공동선을 해치는 악한 길에 누구보다 밝은 사람이고, 자신의 목적을 위해서라면 불의를 저지르고도 기뻐한다.

이와 같은 사랑의 소극적 정의의 전개 순서는, 사랑하기 위한 관건은 시기하지 않는 것임을 일깨워 준다. 사랑과 관련된 모든 문제가 사실은 시기에서 시작한다. '시기하다'라는 헬라어 동사 '젤로오ζηλόω'는 명사 '젤로스ζῆλος'에서 나왔다. '젤로스'는 '열심', '열정'이라는 뜻이다. 매사에 열심이 없는 사람은 다른 사람을 시기하지도 않는다. 자기 일에 열정이 없는 사람도 시기하지 않는다. 우리는 우리의 열심과 열정을 조심해야 한다. 우리가 하나님의 일에 열심을 낼 때 이 열심과 열정이 어디에서 비롯된 것인지, 누구를 위한 열심인지, 자신의 열심인지 하나님의 열심인지 생각해야 한다. 그렇지 않을 경우 반드시 문제가 생긴다. 다음은 사도 바울의 증언이다.

> 내가 **하나님의 열심**으로 너희를 위하여 열심을 내노니 내가 너희를 정결한 처녀로 한 남편인 그리스도께 드리려고 중매함이로다
> (고후 11:2)

바울은 자신의 열심으로 일하지 않았다. 인간은 이기적이기에 자기 열심으로 일하면 일할수록 자기 교만에 빠져 누군가에게 상처를 입힌다. 바울은 하나님의 열심으로 일했다. 하나님은 사랑이시다. 하나님의 열심은 언제나 사랑과 생명의 열심이시다. 그대가 겸손하게 하나님의 열심으로 일하려 하면, 하나님께서 그대의 삶을 통해 당신의 열심으로 사랑과 생명의 열매를 거두실 것이다.

적극적 정의

이번에는 '사랑은 ······이다'라는 긍정문을 통해 사랑의 적극적 정의에 대해 살펴보자.

첫째, 사랑은 '오래 참는다'. '오래 참다'라는 의미의 헬라어 '마크로뒤메오$_{μακροθυμέω}$'는 대항하고 싶지만 힘이 부쳐 체념하는 참음부터, 능히 상대를 제압할 수 있는 힘이 있음에도 스스로 억제하는 참음까지 모두 포함하는 단어다. 적극적인 사랑의 출발점은 바로 이것이다. 참지 못하면 사랑은 끝이다. 사랑은 일단 참고 보는 것이다. 성령님의 열매에도 '오래 참음'이 있지 않았는가? 동일한 단어다. 자신이 유난히 많이 참는 것처럼 내세우는 사람이 있다. 그런 사람은 실제로는 참지 못하는 사람이다. 참지 못하는 사람일수록 자신이 많이 참는다고 생각한다. 그에게는 10초만 참아도 참은 것이기 때문이다. 그러므로 "내가 얼마나 참았는지 알아?" 하고 말하는 사람이 있다면, '저 사람은 평소에 참지 못하는 사람이구나'라고 생각하면 거의 틀림없다. 잘 참는 사람은 참는다고 말하지 않는다. 그 순간에도 참고 있기 때문이다.

둘째, 사랑은 '온유하다'. 헬라어로는 '크레스튜오마이$_{χρηστεύομαι}$'이다. 이 단어는 예수님의 산상수훈 가운데 "온유한 자는 복이 있나니"에서 사용된 '온유'와는 다르다. 2장에서 산상수훈의 '온유'는 헬라어로 '프라우테스'인데 야생동물의 품성과 관련된 의미라고 했다. 조련받은 야생동물은 야생성은 그대로 지니고 있지만, 그 야생성을 더 이상 자기를 위해 사용하지 않고 주인을 위해 사용한다. 그것이 '프라우테스'라고 했다. 그러나 사랑의 적극적 정의에 사용된 '크레스튜오마이'는 '친절하다'는 뜻이다. 일단 참으면, 또다시 상대를 만나도 친절하게 대해 줄 수 있다. 그러나 참지 못해 분노를 발산해 버리면 상대를 다시 만나도 예전 관계로 되돌아가기는 어렵다. 참아야 평상심 속에서 계속 친절할 수 있고, 친절하게 대하는 한 사랑은 지속된다.

셋째, 사랑은 '진리와 함께 기뻐한다'. 헬라어 '쉼카이로συγχαίρω' 자체가 '…와 함께 기뻐하다'는 뜻이다. 사랑은 진리 자체를 기뻐하는 차원을 넘어 진리 때문에, 진리로 인해 기뻐하는 것이다. 진리 자체를 기뻐하는 것은 무척 쉽다. 우리가 성경공부를 하는 이유는 진리를 기뻐하기 때문이다. 진리를 공부하는 것보다 더 재미있는 일은 없다. 진리 그 자체를 기뻐하는 것은 진리에 대해 조금만 관심을 지닌 사람이라면 누구에게나 가능한 일이다. 어려운 것은 내가 아는 그 진리로 '인해' 기뻐하는 것이다.

이십대의 내 자식이 하루아침에 10억 원을 벌어 왔다고 가정해 보자. 내가 진리 자체는 기뻐하지만 진리로 인해 기뻐하는 부모가 아니라면, 나는 머지않아 내 자식과 함께 공멸할 것이다. 젊은 자식이 그 많은 돈을 어떻게 벌었는지 묻지도 않고, '요즈음 같은 세상에 내 아들 최고다'며 기뻐할 것이기 때문이다. 진리로 인해 기뻐하는 부모라면 그 엄청난 돈을 어떻게 벌었는지 당연히 물어야 한다. 만일 불의하게 번 돈이라면 단호히 물리치게 해야 한다. 그것이 진리로 인해 기뻐하는 것이다. 내가 사업할 때 어머님께 매달 드리는 생활비 이외의 목돈을 드리면 그때마다 어머님께서 내게, "재철아! 이 돈, 하나님 앞에서 부끄러운 돈 아니지?" 하고 꼭 확인하곤 하셨다. 하나님 앞에서 부끄러운 돈이면 받지 않으시겠다는 것이었다. 나는 나를 그렇게 키워 주신 어머님이 얼마나 감사한지 모른다. 요즘 세상은 진리는 뒷전이고 돈이 절대적이다. 그리스도인들이 진리 자체만을 기뻐하는 것으로는 이 세상이 결코 새로워질 수 없다. 오직 진리로 인해 기뻐할 때에만 모두를 살릴 수 있다. 그래서 사랑은 진리로 인해 기뻐한다. 사랑과 진리는 모두를 살리는 힘이다.

넷째, 사랑은 '모든 것을 참는다'. 앞에서 "사랑은 오래 참는다"고 했는데 '참는다'는 말이 또 등장했다. 여기에서 '참는다'는 헬라어로 '스테고 στέγω'인데 '덮어 주다'는 의미다. 이 '스테고'에서 파생된 '스테게στέγη'는 '지붕'을 뜻한다. 사랑은 상대의 약함, 추함, 허물을 덮어 주는 지붕이 되는 것이다. 마치 노아의 세 아들 중 셈과 야벳이, 포도주에 취해 하체를 드러내고 잠든 아버지의 허물을 덮어 드린 것과 같다. 그러나 또 다른 아들인 함은 밖에 나가 아버지의 허물을 떠벌렸다. 그는 아버지를 사랑하지 않았다. 사랑하는 사람의 허물을 덮어 주는 것은 그의 허물에 지배당하지 않는 것이다. 내가 다른 사람의 허물을 공개적으로 떠벌린다면, 내 눈에 허물로 보이는 상대의 결점과 약점이 나를 지배하고 있기 때문이다. 허물을 덮어 주는 것은 있는 허물이 없다고 거짓말한다는 의미가 아니라, 상대의 허물에 지배당하지 않는 것이다. 그래서 상대의 허물에도 불구하고 변함없이 사랑할 수 있다.

미움은 다툼을 일으켜도 사랑은 모든 허물을 가리느니라(잠 10:12)

눈에 보이는 자식의 허물에 지배당하는 부모는 자식을 사랑하기 어렵다. 다른 사람 보기에 허물투성이인 자식이라도 부모에게는 사랑스런 자식인 것은, 자식의 허물이 부모를 지배하지 않기 때문이다. 그래서 부모는 도리어 자식의 허물을 덮어 주는 지붕이 된다.

다섯째, 사랑은 '모든 것을 믿는다'. '믿다'에 해당하는 헬라어는 '피스튜오πιστεύω'로 '하나님을 믿다'라고 할 때의 '믿다'와 동일하다. 사랑은 여러 가지 미흡함에도 불구하고 그를 통해 하나님의 귀하신 뜻이 이루어질 것을 믿는 것이다. 그러므로 하나님과의 수직적인 관계가 확립되지 않고서는 사람을 사랑하기 어렵다. 그 수직적인 관계의 확립 속에서만, 하나님을 믿기에 여러 장애물 속에서도 사람을 믿을 수 있다.

내가 예전에 사업할 때의 일이다. 당시 일본 비즈니스 파트너였던 아라카와 씨는 예순이 넘은 분이었고 나는 이십대 총각이었다. 1974년 일본에서 만난 아라카와 씨는 나를 자기 집으로 저녁 식사에 초대하였다. 그분의 집에 들어서는 순간 나는 깜짝 놀랐다. 기모노를 입은 그분의 부인이 현관에서 무릎을 꿇고 내게 큰절을 하는 것이었다. 당황한 내가 구두도 벗지 못하고 맞절을 하려 하자 아라카와 씨가 "당신은 내 친구니까 절할 필요가 없습니다. 이것은 일본 예법이니 당신은 절을 받기만 하면 됩니다"라고 했다. 그러나 엉거주춤 맞절을 한 내가 구두를 벗으려 하자 무릎을 꿇은 부인이 내 구두를 벗겨 주려 했다. 그것은 내게는 충격이었다. 나는 극구 사양하고 방으로 들어갔다. 부인이 미리 준비해 둔 밥상에서 아라카와 씨와 식사를 하는데, 이번에는 부인이 밥상 옆에 무릎을 꿇고 앉아 음식 시중을 들었다. 1972년에 난생 처음으로 일본을 여행했을 때, 일본이 온통 서구화되어 있는 것 같아 나는 일본은 없는 것과 마찬가지라고 여겼다. 그러나 그날 밤 아라카와 씨 집에서 일본인의 삶 속에 여전이 남아 있는 전통과 예절을 접하며 큰 감명을 받았다.

이튿날 밤에는 아라카와 씨가 이십대의 나를 위한다며, 일본 젊은이들이 북적거리는 아카사카의 클럽으로 나를 데리고 갔다. 그러나 나는 그 클럽에서 10분 이상 있을 수가 없었다. 무대, 홀, 복도, 화장실 할 것 없이 어디서나 젊은이들이 몸을 흔들고 있었다. 상대가 있든 없든 아무데서나 혼자 몸을 흔들고 있는 모습이 내가 보기에는 모두 정신 나간 사람들 같았다. 당시 서울에도 고고클럽이 있었지만 상대 없이 혼자 춤을 춘다는 것은 상상치도 못할 일이었다. 화장실에서 혼자 춤을 춘다는 것은 더욱 있을 수 없는 일이었다. 그러니 처음 접하는 그 아카사카 클럽의 분위를 나는 도무지 견딜 수가 없었다. 아라카와 씨의 손을 끌고 밖으로 나온 나는 아라카와 씨에게 나의 소감을 가감 없이 밝혔다.

"나는 어제 당신 댁에서 당신 부인을 통해 살아 있는 일본 전통과 예법을 접하고 크나큰 감명을 받았습니다. 그러나 오늘 일본 젊은이들이 저렇게 무절제하게 노는 것을 보니, 일본 미래가 반드시 밝지만은 않은 것 같습니다. 기성세대가 이렇게 잘 이루어 놓은 사회와 문화를 저렇게 정신없이 놀아 대는 젊은이들이 어떻게 지킬 수 있겠습니까?"

내 말이 끝나기 무섭게 아라카와 씨가 걸음을 멈추고 정색을 하고 말했다.

"미스터 리, 어제 우리 집에서 내 처를 보고 감명받았다고 했지요? 그리고 지금 저 젊은이들을 한심하다는 듯이 말했지요? 그러나 나나 내 처도 젊었을 때는 지금의 젊은이들처럼 나름대로 놀 만큼 놀았어요. 그러니 저 젊은이들도 우리 부부 나이가 되면 우리와 똑같이 되리라고 나는 믿습니다."

그분의 말에 나는 다시 충격을 받았다. 일반적으로 기성세대는 자신들과 전혀 다른 사고방식의 젊은 세대를 한심하다고 여기기 쉽다. 그러나 육십대의 아라카와 씨는, 화장실에서까지 혼자 춤을 추는 일본 젊은이들을 보고 세월이 지나면 자기 부부와 똑같이 될 것을 믿고 있었다. 나는 그분을 진심으로 존경하게 되었다. 그분은 그리스도인이 아니다. 그러나 하나님을 믿지 않는 그분은 알지도 못하는 젊은이들에 대해 그 정도의 깊은 믿음을 갖고 있었다. 그렇다면 하나님을 믿는 우리는 주님 안에서, 우리가 사랑해야 할 사람에 대해 그보다 훨씬 더 큰 믿음을 지녀야 하지 않겠는가?

여섯째, 사랑은 '모든 것을 바란다'. 이것은 무엇이든 내가 욕구하는 것이 이루어지기를 바란다는 말이 아니다. 헬라어 '엘피조$\dot{\epsilon}\lambda\pi\iota\zeta\omega$'는 '소망하다'는 뜻이다. 우리는 누군가를 사랑할 때 늘 그의 현재에만 집착하기 쉽다. 그것은 이기심과 구별되지 않는다. 사랑은 사랑하는 대상의 과거와 현재는 말할 것도 없고 미래까지 사랑하는 것이다. 이를테면 지금은 절망스러운 그의 미래가 현재보다 나아지기를 소망하는 것이다. 상대의 미래에 대해 소망을 가지면 상대를 대하는 자신의 표정이 달라지고, 건네는 말의 내용과 말투가 달라진다.

자녀들은 가정에서 부모가 말하는 대로 된다는 사실을 잊지 말아야 한다. 언제부턴가 우리나라 부모들은 자식들에게 기죽지 말라고 한다. 그래서 요즈음 아이들은 타인을 생각하지 않는다. 그대의 자녀가 미래에 모두를 유익하게 하는 사람이 되기를 진정으로 소망한다면, 오늘부터 그대가 자식에게 하는 말의 내용과 말투가 달라져야 한다. 그것이 사랑이기 때문이다.

상처(喪妻)한 신실한 그리스도인과 결혼한 여집사님이 있었다. 집사님은 나이는 들었지만 결혼하지 않은 처녀였고 남편에게는 사춘기인 두 딸이 있었다. 처녀가 어느 날부터 남의 두 딸을, 그것도 사춘기인 두 딸을 키운다는 것이 얼마나 힘들었겠는가? 그러나 집사님은, 아이들이 지금은 자신을 거부해도 친어머니처럼 계속 대해 주면 언젠가는 친딸이 될 것이라는, 아이들의 미래에 대한 소망을 가지고 있었다. 그렇지만 사춘기 여자 아이들이 다반사로 면박을 주고 자기 존재 자체를 부정할 때는 너무나도 괴로웠다. 그러던 어느 날, 자신이 한계에 다다랐다는 느낌이 들었다. 이제 끝을 내야 하는 것이 아닌지, 그저 마음이 심란하기만 했다. 바로 그때 학교에서 돌아온 첫째 아이가 자기 방으로 가지 않고 집사님 방으로 들어왔다. 그리고 아주 부드러운 목소리로 "엄마" 하고 부르는 것이었다. 그 아이가 그런 목소리로 집사님을 엄마라고 부른 것은 결혼 이후 처음이었다. 집사님이 "왜?" 하고 묻자, 아이는 "그냥!" 하고는 자기 방으로 갔다. '엄마', '왜?', '그냥!'—이 세 마디로 그 이후부터 집사님과 아이들은 친어머니와 친딸이 되었다. 집사님이 소망을 버리지 않고 계속 친딸로 대했을 때 마침내 친딸이 된 것이었다. "어머니가 그동안 제게 해주신 것이 너무나도 감격스러워서 이제부터 친딸처럼 살겠습니다"라고 말하려면 낯이 간지러워 아예 입을 열지 않았을 것이다. 그러나 '엄마', '왜?', '그냥!' 이 세 마디로 하고 싶은 말을 모두 나누었다. 사랑이 '모든 것을 바라는' 것이기에 가능한 일이었다.

일곱째, 사랑은 '모든 것을 견딘다'. 이 말 역시 우리말로는 앞에서 살펴본 '오래 참는다', '모든 것을 참는다'와 그 의미가 비슷해 보이지만, '견디다'로 번역된 헬라어는 '휘포메노υπομένω'다. '휘포메노'는 '…밑에under'를 뜻하는 '휘포ύπο'와 '머물다stay'를 의미하는 '메노μένω'의 합성어다. 즉 사랑은 사랑하는 대상의 아래에 거한다는 말로서 상대방 입장에 선다는 의미다. 영어로 '이해하다'는 'understand'이며 '휘포메노'는 'understay'다. 둘 다 똑같은 의미이다. 내가 상대방 아래에 서면 그의 입장을 이해할 수 있다. 남의 신을 신고 십 리를 걸어 보지 않고는 그 사람에 대해 말하지 말라고 했다. 그 사람의 입장에 서보면 평소 이해할 수 없던 그의 언행도 이해할 수 있다.

사람들은 흔히 누군가를 사랑할 때 상대에게서 자신이 좋아하는 부분만 취하고 마음에 들지 않는 부분은 부인해 버리려 한다. 그것은 인어공주의 예쁜 얼굴만 좋아하고 물고기 모양의 몸은 보지도 않겠다는 것과 같다. 인어공주를 정말 사랑한다면 그의 머리에서부터 꼬리지느러미까지 몽땅 사랑함이 마땅하다. 목회자의 불륜 스캔들로 시끄러웠던 교회가 있다. 교인 중에 목사를 배척하는 파도 있었고 지지파도 있었다. 그런데 지지파 가운데 "우리는 목사님이 불륜을 저질러도 좋다. 계속 설교만 은혜롭게 하면 된다"고 주장하는 사람이 있었다고 한다. 이는 목사의 설교만 취하고 나머지는 취하지 않겠다는 말이다. 설교 이외에는 목사가 무슨 짓을 해도 상관없다는 것이다. 그것은 목사를 사랑하는 것이 아니라 목사에 대한 최악의 모독이다. 상대에게서 자신이 좋아하는 것만 취하려 하지 않고 상대의 전 존재를 받아들이기 위해서는, 반드시 상대의 입장에 설 뿐만 아니라 상대의 아래에 거할 수도 있어야 한다. 그 자체가 이미 사랑이기 때문이다.

사도 바울은 사랑의 적극적 정의를 위해 일곱 단어를 사용하였다. 그 첫 단어가 오래 참는 것이다. 사랑은 참는 것에서 시작하여 다음 단계로 이어진다. 일단 참으면 계속 친절할 수 있다. 참으면 진리로 인해 그를 사랑할 수 있다. 참으면 그의 허물을 덮어 주는 지붕이 될 수도 있고, 그를 믿어 줄 수도 있고, 그의 미래에 대해 소망을 잃지 않을 수도 있다. 참으면 그의 입장에 서고 그의 아래에 거할 수도 있다. 그래서 소극적 사랑은 시기하지 않는 것에서 시작하지만, 적극적 사랑은 참는 것에서 시작한다.

'오래 참다'는 헬라어로 '마크로뒤메오'라고 했다. '마크로$_{\mu\alpha\kappa\rho o}$'는 '길다'는 뜻이고 '뒤오$_{\theta\acute{u}\omega}$'는 '희생하다'라는 의미다. 내가 나 자신을 희생 제물로 삼지 않고는 오래 참을 수 없다. 왜 나는 나 자신을 희생 제물로 삼으면서까지 그를 위해 오래 참아야 하는가? 하나님께서 그 사람을 사랑의 대상으로 내 곁에 두셨기 때문이다. 하나님께서 나를 사랑해 주시는 것은 나로 하여금 바로 그 사람을 사랑하게 하시기 위함이다. 우리를 사랑해 주시는 하나님의 사랑을 힘입어 우리는 참을 수도 있고 사랑할 수도 있으며, 결과적으로 하나님 사랑과 사람 사랑의 'X'를 완성해 갈 수 있다.

결론

첫째, 사랑은 '서로' 하는 것이다. 지금까지 깊이 다룬 사랑은 우리 모두에게 주어진 의무다. 누가 누구를 일방적으로 사랑하는 것이 아니라, 적어도 그리스도인이라면 서로 사랑해야 한다. 그것이 주님께서 우리에게 주신 새 계명임은 이미 앞에서 확인하였다(요 13:34). 누군가가 '지금 내 처지가 너무 힘드니 나는 사랑을 받기만 해야 되겠다'고 생각한다면, 그것은 그리스도인의 바른 정신이 아니다. 그리스도인은 최악의 상황에서도 사랑의 의무를 다하는 사람이다. 만약 누군가에게 사랑받기를 원한다면, 그에게서 사랑받기 원하는 만큼 자신이 먼저 사랑해야 한다.

둘째, 사랑은 반드시 공동체의 유익으로 귀결되어야 한다. 누군가에 대한 나의 사랑이 그와 내가 속한 공동체의 유익으로 귀결되어야 함을 간과하면, 나는 자칫 사랑의 미명하에 나 자신과 내가 사랑하는 대상은 말할 것도 없고 관련 공동체마저 허물어뜨리게 된다. 알코올 중독자 남편이 허구한 날 술에 취해 가족에게 온갖 행패를 부린다고 하자. 아내가 남편을 사랑하기 때문에 술 취한 남편이 어떤 행패를 부려도 오래 참기만 한다면 그것은 사랑이 아니다. 가정은 남편과 아내로만 이루어지는 것이 아니다. 부부, 부모, 자식이 한데 어우러진 공동체다. 그러므로 남편이 매일 술에 취해 아이들을 때리고 기물을 부순다면, 아내는 부모와 자식을 위해 가정 공동체를 지키는 어머니의 의무를 다해야 한다. 남편의 알코올 중독을 방치하고서 가족들에게만 오래 참자고 하는 것은 무책임한 방기일 뿐 결코 사랑이 아니다. 알코올 중독자, 도박 중독자, 마약 중독자 등 모든 형태의 중독자에 대한 최선의 사랑은 그 중독에서 벗어날 수 있도록 치료해 주는 것이다. 필요하다면 일정 기간의 격리도 감수해야 한다.

심한 알코올 중독자였다가 하나님의 은혜 가운데 술을 끊고 목회자가 된 분이 있다. 그분의 이야기 중에 귀담아 들어야 할 내용이 있다. 알코올 중독자의 증세를 악화시키는 사람들은 역설적이게도 가족이라는 것이다. 알코올 중독자가 술을 내어놓으라고 행패 부릴 때 어머니나 아내가 술을 주면 안 된다는 것을 알면서도 그 순간을 모면하기 위해, 혹은 '이번에 한 번만 더 주면 내일부터는 괜찮겠지' 하는 근거 없는 기대감에 술을 또 준다는 것이다. 계속 술을 공급해 주는 가족이 있는 한 알코올 중독자의 증세는 날이 갈수록 더 심해질 수밖에 없다. 다시 강조하지만 모든 형태의 중독자는 무슨 방법을 써서라도 반드시 치료해 주어야 한다. 조기 치료가 더 효과적임은 두말할 나위가 없다. 그래야 당사자도 살리고 가정 공동체도 지켜진다. 이것이 사랑이다. 자신이 일하고 있는 회사에 누군가가 들어와 물건을 닥치는 대로 탈취하고 사람을 마구 구타하는데도, 사랑은 온유한 것이라며 가만히 방관하기만 하는 것은 그 누구에 대한 사랑도 아니다. 당장 신고를 하든지, 사원들이 함께 힘을 합쳐서 그를 제지하든지, 회사 공동체를 지키는 것이 그 공동체에 소속된 사람들에 대한 사랑이다.

자식을 사랑하는 자신의 행동이 국가 공동체에 해악을 끼치는 결과를 초래하는 것은 아닌지 돌아보지 않으면, 부모는 자식 사랑을 명분 삼아 아무 거리낌 없이 불법을 저지르게 된다. 오늘날 우리 사회에서 정의가 실종된 이유 중 하나는, 이 땅의 부모들이 자기 자식을 위해 수많은 불법을 자행해 온 것과 무관하지 않을 것이다. 법을 어겨 가면서도 자식을 위하는 것이 과연 바른 자식 사랑일 수 있겠는가? 자식 사랑의 미명으로 자식이 살아갈 국가 공동체를 불의하게 만드는 것은, 그 불의한 공동체 속으로 자기 자식을 내팽개치는 것과 같다. 그것은 자식의 미래와 국가의 미래를 동시에 해치는 것이다. 그러므로 자식을 사랑하든, 친구를 사랑하든, 남편이나 아내를 사랑하든, 그것이 관련 공동체와 어떤 연관이 있는지 생각할 때에만 우리의 사랑은 주님 안에서 바른 사랑일 수 있다.

셋째, 사랑은 어떤 경우에도 실패하지 않는다. 사랑에는 실패가 있을 수 없다는 말이다. 앞에서 언급한, 상처한 남자와 결혼하여 사춘기인 두 딸의 어머니가 된 집사님의 경우에는 해피엔딩으로 끝났다. 그러나 똑같은 상황에서 내가 정말 사랑하였음에도 상대가 끝내 나의 사랑을 받아주지 않았다면 나는 사랑의 실패자인가? 결코 아니다. 내가 예수님의 말씀을 좇아 누군가를 진정으로 사랑했는데도 그가 나의 사랑을 받아 주지 않았다면, 그것은 그의 문제일 뿐 나는 실패자가 아니다. 비록 그가 나의 사랑을 받아들이지 않았다 해도, 주님께서 나를 사랑하신 것처럼 내가 그를 사랑함으로써 주님과 나의 관계가 내가 그 사람을 사랑한 만큼 더 깊어졌기 때문이다. 그래서 나는 실패하지 않았다. 사랑 그 자체에는 실패가 있을 수 없다.

사랑은 언제까지나 떨어지지 아니하되 예언도 폐하고 방언도 그치고 지식도 폐하리라(고전 13:8)

예언, 방언, 지식의 은사는 언젠가는 모두 필요 없어지지만, 사랑은 언제까지나 떨어지지 않는다. 우리말 '떨어지다'로 번역된 헬라어 '에크핍토 ἐκπίπτω'는 '소멸하다', '실패하다'는 의미다. 즉 사랑은 소멸하지도, 실패하지도 않는다는 것이다. 누군가를 진정으로 사랑한다면, 상대의 반응에 상관없이 내 사랑의 행위는 소멸하지 않고 주님 앞에 영원히 남는다.

마지막으로, 사랑의 동인은 오직 하나님이시다. 혼자 외톨이로 떨어져 홀로 사랑한다는 것은 누구에게든 불가능한 일이다. 사랑은 하나님의 사랑이 우리와 함께하시기에 가능하다. 발광체와 복사체가 있다. 발광체는 태양처럼 스스로 빛을 발하는 것이다. 반면에 복사체는 스스로 빛을 발하지는 못하지만 발광체의 빛을 받아 방출한다. 달은 발광체가 아니지만 발광체인 태양 빛을 방출한다. 하나님께서 사랑의 발광체시라면,

우리는 그분의 사랑을 이 세상에 방출하는 사랑의 복사체다.

> 그 동네에 죄를 지은 한 여자가 있어 예수께서 바리새인의 집에 앉아 계심을 알고 향유 담은 옥합을 가지고 와서 예수의 뒤로 그 발 곁에 서서 울며 눈물로 그 발을 적시고 자기 머리털로 닦고 그 발에 입 맞추고 향유를 부으니 예수를 청한 바리새인이 그것을 보고 마음에 이르되 이 사람이 만일 선지자라면 자기를 만지는 이 여자가 누구며 어떠한 자 곧 죄인인 줄을 알았으리라 하거늘 예수께서 대답하여 이르시되 시몬아 내가 네게 이를 말이 있다 하시니 그가 이르되 선생님 말씀하소서 이르시되 빚 주는 사람에게 빚진 자가 둘이 있어 하나는 오백 데나리온을 졌고 하나는 오십 데나리온을 졌는데 갚을 것이 없으므로 둘 다 탕감하여 주었으니 둘 중에 누가 그를 더 사랑하겠느냐 시몬이 대답하여 이르되 내 생각에는 많이 탕감함을 받은 자니이다 이르시되 네 판단이 옳다 하시고 여자를 돌아보시며 시몬에게 이르시되 이 여자를 보느냐 내가 네 집에 들어올 때 너는 내게 발 씻을 물도 주지 아니하였으되 이 여자는 눈물로 내 발을 적시고 그 머리털로 닦았으며 너는 내게 입 맞추지 아니하였으되 그는 내가 들어올 때로부터 내 발에 입 맞추기를 그치지 아니하였으며 너는 내 머리에 감람유도 붓지 아니하였으되 그는 향유를 내 발에 부었느니라 이러므로 내가 네게 말하노니 **그의 많은 죄가 사하여졌도다 이는 그의 사랑함이 많음이라 사함을 받은 일이 적은 자는 적게 사랑하느니라** (눅 7:37-47)

자신이 하나님께 '사함을 받은 일이 적'다고 생각하는 사람은 적게 사랑한다. 하나님께 받은 사랑이 적다고 여기는 탓이다. 하나님께 용서의 은혜를 적게 받았다는 것은 거꾸로 이야기하면 자신이 그만큼 죄를 덜

지었다는 말이다. 다시 말해 자신이 그만큼 의롭다는 것이다. 그런 사람은 아직도 자신을 전혀 알지 못하는 사람이다. 자신을 알지 못하기에, 자신을 죽음에서 구원해 주신 하나님의 사랑도 알 도리가 없다. 그런 사람은 사랑의 복사체가 될 수 없다. 죽어 마땅한 자신의 죄를 예수 그리스도 안에서 용서하고 구원해 주신 하나님의 사랑을 깨달은 사람만, 바로 그 사랑의 복사체가 될 수 있다. 하나님의 사랑은 멀리 있지 않다. 지금 그대와 함께 계신다. 그 사랑의 복사체가 되라. 그대 삶의 의미와 가치가 달라질 것이다.

10 그리스도인의 사회생활

요한일서 1장 3절
우리가 보고 들은 바를 너희에게도 전함은 너희로 우리와 사귐이 있게 하려 함이니 우리의 사귐은 아버지와 그의 아들 예수 그리스도와 더불어 누림이라

사회에서 그리스도인의 정체성

그리스도인이 사회에서 어떤 마음으로 어떻게 살아갈 것이냐는 명제는 참으로 중요하다. 무엇보다도 먼저 사회 속에서 그리스도인의 정체성을 잊지 말아야 한다. 그리스도인의 그리스도인 됨은 예배당 안이 아니라 예배당 밖 사회에서 드러나는 법이다. 그리고 그것은 그리스도인이 사회에서 자기 정체성을 어떻게 인식하고 살아가느냐에 의해 확정된다. 이제 그리스도인이 사회 속에서 확립해야 할 그리스도인의 정체성에 대해 생각해 보자.

모델로서의 그리스도인

그리스도인은 주님을 세상에 보여 주는 '모델'이다. 유명 패션 디자이너의 세계적인 명성은 그가 디자인한 옷을 통해 드러난다. 하지만 그의 옷을 아무나 입는다고 다 똑같이 돋보이는 것은 아니다. 디자이너의 옷을 가장 돋보이게 하는 사람이 모델이다. 모델은 우리가 알지 못하는 디자이너의 기술과 솜씨, 그의 모든 재능을 한눈에 보여 주는 전문인이다. 그리스도인은 보이지 않는 주님의 모든 것을 보여 주는 전문인이 되어야 한다.

다음은 사도 요한의 증언이다.

> 태초부터 있는 생명의 말씀에 관하여는 우리가 들은 바요 눈으로 본 바요 **자세히 보고 우리의 손으로 만진 바라**(요일 1:1)

사도 요한이 태초부터 있었던 말씀을 '듣고 보았다'고만 말했다면, 우리는 그가 율법사의 강론을 듣거나 문자로 기록된 하나님의 말씀을 읽은 것으로 이해할 것이다. 그러나 사도 요한은 계속하여 "자세히 보고 우리의 손으로 만진 바라"고 증언했다. 사도 요한은 지금, 말씀이 육신을 입고 이 땅에 오셨던 예수님에 대해 설명하고 있는 것이다. 그리고 그의 증언은 또 다음과 같이 이어진다.

> 이 생명이 나타내신 바 된지라 이 영원한 생명을 우리가 보았고 증언하여 너희에게 전하노니 이는 **아버지와 함께 계시다가 우리에게 나타내신 바 된 이**시니라(요일 1:2)

사도 요한은 예수님을 "아버지와 함께 계시다가 우리에게 나타내신 바 된 이"시라고 증언한다. 태초부터 계신 로고스—말씀이신 하나님을 우리가 보고 듣고 만져 볼 수 있게끔 이 땅에 오신 분이 예수님이셨다. 즉 예수님께서는 보이지 않는 하나님 아버지를 세상에 보여 주시기 위한 모델이셨다. 그래서 예수님께서는 이 땅에 계시는 동안 당신을 보고 듣고 만져 보게 하심으로써 당신의 역할에 충실하셨다.

> 우리가 보고 들은 바를 너희에게도 전함은 너희로 우리와 사귐이 있게 하려 함이니 우리의 사귐은 아버지와 그의 아들 예수 그리스도와 더불어 누림이라 우리가 이것을 씀은 우리의 기쁨이 충만하게 하려 함이라(요일 1:3-4)

요한 사도는 자신의 정체성을, 자신이 예수 그리스도를 통해 보고 듣고 만진 것을 제3자에게 전하여 그로 하여금 성부와 성자 하나님과 사귐을 갖게 하는 것이라고 밝혔다. 한마디로 요한은 예수 그리스도를 보여 주는 모델이었다. 이것이 그리스도인인 우리 모두 사회 속에서 지녀야 할 정체성이다. 예수님께서는 하나님 아버지의 모델이 되기 위해 이 땅에 오셨고, 우리는 하나님 아버지와 성자 하나님이신 예수 그리스도를 이 세상에 보여 주는 모델이다. 그러나 모델이라고 해서 다 같은 모델인 것은 아니다. 디자이너의 솜씨와 의도를 완벽하게 보여 주는 프로 모델이 있는가 하면, 오히려 보기에도 민망한 어설픈 모델도 있다. 우리는 삼위일체 하나님을 제대로 보여 주는 바른 모델이 되어야 한다. 《새신자반》 시절이 아마추어 모델이었다면, 이제 《성숙자반》을 공부하면서 프로 모델이 되어야 한다. 프로 모델은 절로 되지 않는다. 반드시 철저한 훈련 과정을 거쳐야 한다.

몇 해 전 어느 휴양지에 갔을 때, 마침 내가 묵은 숙소에서 그해 슈퍼 모델 본선에 진출한 예비 모델들이 합숙 훈련을 하고 있었다. 그들은 풀장과 잔디밭에서 워킹 연습과 몸매 단련 등 각종 훈련을 받았다. 그러나 그들 중 대부분이 훈련이 끝난 뒤에는 그냥 흐느적거리며 걸었다. 프로 모델이 되려면 평소의 자세부터 달라야 한다. 평소에 똑바로 앉고 똑바로 걸을 줄 아는 사람 가운데서 프로 모델이 나오는 법이다. 우리는 훈련을 통해 평상의 삶 속에서 그리스도를 제대로 보여 주는 프로 모델이 되어야 한다. 향나무는 향내를 풍기기에 향나무다. 향나무가 향내를 가장 진하게 풍길 때는 도끼에 찍혔을 때다. 도끼에 찍혔는데도 향내를 풍기지 않으면 향나무가 아니다.

1923년 9월 1일부터 3일까지 일본 관동 지방에 대지진이 일어났다. 그 사흘간의 지진으로 죽거나 부상당한 사람이 무려 340만 명이었고, 경제적인 손실액은 총 55억 엔에 이르렀다. 그 전해인 1922년 일본의 예산이 14억 엔이었으므로, 당시 55억 엔은 일본 예산 4년분에 해당하는 천문학적 금액이었다. 관동 대지진은 일본 역사상 가장 큰 재난인 셈이었다. 민심이 흉흉할 수밖에 없었다. 일본 정부는 국민의 원성이 정부를 겨냥하는 것을 막기 위해, 조선인들이 일본인들에게 보복을 가하려고 우물에 독약을 탄다는 식으로 거짓 소문을 퍼뜨렸다. 이에 흥분한 일본인들이 죽창을 들고 조선인 사냥에 나서 조선인들을 닥치는 대로 찔러 죽였다. 당시 일본에 살던 조선인들은 화를 당하지 않으려고 바깥출입을 삼갔다. 그러나 생필품을 구입하기 위해 어쩔 수 없이 외출할 때는 나막신과 일본 옷을 입고 일본 사람 흉내를 냈다. 일본인들은 조선인으로 보이는 행인이 지나가면 행인의 등을 죽창으로 찔러 보았다. 그때 "아야" 하면 조선인이고 "이따이" 하면 일본인으로 구별하였다.

미국으로 건너간 이민 1세가 법적으로는 미국 시민이지만 여전히 한국어를 모국어로 구사한다면 그의 정체성은 미국인과 한국인 가운데 어느 쪽일까? 간단하게 구별하는 방법이 있다. 갑자기 그를 쿡 하고 찔렀을 때 그가 한국어로 대응하면 그의 정체성은 한국인이고 영어로 대응하면 그는 미국인이다. 향나무를 도끼로 찍으면 더욱 향내를 풍기듯이, 한국인이라면 "아야" 하듯이, 그리스도인은 언제 어디를 찔러도 그리스도인의 향내와 언행을 풍기고 보여야 한다.

    그리스도인의 삶이 늘 따뜻한 봄날 같은 것은 아니다. 그리스도인에게도 생로병사의 고통이 있다. 건강의 문제가 있고, 경제적인 문제가 있고, 슬픔이 있고, 뜻하지 않은 좌절과 실패도 있다. 그러나 그 모든 상황에서 우리가 주님의 모델이 되게끔 주님께서 우리를 불러 주셨다. 모델에게 중요한 것은 감량이다. 2, 3세기 전까지만 해도 통통한 여자가 미녀였다. 유사 이래 항상 통통하고 후덕하게 생긴 여자가 미녀로 간주되어 온 것이다. 그러나 모델이라는 직업이 등장하면서부터 마른 여자가 미녀의 기준이 되어 버렸다. 이유는 간단하다. 통통한 사람이 옷을 입으면 옷보다 옷 입은 사람의 중후함이 두드러져 보인다. 반면에 깡마른 사람이 옷을 입으면 사람보다 옷이 두드러져 보이게 된다. 모델들이 대부분 마른 것은 그 자체가 예뻐서라기보다는, 마른 사람에게 옷을 입혀 옷을 돋보이게 하려는 상술에서 비롯된 것이다. 요즈음 여자들이 예쁘게 보이려고 무리하면서까지 다이어트를 하는 것은, 실은 자신을 보여 주려는 것이 아니라 자기 옷을 과시하려는 것과 같다.

    프로 모델들이 디자이너의 솜씨를 완벽하게 보여 주기 위해 감량하듯이, 그리스도인의 영적 감량도 필수적이다. 그리스도인의 영적 감량을 성경적인 용어로 표현하면 '자기부인'이다. 자기부인의 척도는 하나님의 말씀이다. 그대는 그대의 삶을 통해 하나님의 말씀만 드러나 보이게끔 하나님의 말씀 앞에서 그대를 부인하는 훈련을 게을리해서는 안 된다. 그대가 그대 자신을 부인하고 하나님의 말씀을 드러내는 자기부인의 사람이 될 때, 그대의 삶은 하늘의 별처럼 아름다워질 것이다. 그대는 이미 성부 성자 하나님의 프로 모델이기 때문이다.

진열장으로서의 그리스도인

그리스도인은 세상 사람들이 들여다보는 '진열장'이다. 모델이 단지 디자이너가 만든 옷을 보여 주기 위해 무대에 선다면, 진열장은 훨씬 복합적이다. 진열장에는 여러 제품과 이미지가 함께 어우러져 있다. 사회에서 그리스도인 개개인의 역할이 모델이라면, 자신이 속한 가정 공동체와 직장 공동체는 쇼윈도 즉 진열장이다. 그리스도인의 가정과 그리스도인의 일터는 세상 사람들이 누구든지 들여다볼 수 있어야 한다. 그래서 세상 사람들이 인생은 어떻게 꾸려 가는 것인지, 행복이 무엇인지, 들여다보고 배우게 해야 한다.

> 또 이튿날 요한이 자기 제자 중 두 사람과 함께 섰다가 예수께서 거니심을 보고 말하되 보라 하나님의 어린 양이로다 두 제자가 그의 말을 듣고 예수를 따르거늘 예수께서 돌이켜 그 따르는 것을 보시고 물어 이르시되 무엇을 구하느냐 이르되 랍비여 어디 계시오니이까 하니 (랍비는 번역하면 선생이라) 예수께서 이르시되 **와서 보라** 그러므로 그들이 가서 계신 데를 보고 그날 함께 거하니 때가 열 시쯤 되었더라 요한의 말을 듣고 예수를 따르는 두 사람 중의 하나는 시몬 베드로의 형제 안드레라(요 1:35-40)

세례 요한의 두 제자가 예수님께 어디 계시느냐고 묻자 예수님께서 그들에게 "와서 보라 come and see"고 대답하셨다. 그들은 예수님께서 계신 곳을 가서 보고 예수님과 함께 거했다. 그 두 사람 중 한 명은 베드로의 형제 안드레였다. 그 이후 안드레는 그의 형제 베드로까지 예수님께 데려왔다. 그들에게 예수님께서 계신 곳은 그리스도이신 예수님의 삶을 들여다

볼 수 있는 진열장이었다.

> 빌립이 나다나엘을 찾아 이르되 모세가 율법에 기록하였고 여러 선지자가 기록한 그이를 우리가 만났으니 요셉의 아들 나사렛 예수니라 나다나엘이 이르되 나사렛에서 무슨 선한 것이 날 수 있느냐 빌립이 이르되 **와서 보라** 하니라 (요 1:45-46)

빌립 역시 나다나엘에게 "와서 보라"고 초청하였다. 지금까지 그리스도인들은 '와서 보라'의 대상지를 예배당에 국한시켜 왔다. 믿지 않는 사람들에게 '일단 교회에 한번 가보자', '예배 한번 드려 보자'는 의미로 "와서 보라"고 한 것이다. 오늘날 믿지 않는 사람들에게 "와서 보라"고 권할 교회는 도처에 있다. 그러나 자신의 가정과 일터를 진열장 삼아 "와서 보라"며, 주님을 믿는 '우리는 이렇게 살고 있다'고 보여 주는 그리스도인은 거의 없다. 그러나 이제 예배당이라는 진열장보다는, "와서 보라"고 권할 가정과 일터의 진열장이 많아져야 할 때다. 지금 각자의 가정에 투명한 유리를 설치한다면, 그 속에 세상 사람들이 들여다볼 무엇이 있는가? 과연 그리스도인으로서 세상을 향해 보여 줄 것들이 있는지 진지하게 생각해 보아야 한다.

사랑의 문자적 의미가 '기뻐하다'라고 했다. 자신의 가정이 세상의 것으로 인함이 아니라 서로 가족 됨으로 인해, 가족들과 함께하는 것만으로도 기뻐하는 그런 가족 사랑을 보여 줄 수 있는지 생각해 보아야 한다. 사랑은 잘되기를 바라는 것이라고 했다. 그러나 그리스도인 가운데 친형제 혹은 부모자식의 사이가 구역 식구보다 더 먼 그리스도인이 의외로 많다. 구역 식구에게 문제가 생기면 잘되게 해달라고 기도하면서도, 가족의 문제에 대해서는 냉담한 것은 아닌지 깊이 생각해 보아야 한다. 사랑은 귀하게 여기는 것이라고 했다. 가족끼리 서로 진정으로 귀하게 여기며 존중하는지 생각해 보아야 한다. 행복은 열심히 일하고 땀 흘려 얻은 결과에 자족하며 사는 것이다. 자족이 없으면 아무리 돈을 많이 벌어도 배고플 수밖에 없다. 과연 자족의 행복이 자기 가정 쇼윈도에 진열되어 있는지 생각해 보아야 한다. 그 쇼윈도에 그리스도인의 구별된 생각과 언행 그리고 예의범절이 구비되어 있는지도 생각해 보아야 한다.

요즘 우리나라 전체 기독교인의 수는 더 이상 늘지 않고 있다. 정체되어 있다지만 사실은 줄고 있는지도 모른다. 이제 필요한 것은 더 많은 교회가 아니라 우리 각자의 진열장이다. 그러므로 우리의 일터는 어떤지도 생각해 보아야 한다. 자신의 일터로 인해 하나님께 무슨 유익이 있는지, 동료, 거래처, 고객들에게는 어떤 유익이 돌아가는지 생각해 보아야 한다. 자신의 일터가 경제 원칙에 의한 시스템에 불과한지 혹은 말씀에 의한 시스템인지, 정직과 성실의 바탕 위에서 하나님의 공의가 구현되고 있는지 생각하며 일터의 진열장을 매일 점검해야 한다.

그리스도인의 가정과 일터는 세상 사람들을 위한 쇼윈도이면서 같은 그리스도인들을 위한 쇼윈도이기도 해야 한다. 일반적으로 그리스도인들은 교회 안에서는 모두 좋은 교인들이다. 그러나 교회 밖 자신의 일터를 어떻게 하나님의 일터로 일굴지 고민하는 그리스도인은 흔치 않다. 크리스천 기업인은 많지만 크리스천 기업은 드물다. 기업을 통해 번 돈으로 하나님의 일을 하려는 그리스도인은 많지만, 비록 적은 이윤밖에 거두지 못해도 자신의 기업을 하나님의 말씀에 입각하여 정직하게 운영하는 사람은 흔치 않다는 말이다. 그러므로 우리는 '그리스도인은 저렇게 사업해야 하는구나!', '저렇게 정직하게 운영하고도 얼마든지 회사가 살아남을 수 있구나!', '저런 기업이 크리스천 기업이구나!', 그리고 나아가 '그리스도인의 가정은 저런 모습이어야 하는구나!', '저런 상황에서도 기뻐할 수 있구나!', '행복이란 저런 것이구나!' 하고 그리스도인들이 먼저 들여다보고 싶어 하는 진열장이 되어야 한다. 그런 진열장이 많으면 많을수록 세상은 더욱 밝아질 것이다.

주님의 손과 발로서의 그리스도인

그리스도인은 '주님의 손과 발'이다. 우리가 주님의 모델과 진열장이 되어야 한다는 것이 총론이라면, 주님의 손과 발이 되는 것은 각론이다. 영이신 하나님께서는 손과 발이 없으시다. 하나님께서는 언제나 인간의 손과 발을 당신의 도구로 사용하신다. 그러므로 우리는 모두 행동하는 주님의 손과 발이 되어야 한다.

신학교 다닐 때 읽은 글의 내용이다. 2차 세계대전 때 연합군의 폭격으로 독일의 많은 도시가 파괴되었다. 그 여파로 어느 성당 마당에 세워져 있던 예수님 상像의 두 손이 떨어져 나가 버렸다. 전쟁이 끝난 뒤 교인들은 성당을 복구하면서, 예수님 상에서 떨어져 나간 두 손은 복원하지 않고 그대로 두기로 했다. 그 대신 예수님 상 앞에 '예수님은 당신의 손을 필요로 하십니다'라는 팻말을 붙였다. 대단히 감동적인 이야기다.

내가 결혼할 때 한 지인이 예수님 석고상을 선물해 주었다. 3년 후 합정동으로 이사 와서 짐을 풀고 보니 예수님 석고상의 한쪽 손이 부러져 있었다. 그때 신학교에서 읽었던 글이 떠올랐다. 나는 손이 없는 예수님 상을 스위스에 갈 때까지 내 방에 두었다. 그리고 방을 드나들며 그 예수님 상을 볼 때마다 나의 손이 예수님의 손을 대신한 손인지, 아니면 불과 몇십 년 후 나의 몸뚱이와 함께 썩어 문드러질 허망한 손인지 점검해 보곤 했다.

언제나 중요한 것은 우리의 중심이다. 우리의 중심은 우리의 육체를 통해 겉으로 드러난다. 우리의 중심은 물론 우리의 말을 통해서도 드러난다. 그러나 말은 우리의 중심과는 무관하게 얼마든지 위장할 수 있다. 가장 쉬운 것이 말의 위장이기도 하다. 우리의 중심을 가감 없이 가장 구체적으로 드러내는 것은 우리의 손과 발이다. 우리의 일생은 우리의 손과 발에 의해 이루어진 행위의 축적이다. 이것은 성경의 교훈이다.

예후가 이스르엘에 오니 이세벨이 듣고 눈을 그리고 머리를 꾸미고 창에서 바라보다가 예후가 문에 들어오매 이르되 주인을 죽인 너 시므리여 평안하냐 예후가 얼굴을 들어 창을 향하고 이르되 내 편이 될 자가 누구냐 누구냐 하니 두어 내시가 예후를 내다보는지라 이르되 그를 내려 던지라 하니 내려 던지매 그의 피가 담과 말에게 튀더라 예후가 그의 시체를 밟으니라(왕하 9:30-33)

북이스라엘에서 가장 패역한 왕이었던 아합은 본래부터 나쁜 사람이었던 것은 아니다. 간교한 이방 여인 이세벨을 왕비로 맞아들인 이후부터 그는 영육간에 패역한 인간으로 전락했다. 아합이 전쟁터에서 목숨을 잃은 후 그의 아들 요람이 왕위에 올랐지만, 예후가 쿠데타를 일으켜 요람마저 살해당했다. 요람의 어머니 이세벨이 왕궁에 있다가, 자신의 아들을 죽이고 왕궁으로 입성하는 예후를 보고 분을 참지 못해 일갈했다. 그러나 이미 나라의 권력은 예후가 장악하고 있었다. 예후의 명령에 따라 그동안 이세벨을 모셨던 두 내시가 그녀를 창밖으로 내던졌다. 이세벨은 즉사했고 예후는 그녀의 시체를 밟았다. 예후의 완승이었다.

예후가 들어가서 먹고 마시고 이르되 가서 이 저주받은 여자를 찾아

장사하라 그는 왕의 딸이니라 하매(왕하 9:34)

왕좌를 차지한 예후가 자축연을 벌이다가, 그래도 이세벨이 왕비에다 다른 나라 공주였으니 예를 갖춰 장례식은 치러 줘야겠다는 생각이 들었다. 그래야 나중에 자기에게 무슨 변고가 생겨도 사람들이 자신에게 왕의 예우를 갖춰 줄 것이었다.

가서 장사하려 한즉 그 **두골과 발과 그의 손** 외에는 찾지 못한지라 돌아와서 전하니 예후가 이르되 이는 여호와께서 그 종 디셉 사람 엘리야를 통하여 말씀하신 바라 이르시기를 이스르엘 토지에서 개들이 이세벨의 살을 먹을지라(왕하 9:35-36)

예후의 명령을 받은 부하들이 이세벨의 시체를 찾으러 갔을 때는 개들이 이미 이세벨의 시체를 뜯어먹은 후였다. 그러나 희한하게도 두개골과 손 그리고 발만은 남아 있었다. 이것은 참으로 무서운 교훈이다. 하나님께서 패역한 이세벨을 통해 주신, 우리 머릿속 수많은 생각들 중에서 우리 손과 발로 드러난 것만 세상에 남는다는 교훈이다. 그대가 이 세상을 떠난 뒤에 남은 사람들로부터 의로운 사람으로 기림 받는다면, 그것은 그대가 살아생전 그대의 손과 발을 의의 도구로 사용하였기 때문이다.

갈릴리 해변에 다니시다가 두 형제 곧 베드로라 하는 시몬과 그의 형제 안드레가 바다에 그물 던지는 것을 보시니 그들은 어부라 말씀하시되 나를 따라오라 내가 너희를 **사람을 낚는 어부**가 되게 하리라 그들이 곧 그물을 버려두고 예수를 따르니라(마 4:18-20)

예수님께서 갈릴리 해변에서 제자들을 부르실 때, "내가 너희를 사람을 낚는 어부가 되게 하리라"고 말씀하셨다. '사람을 낚는 어부'는 전도자를 의미함에도 "내가 너희를 전도자가 되게 하리라"고 말씀하시지 않았다. 흔히 생각하듯 전도는 입으로만 하는 것이 아니다. 학문은 머리나 입으로 할 수 있다. 그러나 어부는 손과 발을 쓰지 않고는 아무것도 할 수 없다. 주님께서 전도자를 가리켜 '사람 낚는 어부'라고 말씀하신 것은, 우리가 이 세상에서 복음의 증인으로 살기 위해서는 반드시 손과 발을 사용해야 함을 일깨워 주시기 위함이다.

오늘날 교회에서 전도의 문이 막혔다면 입으로만 전도하려 하기 때문이다. 이제부터는 손과 발로 전도해야 한다. 한 인간의 의롭고 악함은 결국 그의 손발이 어떤 도구로 쓰였느냐에 의해 결정된다. 그렇다면 그동안 그대의 손은 어떤 도구로 사용되어 왔는가? 그동안 그대의 발은 어디에 있었는가? 욕망의 자리였는가, 사랑과 정의의 현장이었는가? 우리 각자의 인생은 우리의 손과 발이 행한 것으로 하나님과 세상 사람들에게 이미 평가받았고, 지금 현재 받고 있으며, 살아 있는 한 앞으로도 계속 받게 될 것이다.

> 고운 것도 거짓되고 아름다운 것도 헛되나 오직 여호와를 경외하는 여자는 칭찬을 받을 것이라 **그 손의** 열매가 그에게로 돌아갈 것이요 그 행한 일로 말미암아 성문에서 칭찬을 받으리라(잠 31:30-31)

지혜의 책인 잠언서 마지막 장 마지막 절이 여자에 대한 언약으로 끝난다는 것은 대단히 중요하다. 여자가 지혜롭지 않으면 한 가정이 바로 세워질 수 없다. 지혜는, 여호와를 경외하면 자기 손의 열매가 자기에게 반드시 되돌아옴을 아는 것이다. 그러므로 지혜로운 여자만 자기 손을 의의 도구로 삼아 자신의 가정을 바르게 세울 수 있다.

> 좋은 소식을 전하며 평화를 공포하며 복된 좋은 소식을 가져오며 구원을 공포하며 시온을 향하여 이르기를 네 하나님이 통치하신다 하는 자의 **산을 넘는 발이** 어찌 그리 아름다운가(사 52:7)

하나님께서 사람의 발의 아름다움을 칭찬하셨다. 이것은 그 사람의 발이 통통하고 예쁘게 생겼다는 말이 아니다. 그 사람의 발이 진리를 전하는 도구로 사용되고 있기에 하나님 보시기에 아름답다는 뜻이다. 하나님께서는 우리의 손과 발을 보신다. 우리의 손과 발이 무엇을 했느냐에 따라 아름답다 혹은 아름답지 않다고 평가하신다. 예수님의 손과 발이 십자가에 못박히셨다는 사실을 절대로 잊어서는 안 된다. 예수님께서 우리의 죗값을 대신 치르시기 위해 형벌을 받으셨는데, 형벌 받으신 곳이 바로 주님의 손과 발이었다. 인간의 범죄가 인간의 손과 발로 이루어지기 때문이다.

> 그런즉 누구든지 그리스도 안에 있으면 **새로운 피조물**이라 이전 것은 지나갔으니 보라 새것이 되었도다(고후 5:17)

우리를 대신하여 예수님의 손과 발이 형벌을 받음으로 우리가 새로운 피조물이 되었다. 예수 그리스도 안에서 우리의 손과 발이 새 손과 새 발이 된 것이다. 그렇다면 새로워진 우리의 손과 발로 우리가 무엇을 해야 할지는 너무나도 자명하다. 주님의 손과 발이 되는 것이다. 주님께서 당신의 손과 발로 삼으시기 위해 우리를 부르셨고, 그것이 가능하게끔 당신의 손과 발이 못박혀 돌아가셨다.

빛으로서의 그리스도인

그리스도인은 이 세상의 '빛'이다. 밤이 어두워 온 세상이 칠흑 같을 때, 내가 그 어둠과 맞선다고 어둠이 물러가지 않는다. 어둠은 삽으로 퍼낼 수도 없고 불도저로 밀어낼 수도 없다. 어둠은 빛으로만 물리칠 수 있다. 빛만 있으면 어둠은 물러가기 마련이다. 그리스도인은 이 세상의 어둠을 물리치는 빛이다.

> 예수께서 또 말씀하여 이르시되 나는 세상의 빛이니 나를 따르는 자는 어둠에 다니지 아니하고 생명의 빛을 얻으리라(요 8:12)

예수님께서 당신은 '세상의 빛'이시고, 당신을 따르는 사람은 '생명의 빛을' 얻는다고 말씀하셨다. 예수 그리스도는 빛이시고, 우리는 그 빛을 비추는 전구다. 우리는 아무것도 아니지만, 예수 그리스도께 접속함으로 그분의 빛을 비출 수 있다.

> 예수께서 이르시되 아직 잠시 동안 빛이 너희 중에 있으니 빛이 있을 동안에 다녀 어둠에 붙잡히지 않게 하라 어둠에 다니는 자는 그 가는 곳을 알지 못하느니라(요 12:35)

그리스도인은 어둠 속에서 갈 바를 알지 못하는 사람을 위한 빛이다. 세상에는 많은 것을 소유하고, 많은 것을 성취하고, 높은 직책을 얻었음에도, 어떻게 살아야 할지 알지 못하는 사람들이 많다. 그들에게 그리스도의 빛을 밝히 비춰 주는 것이 그리스도인의 사명이다.

캄캄한 밤에 빛이 주는 감동은 누구나 한 번쯤 경험해 보았을 것이다. 오래전 성지순례 중에 시내산을 찾았을 때의 일이다. 시내산 정상에서 일출을 보기 위해서는 새벽 2시에 등정을 시작해야 했다. 새벽 2시는 사방이 칠흑같이 어두운 시간이었다. 안내원이 들고 있는 조그만 손전등이 유일한 빛이었다. 굽이치는 산길의 방향이 90도로 꺾어지자 갑자기 산 아래에서 솟아오르고 있는 한 줄기 빛이 보였다. 나무 한 그루 없는 돌산인 시내산 정상에 이르기까지, 산길이 그 방향으로 돌 때마다 어김없이 보이는 그 빛은 참으로 감동적이었다. 나중에 알고 보니 그 빛의 진원지는 시내산 아래에 위치한 성 카타린 수도원이었다. 온 사방이 캄캄하다 보니 수도원 마당에 켜둔 커다란 불빛이 산 정상까지 비친 것이었다. 그날 밤 그 빛을 보며 시내산 정상을 오르는 내내 "나는 세상의 빛이니 나를 따르는 자는 어둠에 다니지 아니하고 생명의 빛을 얻으리라"는 주님의 말씀이 내 마음에 생생하게 와닿았다. 그리스도인이 세상의 빛이라는 것은 이런 의미다.

혹 만나기만 하면 어두웠던 마음이 밝아지고, 미로처럼 얽혔던 머릿속이 풀리는 것 같은 그런 친구나 선배 혹은 스승이 있는가? 우리 자신이 바로 그런 사람이 되어야 한다. 제5장에서 언급한 것처럼, 우리 모두 그리스도의 빛이 되어 칠흑같이 어두운 세상 속으로 흩어진다고 상상해 보자. 우리로 인해 어찌 세상이 밝아지지 않겠는가? 세상이 어둡다고 한탄만 할 것이 아니다. 나 자신이 아직 빛이 되지 못하였음을 회개해야 한다. 큰 빛이 이스라엘에 임했다. 갈릴리 언저리에서 열두 개의 조그마한 전구가 그 빛을 받았다. 어둠의 세상 속에 그 밝고 밝은 열두 개의 전구가 퍼지면서 스물네 개가 되고, 또 마흔여덟 개가 되고……, 결국 로마제국이 새로워졌다. 세상이 어둠이란 것은, 빛만 있으면 세상은 얼마든지 달라질 수 있다는 말이다. 그리스도인인 그대와 내가 바로 그 빛이다.

이정표로서의 그리스도인

그리스도인은 이 세상의 '이정표'다. 그리스도인은 세상의 어둠을 밝혀 줄 뿐 아니라, 인생이 가야 할 궁극적 목적지가 어딘지를 일러 주는 이정표가 되어야 한다. 일반적으로 선진국은 이정표가 정확하다. 예를 들어 스위스 제네바에서 국도를 따라 취리히로 갈 경우, '취리히' 이정표가 한 번 나왔으면 그 후엔 길이 갈라질 때마다 '취리히' 이정표가 반드시 나온다. 그러나 우리나라 국도에는 길이 갈라질 때마다 목적지의 이정표가 있기도 하고 없기도 해서 여간 혼란스럽지 않다. 한마디로 우리나라 국도에는 아직 전국적으로 초지일관한 이정표 시스템이 갖추어져 있지 않다.

불교 신자가 아니어도 법정 스님이나 성철 스님 같은 분을 삶의 사표師表로 삼는 사람들이 많다. 그 두 분은 자기 믿음의 세계에서 평생 초지일관한 이정표였기 때문이다. 천주교의 김수환 추기경 같은 분도 마찬가지였다. 그러나 개신교에는 믿지 않는 사람들에게까지 한평생 초지일관한 이정표가 되었던 분이 드물거나 거의 없다.

성철 스님께서는 해인사 산속에만 계셨다. 많은 불자들이 "산에서 내려오셔서 세상의 중생들에게 가야 할 길을 깨우쳐 주십시오" 하고 거듭 부탁했지만 스님께서는 그때마다 거절하셨다. 한번은 모 텔레비전 방송국 기자가 무작정 스님을 찾아가 대화한 내용을 시청한 적이 있었다. 기자가 왜 한 번이라도 세상에 내려오시지 않는지 그 이유를 묻자, 성철 스님께서 "내려가는 것이 어려워서 안 내려가는 줄 아느냐? 내려가는 것은 여기 앉아 있는 것보다 훨씬 쉽다"고 대답하셨다. 그렇다. 불교의 가르침에서는 내려오는 것이 훨씬 쉽다. 내려오지 않고 산속을 지키는 것이 어렵다. 그러나 '불교는 속세를 등져야 한다'는 이정표가 되시기 위해 성철 스님께서는 어렵지만 일평생 초지일관 산속을 지키셨다. 그래서 입적入寂하신 뒤 지금까지도 성철 스님께서는 여전히 뭇사람들의 이정표시다.

그리스도인은 그 반대다. 예수님께서 변화산에 오르셨을 때의 일이다.

> 엿새 후에 예수께서 베드로와 야고보와 그 형제 요한을 데리시고 따로 높은 산에 올라가셨더니 그들 앞에서 변형되사 그 얼굴이 해같이 빛나며 옷이 빛과 같이 희어졌더라 그때에 모세와 엘리야가 예수와 더불어 말하는 것이 그들에게 보이거늘 베드로가 예수께 여쭈어 이르되 주여 우리가 여기 있는 것이 좋사오니 만일 주께서 원하시면 내가 여기서 초막 셋을 짓되 하나는 주님을 위하여, 하나는 모세를 위하여, 하나는 엘리야를 위하여 하리이다(마 17:1-4)

산 위에 오르신 예수님의 모습이 신비스럽게 변형되었다. 그와 동시에 모세와 엘리야가 하늘에서 내려와 주님과 대화를 나누었다. 그 광경이 얼마나 황홀했던지, 베드로는 그 산 위에 초막을 짓고 그곳에서 살기를 주님께 간청드렸다.

> 말할 때에 홀연히 빛난 구름이 그들을 덮으며 구름 속에서 소리가 나서 이르시되 이는 내 사랑하는 아들이요 내 기뻐하는 자니 너희는 그의 말을 들으라 하시는지라 제자들이 듣고 엎드려 심히 두려워하니 예수께서 나아와 그들에게 손을 대시며 이르시되 일어나라 두려워하지 말라 하시니(마 17:5-7)

그 황홀한 산 위에서 살자는 베드로의 간청에 대해 하늘의 하나님 아버지께서도, 예수님께서도, 일언반구도 없으셨다.

> 제자들이 눈을 들고 보매 오직 예수 외에는 아무도 보이지 아니하더라 그들이 **산에서 내려올 때에** 예수께서 명하여 이르시되 인자가 죽은 자 가운데서 살아나기 전에는 본 것을 아무에게도 이르지 말라 하시니 (마 17:8-9)

예수님께서는 도리어 제자들을 데리고 산에서 내려오셨다. 예수님의 사역지는 산 위가 아니라 산 아래, 곧 인간이 모여 사는 속세였기 때문이다. 성철 스님께서는 산 위에 계시는 것으로 그분이 믿는 바대로의 초지일관한 이정표가 되셨지만, 그리스도인은 세상으로 내려가야 한다. 그리스도인은 세상을 피하지 않는다. 불교신자에게는 세상으로 내려가는 것이 쉽고 산을 지키는 것이 어렵다. 그리스도인에게는 산으로 올라가는 것이 더 쉽다. 가정과 사회 그리고 역사에 대한 그리스도인의 책임과 의무를 버리고 산으로 도피하는 것은 대단히 쉬운 일이다. 그러나 그리스도인은 어렵더라도 이 세상 현실 속에서 이정표로 살아야 한다. 일평생 초지일관한 이정표이어야 한다.

그렇다면 궁극적으로 무엇을 위한 초지일관한 이정표인가? 당연히 하나님의 나라, 영원한 생명을 위한 이정표다. 우리는 그 이정표로 택함 받은 그리스도인이다.

> 나의 간절한 기대와 소망을 따라 아무 일에든지 부끄러워하지 아니하고 지금도 전과 같이 온전히 담대하여 살든지 죽든지 내 몸에서 그리스도가 존귀하게 되게 하려 하나니 이는 내게 사는 것이 그리스도니 죽는 것도 유익함이라 (빌 1:20-21)

사도 바울은 생사를 초월한 사람이었다. 죽든지 살든지 자기 몸을 통해 그리스도만 존귀하게 되면 그만이라고 했다. 그는 예수 그리스도 안에서 이미 영원한 생명을 누리고 있었으므로, 육신이 죽는다고 죽는 것이 아님을 알고 있었기 때문이다.

> 그러나 만일 육신으로 사는 이것이 내 일의 열매일진대 무엇을 택해야 할는지 나는 알지 못하노라 내가 그 둘 사이에 끼었으니 차라리 세상을 떠나서 그리스도와 함께 있는 것이 훨씬 더 좋은 일이라 그렇게 하고 싶으나(빌 1:22-23)

바울의 개인적인 소망은 당장 세상을 떠나 하나님의 나라에서 주님을 모시고 사는 것이었다. 삶의 궁극적 목적이 거기에 있었기 때문이다. 그러나 바울은 육신을 지니고 이 세상에 좀더 살라시는 주님의 뜻에 순종했다.

> 내가 육신으로 있는 것이 너희를 위하여 더 유익하리라(빌 1:24)

바울은 하나님께서 자신을 이 세상에 좀더 살게 하시는 것은 자기 자신의 유익이 아니라, '너희'의 유익을 위함이라고 했다. 먼저는 바울의 편지를 받는 빌립보 교인들에게 그리고 나아가 오늘을 살고 있는 우리에게 하나님의 나라, 영원한 생명의 이정표가 되어 주는 유익이었다. 그래서 바울은 참수형으로 이 세상을 떠나는 날까지 하나님의 나라, 영원한 생명을 위한 초지일관한 이정표로 살았다. 성경에 등장하는 신앙 인물들은 모두 이 땅에서 하나님의 나라와 영원한 생명의 초지일관한 이정표가 된 사람들이었다. 그렇다면 우리 역시 이 땅에서 그 이정표가 되어야 하지 않겠는가?

우리나라 전문 직종 중에서 그리스도인의 비율이 가장 낮은 직종이 의사이며, 그 이유는 진료 현장의 경험에서 비롯된다고 한다. 종교를 가진 환자들 가운데 죽음을 가장 꺼리는 환자가 바로 그리스도인이라는 것이다. 불교 신자들 가운데는 죽음을 담담하게 받아들이는 사람이 의외로 많은데, 그리스도인은 죽음을 받아들이려 하지 않는 경우가 타 종교인에 비하여 상대적으로 더 많다는 것이다. 그러니 의사들의 입장에서는 그리스도인들이 내세우는 천국과 영생이 믿어지지 않는 것이다. 심각하게 생각해 볼 문제다. 제8장 '성령님의 은사'에서, 그리스도인은 때가 되면 깨끗하게 퇴장해야 한다고 했다. 그러나 영생을 믿는다면서도 죽음을 받아들이지 못한다면 깨끗한 퇴장도, 멋진 재등장도 모두 불가능하다. 누군가가 우리에게 개인적인 소망을 말하라고 하면, 사도 바울처럼 지금 천국에 가는 것이라고 말할 수 있어야 한다. 이렇듯 삶과 죽음에 대해 분명한 신앙관이 확립되어 있지 않으면 초지일관한 이정표는 불가능하다.

> 야곱이 바로에게 아뢰되 내 나그네 길의 세월이 백삼십 년이니이다 내 나이가 얼마 못되니 우리 조상의 나그네 길의 연조에 미치지 못하나 험악한 세월을 보내었나이다 하고 (창 47:9)

위 구절은 이집트로 이민 간 야곱에게 파라오가 나이를 묻자 야곱이 한 대답이다. 야곱은 인생이 나그네 길이라는 사실을 나이가 들어서야 알았다. 그래서 그때까지 험악한 세월을 보냈다. 인생이 나그네 길임을 알지 못하고 이 땅을 영원한 본향으로 삼았던 야곱의 인생에 험악한 곡절이 많았던 것이다. 그러나 야곱이 인생을 살고 보니, 인생은 나그네 길에 지나지 않았다. 야곱의 이 고백에서 제외되는 사람은 아무도 없다. 누구든 때가 되면 반드시 이 세상을 떠나야 하기 때문이다. 몸이 아플 때는 건강을 회복하기 위해 의사를 찾아야 한다. 그러나 떠날 때가 된 사람이 단지 떠나기 싫다고 의사에게 매달리는 것은 무의미한 일이다. 우리가 가야 할 본향은 따로 있다. 이 세상은 한 번 거쳐 가는 나그네 길에 지나지 않음을 깨달을 때에만, 죽음의 상황에서마저 초지일관한 이정표가 될 수 있다.

나는 《내게 있는 것》에서 죽음을 몇 가지로 정의했었다. 죽음은 지금 내가 하던 일을 내일 다른 사람이 하는 것이다. 사람들은 오늘 하던 일을 내일도 응당 계속할 것처럼 여기며 살아간다. 그러나 오늘 밤에 하나님이 부르시면, 내일 다른 사람이 그 일을 맡게 될 것이다. 죽은 사람이 저질러 놓은 일 때문에 산 사람들이 두고두고 고생하는 경우가 허다하다. 자신이 오늘 하는 일을 내일은 다른 사람이 할 수도 있음을 알 때, 우리는 날마다 깨끗하게 일을 매듭지을 수 있다.

죽음은 다른 사람이 내 책상 서랍을 여는 것이다. 누가 감히 내 책상 서랍을 함부로 열 수 있겠는가? 그러나 내가 죽으면 누군가가 반드시 열어 볼 것이다. 열쇠가 없으면 망치로 깨뜨려서라도 열 것이다. 그리고 그 안에 무엇이 들어 있는지, 내가 고이 간직해 둔 것이 무엇인지 들여다볼 것이다. 내일이라도 내 책상 서랍을, 내 옷장을, 내 금고를 누군가가 들여다볼 것을 안다면 모든 것을 정리하며 살 수밖에 없다. 남이 보아서는 안 될 것, 부끄러운 것들은 아예 손대지도 않을 것이다.

죽음은 아침에 출근한 집으로 다시 들어가지 못하는 것이다. 모든 사람이 집에서 죽는 것은 아니다. 교통사고로 도로에서 죽을 수도 있고 병원에서 죽을 수도 있다. 전 세계적으로 오늘 아침 집에서 나온 사람들 가운데 영영 집으로 돌아가지 못한 사람들이 얼마나 많겠는가? 아침에 집을 나설 때마다 다시는 귀가하지 못할 수도 있음을 인식한다면, 날마다 가족을 진심으로 사랑할 수밖에 없다.

죽음은 내가 오늘 퇴근한 회사로 내일 아침 다시 출근하지 못하는 것이다. 오늘 퇴근한 사람들 가운데 내일 출근할 수 없는 사람들도 부지기수일 것이다. 이것이 죽음이다. 그렇다면 직장 동료에게 못할 말을 하고 퇴근할 수는 없다. 다시는 못 볼 것처럼 따뜻한 말로 동료의 수고에 감사하며 사무실을 나서게 될 것이다.

이처럼 그대가 인생이 나그네 길임을 알아 항상 떠날 때를 준비하고 살아가면, 그대가 전혀 의식하지도 못하는 가운데 주님께서 그대를 당신의 이정표로 삼으실 것이다.

이웃으로서의 그리스도인

그리스도인은 좋은 '이웃'이다. 이웃은 공간적으로 가까이 있는 사람이다. 내가 사는 곳은 서울 마포구 합정동이므로 내게는 합정동 주민이 이웃이다. 한강 건너 북쪽의 천호동 주민은 이웃이 아니다. 그러나 천호동보다 더 먼 일본은 대한민국의 이웃이다. 세계의 모든 나라들 가운데 지리적으로 가까운 나라이기 때문이다. 내가 지하철을 타고 있으면 옆자리의 승객이 이웃이다. 일터에 있을 때는 일터의 동료가 나의 이웃이다. 이처럼 이웃은 공간적으로 가까워야 한다. 그렇다면 넓고 넓은 이 세상에서 나는 왜 하필이면 오늘 '이곳에서' 살거나 일하고 있을까? 그 이유는 간단하다. '이곳에' 있는 사람들을 이웃으로 섬기며 그들과 더불어 살게 하시기 위해 하나님께서 나를 '이곳에' 두신 것이다.

오직 성령이 너희에게 임하시면 너희가 권능을 받고 예루살렘과 온

유대와 사마리아와 **땅끝까지** 이르러 내 증인이 되리라 하시니라

(행 1:8)

땅끝까지 이르러 주님의 증인이 되라는 것은 모든 그리스도인에게 주신 주님의 최후 명령이시다. 그래서 신실한 그리스도인이라면 모두 땅끝에 대한 채무감으로 살아간다. 자신이 직접 땅끝으로 찾아갈 것인지, 아니면 찾아가는 사람을 후원할 것인지 고민하는 것이다. 그러나 누구든 자신이 지금 있는 곳에서 한 방향으로 계속 나아가면 지구를 한 바퀴 돌아 다시 제자리로 돌아온다. 땅끝은 아프리카나 남미가 아니라 자신이 지금 두 발 딛고 서 있는 곳이 바로 땅끝이다. 현재 자신이 위치한 곳의 이웃에게 좋은 이웃이 되지 못하는 사람은 아프리카에서도 좋은 이웃이 될 수 없다. 자신이 위치한 곳에서 좋은 이웃이 될 수 있어야 어디서든 좋은 이웃이 될 수 있다. 이런 의미에서 자신이 지금 두 발 딛고 서 있는 곳에서 땅끝의 사람으로 살아가고 있는지, 그리스도인이라면 각자 자신을 되돌아보아야 한다.

그대가 현재의 동네에 거주함으로 이웃에 어떤 유익이 돌아가고 있는가? 그대로 인해 그대가 사는 동네에 무슨 변화가 일어나고 있는가? 그대가 스스로 좋은 이웃이 되기 위해 애쓰지 않으면, 그대의 인생은 일평생 그대가 사는 동네에 쓰레기만 배출하다가 끝나 버릴 것이다. 생각해 보라. 그대가 태어난 이래 지금까지 얼마나 많은 양의 깨끗한 물을 마셨는가? 그 많은 물은 모두 오줌으로 버려졌다. 평생 먹은 음식이 얼마나 많았는가? 그것은 모두 오물로 배설되었다. 사용한 종이는 또 얼마나 많았는가? 그 역시 쓰레기로 버리지 않았는가? 그동안 몸에 걸쳤던 그 많은 옷들 가운데 거의 대부분은 버리지 않았는가? 버린 집기나 물품은 또 얼마나 많았는가? 인간으로 태어나 이 세상을 사는 동안 이웃에게 유익을

끼치기는커녕 자신이 살던 곳을 온통 쓰레기로 더럽히기만 하다가 이 세상을 떠난다면, 그보다 더 무익한 인생이 어디 있겠는가?

유럽에 살면서 부러웠던 것 중 하나가 '행잉 플라워hanging flower'였다. 창밖에 내거는 화분이라 해서 붙여진 이름이다. 우리는 예쁜 꽃을 집 안에 놓고 자기 가족만 즐긴다. 그러나 유럽인들은 창문 밖에 예쁜 화분을 내건다. 집 밖의 사람들—자기 이웃과 지나가는 행인을 행복하게 해주기 위함이다. 우리도 이처럼 우리가 사는 곳을 땅끝으로 삼아 작은 것으로라도 이웃을 섬기는 사람이 되어야 한다. 천만 명의 그리스도인이 좋은 이웃으로 산다면 이 세상은 살 만한 땅끝이 될 것이다.

친구로서의 그리스도인

그리스도인은 좋은 '친구'다. 이웃이 공간적으로 가까운 사람이라면, 친구는 공간을 초월하여 가까운 사람이다. 예를 들어 합정동 주민은 나의 이웃이고 천호동 주민은 이웃이 아니지만, 천호동에 사는 친구는 얼마든지 있을 수 있다. 국제적으로는 일본은 이웃 나라이고 태평양 건너의 미국은 이웃 나라가 아니다. 그러나 미국은 대한민국의 친구일 수 있다. 친구는 공간적으로 아무리 멀리 떨어져 있어도 친구다.

그대의 친구들 가운데는 어릴 적 동네 친구도 있고, 학교 친구도 있으며, 사회 친구도 있을 것이다. 그 많은 그대의 친구들이 모두 구원받았는가? 내 친구들 가운데는 아직도 예수님을 믿지 않은 친구들이 훨씬 더 많다. 그렇지만 하나님께서 나를 먼저 구원해 주신 것은 내가 다른 친구들에 비하여 도덕적으로나 윤리적으로 더 깨끗해서가 결코 아니다. 사랑하는 친구들에게 진리와 생명을 전하는 좋은 친구로 살게 하시기 위함이다.

그리스도인이 이 세상에서 좋은 친구가 되어야 함을 인식한다면, 자기보다 더 나은 사람만 친구로 사귀려는 생각을 버려야 한다. 자신은 말할 것도 없고 자기 자녀에게도 그렇게 가르쳐야 한다. 대부분의 부모들은 자식들에게 "너보다 공부 잘하고 더 똑똑한 친구를 사귀라"고 말한다. 내 자식이 자기보다 잘난 친구와만 사귀려 한다면, 그 잘난 친구 역시 저보다 잘난 친구를 사귀지 왜 저보다 못한 내 자식과 놀려 하겠는가? 그리스도인은 자기보다 잘난 사람과도 친구가 되지만 자기보다 못한 사람과도 친구가 되어야 한다.

> 이제부터는 너희를 종이라 하지 아니하리니 좋은 주인이 하는 것을 알지 못함이라 **너희를 친구라 하였노니** 내가 내 아버지께 들은 것을 다 너희에게 알게 하였음이라 (요 15:15)

예수님께서 하나님의 모든 말씀을 우리에게 일러 주신 것은 우리를 당신의 친구로 여기시기 때문이다. 우리는 우리 자신을 주님의 종으로 인식한다. 만약 예수님께서도 우리를 종으로만 간주하신다면 예수님께서 당신이 아시는 모든 것을 우리에게 말씀해 주시지 않았을 것이다. 종에게 모든 것을 이야기해 주는 주인은 이 세상 그 어디에도 없다. 예수님께서 당신보다 더 나은 사람과만 사귀려고 하셨다면, 이 세상에 예수님과 사귈 사람이 어디에 있겠는가? 성자 하나님이신 예수님께서는 죽어 마땅한 죄인인 우리의 친구가 되어 주시기 위해 이 땅에 오셨다. 그렇다면 그분을 주인으로 모신 우리 역시, 우리보다 못한 사람들을 위해 기꺼이 친구가 되어 주어야 한다.

나의 큰아이가 초등학교 6학년 때였다. 담임선생님이 우리 부부와는 아무 상의도 없이 큰아이에게 문제 아이를 맡겼다. 그 아이의 어머니는 가출했고, 아버지가 혼자 벌어서 아이를 양육하는데 매일 밤 12시가 되어서야 귀가했다. 밤마다 아이는 혼자 지내면서 좋지 못한 짓도 하고, 심지어 가게에서 물건을 훔치기도 했다. 선생님으로서는 그 아이를 더 이상 홀로 감당할 수 없었다. 선생님은 큰아이에게, "학교가 끝나면 이 친구를 너희 집에 데리고 가서 저녁도 함께 먹고 숙제도 같이 하다가, 친구의 아버지가 귀가하는 밤 12시쯤 집에 가게 해줘라"고 부탁했다. 큰아이는 약 6개월 동안 선생님의 당부대로 그 아이를 매일 집으로 데려와 보살펴 주었다. 그 아이에게 좋은 친구 역할을 잘 감당해 준 나의 큰아이도 감사했지만, 더 감사한 분은 선생님이었다. 그 선생님은 '저 댁은 자기 자식보다 못한 아이를 맡겨도 받아 줄 것이다'라고 믿었기에, 우리 부부와는 한마디의 상의도 없이 그 아이를 나의 큰 아이에게 맡긴 것이었다. 그분의 믿음이 내게는 더없이 감사했다.

우리의 자식을 저보다 못한 친구들과 기꺼이 놀아 주도록, 오히려 그런 친구를 위해 헌신하도록 그리스도의 정신으로 키우면 세상은 달라진다. 그러나 저보다 못한 친구와 노는 자식에게 "저런 애하고는 놀지 마라, 너보다 잘난 아이하고만 놀아라"고 가르친다면, 세상은 그리스도인인 우리로 인해 더 이기적이고 악해질 수밖에 없다.

우리나라가 개인소득 2만 달러라느니 선진국 문턱에 이르렀다느니 큰소리치지만, 선진국이 되려면 아직 멀어도 한참 멀었다. 우리는 아직도 고아를 수출하는 나라다. 온 세계를 향해 우리는 이처럼 잘산다고 홍보하는 나라가 해마다 수많은 고아들을 해외로 입양시키고 있다. 예전에 비해 국내 입양 비율이 다소 높아지기는 했지만, 파양율(입양했다가 취소하는 비율)은 세계 제일이다. 자신이 입양하는 아이는 천사 같을 것이라는 장밋빛 꿈으로 아이를 입양했다가, 아이가 기대와 어긋나면 파양해 버리는 것이다. 예전에 내가 근무하던 외국 항공회사가 많은 한국 고아들을 유럽으로 실어 날랐다. 당시 내가 입양되어 나가는 고아들을 위해 발권한 항공권만도 수천 매에 달했다. 그때 놀랐던 것은 유럽의 그리스도인들 중에는 입술갈림증, 지체부자유, 정신지체처럼 장애가 있는 아이를 입양하여 의료 혜택까지 받게 해주는 사람들이 상당히 많았다는 사실이다. 이유인즉, 그런 아이들을 방치할 경우에 더불어 살아야 할 미래에 해를 끼치는 사람으로 성장하기 쉬우므로, 오히려 그들에게 더 큰 사랑을 베풀어 그들 역시 세상 사람들의 좋은 친구로 살아갈 수 있게 해주기 위함이었다. 참으로 존경스러운 '좋은 친구들'이 아닐 수 없다. 우리도 이처럼 누군가를 위해 좋은 친구로 살아간다면, 그 사람 역시 주님 안에서 누군가를 위한 좋은 친구가 될 것이다.

그늘로서의 그리스도인

그리스도인은 궁극적으로 쉴 만한 '그늘'이다. 그리스도인이 이 사회를 위해 할 수 있는 최후 최고의 역할은 자기 인생, 자기 가정, 자기 일터를 누군가가 쉴 수 있는 생명의 그늘이 되게 하는 것이다. 도시에서는 찾아보기 어렵지만 아직도 시골에는 동네마다 큰 고목이 있다. 여름이면 동네 사람들이 그 그늘에서 더위를 식히며 쉼을 얻고, 노인들은 장기를 두기도 한다. 그리스도인은 그런 그늘이 되어야 한다.

수고하고 무거운 짐 진 자들아 **다 내게로 오라** 내가 너희를 쉬게 하리라(마 11:28)

주님께서 특정인만 초청하신 것이 아니다. 주님께서는 '다 내게로 오라'고 우리 모두를 불러 주셨다. 주님께서 모두를 위한 생명과 쉼의 그늘이셨기 때문이다. 그렇다면 주님을 믿는 우리 또한 누군가를 위한 그늘이 되어야 하지 않겠는가?

어머님께 들은 이야기다. 어느 만석꾼 집에 신식 며느리가 들어갔다. 신식 며느리가 보니, 시어머니가 열쇠 꾸러미를 들고 경제권을 행사하는데 너무 헤펐다. 머슴이든 소작인이든, 누구든지 와서 아쉬운 소리만 하면 그냥 퍼주었다. 이른바 고등교육을 받은 신식 며느리는, '어머님은 규모 있게 살림 사실 줄을 모르시는구나. 나중에 내 시대가 되면, 나는 절대로 저렇게 규모 없이 살지 않을 거야' 하고 다짐했다. 세월이 흘러 시어머니가 세상을 떠나고 며느리가 경제권을 이어받았다. 며느리는 고등교육을 받은 사람답게 일일이 가계부에 기록하고, 가능한 한 모든 것을 절약하면서 알뜰하게 살림을 꾸렸다. 중요한 것은 그때부터 만석이 나지 않는다는 것이었다. 그 이유가 무엇이었을까? 시어머니가 며느리 보기에는 헤픈 것 같았지만, 실은 그렇게 함으로써 시어머니는 많은 사람들을 위한 그늘이 되어 주었다. 그 그늘 밑에서 사람들은 신명나게 일했다. 그러나 신식 며느리는 가계는 알뜰하게 꾸렸는지 모르지만 더불어 사는 사람들을 위한 그늘이 되지는 못했다. 그늘이 없어진 인생의 뙤약볕 아래에서 예전처럼 만석이 나올 리가 없었다.

이 세상을 사는 동안 자신의 인생이 많은 사람을 위한 그늘이 된다면, 그 인생은 얼마나 멋지겠는가? 크리스천 기업인은 기업을 통해 '많은 사람을 위한 그늘'이 되는 사람이다. 크리스천 교육자는 학생들을 위한 그늘을 강단에서 구현하는 사람이다. 그리스도인은 무슨 일을 하든 상관없이 자신이 하는 일을 통해 누군가를 위한 그늘이 되는 사람이다. 나무가 세월이 흐르면 고목이 되어 더 큰 그늘을 이루듯이, 우리도 나이를 먹을수록 더 큰 그늘이 되기 위해서는 두 가지를 염두에 두어야 한다.

먼저, 확고한 청지기 의식을 지녀야 한다. 청지기 의식이 없이는, 앞에서 말한 그 만석꾼 집안의 신식 며느리처럼 된다. 그리스도인이 스스로 청지기라 고백하는 까닭은 자신의 소유가 자신의 것이 아니라 하나님의 것임을 믿기 때문이다. 말로는 쉽지만, 실제로 청지기 의식을 삶으로 실천하여 타인을 위한 그늘이 되어 주는 그리스도인은 드물다. 우리가 스스로 하나님의 청지기라 고백하며 헌금은 꼬박꼬박 잘 하지만 정작 타인을 위한 그늘이 되지는 못하는 것은, 우리의 물질 중에 타인을 위한 몫이 있음을 받아들이지 못하기 때문이다. 만석꾼 집의 시어머니는 그것을 알고 있었다. 자기 집 광에 쌓인 재물은 이웃과 나눌 몫이 포함된 것이라 생각하니 퍼주어도 전혀 아까울 것이 없었다. 그래서 시어머니는 많은 사람들이 쉼을 얻는 넉넉한 그늘이 될 수 있었다. 하지만 며느리에게는 자기 집 재물이 모두 자기 것일 뿐이었다. 이웃의 몫을 인정하지 않았으니 이웃을 위한 그늘이 될 턱이 없었다. 앞에서 언급한 것처럼 하나님께서 우리에게 주신 모든 물질에는 타인의 몫이 포함되어 있다. 그 몫에 대한 바른 청지기 의식을 지닐 때에만 누군가를 위한 그늘이 될 수 있다.

그다음으로, 우리가 살아갈수록 더 큰 그늘이 되기 위해서는 몸과 마음이 함께 나이 들어 가야 한다. 종종, 나이는 육십이지만 마음은 이십대라는 식의 말을 듣는다. 젊게 보이려고 얼굴 주름살을 없애기도 한다. 그러나 나이 들어 가는 것은 자기중심적이던 마음이 후덕해지는 것을 의미한다. 이해할 수 없던 사람을 이해할 수 있게 되고, 포용할 수 없던 사람을 포용할 수 있게 되며, 인색하던 지갑을 풀어 다른 사람을 위해 베풀 수 있게 되는 것이 나이 들어감의 자산이다. 그러므로 몸은 육십인데 마음은 이십대로 살겠다는 것은, 그 나이가 되어서까지도 자기중심으로 살겠다는 의미다. 육십대의 시어머니가 이십대의 마음으로 살면, 이십대의 며느리와 과연 평화로울 수 있겠는가? 고부간에 온갖 문제가 생기지 않겠는가? 육십대의 시어머니는 육십대의 마음을 지녀야 이십대의 며느리를 친딸처럼 사랑하는 그늘이 될 수 있다. 육십대의 아버지도 육십대의 마음을 지녀야 젊은 아들을 위한 푸근한 그늘이 될 수 있다. 나이 들어가는 것을 두려워하지 말라. 몸과 마음이 함께 나이 들어 가는 것은 젊은이들이 흉내도 낼 수 없는 푸근한 그늘이 되어 가는 것이다. 하나님께서 우리로 하여금 하루하루 더 나이 들게 하셔서 날이 갈수록 더욱 푸근한 그늘이 되게 해주시는 것은 복 중의 복이다.

젊은 자의 영화는 그 힘이요 늙은 자의 아름다움은 백발이니라
(잠 20:29)

백발은 영화榮華의 면류관이다. 연륜은 하나님께서 주시는 은총이다. 젊은이는 왕성해서 아름답지만, 늙은이는 푸근한 그늘이 되어서 더 아름답다. 이 사실을 깨달을 때 그대는 나이가 들어갈수록 더 푸근한 그늘, 나이만 많은 노인이 아니라 진정한 어른이 될 수 있다.

결론

그리스도인에게 이 세상은 '하나님 사랑'과 '사람 사랑'의 'X'를 구현하는 삶의 현장이다. 다시 말해 이 세상은 그리스도인인 우리의 삶이 'X'의 균형을 이루고 있음을 보여 주는 실험장이다. 이 세상이 있기에 우리는 하나님과 사람 앞에서, 우리가 진정한 'X'의 사람임을 스스로 입증하며 살아가는 기쁨을 누릴 수 있다.

몇 해 전 내가 해외 집회에서 돌아오던 날 밤, 아내와 아이들이 영종

도공항으로 마중을 나왔다. 그때가 저녁 식사 시간이어서 공항 식당에서 함께 저녁을 먹었다. 식사 후 아내가 돈을 치르려는데 지갑이 없었다. 아내가 움직인 동선을 따라 지갑을 찾으러 다녔지만 허사였다. 할 수 없이 지갑을 포기하고 공항청사에서 지하 차고로 이어지는 복도로 막 나가려는데 방송이 들렸다. 아내를 찾는 안내 방송이었다. 안내 데스크로 갔더니 아내의 지갑과 함께 지갑을 주운 사람의 전화번호가 있었다. 아내가 휴대폰으로 "지갑을 찾게 해주셔서 감사합니다" 하고 문자를 보냈더니, "감사하다니요, 할 일을 했을 뿐입니다. 하나님은 사랑이십니다. 하나님의 사랑이 언제나 함께하시길 바랍니다"라는 긴 답이 왔다. "뭘요" 하고 간단히 끝낼 수도 있었을 텐데, 그렇게 따뜻하고 긴 문자를 보내왔다. 자신의 선행이 하나님의 사랑으로 인함임을 전해 주고 싶었던 것이다. 바로 그런 그리스도인이 세상의 빛이다. 그가 세상의 좋은 친구, 좋은 이웃이다. 그의 손과 발이 예수님의 손과 발이며, 그의 마음이 넉넉한 그늘이다.

예전에 우리 가족이 1층에 살고 2층은 홍성사 사무실이었던 집 앞에는 비탈길이 있고, 그 위로는 연립주택이 있었다. 당시의 연립주택 주민들은 자기 집 쓰레기 봉지를 항상 우리 집 담벼락에 갖다 놓았다. 동네 고양이들이 그 쓰레기 봉지들을 매번 물어뜯어 비탈길에는 늘 쓰레기들이 굴러다녔다. 그때마다 우리 식구나 홍성사 가족들이 치웠다. 연립주택 주민들에게 쓰레기 봉지를 자기 집 앞에 둘 것을 부탁했지만 소용없었다. 어느 날 밤 외출하려고 대문을 나서는데, 한 아주머니가 비닐장갑을 끼고 우리 집 앞 비탈길에 널려 있는 쓰레기들을 손으로 주워 담고 있었다. 내가 20년 동안 그 집에 살면서, 우리 식구나 홍성사 가족 아닌 사람이 비탈길에 널린 쓰레기를 치우는 것을 본 것은 그때가 처음이었다. 누구신데 쓰레기를 치우시느냐고 묻자 그 아주머님은, "우리 주택 주민들이 이

댁 앞에 쓰레기를 버리는 것이 늘 미안해서요"라고 대답했다. 내가 처음 뵙는 분인 것으로 보아, 이사 온 지 얼마 되지 않은 분인 것 같았다. 그때가 밤이었는데, 그 말을 하는 아주머님의 눈에서 빛이 났다. 나는 아직도 그분의 두 눈이 발하던 그 아름다운 빛을 잊지 못한다.

공항에서 지갑을 주워 주고 하나님의 사랑을 긴 문자로 전해 준 분, 아무도 보지 않는 캄캄한 길거리에서 혼자 쓰레기를 치우던 분, 그분들과 같은 마음으로 우리가 살아간다면 이 세상은 얼마나 따뜻해지겠는가? 그리스도인은 '하나님 사랑'과 '사람 사랑'을 구현하는 'X'의 사람이라고 했는데, 어떤 사람은 'X'가 깨알처럼 작은가 하면 대문짝만큼 확장된 사람도 있다. 성숙한 그리스도인은 두말할 것도 없이 'X'가 확장된 사람이다. 우리의 'X'가 확장되면 확장되는 만큼 이 세상은 더욱 새로워질 것이다. 그러므로 그리스도인에게 가장 확실한 나라 사랑, 민족 사랑, 인류 사랑은 'X'를 최대한 크게 구현하는 것이다. 그것이 그리스도인으로서 조국과 인류를 사랑하는 최선의 길이다. 그대와 나—우리 모두 그 길을 향해 함께 나아가지 않겠는가?

하나님 아버지!

주님을 사랑하여 주님 안에서 보다 성숙하게 살기 위해, 총 열 장에 걸쳐 하나님 아버지의 말씀을 배웠습니다. 하나님께서 이와 같은 우리의 중심을 기뻐해 주심을 감사드립니다. 성령님께서 늘 진리의 빛으로 우리의 심령을 밝혀 주십시오. 그리하여 우리의 인생과 가정 그리고 일터가 많은 사람을 위한 생명과 쉼의 그늘이 되게 해주십시오. 날이 갈수록 그 그늘이 더 커지게 해주시고, 그 그늘 아래에서 많은 사람이 예수 그리스도를 만나 그들의 인생이 새로워지게 도와주십시오. 세월이 거듭될수록 우리의 삶에 의해 구현되는 'X'가 확장되게 도와주시고, 우리를 통해 이 나라가, 이 사회가, 인류의 역사가, 그리스도 안에서 날로 새로워지게 해주십시오. 우리의 가정과 일터 속에 하나님 아버지의 은혜가 늘 충만하게 해주셔서, 하나님의 나라와 그의 의를 먼저 구할 때 하나님께서 그 삶을 얼마나 아름답게 책임져 주시는지, 우리의 삶을 통해 많은 사람들에게 보여 주시기를 간구드립니다.

우리 주 예수 그리스도의 은혜와 하나님의 사랑과 성령님의 교통하심이, 더욱 성숙한 그리스도인으로 살아가기 원하는 주님의 사랑하는 종들과 이분들의 가정과 일터 위에, 이제로부터 영원토록 함께해 주시기를 간절히 축원하옵나이다. 아멘.

성숙자반
To Be Mature in Christ

지은이 이재철
펴낸곳 주식회사 홍성사
펴낸이 정애주
국효숙 김의연 박혜란 송민규 오민택 임영주 차길환

2007. 6. 27. 초판 발행   2007. 7. 23. 3쇄 발행   2007. 7. 31. 2판 발행
2007. 8. 16. 개정판 발행   2009. 12. 9. 16쇄 발행
2010. 4. 26. 개정2판 발행   2014. 3. 28. 10쇄 발행
2014. 8. 20. 개정3판 발행   2025. 8. 18. 26쇄 발행

등록번호 제1-499호 1977. 8. 1.
주소 (04084) 서울시 마포구 양화진4길 3
전화 02) 333-5161   **팩스** 02) 333-5165
홈페이지 hongsungsa.com   **이메일** hsbooks@hongsungsa.com
페이스북 facebook.com/hongsungsa
양화진책방 02) 333-5161

ⓒ 이재철, 2007

• 잘못된 책은 바꿔 드립니다. • 책값은 뒤표지에 있습니다.

ISBN 978-89-365-0247-8 (03230)